KB072179

불안과
트라우마
극복

들어가는 말

　인간의 가장 기본적인 뇌 구조와 패턴을 구성하는 신경회로와 화학 물질들은 몸과 마음에 직접적으로 영향을 미치고 있다. 자신이 견디기 힘든 심한 충격과 정서적 경험에 의해 스트레스를 받게 되면 뇌는 스트레스를 견디고 이겨내기 위하여 일정한 시간에 걸쳐 교감신경을 활성화시키게 되며 그 과정에서 스트레스 호르몬을 분비시키고 불안을 증폭시켜 효과적인 반응을 한다.

　이렇게 충격적인 경험과 스트레스로 인해 교감신경이 활성화되면서 생긴 각성과 불안은 일정 시간을 거치면서 부교감신경에 의해 원래의 평형상태로 회복된다. 하지만 전쟁의 공포나 끔찍한 자동차 사고, 반복적인 가정폭력, 왕따, 우울증, 실패 경험, 성폭행과 같은 충격적인 경험은 그 경험의 시간이 오래 지나도 불안과 관련된 특정한 신경적 반응을 일으키게 되는 중독된 패턴을 그대로 유지한다.

　자신을 힘들게 했던 불안과 관련된 기억과 경험은 이미 과거가 되어 현실 세계에서 더 이상 존재하지 않는 위협일 뿐이다.

그런데도 불안을 느꼈던 과거 경험과 연결되는 작은 단서에도 지속적으로 불안한 경험과 관련된 특정 행동을 반복하거나 정서를 계속 느끼려는 중독된 패턴을 보이게 되는 것이다. 이처럼 사람들이 견디기 힘들만큼의 끔찍한 경험을 한 후 자신이 경험했던 과거의 시간에 그대로 얽매여 구속된 상태에서 정신적, 신체적인 부조화와 불일치, 강박, 불안

등의 고통을 겪게 되는 상태를 '트라우마'라고 한다.

뇌는 각 부분이 비국소성으로 연결된 방대한 네트워크를 형성하고 있기 때문에 마음속의 한 가지 불안이나 트라우마가 해결되지 않는 상태에서 오랫동안 지속된다면 뇌졸중 환자가 겪는 후유증과 비유될 정도로 뇌 회로의 심각한 장애를 겪을 수도 있다. 이러한 상태가 되면 현재 자신이 가진 소중한 자원과 잠재력을 상실하거나 단절상태를 겪으면서 과거의 부정적인 경험이 현재 자신의 마음과 몸을 완전히 장악하여 과거 속의 자신으로 통제받게 된다.

특히 트라우마는 자신의 현재 자원과 에너지를 접촉하지 못하고 과거의 부정적인 경험에 구속된 좁혀진 경계를 형성하기 때문에 특정 자극과 환경에 과민반응을 하거나 반대로 무기력한 상태를 만들기도 한다. 우리는 어떤 형태로든 트라우마를 가지고 있으며 과거의 트라우마가 현재의 자신을 얼마나, 어떻게 지배하는가에 따라 긍정적인 영향을 미치는지 부정적인 영향을 미치는지의 차이를 가질 뿐이다. 과거의 부정적인 경험이 해결되지 못해서 생긴 억압된 감정과 정서는 마음과 몸에 비국소성으로 연결되어 전체성을 이루고 있기 때문에 누구나 한 가지 이상의 트라우마를 가지고 있는 것으로 볼 수 있다.

그래서 자신이 가진 트라우마에 대한 정확한 이해와 대처방법을 아는 것이 중요하다. 자신의 트라우마를 이해한다는 것은 자기 자신의 긍정적인 자원뿐 아니라 부정적인 자원까지도 접촉하고 수용할 수 있는 자신과의 참만남이 이루어지는 것이며 그것이 건강한 알아차림과 접촉의 시작이 되기 때문이다.

자신이 가진 트라우마를 건강하게 접촉할 수 있다는 것은 다른 사람과 환경과의 건강한 연결과 접촉을 할 수 있는 능력을 가지는 시작이 되기 때문에 중요한 의미를 가진다. 살아가면서 겪는 마음의 방황과 갈등, 스트레스, 불안은 대부분 진짜 자기 자신을 만나지 못한 상태에서 건강한 전체성을 상실하여 생기는 결과라고 할 수 있다.

우리가 불안과 트라우마에 대해 공부하고 이해해야 하는 이유는 불안과 트라우마가 우리의 전체성을 이루는 부분으로 작용하여 마음과 몸, 건강 상태에 영향을 미치거나 직접적으로 통제력을 행사하고 있기 때문이다. 불안과 트라우마를 통제할 수 있을 때 그것이 우리 삶의 소중한 자원과 디딤돌이 될 수 있지만 불안과 트라우마를 통제할 수 없을 때 그것이 우리를 통제하게 된다.

이 책은 저자가 멘탈코칭센터에서 불안과 트라우마에 대한 상담과 훈련, 교육을 진행하는 과정에서 정리한 내용으로 엮은 것이다.

이 책이 심리상담사와 멘탈 전문가, 부모, 교사, 코치뿐만 아니라 불안과 트라우마로 고생하는 모든 사람들에게 큰 도움이 될 수 있도록 쉽게 구성하기 위해 노력하였다. 이 책과의 소중한 만남을 통해 불안과 트라우마를 더 깊이 이해하고 통제할 수 있는 능력을 가짐으로써 성취와 건강, 행복이 충만한 삶이 되길 소망한다.

양자적 세계

CR+NCR

CR(consensus reality)

일상적 실재로서 현실적이고 물질적인 것이며 입자의 형태를 띠고 있다.
CR은 유한자원이며 대부분 누군가의 소유로 존재한다.

> 공간, 나이, 신체, 돈, 직위, 건물, 땅, 나무, 자동차 등과 같이 눈으로 볼 수 있고
> 만질 수 있는 일상에서 사실로 존재하는 것이다.
> CR은 항상성을 유지하려는 고정된 패턴을 가지고 있다.

NCR(non-consensus reality)

비일상적 실재로서 가상적이고 비물질적이며 파동의 형태를 띠고 있다.
NCR은 무한자원이기 때문에 선택을 통해 자신의 소유로 만들 수 있는 것이다.

> 사명, 꿈꾸기, 느낌, 목표, 신념, 감정, 희망, 자신감 등과 같이 눈에 보이지 않고
> 만질 수는 없지만 비일상적 사실로 분명히 존재하는 것이다.
> NCR은 끊임없이 팽창하려는 확장성과 강력한 끌어당김의 자성을 가지고 있다.

CR + **NCR** = **성취·행복**

불안

불안

멘탈코칭센터에서 일반인과 운동선수의 심리상담과 훈련을 진행하다 보면 많은 사람들이 불안과 스트레스 때문에 힘들어한다는 것을 알수 있다. 불안은 누구나 가지고 있는 정상적인 정서이지만 불안이 지나치게 될 때 자신의 자원과 에너지를 사용하지 못하도록 만들기 때문에우리의 삶에서 불안을 조절하거나 극복하는 것은 매우 중요하다.

미래에 겪을 고통을 미리 예측하고 두려움을 느끼는 사람은 이미 그두려움의 감정에 포로가 되는 것이며 미래에 정상적으로 겪어야 할 심리적인 고통을 가불하여 미리 겪게 되는 것이다.

예측한 미래의 고통이 현실로 일어나지 않을 수 있는데도 불구하고몇 시간, 며칠, 몇 개월, 몇 년 동안 미리 고통을 경험하고 두려움을 느끼는 것은 너무나 비효율적이다. 미래의 고통은 분명히 현실이 아니지만 현재에서 미래의 고통을 느끼는 순간 그것은 이미 분명한 현실이 된다. 그뿐만 아니라 미래의 고통을 미리 앞당겨와 현실에서 두려움을 계속해서 느끼는 순간 현재는 이미 과거가 되기 때문에 두려움과 고통은현재가 되면서 과거가 되는 것이다.

불안은 우리 삶을 건강하고 안전하게 유지할 수 있는 지극히 정상적인 기능이다. 걱정하는 마음 상태가 현실에서 걱정하는 일들이 생기지않도록 미리 막아주기 때문에 불안은 우리를 지켜주는 중요한 안전판의 역할을 하기도 한다. 만약에 우리가 불안을 전혀 느끼지 못한다면 미래에 닥칠 큰 위험에 대처하거나 준비를 하지 못하기 때문에 생존 자체가 어려울 수도 있다.

사람들마다 느끼는 전반적인 불안 수준은 상당히 안정적인 성격특성이자 타고난 유전적인 기질이다. 사람들은 유전과 학습에 의해 다른 불안 수준을 갖고 있으며 불안을 전혀 느끼지 않는 사람은 없다. 이렇게 다른 불안 수준을 나타내는 이유가 사람들마다 타고난 유전적 기질이 다르고 학습과 경험에 의한 기억이 모두 다르기 때문이다. 그렇기 때문에 불안은 매우 주관적인 것으로 볼 수 있으며 어떤 사람에게 심한 불안이 되는 자극과 상황이 어떤 사람에게는 별로 대수롭지 않은 경험이 될 수도 있는 것이다.

이처럼 사람들은 자신만의 주관적인 세상모형으로 다른 세상을 경험하기 때문에 모두가 다른 불안 수준을 가지고 살아간다. 그것은 우리 뇌의 기능 때문이다. 사람들의 뇌는 일반적인 구조와 기능에 있어 큰 차이가 없어 보이지만 서로 다른 학습과 경험에 의해 신경회로의 배열이 다르게 형성되므로 미시적으로 미묘한 차이를 가지게 되면서 개인의 불안 수준을 다르게 만든다. 서로 다른 유전과 학습, 경험, 피드백에 의해 신경회로 조합이 배열되면서 그것이 자신만의 특별한 불안 수준을 만들게 되는 것이다.

이러한 불안을 우리의 자유의지로 통제할 수 있을 때 대비태세와 활력 상태를 강화하여 성취를 위한 디딤돌로 만들 수 있지만 불안을 우리의 자유의지로 통제할 수 없을 때 주의의 폭이 좁아지고 부정적 신념이 강화되어 성취를 가로막는 걸림돌을 만들게 된다. 그러므로 우리 삶에서 불안은 좋은 것도 아니고 나쁜 것도 아니며 그것을 어떻게 인지하고 해석하여 반응하는가에 따라 달라지는 삶의 자원일 뿐이다.

미래의 불안

우리는 미래의 불확실성에 대비하기 위해 지금-여기에서 현실로 존재하지 않는 가상적인 두려움을 사실로 느끼는 착각을 하기 쉽다.

미래에 고통을 겪을 수도 있다는 두려움에 대한 생각만으로도 이미 그 두려움의 정서를 느끼며 심리적으로 충분히 고통을 받게 되는 어리석은 선택을 하며 살아가게 된다.

우리는 대부분 현실에서 실제 두려움을 주는 사건 때문에 심리적으로 고통을 받는 것이 아니라 두려워하는 생각과 느낌을 반복적으로 하는 동안 현실에서 존재하지 않았던 미래의 두려움을 사실로 만들어 심리적 고통의 수렁에 쉽게 빠진다. 결국 미래에 겪을 수 있는 두려움에 대한 예측 때문에 불안한 느낌을 갖게 되면서 겪지 않아도 될 미래의 두려움을 앞당겨 불필요한 심리적 고통을 미리 느끼는 어리석은 선택을 하게 되는 것이다.

원래 불안은 안전과 생존에 유리한 반응을 하기 위한 준비상태를 만들기 때문에 더 좋은 선택권을 주고 큰 위협으로부터 안전하게 지켜주는 중요한 기전이다. 하지만 이 중요한 기전이 과잉 활성화되어 불필요한 미래의 불안을 미리 앞당겨 느끼며 지나친 각성을 유지하게 되면 엉뚱한 곳에 자신의 에너지를 사용하여 현실에 대한 판단과 적응에 필요한 에너지가 바닥나버린다.

사람들마다 부모로부터 물려받은 유전적 기질이 다르고 학습과 경험과정도 모두가 다르기 때문에 불안 수준도 저마다 다를 수밖에 없다. 변화하는 새로운 환경에 적응하기 위해서 가장 적정한 각성 상태를 유지하게 되는데 이때의 각성 수준에 따라 경험이 달라지게 된다. 각성 수준이 지나치게 높아지면 두려움, 초조, 긴장이 높아지고 스트레스를 받게 되면서 불안을 증폭시킨다.

특정한 환경에서의 자극이나 조건 때문에 누구나 느끼는 불안을 상태 불안이라고 하며 개인의 성격특성에 따라 불안의 강도를 다르게 느끼는 것을 특성 불안이라고 한다. 특성 불안이 높은 사람은 상태 불안이 다른 사람에 비해서 더 높아지게 되며 한 개인의 전반적인 불안 수준은 성격특성과 기질에 따라 달라지게 된다. 이처럼 사람들마다 불안 수준을 다르게 가지고 있는 이유가 유전을 바탕으로 한 성격특성과 기질이 다르고 저마다의 학습과 경험이 다르기 때문이다.

성격적 특성에 의해 특성 불안이 높아 불안을 잘 느끼는 사람은 그렇지 않은 사람보다 더 많은 스트레스를 받게 된다. 그래서 불안 수준이 높은 사람은 별것 아닌 미세한 자극에도 과민하게 반응하여 스트레스에 스스로 통제당하는 부정적인 상태에 쉽게 빠지게 되는 것이다. 그들의 신경회로는 과민하게 활성화되어 있어 일반적으로 그냥 넘겨버릴 수 있는 별것 아닌 작은 일에도 불필요한 과잉반응을 하게 된다.

이처럼 인간의 뇌는 모두가 비슷한 구조와 기능을 갖고 있지만 모두 다른 신경회로가 형성되어 있고 분비되는 화학물질도 다르기 때문에 불안 수준이 다를 수밖에 없는 것이다.

만약 살아가면서 불안을 한 번도 느껴보지 못한 사람이 있다면 그 사람은 정서적으로 문제가 있는 사람일 수 있다. 불안의 긍정적 의도는 외부의 자극과 환경에 적응하기 위한 준비를 하여 생존에 유리한 각성 상태를 만드는 것이기 때문에 불안이 없다는 것은 생존기전이 약화된 상태로 볼 수 있기 때문이다.

우리는 살아가면서 어떤 형태로든 크고 작은 불안을 경험하게 된다. 우리가 느끼는 불안이 공포나 두려움, 각성, 긴장, 초조 등의 다른 이름으로 드러날 수도 있다. 중요한 것은 그러한 정서가 우리의 심리적, 생리적, 신체적인 상태에 부정적인 영향을 미치게 되는 것은 틀림없는 사실이다. 그래서 불안에 대해 제대로 알고 불안을 조절하고 통제할 수 있는 힘을 가져야 하는 것이다.

지나친 불안은 주의의 폭을 좁혀 현실에서의 자신을 온전히 만나지 못하게 할 뿐만 아니라 주변 정보를 알아차리거나 접촉하지 못하게 만들기 때문에 긍정적인 성취 자원을 거의 사용하지 못하는 무기력한 상태에 머물게 된다. 그뿐만 아니라 불안을 통제하기 위해 엉뚱한 곳에 자원과 에너지가 낭비되면서 공부, 계획, 창조, 인간관계 등에 사용해야 할 에너지가 고갈되는 결과를 얻게 될 수도 있다.

불안의 의도

프로이트는 "불안이 거의 모든 정신적 문제의 뿌리이며 인간의 마음을 이해하는 열쇠다"라고 했다. 그리고 "불안 문제의 해답은 틀림없이 우리의 정신적 존재 전체에 빛을 비출 것이다"라고도 했다.

프로이트는 불안이 자연스럽고 유용한 상태이지만 동시에 일상 속에서 많은 사람들을 괴롭히는 정신적 문제의 공통된 특징이라고 보았던 것이다. 이후로 불안은 걱정, 두려움, 번민, 근심으로 규정되는 마음의 상태로 여겨졌다. 특히 그는 불안이 위험을 예상하거나 대비하고 두려워하는 상태라고 주장했다.

우리는 아직 존재하지 않는 미래에 겪게 될 고통을 두려워하는 생각만으로 이미 두려움의 정서를 느끼며 고통을 받게 되는 어리석은 선택을 반복하며 살아가고 있다. 실제 두려움을 주는 현실적인 고통 때문에 두려움을 느끼고 고통받는 것이 아니라 두려워하는 생각을 지속하는 동안에 현실에서 존재하지 않는 두려움을 현실로 불러내어 고통을 느끼고 있는 것이다. 이것은 우리가 미래에 겪을 고통에 대한 두려운 느낌과 생각 때문에 현재에서 겪지 않아도 될 미래의 고통을 미리 앞당겨 겪게 되는 것으로 볼 수 있다.

불안은 미래의 고통을 두려워하는 정서를 미리 앞당겨 가불을 하는 것일 뿐만 아니라 이미 지나간 부정적인 과거 기억과 불안한 정서를 불러내어 그대로 재연시키면서 두려움을 증폭시키기도 한다.

과거의 고통에 대한 두려움은 이미 지나갔기 때문에 더 이상 우리를 두려움의 고통 속에 구속시킬 수 없는데도 불구하고 과거에 대한 생각의 초점이 과거의 기억과 정서를 지금 현재에서 그대로 재연하게 되면서 불안을 더 키우는 것이다.

우리 뇌는 착각의 챔피언이라는 별명에 어울리게 상상과 현실, 참과 거짓, 옳고 그름의 차이를 구분하지 못할 뿐만 아니라 과거와 현재, 미래까지도 구분하지 못한다. 의식적 차원에서는 얼마든지 구분을 할 수 있지만 기억화 과정에서 잠재의식은 과거와 현재, 미래를 구분하지 못하는 것이다. 그래서 현재에 존재하지 않는 과거의 고통스러운 기억까지 지금 현재에서 재연하게 된다.

불안은 삶의 소중한 자원이고 안전과 생존에 유리한 상태를 만드는 데 꼭 필요한 안전장치이기 때문에 정상적인 작용과 반응으로 볼 수 있다. 다만 그 불안을 일으키는 각성의 정도가 너무 심해 불안에 통제당하는 것이 문제가 될 뿐이다.

사람들마다 자신의 유전적 기질이 다르고 학습과 경험이 다르기 때문에 저마다 다른 각성과 불안 수준을 가지고 있다. 우리는 새로운 환경에 적응하기 위해서 가장 적절한 각성 상태를 유지하게 되는데 이때의 각성 수준에 따라 저마다 불안을 다르게 학습하게 된다.

그러한 경험 과정에서 걱정과 두려움, 초조, 긴장과 관련된 부정적인 정서와 스트레스를 받게 되면서 불안이 증폭되지만 모두가 똑같은 불안 수준을 경험하지는 않는다. 그것은 우리의 유전과 학습, 경험에 의해 형성된 불안 수준이 서로 다르기 때문이다.

불안이 심해지면 주의의 폭을 좁혀 현실에서의 자기 자신을 알아차리거나 접촉할 수 있는 능력을 상실할 뿐만 아니라 주변 사람들과 환경적인 정보도 온전히 알아차리거나 접촉할 수 없기 때문에 긍정적인 자원을 제대로 사용하지 못하는 상태에 머물게 된다.

불안을 통제할 수 있는 능력을 가지고 그것을 잘 활용할 수만 있다면 우리 삶에 활력을 일으키고 닫힌 경계를 열어주는 긍정적인 역할을 할 수도 있고 반대로 불안이 우리를 통제하게 되면 우리 삶을 위축시키고 제한하는 닫힌 경계를 가질 수도 있는 것이다.

걱정과 불안

마태복음 6장 27절에 "너희 중에 염려함으로 그 키를 한 자라도 더 할 수 있겠느냐"라는 구절이 있다.

우리는 걱정을 많이 해서 자기 수명을 더 늘릴 수도 없고 더 많이 행복할 수도 없다. 우리가 걱정을 많이 해서 더 오래 살고 더 많이 행복해지고 걱정거리가 사라진다면 당연히 걱정을 많이 하는 것이 옳다.

하지만 현실에서는 아무리 걱정을 많이 해도 걱정이 사라지기보다는 오히려 걱정이 눈덩이처럼 더 커지게 될 뿐이다. 원래 걱정하는 마음은 자신의 안전과 생존을 위하여 미래에 닥쳐올 부정적 상황에 미리 준비하는 긍정적 의도를 가지고 있는 것이다.

　그러나 오랜 시간 걱정에만 초점이 맞추어지게 되면 걱정하는 동안 부정적인 신경회로가 굵게 활성화되고 관련된 화학물질이 중독 상태를 만들어 걱정하는 문제의 경계에 갇혀버리는 부작용이 생기게 된다. 문제에만 초점이 맞추어진 상태에서 계속되는 걱정은 건강한 신경회로의 유연한 연결을 만들지 못하기 때문에 더 나은 해결책을 찾지 못하게 될 가능성이 높아진다.

　처음의 작은 걱정은 시간이 지나면서 확장되어 처음 걱정을 만들어낸 신경화학적인 반응을 더 강하게 만들 뿐만 아니라 나중에는 처음의 걱정을 만들어낸 사건과 상관없이 걱정하는 생각이 만들어내는 정신적, 신체적인 반응 때문에 점점 더 심한 불안 상태를 느끼게 된다. 이렇게 해서 불안한 느낌이 마음에 자리 잡게 되면 불안은 양날의 칼이 되어 우리 삶을 갈라놓는다. 적절한 불안은 성공적인 삶을 위한 동기가 될 수 있지만 통제되지 않는 지나친 불안은 자기 상실이라는 독이 되어 수많은 성취 자원들과의 단절을 가져오게 되는 것이다.

　예를 들어 여러 명이 달리기를 할 때 심리적 불안을 일으키는 각성된 상태를 만들지 못하면 생리적, 신체적인 활력이 제대로 일어나지 않기 때문에 꼴찌로 결승점을 통과해야 한다. 마찬가지로 너무 지나친 각성이 일어나게 될 때도 몸이 굳어버려 최악의 결과가 나온다. 좋은 성적을 내기 위해서는 적정한 각성 수준과 불안이 필요한 것이다. 그래서 운동선수나 학생, 연예인, 사업가, 정치인 등 모든 분야의 사람들이 자신의 영역에서 최상의 수행 능력을 발휘할 수 있는 적정 불안 수준을 유지할 수 있는 능력을 가지는 것이 중요하다.

우리가 불안에 대해 부정적으로 생각하는 것은 불안을 제대로 알지 못하고 활용할 줄을 모르기 때문이다. 불안을 알고 통제할 수 있을 때 불안은 더 이상 우리를 구속하는 장애가 아니라 성공을 위한 소중한 자원으로 변화한다. 다만 불안이 통제하기 어려울 만큼 지나치게 될 때 주의의 폭을 좁혀 자신의 긍정적인 성취 자원을 단절시키고 환경에 대처하는 능력도 떨어지게 만드는 것이 문제가 될 뿐이다.

원래 불안은 건강하고 정상적인 경험과 반응이지만 불안의 종류와 강도, 빈도, 시간에 따라 불안장애로 발전되어 부적응 현상이 나타난다. 그래서 지나친 불안으로 인해서 생기는 부적응 현상을 학습된 불안장애라고 부르는 것이다.

불안은 우리가 어떠한 마음 상태에서 어떻게 해석하고 반응하느냐에 따라 우리에게 상처를 주는 나쁜 칼날이 될 수도 있고 삶의 성취동기와 활력을 주는 좋은 칼날이 될 수도 있다. 그렇기에 우리는 불안에 대처할 수 있는 우리의 건강한 멘탈 상태를 만드는 것이 필요하다.
불안이 느껴질 때 불안을 통제할 수 있는 멘탈 능력을 가지기 위해 불안에 중독되지 않는 건강한 상태에서 미리 불안을 극복할 수 있는 심리적 내성과 마음의 쿠션을 만드는 공부와 훈련이 필요한 것이다.
우리의 마음이 치료가 필요한 상태가 되었을 때는 이미 시기가 늦을 수도 있다는 사실을 명심해야 한다.

공포와 불안

　우리는 일반적으로 불안과 공포를 넓은 의미에서 함께 사용한다. 주변 자극과 상황에 따라 불안과 공포를 개념적으로는 충분히 구분할 수 있지만 두 가지 상태는 완전히 독립적으로 분리될 수 없는 상관성을 가지고 있기 때문에 일반적으로 함께 사용하는 것이다.

　먼저 불안과 공포에 대해 개념적으로 이해하는 것이 필요하다. 불안은 지금 현재의 자극이나 상황이 아니라 미래에 장차 겪게 될 고통을 염려하거나 두려워하는 마음 상태이다. 반면에 공포는 지금 현재에서 실재하는 위협적인 자극과 상황에서 느끼는 마음 상태라고 할 수 있다. 두 가지는 서로 완전히 독립적으로 분리될 수 없는 상관성을 가지고 있기 때문에 불안이 공포를 더 키울 수도 있고 공포가 불안을 더 키울 수도 있는 것이다.

　불안에 대해서 다음의 사례로 좀 더 쉽게 이해할 수 있다. 예를 들어 운전이 미숙한 초보자는 장차 복잡한 도로에 차를 몰고 나가는 것에 대해 불안을 느끼게 된다. 이때의 불안은 익숙하지 않은 낯선 도로환경과 불확실성에 대한 초조하고 두려워하는 마음 때문에 생긴다. 그리고 시험을 앞둔 수험생이나 승진을 앞두고 결과를 기다리는 직장인, 군입대를 앞둔 대기자들이 초조함과 두려움을 느끼게 되는데 이것이 불안이다.

　이러한 미래의 불안은 대부분 현실에서 자신이 견디기 힘들 만큼의 고통으로 나타나지 않는데도 불구하고 우리는 이러한 미래의 불안한 마음을 미리 앞당겨 긴 시간 심리적인 고통을 느끼면서 살아간다.

많은 사람들이 실재하지 않는 미래의 불확실성을 미리 앞당겨 쓸데없는 불안을 느끼고 있는 것이다.

공포에 대해서도 다음의 사례로 좀 더 쉽게 이해할 수 있다.

예를 들어 비탈길을 운전 중에 차가 미끄러져 절벽에서 떨어질 뻔한 아찔한 경험을 하게 되면 등에 식은땀이 나면서 극심한 공포를 느끼게 된다. 이러한 공포는 지금 현재에서 실재하는 위험을 겪게 될 때 생기는 것이다. 이때의 공포 경험이 개인의 불안 수준을 높게 되면 이후에 비탈길을 지날 때 전혀 공포를 느낄만한 자극이나 상황이 아니더라도 과거의 극심한 공포를 다시 느끼게 되는데 이것이 트라우마에 시달리는 사람들이 보이는 스트레스 반응이다. 이러한 공포는 과거의 공포 경험에 의한 조건형성으로 불안 수준이 높아져 있기 때문에 공포를 재연하게 되는 것이다.

그래서 평소 불안 수준이 높은 사람이 공포를 더 많이 느끼게 되고 공포를 강하게 체험한 사람이 불안을 더 많이 느끼는 상태로 변하게 된다. 우리가 불빛이 없는 어두운 밤길을 걸어가게 될 때 시각적 정보가 부분적으로 제한되기 때문에 누구나 약간의 불안을 느낀다.

그때 길을 걷다가 무언가 발에 꿈틀거리는 느낌이 들어 불빛을 비추어 보니 커다란 뱀이 다리를 휘어 감으며 입을 벌리고 혀를 날름거리고 있다. 급하게 뿌리치고 혼비백산하여 걸음아 나 살려라고 도망을 갔지만 그 엄청난 공포 경험은 뇌에 강하게 흔적을 남기게 된다.

밤에 불안 수준이 높은 상태에서 뱀을 밟은 공포체험은 어둠과 뱀이 아주 강하게 연합되어 조건형성되면서 이후 어둠에 대한 불안을 갖게 되는 정신적 외상으로 남는다. 그 사건 이후 공포 경험에 의해 불안한 정서가 뇌를 통제하게 되면서 밤길을 걷지 못하는 트라우마가 생기게 된다. 이런 강한 정서적 경험은 왜곡과 일반화 과정을 거쳐 어두운 밤이 아닌 밝은 낮에도 불안과 공포라는 마음의 걸림돌을 만든다. 나중에는 길에 떨어져 있는 나뭇가지를 보고도 뱀을 밟았을 때의 공포를 재경험하기까지 한다.

이제는 주변에서 흔히 볼 수 있는 새끼줄과 줄넘기, 허리띠, 밧줄, 가늘고 긴 줄, 막대기, 연필, 검은색, 가죽, 꿈틀거리는 물체, 꽈배기 등을 볼 때도 밤에 뱀을 밟았을 때의 공포를 재경험하는 고차적 조건형성까지 일어난다. 결국 불안과 공포는 모두 현재와 미래의 위험을 예측하고 자신을 보호하려는 반응이지만 잘못 조건형성되면 정신적 외상이 되어 마음의 장애를 일으키는 원인이 되는 것이다.

공포는 위험이 곧 닥칠 것이라는 신호나 상황, 자극에 의해 생기고 불안은 장차 일어날지도 모르는 불명확한 위협에 의해 생긴다. 공포는 당장 일어날 수 있는 위험한 신호와 자극에 의해 생기지만 불안은 어떤 위험이 실재하지 않고 그것이 일어나지 않을 수도 있는 무엇인가에 연관된 걱정하는 마음이라고 할 수 있다.

공포는 지금 현재에서 나 자신이 실재하는 위험한 상황에 놓여있다는 사실을 인지하고 해석한 반응이며 불안은 미래의 위험이 지금 현재에서 실재하지 않지만 앞으로 나 자신에게 불리하게 작용할 것에 대해 걱정하는 마음이다. 중요한 것은 뇌는 공포와 불안을 객관적으로 느끼는 것이 아니라 자신의 학습과 경험이 축적된 기억 시스템에 의해 생략, 왜곡, 일반화시켜 자신의 주관적인 세상모형으로 느끼게 된다는 사실이다. 그것은 우리가 느끼는 불안이 대부분 과거의 경험이 뇌에 기억될 때 함께 연합된 정서에 의해 주관적으로 편집되기 때문이다.

공포도 마찬가지로 자신의 현재 불안 수준에 의해 전혀 다르게 경험하게 된다. 불안 수준이 높으면 전혀 위험한 상황이 아닌데도 불구하고 공포를 더 크게 느끼게 되는 것이다. 우리가 체험한 불안과 공포는 우리의 유전과 학습, 경험에 의해 만들어진 마음의 필터인 주관적인 세상모형에 따라 달라진다. 그래서 우리의 세상모형을 만드는 필터를 바꾸면 우리가 만나는 세상이 바뀔 수 있게 되는 것이다.

우리의 건강한 필터를 만드는 멘탈 훈련 방법이 바로 생각과 느낌, 말, 행동의 반복이다. 이 네 가지는 우리가 불안과 공포의 어두운 수렁에서 빠져나와 온전히 자기 자신을 만나고 자신의 성취 자원을 충분히 사용할 수 있는 건강한 상태로 회복시키는 최상의 도구가 될 수 있다.

불안장애

불안장애는 우리 주변에 가장 널리 퍼져 있는 정신질환의 종류이다.

우리는 살아가면서 누구나 일시적인 공포와 불안을 경험하게 된다. 정상적인 경우 불안을 극복하는 과정이 심리적 내성과 응집력을 강하게 만들어주기 때문에 불안이 심신의 건강과 생명유지에 필요한 반응일 수 있다. 이러한 일시적인 불안은 우리 삶에서 아무런 문제가 되지 않을 뿐만 아니라 오히려 정신적 건강 상태를 유지시켜주는 마음의 쿠션을 만들어준다.

일시적 불안을 일으키는 원인에는 과제에 대한 목표, 낯선 환경에 노출, 사회적 비교, 일자리 구하기, 연인과의 헤어짐, 수줍음, 열등감, 무대공포, 수면장애 등 수없이 많다. 이러한 자극과 경험은 일시적으로 부정적인 정서와 불안, 무력감을 느끼게 만들지만 시간이 지나면서 대부분 정상적으로 회복된다.

오히려 일시적인 문제가 해결되고 나면 이러한 부정적인 정서와 불안이 사라질 뿐만 아니라 전화위복의 계기가 되어 불안을 느끼기 전보다 심리적 내성과 응집력이 더 강해져 보다 건강한 상태로 변할 수 있다. 하지만 공포와 불안을 느끼게 만드는 자극과 경험의 강도와 빈도, 시간, 종류가 스스로를 방어할 수 있는 역치를 뛰어넘게 되면 심각한 문제가 생길 수 있다. 경험하는 공포와 불안이 마음의 쿠션과 회복력을 작동시키지 못할 정도로 역치를 뛰어넘게 되면 마음과 신체에 심각한 후유증을 남길 수 있기 때문이다.

이렇게 마음과 신체에 문제가 생기는 상태를 불안장애라고 한다. 이와 같은 불안장애는 따돌림이나 왕따, 공개된 장소에서의 망신, 충격적인 경험, 애착 결핍, 관계 단절, 트라우마 등이 원인이 되어 생길 수 있다. 이러한 원인으로 인하여 불안장애가 생기게 되면 자기 상실과 공황발작, 외상 후 스트레스 장애, 학습된 무기력 등이 지속되는 심리적 문제를 일으키게 되며 이후에 처음의 문제가 해결이 되거나 시간이 오래 지나도 불안장애는 쉽게 없어지지 않는다.

이미 불안한 현재 상태를 유지하는 항상성이 생겨 불안한 상태를 만들기 위한 중독된 패턴을 형성했기 때문에 불안에서 벗어나는 것이 힘들게 된다. 불안장애의 종류를 살펴보면 범불안장애와 공황장애, 강박장애, 외상 후 스트레스 장애 등이 있다. 이러한 전체 불안을 통틀어 '공포 및 불안장애'라고 부르기도 한다.

범불안장애는 우리가 일반적으로 불안이라고 할 때 떠올리는 걱정이나 근심, 초조함, 두려움 등이 해당된다. 이러한 범불안장애를 가진 사람들은 가족과 친구, 직장 동료와의 관계 능력이 떨어진다.

그리고 돈 문제나 건강, 애정관계 등의 상황과 환경에서도 능동적이고 합리적인 문제 해결 능력을 가지고 있지 못하기 때문에 통제할 수 없는 과도한 걱정과 긴장상태를 지속하는 경우가 많다.

공황장애는 짧은 시간에 발작 증상이 일어나며 발작이 일어나는 동안 숨이 멎을 것 같은 느낌이나 두근거림, 얼어붙기, 심장마비가 일어나는 것과 같은 고통을 느끼게 된다. 공황장애는 뱀이나 바퀴벌레와 같은 특정 대상이나 좁고 밀폐된 장소, 엘리베이터, 비행기나 선박 등을 탈 때처럼 특정한 물리적 상황을 접촉할 때 불안을 느끼는 '특정 공포증'과 많은 사람들이 모인 축제장이나 군중 앞에서의 연설과 같은 상황에서 두려움을 느끼는 '사회 공포증'이 있다.

또한 특정한 생각과 행동을 반복하는 강박장애도 있다.

그리고 견디기 힘들 만큼의 충격적인 경험으로 생긴 정신적 외상인 트라우마에 의해 무감각, 수면장애, 과민반응 등의 특징을 보이는 외상후 스트레스 장애도 불안장애에 포함된다. 공포와 불안은 서로 상관성을 가지고 있기 때문에 공포에 불안이 포함되어 있고 불안에 공포가 포함되어 있다. 그래서 넓은 의미에서 공포와 불안에 의해 생기는 증상에 대해 공포 및 불안장애라고 부르기도 하는 것이다.

우리 주변을 살펴보면 많은 사람들이 공포 및 불안장애로 고통받고 있다는 것을 알 수 있다. 문제는 이러한 공포 및 불안장애가 다른 심리질환과 비국소적인 연결을 짓고 있으며 다른 정신질환의 주요 원인이 되기도 한다는 사실이다. 공포 및 불안이 원인이 되어 스트레스를 일으키기도 하고 지속적인 스트레스가 공포 및 불안의 원인이 되기도 한다. 그래서 이 두 가지가 정신질환을 일으키는 원인이 될 뿐만 아니라 신체적인 질병의 원인이 되기도 하는 것이다.

특히 공포 및 불안이 우울증과 조현병, 경계성 인격장애, 자폐증, 섭식 및 중독 장애의 원인이 되기도 하며 반대로 그러한 정신질환이 공포 및 불안을 더 키우기도 한다. 일반적으로 공포 및 불안의 원인은 유전이 약 40%, 학습과 경험이 약 30%, 환경적 요인이 약 30% 정도로 본다. 즉 유전은 우리가 바꿀 수 있는 것이 아니기 때문에 어쩔 수가 없는 것이다. 하지만 우리가 새로운 학습과 경험을 반복하여 마음의 쿠션을 강화시키고 환경을 긍정적으로 바꾸면 공포 및 불안장애를 미리 예방할 수도 있고 그러한 문제 상태에서 해방될 수도 있다.

무의식적 반응

우리는 외부의 위협적인 자극과 정보를 대부분 의식적으로 먼저 지각한다고 착각하기 쉽지만 실제로는 의식적 개입 없이 무의식적인 시스템과 편도가 먼저 자동적으로 활성화되기 때문에 공포와 불안 반응이 일어난다. 의식적으로 먼저 알아차리고 무의식적인 반응이 나타나는 것이 아니라 무의식적인 반응이 먼저 일어난 이후에 의식적으로 알아차릴 수 있게 되는 것이다.

이러한 현상은 우리 뇌에 공포와 불안을 만들어내는 무의식적인 시스템이 존재하고 있기 때문이다. 이처럼 우리 뇌에 공포와 불안과 관련된 무의식적인 시스템이 존재하기 때문에 외부의 위협적인 자극과 정보에 대해 의식적 분석이나 판단 없이도 그 시스템이 활성화되면서 공포와 불안을 느끼게 되는 것이다.

주부가 요리를 하기 위해 부엌에서 무를 썰다가 하마터면 손가락을 베일뻔한 아찔한 순간을 경험했다면 그것은 무의식이 먼저 위험에 대처하는 반응을 하고 의식이 나중에 아주 위험한 순간이었다는 것을 알아차리게 된 것으로 볼 수 있다. 무를 썰고 있는 동안에 주부는 의식적으로 전혀 위험을 지각하지 못하고 공포와 불안도 느끼지 못했지만 무의식과 편도는 위험을 처리하고 조건반응을 하게 되는 것이다.

이러한 사례는 자동차 전용도로인 고속도로에서 빠른 속도로 장시간 운전을 할 때도 쉽게 경험할 수 있다. 고속도로에서 긴 시간의 운전은 목표지점에 대한 의식적 개입이 일부 작용하지만 대부분의 운전은 자동화된 무의식적 차원에서 하게 된다.

운전 과정에서 피로로 인해 몇 차례 졸음운전을 하는 상황이 발생할 수도 있지만 목표지점까지 사고 없이 안전하게 도착할 수 있다. 목적지에 도착한 후에 고속도로에서 졸음운전을 했던 순간들을 회상해보면 아찔한 기분이 들기도 한다. 이처럼 위험한 졸음운전을 하면서도 목적지까지 안전하게 도착할 수 있게 해주는 기능이 뇌에 존재하고 있기 때문에 고속도로에서 살아남을 수 있는 것이다.

이러한 기능은 생존을 위해 공포 및 불안에 반응하는 뇌의 무의식적 시스템이 만든 반응이다. 이와 같이 무의식과 편도가 위험에 빠르게 반응하는 역할을 하기 때문에 눈을 감은 상태에서도 몇십 미터를 사고 없이 달릴 수 있는 것이다. 만약에 무의식적 시스템이나 편도의 기능이 없다면 고속도로에서 눈을 감고 안전하게 달릴 수 있는 거리가 훨씬 짧아지게 되어 사고 가능성도 더 높아지게 된다.

물론 사람에 따라 졸음이 오는 순간 큰 사고를 일으키기도 하지만 편도와 무의식은 우리에게 닥쳐오는 위험한 자극과 정보에 빠르게 반응하여 우리를 좀 더 안전하게 지켜주는 중요한 역할을 해준다. 의식은 졸음운전에 대해 사전에 지각하고 통제하지 못하기 때문에 일시적인 졸음운전에서 우리의 생명을 지키는 중요한 역할을 하는 것은 무의식과 편도이다.

도로에서 택시를 기다리는데 갑자기 차량이 자신에게 달려올 때 급하게 몸을 피한 후에야 자신의 반응을 근거로 자신이 조금 전에 목숨을 잃을뻔할 정도로 위험했다는 사실을 알아차릴 수 있게 된다.

이것은 우리가 의식적 통제 없이도 공포와 불안과 관련된 시스템이 우리를 지켜주는 반응을 자동적으로 하고 있다는 증거이다.

시상에서 전두엽에 보내는 신호보다 편도에 보내는 신호가 더 빠른 이유는 우리의 생존을 위해서 편도가 그만큼 중요한 기능을 하고 있기 때문이다. 편도가 활성화되어 몸이 먼저 반응한 이후에 전두엽에서 의식적으로 지각할 수 있기 때문에 의식적 지각이 일어났을 때는 이미 몸이 먼저 반응하고 있을 때이다.

그래서 '긴장하지 마'라는 부정적 긍정문을 듣게 되면 편도가 먼저 활성화되어 몸을 긴장상태로 만들어 버리고 각성시키게 되면서 의식적으로 긴장하지 않으려는 노력이 아무런 소용이 없게 되는 것이다.

전두엽에서 '긴장하지 마'의 말뜻을 분석했을 때는 이미 몸이 먼저 긴장이라는 자극에 반응하고 있기 때문에 의식이 아무런 통제 능력을 가지지 못할 뿐만 아니라 더 심한 긴장상태를 만들게 된다.

편도는 자극이 들어오면 그것을 해석하거나 판단하지 않고 빠르게 자동적으로 반응한다. 그래서 공포와 불안과 관련된 자극과 정보가 들어오면 재빨리 몸을 불안 상태로 만들기 위해 정서적 뇌를 작동시키는 것이다. 그 자극이 우리의 반복된 생각, 느낌, 말, 행동 중 무엇이든 상관없이 우리 안에 공포와 불안과 관련된 시스템이 가동되면 불안은 걷잡을 수없이 확산된다.

외부의 위험에 대해 우리가 의식적으로 알아차리고 반응하는 것은 무의식적으로 가동되는 시스템보다 느리다. 의식은 느리고 의도적이지만 무의식은 빠르고 자동적이기 때문이다. 위험을 먼저 알아차리는 편도는 공포와 불안을 느끼는 몸의 반응을 먼저 일으킨 후에 늦게 알아차리는 의식적 지각과 반응에도 함께 관여한다. 뇌는 전체성으로 작동되기 때문에 이후에 일어나는 의식적 반응에도 편도에서 공포와 불안의 정서를 묻혀주어 의식적으로도 공포와 불안을 느낄 수 있게 해준다. 중요한 사실은 의식의 개입 전에 이미 우리의 무의식적 시스템이 공포와 불안을 느끼게 만든다는 사실이다.

선택

우리의 삶은 끊임없는 선택의 연속이다. 사랑, 꿈, 행복, 미소, 목표, 신념뿐만 아니라 공포와 불안, 우울 등도 우리의 선택에 의해 만들어지는 것이다. 물론 이러한 상태가 자신의 자유의지에 의해서 만들어지기도 하고 다른 사람과 환경에 의해서 만들어지기도 하지만 최종적으로 그것을 수용하고 선택하는 것은 자기 자신이다.

우리는 끊임없이 무엇인가를 선택해야 하고 선택한 것에 자신의 자원과 에너지를 일치시켜 그 선택에 최선을 다하는 삶을 살아가고 있다. 그래서 인간을 고정된 존재로 보는 것이 아니라 선택과 확률에 의해 언제든지 변화할 수 있는 가변적인 존재로 보는 것이다.

우리가 어떤 것을 선택하는가는 확률이며 선택된 확률에 의해 상태가 변화하고 그 변화가 새로운 존재와 정체성을 만든다. 우리가 특정한 공포와 불안을 느끼는 것도 선택과 확률로 이해할 수 있다.

제프리 그레이의 '행동 억제 이론'은 인간의 공포와 불안에 관한 유명한 동물모델이다. 행동 억제 이론은 허기진 동물이 맛있는 먹이 앞에서 먹고 싶은 본능과 그 먹이를 먹다가 다른 포식자에게 잡혀먹힐 위험에 노출되는 두 가지 목표가 충돌될 때 뇌의 억제 시스템이 더 강하게 활성화되어 맛있는 먹이를 먹는 선택을 포기하고 위험의 회피를 선택하게 된다는 것이다.

잘못된 선택을 했을 때 생명을 잃을 수도 있기 때문에 자신의 안전이 최우선적인 선택이 되는 것은 당연하다. 이 두 가지 충돌은 동물의 뇌가 맛있는 먹이보다 위험신호를 주는 자극 상황에 더 많은 가능성을 부여하여 그것이 행동 억제 상태로 이어지게 만들어 맛있는 먹이를 포기하고 위험으로부터의 회피를 선택하는 방어 시스템이 작동된 것으로 이해할 수 있다.

낯선 사람이 개에게 먹이를 주고 몽둥이를 들고 지켜보고 있을 때 맛있는 먹이를 먹어서 얻을 수 있는 눈앞의 쾌락보다 낯선 사람이 주는 위험에 노출되지 않기 위한 선택을 먼저 하게 된다. 외부의 어떤 위험 자극이 발생하면 위험한 상황을 만들지 않기 위해 생존본능기전을 활성화시켜 방어반응을 먼저 일으키는 것이다. 이러한 선택을 하게 되는 이유는 눈앞의 맛있는 먹이가 주는 쾌락이 자신의 생명과 바꿀 만큼의 가치를 가지지 못하기 때문이다.

어떤 경우에도 생존의 가치가 최우선이 되며 이것은 동물과 사람이 크게 다르지 않다. 다만 사람의 경우 동물과 달리 의식적인 작용에 의해 그 선택이 바뀌는 경우도 있을 수 있다. 그것은 자신의 특별한 사명과 신념, 가치, 종교에 의해 생명의 가치가 뒤로 밀리기도 하는 것이다.

하지만 대부분의 사람들은 그 어떤 가치보다 자신의 생명을 안전하게 지키는 것에 최우선의 가치를 부여한다. 일반적으로 위험에 대한 자극이나 신호가 편도 회로에 연결되면 이 회로는 순식간에 위험을 알아차리고 반응을 조율하여 생명을 유지하고 안전을 지킬 수 있는 최선의 선택을 하게 되는 것이다.

이때 편도 회로는 생존을 위해 위험을 감지하고 반응하기 때문에 생존이 최우선 목표가 된다. 편도 회로가 공포의 느낌을 직접 만들지 않으며 공포의 느낌을 만드는 것은 편도 회로에 의해 화학물질의 분비에 관여하는 뇌 영역이 활성화되었기 때문이다. 이렇게 되면 생존을 위한 각성과 경계를 유지하며 위험에 집중할 뿐만 아니라 주위의 잠재적인 위험요소들까지 살피는 상태를 유지한다. 이러한 각성과 경계 상태에서는 미세한 자극에도 쉽게 반응할 수 있도록 방어반응 발현의 역치를 최대한 낮추게 된다.

뇌와 몸 전체가 외부의 위험으로부터 자신을 안전하게 지키기 위해 각성과 경계 상태에서 자신의 자원과 에너지를 총동원하기 때문에 동물적인 상태를 유지한다. 이렇게 각성과 경계 상태에서 싸움-도주의 동물적인 반응이 나타나면서 에너지가 고갈되어버리기 때문에 먹거나 마시거나 사랑, 창조, 수면 등의 행동이 억제된다. 이처럼 우리 뇌의 기억 시스템에서 방어 생존 회로가 활성화되고 그것이 현재의 자극이나 그 자극과 유사한 자극에 연결이 될 때 그것을 지각하게 되면서 공포와 불안을 느끼게 되는 것이다.

이 말은 우리가 수많은 학습과 경험을 통해 언어로 부호화되어 뇌에 저장되는 공포와 불안과 관련된 기억 시스템과 확장된 이미지를 갖고 있어야 공포와 불안을 느낄 수 있다는 의미이다. 우리의 경험은 기존의 기억 시스템을 활용하기 때문에 기억에 없는 공포와 불안을 경험할 수 없기 때문이다.

우리의 경험이 뇌에 언어로 부호화되어 저장될 때 경험 당시에 느꼈던 정서와 신경적 반응이 함께 연합되어 기억 시스템을 이루고 있다. 그래서 공포와 불안은 이러한 부정적인 기억을 바탕으로 특정 종류의 비의식적 요소들이 한곳에 합쳐지고 그것이 인지적으로 해석될 때 나타나는 의식 상태가 된다. 결국 인지적 해석은 수많은 신경회로 중에서 확률에 의해 선택을 하는 것이기 때문에 공포와 불안은 우리가 선택한 것으로 볼 수 있는 것이다.

가짜 세상

우리가 알고 있고 믿고 있는 대부분의 사실이 절대적인 사실이 아니라고 하면 사람들은 대체로 어리둥절한 반응을 보인다. 하지만 우리가 알고 있는 대부분의 사실이 절대적인 사실이 아니라는 그 사실만큼은 절대적인 사실이다.

중추신경계인 우리의 뇌는 너무나 중요한 기능과 역할을 맡고 있기 때문에 두개골 안에 안전하게 자리 잡고 있다. 어두운 두개골 안에 있는 뇌는 세상을 있는 그대로 볼 수 없기 때문에 과거의 기억 시스템과 정서, 언어, 감각에 의해 만들어진 주관적인 세상모형에 의존하여 모든 자극과 정보를 오감적으로 처리한다.

이렇게 중요한 개인의 세상모형은 부모로부터 물려받은 유전자를 바탕으로 자신만의 학습과 경험이 반복적으로 축적되어 만들어진 마음의 필터에 의해 만들어진다. 주관적인 필터를 가지고 모두가 서로 다른 사실을 만들어내기 때문에 절대적인 사실이 존재하기 힘든 것이다.

그래서 우리가 알고 있는 대부분의 사실은 자신의 필터에 의해 생략, 왜곡, 일반화된 주관적인 믿음일 뿐이다. 많은 사람들이 자신의 생략, 왜곡, 일반화된 주관적인 필터가 만든 세상모형을 가지고 그것이 절대적인 사실이라는 믿음을 가지고 살아가는 것이다.

흔히 '해가 뜬다', '해가 진다', '달이 뜬다', '달이 진다', '해는 동쪽에서 뜨고 서쪽으로 진다'라는 말을 많이 사용하는데 이 말들도 전혀 사실이 아니다. 정말 해가 동쪽에서 뜨고 서쪽으로 지는 것일까?

해는 동쪽에서 뜨는 것도 아니고 서쪽으로 지는 것도 아니지만 우리의 관점에서 그렇게 보는 것일 뿐이다. 이것은 태양을 중심으로 자전과 공전을 하며 일어나는 변화에 대해 우리의 관점에서 바라본 착각이다.

이 모든 것은 자기중심적이고 편향된 세상모형이 편집한 가짜라고 할 수 있다. 그런데도 우리는 그것이 절대적인 사실이라고 믿고 살아간다. 중요한 것은 우리의 믿음이 절대적인 사실을 만들기 때문에 그 믿음을 가지고 살아가는 세상이 진짜가 아닐 수도 있는 것이다.

어차피 인간이 가진 인식의 한계와 편향된 세상모형 때문에 세상을 있는 그대로 볼 수 없고 착각을 할 수밖에 없다면 좀 더 나은 착각을 할 수 있는 세상모형을 가지는 것이 중요하다. 그것이 사실이라서가 아니라 그것을 사실이라고 믿고 그와 같이 행동하면 그와 같은 결과를 얻을 수밖에 없기 때문이다.

에밀 쿠에는 "우리의 믿음이 우리를 통제한다"라고 했다.

그것이 사실이든 아니든 상관없이 그것이 사실이라고 믿고 있는 동안 그것은 틀림없는 사실이 되기 때문이다. 공포와 불안 때문에 고통받는 사람들도 사실이 아닌 가짜 믿음을 만들어 그 믿음에 통제당하고 있는 것이다. 해가 동쪽에서 솟아올라 서쪽으로 지는 것이 자신의 주관적인 관점에서 바라본 착각이듯이 지나간 과거의 고통스러운 기억과 정서 때문에 지금 현재에서 그 고통에 대한 공포와 불안을 느끼는 것도 뇌가 착각을 하고 있는 것일 뿐이다.

만약 공포와 불안에 대한 믿음을 만들게 되면 지금 현재에서 그것은 절대적인 사실이 된다. 그것이 사실이든 아니든 상관없이 그것에 대한 믿음이 만들어지면 그것은 이미 사실로 존재하게 되는 것이다.

자신이 느끼는 공포와 불안이 다른 사람에게는 사실이 아닐 수 있지만 최소한 본인에게는 틀림없는 사실이 된다. 이것은 서로가 다른 경험에 의해 다른 믿음을 가지고 있기 때문이다. 서로가 같은 체제에 있지 않기 때문에 서로가 다른 공포와 불안 수준을 갖고 있는 것이다.

공포 반응

자연 속에서 살아가는 동물의 삶은 순간순간이 생존을 위한 끊임없는 투쟁의 연속이다. 동물의 세계에서는 자신의 생명을 노리는 수많은 포식자의 존재를 경계하면서 굶어 죽지 않기 위해 먹을 것을 구하고 불확실한 주변의 위협으로부터 안전을 확보할 수 있어야만 생존이 가능하다. 동물이 먹이를 구하여 굶주리지 않고 생존을 이어가기 위해서는 포식자로부터의 위험에 어느 정도 노출될 수밖에 없다.

그래서 TV에 방송되는 동물의 왕국을 보면 약육강식이 지배하는 동물의 세계는 생존을 위해 위험한 도전과 모험을 포기하지 않는다는 것을 알 수 있다. 이와 같이 동물이 생존에 위협이 되는 위험에 노출되면 위협에 대응하기 위한 방어 시스템을 가동시키게 되는데 이것이 공포와 불안의 핵심 기반이다.

이런 상태에서 동물이 공포에 질리면 싸움-도주 반응을 하거나 반응이 불가능할 경우 얼어붙기 행동을 선택하는 방어 시스템을 가동시키게 된다. 공포나 불안 상황에서 싸움-도주 반응뿐만 아니라 얼어붙기

행동을 하는 이유는 움직이지 않고 얼어붙는 행동이 포식자에게 발각
될 위험을 줄여주기 때문이다.

인간도 동물과 마찬가지로 원초적으로 자신의 안전과 생존을 위해 어
느 정도의 위험을 감수하면서까지 원하는 것을 추구한다. 하지만 인간
은 동물과는 달리 자신의 욕심을 충족시키기 위해 치열한 경쟁을 벌이
며 다투는 과정에서 물리적인 위협보다 그 사건에 대한 생각과 예측 때
문에 더 많은 공포와 불안을 느끼게 된다.

공포와 불안에 대한 반응은 사람과 동물이 다른 부분이 있지만 생존
에 위협을 느낄 정도의 공포와 불안에 노출되면 사람도 동물과 마찬가
지로 싸움-도주 반응을 선택한다. 더 심한 위험 상황에서는 얼어붙기
가 되어 꼼짝 않고 숨도 제대로 쉬지 못한 채 굳어버리거나 몸을 웅크
리는 반응을 보인다. 대부분 이런 상황에서 교감신경이 급격히 활성화
되면서 호흡을 증가시켜 젖산을 근육의 주된 에너지인 포도당으로 전
환시켜 위험에 반응하지만 과한 공포와 불안 때문에 아무런 반응도 하
지 못하게 될 수도 있다.

일반적으로 이렇게 활성화된 교감신경은 심박수를 높여 순환계의 혈
류를 증가시키고 근육에 에너지가 전달되는 것을 돕기 위해 아드레날
린을 분비한다. 뇌와 내장, 피부의 혈류가 팔과 다리의 근육으로 신속
하게 이동되고 관련 신체 조직의 혈관을 수축하거나 이완시킨다.
피부에 혈류가 줄게 되면 싸움-도주 반응에서 상처를 입었을 때 출혈
을 줄이게 되는 예방 효과가 있다.

만약 교감신경이 지나치게 활성화되면 체내에 이산화탄소 농도가 높

아지면서 신체 내부의 생리적 위험신호에 의해 공기가 부족한 호흡곤란에 이르는 반응을 나타내기도 한다. 이 상태에서 공황장애를 겪기도 하는데 체내 시스템이 이러한 변화를 위험한 수준으로 잘못 감지하고 과호흡을 유발하는 상태가 되면 이산화탄소 농도가 더욱더 올라가게 된다. 이 상태에서 생리적 변화를 잘못 해석하여 어지럼증과 두통 등의 공황상태를 만들기도 하는 것이다.

조건형성

어떤 여성이 어두운 골목길을 걸어가다 불량배를 만나 돈을 뺏기고 불량배가 휘두른 칼에 상처를 입었다. 이 여성은 생명의 위협을 느끼는 공포 상황에서 가까스로 빠져나왔다. 너무나 공포스러운 경험을 하게 된 여성은 경험 당시의 어둠과 소리, 장소와 관련된 정보가 짝짓기 되어 기억 시스템에 저장되었다.

그 사건 이후에 이 여성은 어두운 골목길을 혼자 걸어가는 것이 힘들어지고 사건 당시에 들었던 소리나 상황, 맥락 등이 모두 뇌에 연합기억으로 저장되어 있기 때문에 그것과 관련된 미세한 자극에도 크게 놀라는 공포와 불안을 겪게 된다. 이것이 바로 조건형성 이론이며 이후에 여성의 공포 경험은 트라우마 기억으로 남는다.

동물실험에서 두 개의 연결된 상자 중에 한 개의 상자에 개를 넣어두고 개가 들어있는 상자에 소리를 들려주며 전기 충격을 가하면 개는 그 상태로 꼼짝하지 않고 얼어붙어버린다. 소리와 전기 충격이라는 두 가지 연합 자극을 반복해서 제공한 이후 다음에는 전기 충격을 가하지 않고 소리만 들려주어도 개는 얼어붙기 반응을 보인다.

이러한 반응은 개에게 가해진 전기 충격과 소리가 연합되어 조건형성되었기 때문에 나타나는 현상이다. 나중에는 전기 충격과 소리의 자극을 주지 않고 충격을 받았던 상자에 넣기만 해도 얼어붙는 행동을 보인다. 이렇게 조건형성된 개에게 소리를 들려준 후 우연히 전기 충격이 없는 옆 상자로 이동하는 체험을 할 수 있게 해주면 이후에 개는 소리가 나면 옆에 있는 상자로 피하는 행동을 하게 된다.

동물실험에서의 조건형성은 생물학적으로 중립적인 약한 자극을 생물학적으로 유의미한 강한 자극과 연결을 짓는 것이다.

이러한 조건형성이 학습된 것이라면 조건형성에서 벗어나는 탈학습도 얼마든지 가능하다. 중립적인 소리의 자극 이후 주어지는 강한 자극인 전기 충격을 반복적으로 제공하지 않게 되면 소거를 통해 조건형성되기 이전의 상태로 되돌릴 수 있게 된다.

간단히 설명하면 조건형성의 효과를 없애는 것이 소거이기 때문에 반복적으로 안전함을 느끼는 조건 자극(CS)에 노출시키면서 공포와 불안을 주는 무조건 자극(US)이 뒤따르지 않도록 하면 기존의 조건형성이 더 이상 일어나지 않는다. 소거는 기억의 완전한 제거가 아니라 CS가 위험하다는 기존의 기억을 CS가 안전하다는 새로운 정보를 통해 억제하는 새로운 학습이라고 할 수 있다. 처음에 공포와 불안을 일으키는 위협과 관련된 조건형성이 CS-US 연합을 통해 일어났기 때문에 CS-US 분리에 의해 소거가 일어나는 것이다.

그렇기 때문에 소거로 기억이 완전히 지워진 것이 아니라 뇌에 기억이 여전히 존재하고 있으며 시간이 흐르거나 관련된 자극이 다시 주어지는 변화가 생기면 언제든지 다시 과거의 조건형성이 되살아날 수 있다. 사람들이 심리상담과 치료를 받고 상태가 호전되었다가도 주변 상황과 자극에 의해 다시 원래의 문제 상태로 돌아가는 이유가 기억은 지워지는 것이 아니라 뇌에 저장된 상태로 다시 활성화될 수 있는 선택을 기다리고 있기 때문이다.

조건형성 이론은 동물과 인간의 뇌가 불안과 공포를 어떻게 느끼고 위협을 학습하는지에 대한 근본적인 이해를 할 수 있게 도움을 주는 길잡이의 역할을 해준다. 조건형성 이론은 안전함을 주는 조건 자극 (CS)과 공포와 불안을 주는 무조건 자극(US) 사이에 짝짓기 관계가 형성되는 연합 학습으로 이해할 수 있는 것이다.

US가 CS의 의미를 조작하거나 변화시켜 CS가 생리적 반응과 방어 기전을 활성화하도록 만든다. 즉 조건형성은 자극과 자극이 연합되는 학습이다. US가 뒤따를 가능성이 높다고 경고를 보내는 CS의 예측적 가상을 학습하는 것이다. 이러한 반응이 지속적으로 반복되거나 견디기 힘들 만큼 정서적 자극을 주는 사건의 경우 사건 당시의 주변 상황과 맥락, 조건들까지 함께 연합되어 조건형성되기 때문에 이후에 관련된 미세한 자극에도 과거의 경험이 그대로 재연된다.

이러한 잘못된 조건형성이 심리적인 문제를 일으키는 원인이 되는 것이다. 하지만 조건형성의 긍정적인 기능은 인간의 학습과 경험에 도움이 되는 연결이며 생존을 위해서도 중요한 역할을 하고 있다.

조건형성 이론은 생존을 위해 위험과 관련된 자극이 주어지면 위험을 예상하고 방어기전을 활성화하도록 하여 위험을 줄일 수 있는 긍정적인 반응을 설명하는 것이다.

조건형성과 반응

조건형성은 선천적으로 가지고 있거나 과거에 학습된 위험요소가 내부에 존재할 때 현재의 위험요소를 알아차리고 방어반응과 생리적 반응이 발현되도록 하여 생존과 안전에 유리한 준비상태를 만든다.

만약 선천적이거나 학습된 위험에 대한 조건형성이 없다면 눈앞의 위험요소를 감지하지 못해 안전에 심각한 문제가 생길 수도 있다.

예를 들어 절벽에서 떨어질 뻔한 아찔한 경험이나 도로에서 무단횡단을 하다 직접 사고를 당했거나 다른 사람의 사고를 목격한 기억이 있는 사람은 이후에 그러한 위험요소에 대한 방어반응을 통해 자신의 생명과 안전을 지킨다. 이처럼 안전과 생존을 위해 위험요소에 어떤 반응을 선택할 것인지를 빠르게 판단할 수 있게 만드는 것은 과거에 학습된 기억 시스템의 도움을 받아 이루어진다.

우리는 생존에 위협이 되는 신호나 자극이 주어지면 강한 공포를 느끼며 제자리에 꼼짝하지 않고 굳은 채로 얼어붙는 선택을 할 수도 있고 좀 더 안전한 공간으로 이동하는 도주나 회피 또는 싸움을 할 수도 있다. 위협을 주는 자극의 종류와 그 자극을 어떻게 인식하고 해석하는가에 따라 그 자리에 얼어붙는 선택을 할 수도 있고 싸움-도주 반응을 선택할 수도 있는 것이다.

길을 걷고 있는데 차량이 갑자기 자신에게 덮칠 때나 감당하기 힘들만큼의 위협적인 자극이 주어지면 일순간 멈칫하거나 그 자리에 굳은 상태로 얼어붙게 된다. 심한 폭행을 당하거나 충격적인 경험을 하는 순간에도 몸이 순간적으로 멈칫하거나 얼어붙는 반응을 하는 것은 인간이 진화과정에서 그러한 반응이 자신의 생명과 안전을 지키는데 좀 더 유리하다는 장기기억이 있기 때문이다.

전체적인 상황과 맥락에서 보면 얼어붙는 무기력 상태보다 더 나은 선택인 싸움이나 회피를 선택할 수도 있지만 무기력이 학습되어 조건형성되면 얼어붙는 반응이 자신의 안전지대가 된다. 그대로 얼어붙는 반응보다 분명히 더 나은 싸움이나 회피를 선택할 수 있는데도 불구하고 얼어붙기의 안전지대에 갇히게 되면 그곳에서 벗어나는 새로운 선택은 더 위험한 것으로 받아들이기 때문에 그 상황에 머물러 있으려는 관성에 지배당하게 되는 것이다.

이러한 조건형성이 고착화되면 위협을 주는 작은 신호와 미세한 자극에도 스스로 무기력한 상태를 만들어 그 속에 숨는 선택을 하게 된다. 위협을 주는 자극이 주어지면 그 자극에서 벗어나 좀 더 안전함을 찾기 위해 도주 또는 회피행동을 선택할 수 있는데도 불구하고 얼어붙기를 선택하는 것이다. 하지만 도주나 회피를 통해 지금의 상황에서 벗어나는 것이 안전하다는 학습이 반복적으로 주어지면 이후에 비슷한 위험신호나 자극에 대해 얼어붙기 대신에 먼저 도주하거나 회피하는 선택을 할 수 있게 된다.

이러한 반응들은 일단 도주나 회피하는 순간 자신의 안전이 보장되기 때문에 당연한 선택이 될 수 있다. 하지만 위험하다고 판단된 상황에서 도주하거나 회피하는 선택을 하기 위해서는 생존을 위한 얼어붙기 반응이 최대한 억제되어야 한다. 위험신호나 자극에 꼼짝 못하고 얼어붙어 버리면 더 나은 반응을 선택할 수 없기 때문이다.

인간은 주어진 상황과 맥락, 조건에 따라 얼어붙기 이외에 더 안전한 도주나 회피를 합리적으로 선택할 수도 있지만 얼어붙기가 조건형성된 상태에서는 다른 선택이 쉽지가 않은 것이다. 위험신호나 자극에 얼어붙기보다 더 나은 선택인 도주나 회피를 했을 때 일시적으로 안전함을 느끼게 되면 부적 강화가 되어 이후에 비슷한 위험신호나 자극에 도주와 회피를 선택하게 될 가능성이 높아진다.

예를 들어 어릴 때 성폭행을 당한 여자아이는 성인이 된 이후에 남자와의 건강한 관계 형성에 어려움을 겪게 될 가능성이 높다.
남자를 위험신호나 자극으로 조건형성시켜 두었기 때문에 남자의 스킨십을 거부하거나 남자의 호의를 왜곡하며 남자와 함께 있는 공간에서 얼어붙거나 도주하기, 회피하기 등의 반응을 보이게 된다.

중요한 것은 위협을 주는 상황과 맥락에 따라 얼어붙기나 도피, 회피 이외에 싸움을 선택하거나 직면하는 반응을 통해 부정적 조건형성에서 자유로워질 수도 있다는 사실을 알아차리는 것이다. 안전함과 편안함을 느끼게 해주는 점진적 노출을 통해 남자와의 스킨십이나 접촉이 안전하다는 새로운 학습을 반복하게 되면 남자와의 관계 형성에 긍정적인 변화를 유도할 수 있다.

  위험신호나 자극에 대해 얼어붙기나 도주, 회피는 일시적으로 안전함을 느끼게 해주지만 장기적으로 마음의 안전지대와 경계를 좁혀 부정적 자기 제한 신념이나 무기력을 학습하여 심리적인 걸림돌을 가지게 되는 부작용을 일으킨다. 이러한 심리적인 걸림돌이 생기면 상황과 맥락을 객관적으로 관조하지 못하고 자신의 좁혀진 안전지대와 경계에 구속되어 부분적으로만 접촉하게 된다.

  얼어붙기와 회피가 안전을 위협하는 부정적인 결과를 막았다는 잘못된 믿음을 가지게 되면 부적 강화가 되어 이것과 관련된 전용신경회로가 구축되고 화학적인 중독 상태에 빠진다. 이렇게 되면 인간의 자유의지가 작동되지 못하고 지향적 동기를 상실하여 새로운 행동을 할 수 없게 된다. 이 상태에서는 조건 자극(CS)이 무조건 자극(US)과 연합되지 않아도 얼어붙기와 회피반응이 나타나기 때문에 오로지 자동적인 자극-반응의 패턴을 만든다.

  이것은 처음의 사건에서 경험한 US가 더 이상 존재하지 않는 상황에서도 CS와 US의 조건형성 때문에 자동적인 반응이 나타나게 된다.

  즉, 위험 자극인 US가 우리를 힘들게 하는 것이 아니라 위험 자극을 주는 사건과 연합된 CS가 더 많은 CS에 연결을 만들어 US의 부정적인 영향이 뇌 전체의 신경망에 영향을 미치게 되는 것이다.

이렇게 되면 나중에는 안전한 상황에서도 얼어붙기와 도피, 회피반응을 하게 되고 그와 관련된 더 강한 전용신경회로를 구축하여 부정적인 반응을 만들어내는 신념체계를 만든다. 이것이 나쁜 조건형성에 대한 반응이 부정적인 자신의 상태를 만드는 과정이다.

세포의 연결

살아있는 모든 생명체는 자신만의 독특한 존재와 정체성을 형성하는 기본 단위인 세포로 이루어져 있기 때문에 생명을 유지하고 활동하는 특수한 기능을 할 수 있다. 어떤 생명체는 하나의 세포로 이루어져 있으며 어떤 생명체는 아주 복잡한 세포의 연결로 이루어져 다른 종과의 차별성을 가지게 된다.

예를 들어 박테리아와 같이 몸 전체가 하나의 세포로 이루어져 있는 경우도 있다. 이런 경우 생명을 유지하고 활동을 하는데 하나의 세포에서 모든 기능을 담당해야 하기 때문에 고차원적이거나 복잡한 활동과 기능에는 제한이 생길 수밖에 없다. 즉 하나의 세포가 모든 기능과 역할을 다하기 때문에 단순한 활동에는 효율적일 수 있지만 복잡한 과제

활동이나 유연한 반응을 하는 데는 한계가 생길 수밖에 없는 것이다.

하지만 인간을 포함한 동물의 경우 헤아릴 수 없을 만큼 많은 세포가 모여 서로 다양한 연결을 짓고 시스템을 만들어 복잡하고 다양한 활동과 기능을 수행할 수가 있다. 특히 인간은 60조 개가 넘는 세포가 모여 거대한 시스템을 만들기 때문에 세포끼리 상호 유기적인 협력체계를 갖추고 있다. 그렇기 때문에 인간은 동물들과 달리 고차원적인 사고와 행동을 할 수 있는 능력을 가지고 있는 것이다.

신체의 모든 장기 또한 세포로 이루어져 있으며 각 세포가 하나의 거대한 시스템을 만들어 독특한 기능을 수행하며 다른 장기와도 긴밀하게 상호작용을 할 수 있게 된다. 신경계, 순환계, 호흡기계, 소화계, 근골격계 등은 신체 각계의 기능을 수행하고 다른 계와 정보를 주고받을 수 있는 세포의 연결이 만든 신경시스템에 의해 통합된 전체성으로 작동되고 있는 것이다.

우리의 생명을 유지하고 신체의 복잡한 기능을 통합하여 인간을 인간답게 만들어주며 가장 중요한 역할을 하는 뇌도 마찬가지로 세포로 이루어져 있다. 뇌는 천억 개가 넘는 뇌세포가 모여 상호 병렬적 연결을 이루어 신경회로를 형성하고 있으며 신체 장기와 말초신경에서 올라오는 모든 정보를 통합하여 해석하고 반응하는 가장 중요한 기능을 한다. 뇌가 모든 신경계의 작동과 반응을 통합적으로 관리하고 조절 통제하는 역할을 하고 있는 것이다.

신체의 모든 말초신경계는 뇌와 척수로 이루어진 중추신경계와 하나의 통합된 시스템으로 작동될 수 있을 때 개인의 건강한 상태가 유지될 수 있다. 이렇게 중요한 역할을 하는 신경계가 부분적으로라도 문제가 생기게 되면 전체의 신경망에 문제가 생긴다. 고속도로 어느 한 지점에서 큰 사고가 발생하면 도로 전체가 정체되듯이 신경회로의 일부가 손상을 입을 경우 신경회로 전체에 문제가 생길 수밖에 없다.

특히 뇌 신경회로는 헤아릴 수 없을 만큼 많은 숫자의 복잡한 시냅스 연결을 짓고 있기 때문에 어느 한 부분의 문제가 전체의 신경망에 영향을 미치게 된다. 만약 견디기 힘들 만큼의 충격적인 사건을 경험하게 되면 경험 당시에 느꼈던 부정적인 정서와 공포가 뇌세포에 저장되고 시냅스 연결과정에서 전용신경회로를 구축한다. 부분의 전용신경회로가 전체의 신경망에 영향을 미쳐 뇌 전체를 부정적인 정서와 공포의 영향을 받게 만든다.

뇌는 모든 뉴런이 병렬적으로 연결되어 작동되는 비국소성을 가지고 있을 뿐만 아니라 하나의 뉴런에 저장된 정보가 다른 뉴런에 저장된 정보와 병렬적으로 연결되고 융합되어 있다. 부분에 전체의 정보가 공유되는 홀로그램으로 작동되기 때문에 부분의 문제는 비국소성을 가지게 된다. 이렇게 세포의 시냅스 연결이 전체성을 만들어 생각과 느낌, 말, 행동을 만들어내고 존재와 정체성을 형성하게 되는 것이다.

그래서 뇌세포의 시냅스 연결을 바꾸는 생각과 느낌, 말, 행동을 반복하게 되면 뇌의 전용신경회로가 바뀌고 우리의 신념체계까지도 바꿀 수 있게 된다. 우리의 신념체계를 바꾸는 작은 시작이 세포의 연결이며 세포의 연결을 바꾸는 작업의 시작이 곧 일상생활 속에서의 선택적인 생각과 느낌, 말, 행동을 반복하는 것이다.

외적 요인과 내적 요인

만약 우리가 현재 사실로 존재하지 않을 뿐만 아니라 미래에 그것이 현실로 일어날지도 모르는 불확실한 위협 때문에 자신의 경계와 안전지대를 좁히게 된다면 너무나 많은 것과의 만남이 차단되고 더 많은 기회를 포기해야 하는 안타까운 일이 생길지도 모른다.

이것이 우리가 왜곡되고 일반화된 마음의 상상에 의해 잘못 만들어진 '불안'의 실체이다. 이처럼 불안은 아직 CR적인 현실로 존재하는 것이 아니라 다가올 NCR적인 미래를 미리 앞당겨 걱정하는 마음이다. 우리가 걱정을 하는 마음의 긍정적 의도와 목적은 미래의 위협이 현실로 존재하지 못하도록 자신과 환경적 요인을 미리 바꾸는 준비와 행동을 할 수 있게 만드는 것이다.

만약에 이러한 걱정하는 마음을 전혀 갖고 있지 않다면 우리가 가진 소중한 것들을 지키지 못하거나 안전과 생존을 위협받을 수도 있기 때문에 불안은 우리의 안전과 생존을 위한 너무나 중요한 정서적 심리기전이다. 다만 이 불안을 일으키고 관장하는 뇌 영역이 동물의 뇌인 변연계이기 때문에 변연계가 너무 과잉 활성화되어 불안이 이성적으로 전혀 통제할 수 없는 상태가 되는 것이 문제가 된다.

불안이 너무 심해지면 이성의 뇌인 전두엽이 통제 조절 기능을 완전히 상실하게 되면서 뇌가 불안한 정서의 수렁에 빠져 헤어나지 못하는 상태가 되기 때문에 심각한 문제를 일으키게 되는 것이다.

감정의 뇌인 변연계가 불안한 정서를 느끼게 하는 강력한 화학물질의 작용으로 불안을 반복적으로 느끼게 되면 뇌는 전용신경회로를 구축하여 자동적이고 반복적인 패턴을 만들면서 불안한 감정의 중독 상태에 빠지게 된다. 처음에는 대부분 외부의 자극과 요인에 의해 불안한 정서가 만들어지지만 일단 불안한 정서가 반복적으로 신경회로를 활성화시키게 되면 내부적 요인에 의해 자신의 항상성을 고정시켜 불안한 상태의 기저선을 만든다.

불안을 야기시키는 위협은 외적 요인과 내적 요인으로 구분할 수 있다. 외적 요인은 가난, 폭력, 전쟁, 뱀, 사자 등과 같이 외부적 자극이나 정보가 시공간적으로 근접한 상황에서 주어진다. 반대로 내적 요인은 개인의 정서와 성격적 특성에 영향을 많이 받으며 신경회로, 기억, 감정, 세상모형 등과 같이 유전적 배경과 경험에 근거해 마음에서 만들어내는 것이다.

외적 요인과 내적 요인은 구분은 할 수 있지만 분리를 할 수 없는 상관성을 가지고 서로에게 영향을 미치고 있다. 예를 들어 불안을 야기할 수 있는 가난이라는 외부적 요인에 의한 자극에 대해 사람들마다 느끼는 정서와 반응이 다르다. 그것은 가난이라는 현실을 지각하고 해석하는 저마다의 세상모형이 다르기 때문이며 세상모형은 반복적인 학습과 경험에 의해 만들어진 전용신경회로이다.

어떤 사람은 가난을 원망하며 부자에 대한 시기와 질투의 감정을 일으키는 굵은 전용신경회로를 구축하여 반응한다. 어떤 사람은 가난을 숙명으로 받아들이고 자신의 가난한 삶에 충분히 만족하는 굵은 전용신경회로를 구축하여 반응한다. 또 어떤 사람은 현재의 가난에 대한 강한 회피적 동기를 활용하여 가난을 벗어나기 위한 전용신경회로를 구축하여 반응하게 되면서 큰 성과를 이룬다. 이와 같이 불안을 야기하는 가난이라는 외부적 요인에 대해 어떤 내적 요인이 융합되는가에 따라 반응이 달라지게 되는 것이다.

높은 불안의 항상성이 내적 요인으로 형성되어 있을 경우에도 주변에서 따뜻한 관심과 사랑을 보내주고 안전한 환경과 성취 경험을 반복해서 제공해주면 불안의 내적 요인이 줄어들어 전체적으로 안정된 상태를 회복하게 된다. 내적 요인에 의해 심한 불안증세를 갖고 있는 사람은 불안한 자극이 아닌 일반적인 외적 자극에 대해서도 불안한 외적 요인으로 왜곡시켜 받아들이게 되어 불안을 느낀다.

전용신경회로가 구축되어 불안증세가 심해지면 자신에게 스트레스와 불안을 느끼게 하는 외부활동이나 사람들을 만나는 것을 싫어하기 때문에 자신만의 안전지대라고 느끼는 집 안에 머무는 선택을 하게 된다. 이렇게 되면 외부 관계가 단절되고 사회적으로도 고립되는 부작용이 생길 수 있지만 그러한 단절과 고립의 부작용이 스트레스와 불안에 노출되어 느끼는 고통보다 약하다고 착각하기 때문에 회피하는 선택을 계속하게 되는 것이다.

이것을 수동적 회피라고 한다. 우리는 전체성을 가진 존재이기 때문에 외적 요인과 내적 요인의 상호작용에 따라 불안을 다르게 느끼게 되고 위협에 반응하는 행동도 달라지게 되는 것이다.

불안의 조건형성

불안장애를 겪는 사람들은 지금-여기에서 외적 요인과 환경적 자극에 의한 위협이 전혀 없는데도 불구하고 자신의 왜곡된 세상모형이 만든 내적 요인에 의해 안전한 외적 요인까지도 불안으로 지각하고 해석하여 불안한 정서를 만들게 된다. 이러한 현상은 우리의 세상모형이 과거의 나쁜 경험에 의한 부정적 정서가 함께 덧입혀져 있기 때문에 나타나는 부작용이다.

만약 과거의 기억 중에 도피나 회피를 통해 충격적인 사건이나 공포 상황에서 안전하게 벗어났던 경험을 했다면 비슷한 상황에서 그 경험을 다시 선택하여 오랫동안 지속할 가능성이 높아진다. 왜냐하면 도피나 회피행동이 실제 위험으로부터 자신을 일시적으로 벗어나게 하고 안전하게 만들어주는 긍정적인 경험으로 기억되어 있어 회피적 행동이 자동적으로 일어나도록 조건형성되기 때문이다. 그래서 이러한 부정적 경험에 의해 부정적인 자기 제한 신념체계가 형성되면 외부활동이나 사람들과 만나는 것을 기피하고 자신의 안전지대 안에서만 머무는 좁혀진 경계를 가지게 되는 것이다.

자신에게 닥친 실제 위험을 성공적으로 회피하여 안전을 경험했던 사람은 다시는 그러한 위험에 노출되고 싶어 하지 않게 된다.
예를 들어 뜨거운 난로 위에 손을 올렸다가 화상을 입을뻔했던 경험이 있는 사람은 난로의 위험에 노출되지 않기 위해 난로 가까이에 가지 못하는 좁혀진 경계를 갖게 되는 것이다.

중요한 것은 이 상태에서 뇌가 일으키는 착각이다. 자신의 부정적인 경험에 의해 좁혀진 경계와 안전지대에 구속되는 회피적 행동이 공포와 불안과 같은 부정적 정서를 일으키는 결과를 막았다는 왜곡된 믿음을 가지게 되는 것이다. 그래서 현재 위축된 자신의 좁혀진 경계와 안전지대에 머무는 행동에 대해 합리화시키며 강한 믿음을 만들어 그 믿음에 스스로 통제당하는 상태를 유지한다.

이러한 상태가 되면 회피적 동기에 의해 점점 더 경계를 좁히고 그 경계 안에서만 안전한 자신의 존재를 느끼기 때문에 더 이상 목적지향적인 사고와 행동을 할 수 없는 상태가 된다. 오로지 외부 자극에 대한 부정적 내부 반응만 일어나는 습관이 만들어져 수동적 회피밖에 선택하지 못하는 중독된 상태를 만든다. 조건형성 이론으로 보면 안전한 조건 자극이 위협을 주는 무조건 자극과 연합되지 않고도 조건 자극만으로 부정적인 반응을 촉발하게 되는 것이다.

이렇게 되면 외부의 안전한 조건 자극에 대해서도 위협적인 자극으로 받아들여 무조건 자극에 대한 동일한 반응을 자동적으로 보이게 된다. 회피행동과 반응이 자동화되었다는 것은 뇌가 자기 자신을 보호하기 위한 생존본능기전을 발동시켜 방어 시스템을 활성화시킨 것으로 해석할 수 있다.

습관적 회피행동이 자동화되면 뇌는 일시적으로 스트레스와 심리적 고통에서 해방될 수 있기 때문에 회피적 행동은 더 강화되고 부적 강화되어 중독된 상태를 만든다. 이러한 습관적 회피행동이 일시적으로 스트레스와 심리적 고통에서 벗어날 수 있는 자유를 줄 수 있지만 외부와의 다양한 관계를 차단하는 좁혀진 경계에 갇혀 삶을 기계적으로 만들거나 단순화시킬 수 있다. 그리고 전체성의 관점에서 보면 습관적인 회피행동으로 사회적 관계가 차단될 뿐만 아니라 외부적 활동에도 제한이 생기기 때문에 고립화는 더 심해질 수밖에 없어진다.

　주변에 불안장애를 겪는 사람들을 관찰해보면 불안을 유발할 수 있는 주변 요인이 조금이라도 있으면 그 상황을 완전히 벗어나기 위한 잘못된 선택을 하는 경우가 많다. 그러한 잘못된 선택이 자기 삶의 중요한 목표나 꿈을 실현하는데 걸림돌을 만들거나 기회 상실이 일어난다고 해도 불안한 정서를 조금이라도 자극하는 요인이 있다면 그것으로부터 완전히 해방되기 위해 잘못된 선택을 하게 되는 것이다.

　새로운 선택이 자기 삶의 성취 결과를 만들고 삶을 더 풍요롭게 하는 중요한 이익을 주더라도 그것을 포기하고 회피하는 행동을 우선적으로 선택하게 되며 이것은 자극-반응의 단순한 반사적인 중독 상태에 빠져 있기 때문에 나타나는 부작용이다. 이러한 행동은 객관적인 관점에서 보면 정말 이해가 안 가는 행동이지만 불안장애를 가진 본인의 주관적인 관점에서는 그것이 자신의 안전과 생존을 위한 최선의 선택이라는 왜곡된 믿음을 가지게 된다.

　사람들이 외부적 위험을 경험하는 과정에서 그 위험을 피하기 위한 회피적 행동이 조건형성될 때 수많은 경험의 반복이 필요한 것이 아니다. 그러한 자극이 자신에게 큰 정서적 의미를 갖고 있거나 충격적인 사건이라면 단 한 번 만에 뇌에 굵은 전용신경회로를 구축하여 조건형성된 상태를 만들어버리기 때문이다. 그래서 성장과정에서 어떠한 학습과 경험, 피드백, 인간관계를 맺느냐가 중요한 것이다.

사람들이 부정적 자기 제한 신념에 구속되고 단순한 자극−반응 시스템을 조건형성하는데 반드시 긴 학습과 훈련이 필요한 것이 아니다. 이러한 조건형성이 단 한 번 만에 만들어질 수 있다면 우리가 평소에 어떤 생각과 느낌, 말, 행동을 반복하고 어떠한 피드백을 받고 어떤 사람들과 인간관계를 가져야 하는지를 깨달을 수 있게 해준다.

스마트폰의 중독 현상

현대인들은 소셜네트워크서비스(SNS)와 스마트폰에 반복적으로 노출되면서 자신도 모르게 과잉몰입하는 나쁜 습관을 형성하게 된다. 이러한 과잉몰입이 자주 반복되는 과정에서 우리의 뇌는 스마트폰에 조금씩 중독된 패턴을 형성하기 시작한다.

요즘 사람들을 보면 손에 스마트폰이 마치 자석처럼 붙어 떨어지지 않는다. 실제로 대부분의 사람들이 잠시라도 손에서 스마트폰이 없으면 초조해지고 불안을 느끼며 안절부절못한다. 우리의 뇌가 이미 스마트폰이 가진 힘에 통제당하고 있는 것이다. 스마트폰의 전자파가 얼마나 우리 뇌에 나쁜 영향을 미치는지의 진위를 떠나서 스마트폰 중독이 우리의 뇌 구조와 기능에 얼마나 부정적인 영향을 미치는가에 대해서는 우리가 관심을 가져야 할 때가 됐다.

미국의 컴퓨터 과학자 주디스 도나스는 "SNS에 과도하게 몰입하면 뇌 구조가 바뀐다"라고 주장했다. 우리의 뇌는 그 무엇이든 반복하면 그것을 사실로 받아들이고 그것에 대한 믿음을 만들어 스스로 그 믿음에 통제당하는 착각의 챔피언이다. 그래서 뇌는 반복적인 자극이 주어지면 그 자극에 반응하는 화학물질을 분비하여 전용신경회로를 구축하게 되면서 중독된 패턴을 가지게 되는 것이다.

그에 따르면 반복적인 스마트폰 사용이 인간의 뇌에서 분비되는 수백 가지 물질 중에서 도파민(dopamine)이라는 호르몬의 기능에 문제를 일으킨다고 했다. 도파민은 주로 신경충격의 전달을 억제하는 신경전달 물질이며 도파민이 부족하면 조절 통제 능력에 문제가 생겨 파킨슨병에 걸리게 된다. 도파민은 쾌락과 행복감, 몰입 및 의욕, 성취감과 관련된 감정을 느끼게 되는데 일상생활에서의 여러 가지 감정과 행동에 영향을 미치고 있다.

도나스는 뇌과학 실험을 통해 SNS에서 자주 쓰이는 알림음이 도파민 분비를 자극한다는 사실을 확인했다. 이렇게 도파민이 자주 반복해서 분비되면 뇌는 이 상태를 '이상신호'로 판단하여 과민반응하게 된다. 그 결과 뇌는 도파민 수용체 개수를 줄여서 도파민이 비정상적으로 자주 분비되더라도 제대로 작용하지 못하게 만드는 반응을 하게 만들어 정상적인 상태를 유지하게 한다.

이러한 일이 계속 반복되면 뇌는 웬만한 자극이나 성취, 즐거움, 행복을 주는 외적 요인에 대해 보상체계를 발동시키지 않는 경색된 뇌 구조를 만들게 되어 점차적으로 둔감해진다. 이것은 우리 뇌가 지나친 자극에 도파민을 과잉 분비하여 더 이상 도파민을 분비하지 못하는 상태에서 일어나는 현상이다. 이 현상이 바로 아이들이 게임이나 스마트폰에 중독되면 건전한 활동이나 운동, 공부에 흥미를 잃고 집중을 하지 못하는 이유를 설명하는 것이다.

이와 같이 뇌 상태가 비정상적인 반응 상태로 바뀌면 조용한 독서나 가족, 친구들과 함께 있는 시간이 무의미하게 느껴지고 아름다운 자연을 접촉하거나 여행을 하는 것도 별 감흥이 없어진다. 심지어는 재미있는 코미디 프로그램을 봐도 제대로 웃지 못하거나 감명을 주는 영화를 봐도 감정이 느껴지지 않게 된다.

그렇게 되면 자신만의 좁혀진 세상모형을 갖게 되어 비사회적이라는 평가를 받기 쉬워진다. 이러한 왜곡 상태가 오랫동안 지속되면 자신의 지향적 목표와 동기를 잃어버리게 되어 성취를 위한 초점 일치시키기가 안되고 그것을 이루기 위해 노력을 하는 것에 대한 가치도 알지 못하게 된다. 이 상태는 마약, 게임, 도박, 알코올 등에 중독되거나 사행성, 유흥에 자주 노출될 때 일어나는 현상과 같은 것이다.

아기 때 스마트폰을 자주 가지고 놀게 되면 성장과정에서뿐만 아니라 성인이 된 이후에도 이러한 중독 상태가 일으키는 부작용을 겪을 가능성이 매우 높아진다. 결국 이러한 스마트폰 중독이 또 다른 불안을 야기하는 중요한 원인이 된다.

신념체계

　우리 삶의 모든 결과물은 우리가 어떠한 학습과 경험을 통해 어떤 전용신경회로와 신념체계를 형성하고 있는가에 의해 만들어지는 것이다. 신념체계는 사람들마다 모두가 다르며 자신의 유전과 학습, 경험에 의해 형성된 전용신경회로에 따라 그것이 부정적인 신념일 수도 있고 긍정적인 신념일 수도 있다.

　만약 하나의 긍정적인 신념을 가지고 있을 경우 다른 긍정적인 신념들과 비국소성으로 연결을 강화하여 밀접한 관련을 맺게 된다. 긍정적인 하나의 신념이 다른 일반적인 신념들에도 연결되어 전체성을 만드는데 영향을 미쳐 긍정적인 신념체계를 강화시키는 것이다.

반대로 부정적인 신념을 가지고 있을 경우 다른 부정적인 신념들과 비국소성으로 연결을 강화하여 밀접한 관련을 맺게 된다. 부정적인 하나의 신념이 일반적인 신념들에도 연결되어 전체성을 만드는데 영향을 미쳐 부정적인 신념체계를 강화시키게 되는 것이다.

　이것은 우리 뇌의 신경회로가 비국소성을 가지고 병렬적인 연결을 짓고 있으며 하나의 신경회로에 다른 모든 신경회로의 정보들이 공유되는 홀로그램적으로 작동되고 있기 때문에 생기는 현상이다.

그래서 핵심이 되는 긍정적인 신념과 부정적인 신념 하나를 바꾼다면 나머지도 함께 변화하는 연쇄성을 가지게 되는 것이다. 그것이 긍정과 관련된 신념이라면 긍정적인 생각과 느낌, 말, 행동을 증가시키게 되면서 부정적인 생각과 느낌, 말, 행동을 감소하게 만든다.

우리가 어떤 생각을 골똘히 하게 되면 그 생각과 관련된 느낌이 생기게 되고 그 느낌에 의해 다시 생각이 일어난다. 그 생각과 느낌에 대해 말로 표현을 하게 되면 생각과 느낌이 다시 강화되고 관련된 행동까지 일어나게 된다. 우리가 어떤 생각을 할 때 이미 느낌과 말, 행동이 생각에 함께 수반되며 어떤 느낌을 가질 때에도 마찬가지로 생각과 말, 행동이 함께 수반된다.

또한 우리가 어떤 말을 할 때도 이미 말과 관련된 느낌과 생각, 행동이 수반되며 어떤 행동을 할 때도 마찬가지로 생각과 느낌, 말이 함께 수반된다. 이렇게 생각과 느낌, 말, 행동이 함께 수반되는 것은 이 네 가지가 모두 특정한 전용신경회로에 뿌리를 두고 있기 때문이다.

이처럼 우리는 매우 특수한 경우가 아니라면 생각과 느낌, 말, 행동을 완전히 독립적으로 분리해서 생각만 하거나 느낌만 가지거나 말만 하거나 행동만 할 수는 없다. 이것이 우리 뇌가 가진 비국소성이며 전체성이다. 그래서 이 네 가지 중에서 어느 한 가지를 바꾼다는 것은 나머지 셋을 함께 바꾸는 것과 마찬가지이며 그것을 반복할 때 신념체계가 강화되는 효과가 생긴다.

우리 삶의 모든 성취 결과는 어떤 신념체계를 갖고 있느냐에 의해 달라지게 되며 이렇게 중요한 신념체계는 어떤 생각과 느낌, 말, 행동을 반복하느냐에 따라 형성된 전용신경회로에 의해 만들어지는 것이다. 반대로 반복적인 학습과 경험에 의해 구축된 전용신경회로의 형태에 따라 네 가지 성공전략인 생각과 느낌, 말, 행동이 달라지기도 한다.

결국 생각과 느낌, 말, 행동의 반복과 지속에 의해 전용신경회로가 구축되면서 신념체계를 형성하기 때문에 우리의 존재와 정체성은 생각과 느낌, 말, 행동이라는 네 가지 전략을 어떻게 사용하는가에 의해 결정되는 것이다. 그래서 우리 삶을 지탱하는 네 가지 기둥인 생각과 느낌, 말, 행동 중에 어느 하나에 문제가 생기면 나머지도 중심을 잃고 제 기능을 하지 못하게 된다. 이처럼 우리의 존재는 비국소성과 전체성으로 작동되고 있다.

결국 우리 삶의 모든 결과물은 우리가 어떠한 전용신경회로와 신념체계를 가지고 있는가에 의해 만들어지는 것이다. 불안은 우리 뇌에 불안을 일으키는 전용신경회로가 구축되어 부정적인 신념체계가 형성된 것으로 볼 수 있다. 중요한 것은 우리의 전용신경회로와 신념체계는 얼마든지 변화할 수 있는 가소성을 가지고 있으며 이 모든 것은 우리의 반복적인 생각과 느낌, 말, 행동에 의해 통제된다는 사실이다.

강자가 약자를 돕는다

캐나다의 심리학자 도널드 헵은 뉴런의 활성화와 신경회로의 연결에 대해 "강자가 약자를 돕는다"라고 했다. 약한 감정과 강한 감정이 같은 뉴런을 활성화시킬 때 강한 자극이 뉴런의 화학적 성질을 변화시켜 이후에는 약한 자극만으로도 뉴런을 더 강하게 활성화시킬 수 있다는 사실을 보여준 것이다.

운동선수가 연습장(약한 자극)에서 성취 경험과 안정된 정서(강한 자극)를 반복 경험하게 되면 이후에 중요한 경기에서도 안정적인 심리상태와 활력을 불러일으키는 뉴런이 활성화된다. 반대로 연습장(약한 자극)에서 실패와 처벌(강한 자극)을 반복 경험하게 되면 연습장과 패배 감정, 불안이 짝짓기 된다.

이렇게 되면 불안을 일으키는 부정적인 정서 경험이 뉴런의 화학적 성질을 변화시키게 되어 미래에 경기장에서도 부정적 정서를 일으키는 뉴런을 활성화시킨다. 즉 연습장에서의 큰 실수나 패배, 처벌 등이 부정적인 정서를 일으키는 시각적, 청각적, 신체감각적인 자극과 조건형성되면 이후에 그와 관련된 미세한 자극과 감각에도 부정적인 정서가 그대로 불려 나온다.

훈련을 하는 연습장은 약한 자극이고 충격적인 패배나 실수, 처벌받은 경험은 강한 자극이 되며 두 가지 자극은 조건형성된다.
선수가 연습장에서의 경험과 반응에 따라 경기장에서의 심리상태와 정서적 느낌이 달라지는 이유이다. 그래서 평소 훈련과정에서뿐만 아니라 일상생활에서도 안정적인 심리상태를 유지하기 위한 생각과 느낌, 말, 행동을 반복하는 것이 중요한 것이다.

연습장에서 실패 경험과 불안한 정서를 반복 경험하게 되면 이후의 경기장에서도 불안한 심리상태와 무기력함을 불러일으키는 뉴런이 자동적으로 활성화된다. 이러한 경험이 같은 뉴런에 저장되어 함께 활성화되기 때문에 이후에는 약한 자극만으로도 부정적인 정서가 그대로 불려 나오게 되는 것이다. 선수가 중요한 대회를 위해 경기장에만 가면 굳어버리거나 부정적인 정서가 발현되어 경기를 망치는 이유가 강한 자극과 약한 자극이 찍짓기 되어 같은 뉴런을 활성화시키기 때문이다.

연습장에서와 경기장에서 조절되지 않는 심한 불안 때문에 멘탈 트레이닝을 받았던 배드민턴 선수의 실제 사례이다.

이 선수는 경기 중 팔꿈치를 다쳐 경기를 완전히 망친 부정적인 경험을 하게 되었고 이후의 경기 과정에서도 계속해서 슬럼프를 겪게 되었다. 부정적인 경험이 반복되면서 이제는 경기장에만 가면 가슴이 답답하고 불안한 마음이 생기게 되어 자신의 컨디션을 유지할 수가 없었다.

그러한 현상이 계속되면서 경기장뿐만 아니라 연습장에서도 불안한 정서가 계속해서 올라와 자신을 괴롭히면서 별것 아닌 일에 쉽게 신경질적으로 되고 숨이 막히는 것 같은 답답함까지 느끼게 되었다.

이후 운동수행이 제대로 안될 때마다 스스로를 자책하며 부정적인 정서를 반복 경험하면서 심리적으로 매우 힘든 시간을 보낼 수밖에 없었다. 그런 상황에서 원래의 상태로 되돌아가기 위해 신체재활치료를 열심히 하여 팔꿈치는 완전히 정상적으로 회복시켰지만 팔꿈치를 다친 이후에 받은 정신적 충격이 트라우마가 되어 부상 이전의 정상적인 실력을 회복하지 못했다.

뇌는 생존본능기전에 의해 긍정적인 경험보다 부정적인 경험에 대해 더 예민하게 반응하기 때문에 팔꿈치 부상 때 생겼던 트라우마는 팔꿈치가 완치된 이후에도 심리적으로는 계속해서 스트레스를 받게 만들었다. 견디기 힘들 만큼의 강한 자극이나 정서적 의미가 큰 사건으로 인해 생긴 트라우마를 제대로 관리할 수 있는 능력이 없거나 주변의 도움을 받지 못하면 자신의 의지와 상관없이 불안장애를 일으키는 외상후 스트레스 장애를 겪게 된다.

신체재활훈련을 통해 분명히 현실적으로 신체를 회복시켰지만 과거의 부정적인 조건형성으로 인한 불안한 상태가 반복되면서 뇌에서는 팔꿈치 때문에 불안이 생겼다는 왜곡된 강한 신념을 갖게 만든 것이다. 이러한 부정적 상태가 오랫동안 지속되면서 불안장애를 겪게 되고 이후에 중요한 경기에서 멀쩡한 팔꿈치를 아프게 하는 잘못된 신호를 보내 실제로 팔꿈치가 아파지는 상태를 만들었다.

우리의 마음과 몸은 구분은 할 수 있지만 분리를 할 수 없는 심신상관성을 가지고 있기 때문에 몸이 아프면 마음이 아파지고 마음이 아프면 몸이 아파진다. 결국 뇌에 남아있는 팔꿈치가 아팠던 과거의 신경회로를 활용하여 현재의 불안심리를 합리화하기 위해 중요한 경기에서 실제로 멀쩡했던 팔꿈치를 아프게 만드는 것이다. 이것은 불안심리가 심해지면 경기를 제대로 할 수 없기 때문에 잠재의식에서 팔꿈치를 아프게 해야만 이 불안한 경기 상황에서 벗어날 수 있다는 착각을 하기 때문에 생기는 반응이다.

우리가 어릴 때 스트레스와 불안 때문에 학교에 가기 싫을 때 배가 아프거나 머리를 아프게 만들어 학교를 가지 않아야 할 이유를 찾는 것과 같은 원리이다. 처음에는 분명히 팔꿈치 때문에 불안이 생겼지만 신체적으로 아픈 팔꿈치 문제가 완전히 해결된 이후에도 불안한 심리적인 문제가 해결이 안 되는 이유가 있다.

 그것은 처음 원인은 분명히 팔꿈치 부상 때문이었지만 불안한 심리가 반복되고 조건형성되면서 뇌에 불안과 관련된 전용신경회로가 구축되었기 때문이다. 이미 팔꿈치 부상을 입었을 때 겪었던 트라우마가 강한 정서적 사건이었기 때문에 뇌에는 그와 관련된 강한 전용신경회로가 구축되는 것이다.

 전용신경회로가 구축되었다는 것은 부정적인 정서를 만드는 화학물질에 의해 감정의 중독 상태에 있는 것으로 볼 수 있다.

이러한 감정의 중독 상태가 점점 더 일반화되면서 운동뿐만 아니라 일상생활에서까지 가슴이 답답하고 우울함을 느끼게 되며 무기력한 상태에서 수시로 불안을 느끼게 만든다. 팔꿈치 부상은 더 이상 문제가 되지 않지만 그것에 대한 경험 과정에서 생긴 트라우마가 계속 과거의 부정적인 감정 상태에 중독된 패턴을 유지하게 만드는 것이다.

 이렇게 되면 경기장과 연습장뿐만 아니라 일상생활에서까지 가슴이 답답함을 느끼고 불안한 마음이 생기면서 운동에 대한 회의감이 생기기도 하고 자기 자신의 정체성까지 의심이 들기 시작한다.

이러한 상태에서 심리적 불일치와 부조화가 생기게 되면서 운동수행에 더 큰 걸림돌을 만들게 되고 운동수행의 문제가 다시 심리적인 문제를 일으키게 되는 악순환이 반복된다. 부정적인 감정 상태가 오래 반복되면 뇌의 생리적 기능과 신경화학적인 구조까지 바뀌게 되면서 자신을 제한하는 부정적 신념에 사로잡히게 되는 것이다.

 작은 불씨 하나가 온 들판을 태우듯이 우리의 멘탈에 생긴 작은 상처를 제대로 수습하고 극복하지 못하면 시간이 한참 흐른 후에는 수습하거나 극복하기가 점점 더 힘들어진다. 제일 좋은 선택과 반응은 처음에 팔꿈치 부상을 입었을 때 신체재활과 더불어 멘탈 트레이닝을 통해 심리적 재활을 함께 병행하는 것이다. 당장 눈앞에 보이지 않는다고 무시하기 쉬운 멘탈적인 문제를 제대로 대처하지 못하고 시간이 경과되면 점점 더 수습하기 힘든 멘탈 상태가 되어 극단적으로 운동을 포기하는 경우가 생길 수도 있다. 다행히 이 선수는 멘탈 트레이닝을 통해 이러한 트라우마를 극복할 수 있었다.

멘탈코칭센터에서 일반인들과 선수들의 심리상담과 멘탈 훈련을 진행하다 보면 우수한 재능과 가능성 있는 실력을 갖추고 있으면서도 과거의 작은 심리적인 문제를 제대로 해결하지 못해 힘들어하는 사람들을 많이 만나게 된다. 멘탈 코치는 그들의 심리적 문제에 대해 관심과 관찰을 하고 상담과 훈련을 진행하면서 잃어버렸던 긍정적인 자원을 되찾아 주고 부정적인 자기 제한 신념에서 벗어나 성공 신념을 가질 수 있도록 도움을 주는 것이다.

누구든지 자기 확신 훈련을 통해 현실의 문제에 맞추어진 자신의 초점을 구체적이고 분명한 목표로 전환하고 그 목표가 반드시 이루어질 수 있다는 긍정적인 성공 신념을 가져야 한다. 그리고 그 목표에 자신의 성공전략인 생각과 느낌, 말, 행동을 일치시켜 끊임없이 반복하여 뇌에 전용신경회로를 구축하게 되면 목표를 이루기 위한 신념체계가 강화되어 현실적 성취를 실현할 수 있다.

안전과 위험

우리는 누구나 크고 작은 트라우마를 하나 이상 가지고 살아가고 있기 때문에 트라우마가 없는 사람은 없다고 해도 지나친 말이 아니다. 누구든지 견디기 힘들 만큼의 충격적인 사건이나 정서적 의미가 있는 부정적인 경험을 하게 되면 트라우마가 생기기 때문이다.

부정적 경험에 의해 트라우마가 생기게 되면 일상에서도 자신의 각성 상태를 높여 환경적 자극과 정보에 대해 위험을 감지하는 감각이 지나치게 발달되어 극도로 예민해진다. 심한 경우 환경적인 모든 자극과 정보에 대해 자신을 위협하는 것으로 착각하게 되어 현재 상황에서 벗어나기 위한 잘못된 회피나 도피, 얼어붙기 등의 방어 행동을 촉발하게 된다. 이러한 잘못된 지각과 방어 행동으로 인해 뇌가 각성 상태를 계속 유지하면서 스트레스 반응을 일으키게 되는 것이다.

이 상태가 오랫동안 반복되거나 지속적으로 일어나게 되면 뇌는 불안을 일으키는 감정적인 중독 상태를 만들어 불안을 아주 친한 친구로 받아들여 불안과 자신을 하나로 만들어버린다. 불안과 친한 친구가 되었다는 것은 뇌가 불안한 감정을 상시적으로 유지시키는 중독 상태에 있다는 것을 의미한다. 이렇게 뇌는 부정적인 중독 상태에 비정상적인 항상성과 기저선 상태를 만들면서 불안한 상태를 원래의 정상적인 항상성으로 착각하게 된다.

잘못된 기저선이 형성되면 이후에 자신이 겪었던 과거의 트라우마와 관련된 미세한 자극과 신호에도 아주 민감하게 반응한다.

중요한 것은 이 상태가 지속되면 인간관계 등의 건강한 사회적 자극과 신호에 대해서는 반응을 약하게 하거나 차단해버린다는 사실이다.

그리고 심한 경우 긍정적인 자극과 신호를 차단할 뿐만 아니라 신체를 무감각하게 만들거나 무기력한 상태를 만들어버리기도 한다.

이러한 현상은 자신의 자원을 반쪽만 사용하는 것과 같은 것이다.

다른 관점에서 보면 자신에게 필요한 긍정적 자극과 신호는 차단시키고 부정적인 자극과 신호를 우선해서 사실로 받아들이는 착각을 일으켜 부정적인 신경회로를 우선적으로 활성화시키기 때문에 자원을 거꾸로 사용하는 것과 같다. 자신의 자원을 반쪽만 사용하거나 거꾸로 사용하게 되면 부정적인 상태에 점점 중독되는 패턴을 유지시키기 때문에 정상적으로 신체를 통제하지 못하게 된다. 이것은 공황장애가 있는 사람이 발작을 할 때 자신의 신체감각에 전혀 대응하지 못하는 것과 같은 상태를 만든다.

많은 사람들 앞에서 발표를 할 때 지나친 긴장을 하거나 운동선수가 중요한 경기에서 각성과 불안 때문에 자신의 마음과 신체를 통제하지 못해 운동수행에 방해를 받게 되는 것도 같은 원리이다.

이렇게 위험하지 않는 일반적인 자극과 신호에 대해서도 오로지 위험에만 초점을 맞추는 편향적인 관점을 만들어 예민하게 반응하게 되면서 실제 사실이 아닌 부정적이고 편향된 지각과 반응이 최소한 본인에게는 절대적인 사실로 굳어지게 된다.

우리의 뇌는 원래 편향된 지각과 부정적인 반응을 바로잡아주는 기능을 가지고 있지만 이미 나쁜 감정에 중독되어 있는 뇌는 그러한 정상적인 기능을 상실한 상태에 있다. 이러한 현상이 나타나는 이유는 트라우마로 인해 불안장애가 생기면 뇌의 정상 기능인 안전과 위험을 구별하는 일을 맡고 있는 편도체를 과잉 활성화시키기 때문이다.

그래서 트라우마로 인해 편도체가 과잉 활성화되어 공포와 불안한 감정에 중독된 상태를 만들기 때문에 안전과 위험에 정상적으로 지각하고 반응하는 기능이 저하되는 것이다.

뇌가 트라우마로 인해 공포와 불안을 심하게 느끼는 경우 안전과 위험을 정상적으로 구별하지 못하기 때문에 이미 일어난 불안을 가라앉히는 소거 활동이 방해를 받게 되면서 마음이 정상적인 안정상태로 회복되는 능력을 상실하게 된다. 불안한 감정에 중독된 뇌가 위협 자극으로 인하여 불안을 소거하는 작업에 방해를 받게 되면 환경적인 신호나 자극의 위협 가치를 약화시키는 역할을 제대로 하지 못해 필요 이상의 과잉반응을 계속 유지하게 되는 것이다.

이렇게 뇌가 착각을 하여 과잉 활성화된 반응을 소거하지 못하고 지속하는 과정에서 에너지를 모두 사용해버리게 되면 정작 중요한 창조적인 사고나 집중, 학습, 계획, 인간관계에 사용할 에너지가 고갈되어 산만함과 무기력한 상태에 빠지는 부작용을 겪게 된다. 그 과정에서 긍정적으로 쓰여야 할 자원과 에너지가 각성과 불안을 일으키거나 유지하는데 과다하게 사용되면서 관련된 나쁜 전용신경회로가 구축되어 부정적인 중독 현상을 일으키게 되는 것이다.

이 상태가 반복되거나 지속되면 중요한 화학물질이 과다 분비되어 조기에 고갈될 수도 있으며 이렇게 되면 긍정적인 자극과 신호에는 반응을 하지 못하는 상태가 될 수도 있다. 일반적으로 정상적인 뇌는 안전과 위험을 구별할 수 있기 때문에 신호나 자극의 위협이 자신에게 해롭지 않다는 것을 경험하면 소거를 통해 편도를 조절하여 위험의 의미를 약화시켜 안정을 유지한다.

이것이 원래 우리가 가지고 있는 마음의 회복력을 유지시키는 내성과 응집력이며 이러한 소거와 회복력, 내성과 응집력은 건강한 전두엽의 통합적인 조절 능력에 의해 형성되는 것이다. 하지만 트라우마는 우리의 뇌를 건강하지 못한 비정상적인 상태로 만들어 안전과 위험을 정상적으로 구분하지 못하게 만들기 때문에 불안한 현재 상태를 계속 유지하는 모든 방법을 다 동원한다.

트라우마로 인해 불안장애가 지속되면 조절되지 않는 과도한 행동을 보이거나 인지적 회피, 도피, 얼어붙기 등의 반응을 보이게 된다.
특히 초기에 위험으로 지각한 신호나 자극에 대한 회피행동이 위험에서 벗어날 수 있는 안전한 선택이 될 수 있다고 착각하게 되며 강력한 믿음을 만든다. 이러한 행동이 위험에 노출되는 상황을 막아주는 경험을 되풀이하게 되면 회피행동이 습관화된다.

잘못된 회피행동이 조건형성되어 습관으로 굳어져 반복되면 어떤 문제를 객관적으로 관찰하거나 정상적으로 판단할 수 있는 기회를 상실하여 위험과 안전을 구분하거나 대처하는 부분을 배우지 못한다.
이렇게 습관적인 회피를 하게 되면 불안을 느낄 수 있는 자극이나 사건이 현실적으로 만들어지지 않기 때문에 인지적 회피는 더 강화된다.

그래서 회피가 안전과 생존을 위해 절대적으로 필요하다는 잘못된 신념체계를 형성하게 되는 것이다.

이것은 사람들이 부정적 자기 제한 신념과 불안한 감정 상태에 중독된 경계를 갖게 만드는 뇌의 메커니즘이다. 회피적 반응이 중독된 습관으로 굳어졌다는 것은 그만큼 이성적 뇌인 전두엽의 역할이 줄어들었거나 상실되었다는 의미이다. 그래서 자신의 세상모형을 심각하게 생략, 왜곡, 일반화시키거나 편향시켜 자기 자신과 세상을 있는 그대로 만나지 못하는 좁혀진 경계와 안전지대를 만들어 그 속에 갇히는 선택을 반복하게 되는 것이다.

또한 트라우마에 의해 불안장애를 가지고 있는 사람은 심하게 편향된 세상모형을 가지고 있기 때문에 정상적인 사람들에 비해 세상을 부정적으로 보는 판단 편향을 갖게 된다. 그렇기 때문에 부정적 사건이 일어나는 가능성을 더 높게 볼 뿐만 아니라 결과에 대해서도 심각하게 예상하는 편향이 생긴다. 왜곡과 판단 편향이 심해지면 외부적인 자극이나 신호가 없어도 스스로 부정적 상황을 예상하여 예상에 의한 스트레스까지도 만들 수 있게 된다.

이러한 현상은 부정적 사건이 일어날 가능성이 아주 낮더라도 부정적 결과를 마음에 시각화하여 위험의 유의성과 가능성을 과대평가하는 것이다. 만약에 성장과정에서 부모의 언어적, 신체적 폭력에 반복적으로 노출되면 트라우마를 경험하게 되어 심한 불안장애를 겪게 된다. 가정에서 애착과 라포의 대상인 부모로부터 폭력이 반복되는 환경에서 성장하게 되면 건강한 멘탈 상태가 붕괴되기 때문에 다른 사람과의 정상적인 관계 능력이 떨어지고 자신이 폭력의 가해자나 피해자가 될 가능성이 매우 높아진다.

자신을 지킬 힘이 미약한 상태에서 부모로부터 일방적으로 당하는 폭력은 자신의 안전과 생존을 위협하는 자극이 되기 때문에 최고의 각성 상태를 유지하며 불안한 정서를 갖게 된다. 이 불안한 정서를 자신의 기저선으로 착각하여 항상성이 엉뚱하게 설정되면 항상 불안한 사람이 되는 것이다. 이것이 트라우마가 우리를 망가뜨리는 메커니즘이며 우리가 멘탈에 대한 공부와 훈련을 해야 하는 이유이다.

의식의 종류

심리적 고통을 느끼게 하는 공포와 불안의 감정은 선천적으로 타고나기도 하지만 대부분 성장과정에서의 잘못된 학습에 의해 조건형성된 것이다. 이러한 학습은 의식적인 경험을 통해 이루어지는 것이며 의식은 크게 세 가지로 구분할 수 있다.

첫째, 표면적인 의식은 일반적으로 깨어있는 상태에서 자기 자신을 지각할 수 있고 다른 사람과 주변 환경에 대해서도 지각과 경계를 만들어 상호작용할 수 있는 상태를 말한다.

둘째, 전의식은 의식 바로 아래에 가라앉아 있어 표면적으로 드러나 있지는 않지만 언제든 불러낼 수 있는 의식의 형태로 존재한다.

셋째, 비의식적인 무의식은 마음의 가장 아래에 묻혀 있기 때문에 의식적 차원에서 접근하기가 어렵지만 표면적인 의식과 상호 협력을 하며 잠시도 쉬지 않고 24시간 일을 하고 있다.

의식에 눌려져 있는 전의식과 장기기억이 저장된 무의식을 합쳐 잠재의식이라고 부르며 잠재된 의식에는 수많은 학습과 경험을 통해 저장된 기억과 정서가 조직화되어 표면적인 의식을 조종하거나 서로 보완적으로 협력한다. 우리가 일반적으로 많이 사용하는 무의식이라는 단어는 의식이 완전히 없는 상태라고 오해를 할 수 있기 때문에 잠재의식이나 비의식이라고 표현하는 것이 더 합리적이다.

수면상태나 이완, 명상, 트랜스, 최면상태에서는 표면적인 의식적 활동이 줄어들고 잠재의식이 활성화되기 때문에 의식적인 통제가 약해진다. 수면상태에서도 완전한 무의식 상태가 아니라 잠재된 의식이 함께 작동되어 표출되는 것이기 때문에 무의식이라는 말보다 잠재의식이라는 말이 더 합리적이라고 할 수 있는 것이다. 일반적으로 의식이라고 하면 표면적인 의식을 말하는 것이고 잠재의식은 전의식과 무의식을 포함하고 있는 것으로 이해하면 된다.

의식에 대해 조금 더 자세히 정리하면 동물이나 사람이 생리적으로 잠에서 깨어있는 상태를 '생물적 의식'이라고 부른다. 생물적 의식은 생리적으로 깨어있는 상태이며 학습과 경험, 지각, 판단 기능을 하는 표면적 의식인 '정신적 상태 의식'과는 구별되는 개념이다. 우리가 일반적으로 의식이라고 하면 생물적 의식과 정신적 상태 의식을 합친 것이다.

여기서 중요한 것은 사람들마다 생물적 의식은 거의 비슷하지만 정신적 상태 의식은 개인의 학습과 경험에 의해 형성된 전용신경회로에 따라 큰 차이를 가진다는 사실이다. 이것은 모든 사람들이 비슷한 생물적 의식을 가지고 있지만 정신적 상태 의식은 저마다의 신념체계와 신경회로의 연결, 세상모형에 의해 다를 수밖에 없는 것이다.

불안이 경험에 의해 의식적으로 잘못 학습한 것이라면 그것으로부터 자유로워질 수 있는 탈학습도 가능하고 재학습도 가능하다.

그것이 의식적인 경험이든 잠재의식적인 경험이든 상관없이 새로운 학습을 반복하거나 정서적으로 큰 의미가 있는 경험을 하게 되면 기존의 신경회로가 재배열되고 새로운 조합을 만들어낼 수 있기 때문이다.

오랫동안 불안에 반복해서 노출되면 부정적인 생각과 느낌, 말, 행동에 중독된 패턴을 가지게 될 가능성이 높아지기 때문에 빨리 부정적인 패턴을 파괴시키는 새로운 학습과 경험을 반복해야 한다. 불안에 중독된 부정적인 패턴을 가지게 되면 우리를 좁혀진 안전지대와 경계에 갇히게 만들어 이성적인 존재가 아닌 동물적인 존재에 더 가깝게 만든다. 그래서 새로운 학습과 경험이 중요한 것이다.

불안이 우리의 생각과 느낌, 말, 행동의 패턴에 영향을 미치기도 하지만 우리의 반복적인 생각과 느낌, 말, 행동이 불안을 강화시키기도 한다. 나의 존재는 지금-여기에서의 생각과 느낌, 말, 행동을 반복하는 것이기 때문에 이 네 가지 중 어느 한 가지만 바꾸어도 나머지가 함께 바뀌어 우리의 존재와 정체성까지도 바뀌게 된다.

위험신호

사람들이 어떤 상황에서 특정한 위험을 강하게 느끼게 되면 신체와 생리적인 변화와 더불어 뇌의 정상적인 시스템에도 변화가 일어난다. 동물의 뇌가 통제하는 생존본능기전이 발현되면서 교감신경이 활성화되어 위험신호에 대한 주의 및 경계 수준을 높이고 민감하게 반응하도록 몸 전체를 세팅하게 된다. 그리고 위험신호에 적절히 대응할 수 있는 신경회로를 활성화시키고 신경조절에 필요한 화학물질을 분비하여 주의의 경계 수준을 최대한 끌어올린다.

이 단계는 정서적인 뇌가 활성화되지만 이성적인 뇌가 전혀 역할을 하지 않는 것이 아니라 부분적으로는 기능을 하고 있는 상태이다.

다행히 뇌에서 위험신호가 실제로 위험한 것이 아니라고 지각하게 되면 다시 부교감신경이 작용하여 신체와 생리적인 각성을 낮추고 비정상적으로 활성화된 뇌의 시스템을 원래의 정상적인 안정상태로 항상성을 회복시키게 된다.

이것은 우리 몸이 과잉반응과 각성을 오랫동안 지속할 때 생기는 여러 가지 부작용을 막기 위해 자율신경계에서 자동적으로 조절하는 항상성이다. 하지만 어떤 이유로 인하여 항상성을 조절하는 시스템에 장애가 생기게 되면 높은 각성 상태의 항상성을 설정하여 과도한 불안을 학습하게 된다. 위험에 관한 기억이 형성될 때 불안한 정서가 함께 덧입혀지기 때문에 신경가소성에 의해 잘못된 항상성을 유지시키는 신경회로의 새로운 배열과 조합이 이루어지게 되면서 뇌의 신경학적 구조까지도 불안한 상태로 바뀌게 되는 것이다.

만약 뇌의 신경학적 구조가 부정적으로 바뀐 상태에서 오랜 시간이 흐르게 되면 잘못된 신경회로를 바꾸는 것이 어려울 수도 있다. 위험에 대한 싸움-도주 반응과 얼어붙기 반응을 반복하면서 그러한 반응이 습관적으로 자리를 잡게 되면 위험에 대해 중요한 역할을 했던 편도의 역할이 더 이상 필요 없어진다. 왜냐하면 편도는 이미 중독된 습관으로 완전히 굳어진 반응에는 영향을 주지 못하기 때문이다. 이것은 우리가 불안을 이해하는데 매우 중요한 메커니즘이다.

일반적으로 공포와 불안은 편도가 자극되어 일어나는 현상이라고 알고 있다. 하지만 위험에 대한 불안 반응으로 뇌의 신경학적 구조가 바뀌게 되어 중독된 습관이 만들어지면 편도의 역할 없이도 공포와 불안을 지속할 가능성이 높아지게 된다. 그래서 중독된 습관이 만들어지면 아무런 위험신호가 없고 편도가 자극을 받지 않아도 평범한 일상생활 속에서 충분히 불안을 계속 느낄 수 있게 되는 것이다.

중요한 것은 편도가 불안을 느끼는 초기에만 역할을 하고 일단 불안이 습관으로 굳어지게 되면 더 이상 관여하지 않게 된다는 사실이다. 트라우마를 겪거나 불안장애를 갖고 있는 사람들이 외부에서 주어지는 특별한 위험신호가 없는데도 불구하고 지속적으로 불안한 정서 때문에 고통스러운 이유가 여기에 있는 것이다. 이러한 현상은 불안이 이미 중독된 습관으로 굳어져있을 뿐만 아니라 일반화되어 뇌 전체에 영향을 미치고 있기 때문이다.

이와 같이 불안 반응이 습관적으로 굳어지면 위험에 대한 주의와 경계 수준을 높이게 되어 뇌가 과잉 활성화될 뿐만 아니라 위험과 안전을 잘 구분하지 못하게 된다. 그래서 잠재적 위험에 대한 부풀리기를 하여 과잉반응하는 상태를 유지하게 되는 것이다. 이렇게 되면 위험의 불확정성에 대한 반응성이 높아지고 실제로 위험이 생기는 상황에서의 인지 및 행동의 조절과 통제가 잘되지 않는 부작용이 생기게 된다.

ABC 이론

천억 개가 넘는 뇌세포가 만들어내는 천문학적 연결인 신경회로의 배열에 의해 무한한 가소성을 가진 뇌는 그 무엇이든 반복하면 그것을 사실로 받아들이고 믿음을 만들어 스스로 그 믿음에 통제당하는 착각의 챔피언이다. 그래서 특정한 사고 프로세스를 반복해서 되풀이하면 그 생각이 뇌의 전용신경회로를 활성화시켜 특정한 감정을 함께 불러내어 중독 상태에 빠지게 만든다.

만약 성공에 대한 사고 프로세스를 반복해서 되풀이하게 되면 그와 관련된 전용신경회로를 구축하여 성공 신념을 만들어 성공한 삶의 결과를 얻게 된다. 하지만 불안과 관련된 사고 프로세스를 반복해서 되풀이하게 되면 불안과 관련된 전용신경회로를 구축하여 자기 제한 신념을 만들어 실패한 삶의 결과를 얻게 된다.

노벨 생리의학상을 수상한 에릭 캔들 교수는 뇌에서 신념체계의 뿌리인 기억작용이 일어날 때 뇌의 신경세포들이 어떤 변화가 일어나는지와 인간의 학습과 기억이 어떻게 가능한지를 밝혀냈다. 에릭 캔들 교수는 뉴런의 발화가 한 번만 일어나도 시냅스의 화학적 성질이 바뀌고 그다음 발화가 쉬워지지만 그 영향은 빠르게 소멸되는 것을 관찰했다.

하지만 뉴런의 발화가 다섯 번 이상 일어난 뒤에는 장기기억을 만들어내는 전용신경회로가 형성된다는 사실을 알아냈다.

이 연구결과는 우리가 어떤 학습과 경험을 할 때 반복이 왜 중요한지를 설명해주고 있으며 무엇이든 반복하면 습관의 중독 상태에 빠지는 뇌의 원리를 잘 알 수 있게 해준다. 뇌는 그 무엇이든 반복하면 스스로를 통제하는 강한 믿음을 만드는 전용신경회로를 구축하여 그 믿음을 작동시키는 강력한 신념체계를 가지게 되는 것이다.

신념은 뇌에 강하게 형성된 전용신경회로이며 우리 삶의 모든 성취 결과는 전용신경회로에 의해 만들어진 신념체계의 산물이라고 할 수 있다. 뇌 신경회로는 그 무엇이든 반복하면 고속도로와 같은 전용신경회로를 만들기 때문에 불안을 반복적으로 생각하거나 느끼고 말하게 되면 불안과 관련된 강력한 신념을 만들어 불안한 정서에 중독된 상태를 만든다. 이와 같이 불안한 정서를 반복해서 경험하여 그것과 관련된 전용신경회로가 구축되고 신념이 형성되면 고차원적인 뇌가 작동되지 못하고 불안에 통제당하게 되는 것이다.

중요한 것은 이렇게 형성된 신념이 고차원적인 뇌와 저차원적인 뇌를 통제하거나 서로 조화를 이루게 된다는 사실이다. 만약 과거에 반복적으로 활성화된 전용신경회로가 불안을 야기시키는 부정적인 자기 제한 신념을 만들었다면 과거의 잘못 프로그래밍된 신념에 의해 현재와 미래까지도 불안에 부정적으로 통제당할 수 있는 것이다.

이처럼 우리 삶의 모든 성취 결과는 우리가 어떤 신념을 가지고 있는가에 따라 달라지게 된다. 우리의 운명을 결정짓는 것이 유전이나 환경, 사건이 아니라 그것들을 어떻게 인식하고 해석하는가에 대한 준거가 되는 신념체계에 의해 결정된다고 볼 수 있다. 인식과 해석의 준거가 되는 신념은 유전과 학습, 경험, 사건, 정서, 문화, 종교, 기억 등과 함께 내적 표상을 만든다.

반복적으로 사용한 내적 표상은 자신만의 주관적 세상모형을 만들어 또다시 그것이 신념체계를 강화한다. 사람들은 어떤 상황 자체 때문에 힘들고 고통스러운 것이 아니라 그 상황을 어떻게 인식하고 해석하는가의 신념체계에 따라 다르게 느끼는 것일 뿐이다. 불안을 반복해서 느끼는 것도 과거의 반복적인 학습 및 경험을 바탕으로 잘못 형성된 신념이 작동되는 것이다.

우리가 보고 있는 세상은 실제 세상이 아니라 각자의 신념을 형성한 내적 표상을 통해 바라보는 세상에 대한 모형일 뿐이다. ABC 이론으로 보면 사건이나 상황에 대한 인식과 해석의 준거가 되는 신념이 왜 우리의 운명을 결정짓게 되는지를 잘 알 수 있다.

일상생활에서 대부분의 경험은 표면적으로 A = C라는 해석이 가능하지만 실제로는 A가 C를 만드는 것이 아니라 A + B = C라는 공식이

성립된다. 사건이나 상황 A에 대한 신념 B가 결과 C를 만든다는 이론이다. 결과 C가 긍정이든 부정이든 그것은 사건 A에 대한 인식과 해석의 준거가 되는 신념 B에 의해 편집된 것일 뿐이다. 대부분 개인이 가진 심리적 문제나 부정적 사고와 관점을 가진 사람들의 핵심적인 문제는 사건 A가 아니라 사건 A에 대한 신념 B가 C라는 결과를 만든 것이라고 볼 수 있다.

결국 불안으로 인하여 생기는 문제는 우리의 신념이 만든 것이라고 볼 때 사건과 상황을 긍정적으로 인식하고 해석할 수 있는 성공 신념을 가지게 되면 불안을 극복할 수 있게 되어 성공한 삶의 결과를 얻게 된다. 신념이 창조의 힘과 파괴의 힘을 함께 갖고 있기 때문에 우리가 어떤 신념을 가지느냐에 따라 불안과 공포의 노예가 되기도 하고 행복과 성취하는 삶의 주인공이 되기도 하는 것이다.

변화를 위한 선택

모든 것은 변화한다. 우리의 마음, 몸, 다른 사람, 세상도 모두 변화한다. 세상에 변화하지 않는 것은 오로지 모든 것은 변화한다는 절대적인 사실뿐이다. 우리의 삶 자체가 변화의 연속이며 변화가 없는 삶은 현실에서 존재하지 않는다. 세상은 끊임없이 변화하고 있기 때문에 그 변화하는 세상에서 살아가는 우리도 변화하지 않고서는 정상적인 삶을 살아가기 어렵다. 우리는 이처럼 끊임없이 변화하는 세상의 흐름에 뒤처지지 않고 살아가기 위해서 변화할 수밖에 없는 존재이다.

그렇기 때문에 변화는 생존을 위한 최상의 전략이라고 볼 수 있다.

우리는 변화해야만 현실에서의 생존 가능성이 더 높아지고 보다 더 나은 삶을 선택할 수 있기 때문에 어느 누구도 변화 자체를 거부하지는 않는다. 다만 전두엽의 자유의지를 가지고 자신이 먼저 변화를 선택할 것인지 아니면 환경의 강요에 의해 변화를 선택당할 것인지의 차이를 가지고 있을 뿐이다.

어떤 선택을 하는 것이 더 좋은지에 대해 굳이 설명하지 않아도 모르는 사람은 없을 것이다. 그런데도 불구하고 많은 사람들이 자신의 전두엽이 가진 자유의지의 능력으로 먼저 변화를 주도하는 능동적인 선택을 하기보다는 환경의 통제 속에서의 수동적인 변화를 강요당하는 선택을 하는 경우가 더 많다. 이처럼 많은 사람들이 능동적인 변화에 저항하는 이유는 사람들이 변화를 시도하여 얻는 성공의 설렘이나 보상보다 실패했을 때 받아야 하는 비난이나 고통이 더 크게 느껴져서 생기는 심리적 저항 때문이다.

인간의 뇌는 본능적으로 즐거움과 쾌락을 추구하면서도 고통과 불편함을 회피하는 기전도 함께 가지고 있다. 우리는 두 가지 본능 중에 진화과정에서 형성된 생존본능기전에 의해 지향적 동기보다 회피적 동기를 더 많이 사용한다. 특히 일상생활에서 무심코 사용하는 언어와 생각의 80%가 부정적이라는 것은 우리가 고통과 불편함에서 벗어나거나 회피하려는 동기를 더 많이 사용하고 있다는 증거이다.

그것은 인간이 진화과정에서 부정적인 감정을 일으키는 상황이나 대상에서 벗어나는 것이 생존에 더 유리하기 때문에 형성된 습관이다. 그래서 불안을 느끼게 될 때 도피하거나 회피하려는 기전이 무의식적으로 생기게 되는 것이다. 불안을 느끼는 횟수가 반복되거나 강도가 강할수록 불안한 감정 상태에 점점 중독되어간다.

이러한 불안에 대한 회피적 동기가 반복적으로 발현되면 미래와 과거에 대한 예측과 생각만으로도 우리를 점점 더 불안한 상태로 만들거나 행동을 하게 만든다. 그렇기 때문에 우리는 특별한 목표가 설정되고 그것과 관련된 전용신경회로가 굵게 형성되어 성공 신념이 굳어진 경우가 아니라면 대부분 현재의 불안 상태를 바꾸거나 대체할 새로운 변화를 선택하지 않게 되는 것이다.

우리가 불안을 극복할 수 있는 새로운 변화와 도전을 쉽게 하지 못하는 이유가 변화와 도전을 통해 얻게 될 즐거운 보상보다 그것을 행동으로 옮길 때 느낄 수 있는 불편함이나 고통이 상대적으로 더 크기 때문이다. 그래서 뇌는 본능적으로 불안에 중독된 현재의 상태를 바꿀 수 있는 새로운 변화와 도전을 싫어하는 것이고 현재 상태를 그대로 유지하려는 관성을 가지게 되는 것이다.

일반적으로 인간의 뇌는 쾌락 추구와 고통 회피의 욕구를 충족시키기 위해 자기 안에 존재하는 필요한 모든 자원과 에너지를 사용한다. 두 가지 욕구를 충족시키기 위해 본능적으로 즐거움과 쾌락을 추구하는 심리를 지향적 동기라고 하며 고통과 불편함에서 벗어나기 위한 심리를 회피적 동기라고 한다. 두 가지 동기가 어느 것이 좋고 나쁨의 절대적인 기준이 되는 것은 아니다.

지향적 동기는 자신이 좋아하고 잘하는 것을 성취하기 위해 새로운 변화와 도전을 선택하고 행동하게 해준다. 즐거움과 쾌락은 인간이 본능적으로 추구하는 기전이기 때문에 자신의 사명과 목표를 이루기 위해서는 지향적 동기를 사용하는 것이 큰 도움이 된다. 자신이 좋아하고 잘하는 것을 할 때 더 큰 열정이 생기고 자발적인 동기가 자극되어 큰 성취를 이룰 수가 있기 때문이다.

회피적 동기는 일반적으로 변화를 거부하는 관성을 유지시키지만 때로는 고통과 불편함에서 벗어나거나 회피하기 위한 새로운 변화와 도전을 선택하고 행동하게 해주는 강력한 동기가 되기도 한다.
고통과 불편함은 인간이 본능적으로 회피하는 기전이기 때문에 회피적 동기를 잘 활용할 수만 있다면 지향적 동기와 마찬가지로 자신의 사명과 목표를 이루기 위한 중요한 선택이 될 수 있다.

심한 고통과 불편함에서 벗어나기 위해 강력한 회피적 동기가 생기게 되면 긍정적인 상태를 만들어주는 새로운 변화와 도전을 할 수 있게 되고 행동의 지속성을 가지게 된다. 회피적 동기를 활용하는 것이 우리 삶에서 때로는 변화를 거부하고 현재 상태에 머물게 하는 나쁜 경계로 작용하기도 하지만 그것에서부터 벗어나기 위한 훌륭한 지렛대의 작용을 하기도 한다는 사실을 알아야 한다.

숲속의 맑은 아침이슬을 독사가 먹으면 독을 만들고 소가 먹으면 영양이 풍부한 우유를 만들듯이 회피적 동기를 어떻게 활용하는가에 따라 새로운 변화를 위한 지렛대로 사용할 수도 있고 변화를 거부하는 관성으로 사용할 수도 있는 것이다.

인간의 뇌에는 천억 개가 넘는 뉴런이 있으며 이 뉴런에는 수많은 기억이 저장되어 있고 모든 기억에는 특정한 감정이 묻어있다.

천억 개가 넘는 뉴런 하나하나가 비슷한 다른 수만 개의 뉴런들과 병렬적인 시냅스 연결을 통해 전기화학적으로 정보를 교환하고 있는데 이것을 신경회로라고 한다. 뇌의 신경회로는 비슷하거나 상관있는 다른 뉴런들과 병렬적으로 연결을 짓고 있기 때문에 하나의 뉴런이 자극을 받아 발화되면 연결된 나머지 뉴런들이 동시에 활성화된다.

이후 반복적으로 함께 활성화된 뉴런들과의 연결이 광케이블처럼 굵게 형성되는데 이것을 전용신경회로라고 한다. 굵게 형성된 전용신경회로는 개인의 신념과 세상모형을 만드는 고차원적인 뇌가 되어 일반적 신경회로인 저차원적인 뇌에 우선하여 활성화되기 때문에 개인의 존재와 정체성을 결정짓는 핵심적인 요인이 된다.

우리는 전용신경회로에 편안함과 안정감, 자신감을 연결할 수도 있고 공포와 불안, 두려움, 무기력을 연결할 수도 있다. 전용신경회로는 다른 일반적인 신경회로에 우선하여 활성화되기 때문에 불필요한 정보간섭을 차단하여 원하는 목표에 초점을 일치시켜준다.

원하는 성취를 얻기 위해서는 새로운 변화와 도전을 선택하여 얻게 되는 설렘과 즐거움의 전용신경회로를 만들고 반대로 새로운 변화와 도전을 선택하지 못하고 행동하지 않았을 때 느끼는 고통과 불편함의 전용신경회로를 함께 만들어야 한다. 이렇게 전용신경회로에 지향적 동기와 회피적 동기를 연결해두면 의식적 노력이나 자유의지가 개입되지 않아도 잠재의식 차원에서 목표를 향해서 움직이게 된다.

인간의 행동은 대부분 전용신경회로와 잠재의식의 영향을 받고 통제 당하고 있다. 대부분의 행동은 감정과 연결된 전용신경회로와 잠재의식의 조종을 받기 때문에 기존의 변화하지 않는 나쁜 습관을 고통으로 연결하고 변화하는 좋은 습관을 즐거움으로 연결해야 한다.

이렇게 되면 새로운 변화와 도전을 할 수 있는 강력한 양 날개를 달게 되어 성취를 위한 새로운 도약이 가능해진다.

인간은 누구나 반복적인 학습과 경험을 통해 자신만의 전용신경회로를 새롭게 구축할 수 있는 신경가소성을 가지고 있다. 뇌는 그 무엇이든 반복하면 그것을 사실로 받아들이고 믿음을 만들어 스스로를 통제하는 강한 신념을 만들기 때문에 지향적 동기와 회피적 동기를 전용신경회로에 반복해서 연결하면 그것에 대한 믿음체계가 만들어져 강력한 신념을 만들게 되는 것이다.

어떤 것이든 뇌에 전용신경회로를 만들기만 하면 새로운 변화가 가능하고 그것을 지속시킬 수 있다. 전용신경회로가 신념체계를 만들고 그 신념체계가 자신만의 세상모형을 만들기 때문에 전용신경회로가 바뀌게 되면 변화는 일어날 수밖에 없는 것이다. 그리고 그것은 누구나 갖고 있는 평범한 자원이다. 전용신경회로 사용법을 잘 알고 실행하기만 한다면 누구나 자신이 원하는 삶의 성취 결과를 얻을 수 있다.

불안은 신념이다

우리 뇌는 그 무엇이든 반복하면 그것을 사실로 받아들이고 믿음을 만들어 스스로 그 믿음에 통제당하는 착각의 챔피언이라고 했다. NCR의 믿음체계를 CR의 현실체계로 바꾸기 위한 실천의지가 일관성과 지속성을 유지할 때 신념체계가 만들어진다.

신념은 그것이 긍정적인 것이든 부정적인 것이든 가리지 않고 반복적인 학습과 경험에 대한 느낌이라고 할 수 있으며 개인의 세상모형에 관여하기 때문에 존재와 정체성을 형성하는 가치와 준거를 포함하고 있다. 그래서 우리가 반복적인 학습과 경험을 통해 뇌에 어떤 전용신경회로를 구축하는가에 따라 형성된 신념체계가 우리 삶을 통제하는 핵심적인 열쇠가 되는 것이다.

신념을 신경생리학적 관점에서 보면 충격적이거나 정서적 경험, 반복적으로 입력된 정보 등이 뉴런의 시냅스 연결에 의해 강화되면서 전용신경회로가 형성된 것으로 이해할 수 있다. 뉴런은 직접적으로 다른 뉴런과 연결되어 있는 것이 아니라 액체로 채워진 시냅스라는 틈을 통해 신경전달물질이 전달되면서 전기화학적 연결을 짓는다.

그래서 강한 자극이 주어지거나 반복적으로 입력된 정보는 뇌에 광케이블처럼 굵은 전용신경회로를 구축하여 관련된 연결을 확장하고 이후 하나가 자극을 받게 되면 동시에 활성화되는 전체성을 가지게 된다. 헵의 학습모델에 따라 함께 활성화된 뉴런은 연결이 강화되고 연결이 강화된 뉴런은 더 쉽게 활성화되는 전용신경회로를 만드는 것이다.

이와 같이 우리의 신념은 특정 뉴런의 연결이 굵게 형성된 전용신경회에 의해 발현되는 것으로 볼 수 있다. 예를 들어 테니스를 할 때 불안을 학습하는 경험을 반복했다면 연습을 하면 할수록 불안을 증폭시키는 전용신경회로를 더 많이 강화시키게 된다. 이렇게 강화된 불안을 증폭시키는 전용신경회로는 이후 테니스를 할 때 함께 활성화되어 테니스를 잘하지 못하게 하는 경계를 만든다.

뇌는 특정한 멘탈적 프로세스를 많이 사용하게 되면 그 프로세스와 관련된 전용신경회로가 만들어지면서 강한 믿음이 생기고 그것을 현실화시키기 위해 일관된 실천의지를 강화하는 강한 신념을 형성한다. 어떠한 신념이든 자신의 강한 신념이 만들어지고 나면 모든 생각과 느낌, 말, 행동의 초점이 자신의 신념체계 안에서 작동하게 된다. 우리의 똑똑한 뇌는 그 무엇이든 반복하면 사실로 받아들이고 강한 믿음을 만들기 때문에 특정한 생각과 느낌, 말, 행동을 반복하게 되면 믿음을 만들어 신념체계를 더욱더 강화시키게 되는 것이다.

고차원적인 뇌 기능을 담당하는 전용신경회로에 의해 강화된 특정 신념이 생각과 느낌, 말, 행동을 이끌어내어 일반적인 신경회로들의 발화를 유도하거나 그것들과 협력적인 조화를 이룬다. 마찬가지로 불안을 일으키는 신념으로 자리 잡은 고차원적인 뇌의 전용신경회로는 일반적인 신경회로와 서로 조화를 이루어 내부적인 초점을 불안에 일치시키게 된다. 이렇게 되면 불안과 관련된 신념에 의해 불안을 점점 더 일반화시키게 되면서 다른 영역에서도 불안을 더 많이 경험하는 상태를 만든다.

어느 누구도 신념이 없는 사람은 없다. 다만 우리가 어떠한 신념을 갖고 있느냐의 차이가 있을 뿐 모든 사람들은 저마다의 다른 신념을 가지고 다른 세상을 살아가며 다른 삶의 성취 결과를 얻게 된다.

어떤 사람은 할 수 있다는 긍정적인 성공 신념을 가지고 있고 어떤 사람은 할 수 없다는 부정적인 자기 제한 신념을 가지고 있을 뿐 어느 누구도 신념이 없는 사람은 없는 것이다.

신념은 긍정과 부정, 가능한 것과 불가능한 것, 좋은 것과 싫은 것, 안전과 불안, 행복함과 불행감, 숙면과 불면, 자신감과 무력감 등을 구분해주는 확실한 가치와 준거가 된다. 어떤 사람은 성취와 관련된 긍정적인 성공 신념을 가지고 자신의 신념을 실현하는 긍정적인 세상모형을 만들어 성취하는 삶의 마중물과 디딤돌의 자원을 얻는다.

또 어떤 사람은 불안과 관련된 부정적인 세상모형과 자기 제한 신념을 가지면서 무기력하고 실패하는 삶을 살아가게 만드는 걸림돌을 많이 갖게 된다. 그래서 자신이 선택한 불안과 관련된 잘못된 신념이 스스로를 방해하거나 속박하여 자신의 삶을 부정의 수렁에 빠지게 만드는 자기 제한 신념에 갇히게 되는 것이다.

만약 자신에게 도움이 되지 않는 불안과 관련된 자기 제한 신념을 가지게 된다면 자신이 원하지 않는 삶의 결과를 얻을 수도 있다.

왜냐하면 우리 삶의 모든 결과는 신념체계에 의해 창조되기 때문이다. 신념은 우리의 존재와 정체성을 형성하는 생각과 느낌, 말, 행동을 만들어내는데 관여한다. 그렇기 때문에 신념을 변화시킨다는 것은 자신의 존재와 정체성을 변화시키는 것과 같은 것으로 볼 수 있다.

그래서 우리에게 필요한 신념은 불안 때문에 자신을 구속시키는 자기 제한 신념이 아닌 삶의 희망과 활력을 불어넣어 주는 성공 신념이다.

활력 신념과 성공 신념이 우리의 긍정적인 생각과 느낌, 말, 행동을 만들어내기도 하지만 반대로 긍정적인 생각과 느낌, 말, 행동이 우리의 활력 신념과 성공 신념을 만들기도 한다. 왜냐하면 반복적인 생각과 느낌, 말, 행동이 전용신경회로를 구축하여 신념체계를 형성시키고 이렇게 형성된 신념체계에 의해 자신만의 주관적인 세상모형이 만들어지기 때문이다. 우리의 세상모형이 곧 우리의 존재와 정체성을 만들어주게 되는 것이다.

다시 한번 강조하지만 신념이 없는 사람은 존재하지 않는다.

다만 신념이 없다고 생각하는 많은 사람들이 자신의 삶에 도움이 되지 않는 자기 제한 신념을 가지고 있을 뿐이다. 우리는 누구나 자신만의 신념을 가지고 있으며 어떠한 신념을 가지고 있는가에 따라 서로 다른 운명을 맞이하게 된다는 사실을 알아야 한다. 우리의 상태와 운명을 결정짓는 핵심적인 가치가 바로 신념이며 우리가 멘탈에 대한 새로운 학습과 훈련을 하는 것도 우리 삶을 윤택하게 해주는 성공 신념을 강화시키기 위해서이다.

불안을 만드는 세상모형

　세상을 인식하고 해석하는 것은 저마다 다른 학습과 경험에 의해 만들어진 개인의 세상모형에 의해 이루어진다. 외부의 어떤 자극과 정보가 뇌에 입력되면 뇌의 지각을 담당하는 특정 부위만 반응하는 것이 아니라 기억과 감정, 신념, 사명, 목표를 담당하는 영역까지 비국소적으로 전체성을 가지고 함께 관여하여 반응하게 된다.

　어떤 자극에 대해 뇌의 한 영역에서만 관여한다고 알고 있었던 기능들 중 대부분은 비국소성에 의해 서로 다른 영역들 간에 일어난 상호작용의 산물이기 때문에 우리가 만나는 세상은 실제 세상이 아닌 우리 뇌에서 편집되고 왜곡된 세상인 경우가 더 많을 수밖에 없다.

그래서 우리가 세상을 인식하고 경험하는 것은 실제 세상을 객관적으로 경험하는 것이 아니라 자신의 세상모형을 만드는 여과기에 의해 생략, 왜곡, 일반화되어 경험하게 되는 것이다.

　이처럼 우리가 보는 세상은 절대적이고 객관적인 진실이 아닌 저마다 다르게 형성된 주관적인 여과기에 의해 세상에 대한 모형을 만들기 때문에 가짜 세상과 소통하는 것으로 볼 수도 있다. 이것을 자신의 세상모형이라고 하며 우리는 모두 자신만의 세상모형이 만들어낸 경계 속에 갇혀 살아가고 있는 것이다.

　우리의 세상모형은 유전과 학습, 경험, 가치, 신념, 문화, 종교, 정서 등이 연합형태로 비국소성을 가지고 상호작용하여 함께 관여한다.

결국 우리가 접촉하고 인식하는 불안한 상태와 불안한 세상이라는 것도 생략, 왜곡, 일반화된 우리의 주관적인 세상모형에 의해 우리가 그렇다고 생각하거나 믿는 세상일 뿐이다. 이와 같이 사람들은 모두가 자신만의 주관적인 세상모형으로 똑같은 세상을 다르게 인식하고 해석하며 저마다 다른 세상을 경험하게 되는 것이다.

사람들의 세상모형이 모두 다르기 때문에 개인의 불안 수준도 다를 수밖에 없다. 이처럼 개인의 불안 수준이 다른 이유가 서로 다른 학습과 경험, 피드백에 의해 서로 다른 세상모형을 가지고 있기 때문이다. 사람의 뇌는 스스로 의식하지 못하는 가운데 자신의 주관적인 세상모형에 의해 대부분의 의사결정을 한다.

뇌는 객관적이고 논리적으로 의식적 추론과 판단을 하고 있다고 착각을 하는 것일 뿐 실제로는 잠재의식에 의해 작동되는 세상모형에서 이미 내린 결정을 합리화시키기 위한 절차를 밟는 것에 지나지 않는다. 결국 표면적으로 볼 때 객관적이며 논리적인 의식의 지배를 받는 것처럼 보이지만 실제로는 과거의 경험이 저장된 기억 시스템에서 관여하는 잠재의식과 세상모형의 영향을 받거나 조종당하고 있는 것으로 볼 수 있는 것이다.

이러한 세상모형에 대해 뇌과학적 관점에서 접근하면 이해가 더 쉬워진다. 우리는 외부의 불안과 관련된 자극과 정보가 입력되면 감각피질의 특정 영역에서 신경회로를 활성화시킨다. 이후 신경회로는 다른 유사한 신경회로들과 비교하게 되면서 과거에 불안과 관련된 경험을 통해 지각했던 것을 활용하여 알아보게 된다.

그리고 신경회로가 활성화되는 과정에서 불안한 감정과 기억 시스템에 저장된 모든 연합기억이 함께 활성화되면서 전체성을 만든다.

이때 비로소 의식을 지배하는 영역인 전두엽의 기능이 활성화되기 시작한다. 전두엽의 활성화가 뒤에 일어난다는 것은 외부 자극과 정보에 감정과 기억 시스템이 먼저 반응한 이후에 전두엽의 기능이 형식적인 절차와 집행의 역할을 맡는 것일 뿐이라는 사실을 증명하는 것이다.

결국 우리가 불안을 통제하는 능력을 갖추기 위해서는 뇌에 세팅되어 있는 기존의 세상모형을 바꾸어야 한다. 지속적인 학습과 경험을 통해 끊임없이 새로운 연결을 확장한다면 불안을 느끼게 만드는 오염된 기존의 세상모형을 바꿀 수가 있다. 그래서 불안한 자신의 세상모형을 바꾸고 싶다면 자신의 세상모형을 바꿀 수 있는 새로운 연결이 필요한 것이다. 결국 우리가 경험하는 불안한 감정은 생략, 왜곡, 일반화된 자신의 세상모형에 의해 형성되거나 재창조되는 가짜일 뿐이다.

우리 뇌의 모든 기능은 서로 다른 영역들 간의 비국소적인 연결과 관계에서 재창조되거나 조작될 수 있기 때문에 반복적인 학습과 경험을 통해 얼마든지 마음 상태를 바꿀 수가 있다. 우리가 이러한 마음의 작동원리를 아는 것은 아주 중요한 의미를 가진다.

마음의 작동원리를 안다는 것은 마음을 효율적으로 사용할 수 있는 방법을 아는 것과 같기 때문이다. 표면적으로 드러난 세상모형이 더 이상 객관적이거나 절대적인 진실이 아닐 수도 있기 때문에 마음의 작동원리와 그것을 효율적으로 사용하는 방법을 아는 것이 중요한 것이다.

변화가 쉽지 않은 이유

뇌가 가진 탁월성은 언제라도 신경회로의 배열과 조합을 바꾸어 개인
의 존재와 정체성을 바꿀 수 있는 가소성을 갖고 있다는 것이다.
뇌는 새로운 변화를 위한 신경가소성과 더불어 새로운 변화에 대해 저
항하며 현재 상태를 그대로 유지하려는 관성을 동시에 갖고 있다.
한 개인의 존재와 정체성을 떠받치고 있는 신경회로는 짧은 몇 마디의
말과 생각만으로도 쉽게 바꿀 수 있지만 특정한 생각과 느낌, 말, 행동
에 의해 신경회로가 반복적으로 활성화되면 광케이블처럼 굵은 전용
신경회로가 구축되면서 쉽게 변화하지 않으려는 고정된 패턴과 관성을
동시에 가지게 된다.

우리 뇌에는 천억 개가 넘는 뉴런이 존재하며 하나의 뉴런은 다른 수
만 개 이상의 이웃 뉴런들과 병렬적으로 시냅스 연결을 만들기 때문에
한 인간의 뇌에는 밤하늘에 보이는 별의 숫자보다 더 많은 신경회로가
존재하고 있다.

뇌는 새로운 학습과 경험, 피드백이 반복적으로 주어지면 특정 신경
회로가 활성화된다. 마찬가지로 정서적 의미를 가진 강한 경험이 주어
질 때도 특정 신경회로가 광케이블처럼 굵게 형성된다. 뇌에 광케이블
처럼 굵게 형성된 회로를 전용신경회로라고 부르며 이 전용신경회로가
다른 신경회로에 우선하여 활성화되면서 개인의 신념체계를 만들고 존
재와 정체성까지 형성하게 되는 것이다.

만약 이렇게 형성된 전용신경회로가 불안을 일으키는 중독된 패턴을 가지게 되면 의식적 관여 없이도 불안과 관련된 전용신경회로가 쉽게 활성화되면서 일정한 패턴으로 굳어지게 된다. 이와 같이 불안과 관련된 전용신경회로가 굵게 형성되면 중독된 습관을 형성하여 일관성을 갖게 되기 때문에 더 나은 상태를 만들어줄 수 있는 긍정적인 자극과 정보에는 무반응하거나 저항하며 기존의 중독된 불안한 상태를 유지시키려는 강력한 관성을 가진다.

이러한 중독 상태를 습관이라고 하며 제2의 천성이라고도 부른다. 전용신경회로가 구축되고 중독된 습관이 만들어지면 변화가 힘들어진다. 그 습관이 긍정적인 것이든 부정적인 것이든 상관없이 변화를 거부하는 이유가 일관성과 항상성을 유지하려는 중독된 습관을 만드는 전용신경회로가 뇌에 존재하고 있기 때문이다.

그래서 이미 잠재의식적 차원에서 자동화된 학습이 이루어져 전용신경회로가 구축되고 습관이 형성된 이후에는 의식적 차원에서의 새로운 정보나 자극이 주어져도 변화가 힘들어진다. 전용신경회로가 구축되면 변화가 어렵기 때문에 사람들은 습관의 노예가 되어 반복된 패턴을 되풀이하는 순환고리에 갇히게 되는 것이다.

사람들은 의식적 차원에서 변화에 대한 인식을 가지고 긍정적으로 변화하기 위한 많은 노력을 하지만 대부분 쉽게 변화하지 못한다. 습관에 중독된 상태에서의 의식적인 개입은 역치를 뛰어넘거나 지속성을 가지지 못하기 때문에 잠재의식적 차원에서 현상태를 그대로 유지하려는 항상성이 작동된다. 변화는 새로운 자극과 정보를 받아들여 기존에 형성된 다양한 신경회로의 연결을 바꾸거나 확장하여 새로운 전용신경회로를 만드는 과정이다.

우리의 뇌는 새로운 변화에 저항하는 강력한 관성을 갖고 있으면서도 새로운 자극과 정보가 반복해서 주어지거나 역치를 뛰어넘는 정서적 경험이나 충격적인 체험이 주어지면 얼마든지 변화할 수 있는 탁월한 가소성을 동시에 가지고 있다. 다행한 것은 우리의 존재는 변화를 위한 강력한 자유의지를 가지고 있기 때문에 자신의 생각과 느낌, 말, 행동을 반복해서 사용하는 것만으로도 원하는 현실적인 변화를 이룰 수가 있다는 사실이다.

궁극적으로 우리는 자유의지에 의해 언제라도 변화할 수 있는 탁월한 가소성을 가진 존재이기 때문에 더 나은 삶을 위해 새로운 변화를 얼마든지 선택할 수 있는 존재이다. 그래서 새로운 변화의 선택은 생존을 위한 최선의 전략이면서 우리 삶의 핵심 가치가 되는 것이다. 그렇기 때문에 우리는 스스로에게 새로운 변화를 위한 자극이 될 수 있는 긍정적인 질문을 던질 수 있어야 한다.

- 어제와 다른 오늘을 위해 무엇을 계획하고 실행하고 있는가?
- 사명과 목표를 달성하기 위해 무엇을 어떻게 변화시켜야 하는가?
- 중요한 삶의 가치를 실현하기 위해 지금 어떤 변화가 필요한가?
- 어제와 다른 내일을 위해 오늘을 어제와 다르게 변화시킬 준비를 하고 있는가?
- 일상생활 속에서 사용하는 생각과 느낌, 말, 행동을 어떻게 변화

시킬 것인가에 대한 결단을 할 준비가 되어있는가?

변화는 분명히 힘들지만 우리는 변화를 해야 하며 변화를 위한 결단을 하는 순간 이미 변화는 시작된다. 어떻게 보면 이 글을 읽으면서 변화에 대해 생각하는 순간 이미 변화가 일어났을 수도 있다. 그리고 모든 변화의 시작은 나 자신부터이다.

어리석은 사람은 다른 사람을 변화시키려고 한다. 더 어리석은 사람은 세상을 변화시키려고 한다. 하지만 지혜로운 사람은 다른 사람과 세상은 쉽게 변화하지 않는다는 것을 알고 있기 때문에 자기 자신의 변화에 먼저 초점을 맞춘다. 변화된 자신이 바라보는 다른 사람과 세상은 이미 다르게 보이고 변화된 자신의 영향력으로 다른 사람을 변화시킬 수 있기 때문이다. 그 변화의 핵심이 바로 반복적인 생각과 느낌, 말, 행동에 있다.

감정의 중독

우리는 살아가면서 자신의 존재와 정체성에 대한 답을 얻기 위해 끊임없이 사고와 질문을 되풀이하지만 그것에 대한 명료한 해답을 쉽게 찾지 못한 상태로 살아가는 경우가 많다. 자기 자신의 존재와 정체성을 찾기 위해 '나는 누구인가'에 대한 평범한 질문에도 우리는 쉽게 그 답을 구하지 못한다. 이처럼 사람들은 자신의 존재와 정체성을 찾으려 계속 노력하지만 그것을 쉽게 찾지 못하고 오히려 자기 자신을 망각하거나 상실한 채 살아가고 있는 것이다.

우리는 다른 사람들과의 다양한 관계 속에서 사회적 정체성을 형성하게 된다. 이러한 사회적 관계 속에서 정체성이 잘못 형성되면 자기 자신을 관찰하거나 만날 수 있는 자기인식능력이 결여되기 쉽다. 만약 자기인식능력이 결여되면 환경적인 정보와 자기 자신을 부정적으로 왜곡하여 마음과 신체가 스트레스와 불안을 지속적으로 느끼게 되어 부정적인 감정에 중독된 상태로 살아가게 된다.

이러한 스트레스와 불안이 오래 지속되면 현재의 부정적인 자신의 상태에 항상성과 기저선 상태를 유지한 채 자신이 왜 이러한 부정적인 감정 상태에 빠져있는지에 대한 사고와 질문조차 하지 못할 수도 있다. 자신의 건강한 자아상태로 지금 현재의 자기를 제대로 관찰하고 알아차리지 못하게 되면 스트레스와 불안에서 벗어날 수 있는 그 어떤 선택과 도전도 거부하게 된다. 이렇게 부정적인 감정의 중독 상태에 빠진 자신을 변화시키거나 치유하기 위한 첫 번째 도전은 자신에게 어떤 문제가 있는지를 알아차리는 것이다.

자기 자신의 긍정적인 변화를 이끌어내기 위해서는 성격과 사고패턴, 감정 상태, 행동의 특징에 대한 디테일한 부분까지 스스로 인식할 수 있어야 한다. 이러한 인식능력은 엉뚱한 곳에 초점을 사용하면서 그동안 사용하지 않았을 뿐이지 그러한 능력과 기술이 자기 안에 없는 것이 아니다. 자신을 관찰하고 인식할 수 있는 능력과 기술은 누구나 갖고 있지만 주변 환경과 관계 속에서 잘못 형성된 부정적인 신경회로 때문에 그것이 일시적으로 가려져 있을 뿐이다.

그렇기 때문에 새로운 변화를 위한 분명한 목표와 주의집중력을 유지할 수만 있다면 잃어버린 자기 자신을 만나는 것이 그렇게 어렵지 않다. 그리고 현재의 자기 자신을 좀 더 객관적으로 바라보면 부정적 감정에 중독된 자신을 관찰할 수 있게 되고 그러한 자신에 대한 비판적 관점을 가질 수도 있다.

수학에서 마이너스가 두 번이면 플러스가 되는 것처럼 부정의 감정에 중독된 자신의 상태를 객관적인 큰 틀에서 바라보며 건전하게 비판할 수 있다면 자신의 부정적 감정이 약해지는 것을 느낄 수 있게 된다.

그래서 객관적인 자기 인식을 통해 스스로를 관찰하고 부정의 감정에 중독된 자신의 상태를 비판하며 긍정의 상태를 만들 수 있는 새로운 초점을 만들어야 하는 것이다.

만약에 많은 사람들 앞에 노출될 때마다 긴장과 불안을 느끼며 심한 스트레스를 받고 있다면 도대체 무엇이, 어떻게 현재 자신의 감정 상태를 만드는가에 대해 사고하고 질문하며 관찰할 수 있어야 한다.

이것은 지금 현재의 부정적인 상태를 만들 수밖에 없는 자신의 과거 학습과 경험에 대한 객관적인 관점을 갖기 위해서이다. 지금의 감정 상태는 자신의 뇌에 형성되어 있는 전용신경회로가 활성화된 것이며 이 것은 우리가 경험 당시의 연합된 감정을 그대로 재연시키는 화학물질에 중독된 상태에 있는 것이다.

더 중요한 것은 이러한 감정의 중독 상태는 자신의 항상성과 기저선 상태를 유지하기 위해 끊임없이 관련된 외부 자극을 찾고 있으며 만약 외부 자극이 없으면 자기 내면에서 만들어서라도 부정적인 감정 상태를 유지시키려 한다. 이러한 감정의 중독 상태에 빠지게 되면 그것이 우울이든 불안이든 활력이든 행복이든 가리지 않고 익숙해져 있는 기저선 상태를 유지하게 된다. 결국 대인관계의 심한 불안이나 스트레스는 자기 안에 그것을 간절하게 갈구하는 부정적인 감정의 기저선 상태가 있기 때문이다.

처음에는 주변 사람들이나 환경이 이러한 부정적인 감정을 만드는 원인이 되지만 나중에는 자기 안에 부정적인 감정의 중독 상태를 익숙하게 느끼는 기저선 상태가 만들어져 스스로를 통제하게 된다.

이러한 부정적에 중독된 감정 상태에 대한 객관적인 자기인식을 통해 스스로를 관찰하고 건전하게 비판할 수 있어야 한다. 부정에 대한 부정의 초점이 만들어지는 순간 부정의 감정 상태를 긍정의 감정 상태로 바꾸어 주는 가소성이 일어나게 된다. 긍정적인 변화를 위한 분명한 목표와 주의집중력이 원하는 결과를 만들어준다.

우리가 생활 속에서 멘탈에 대한 관심과 공부를 계속해야 하는 이유가 왜곡된 기저선 상태를 긍정적으로 변화시켜 부정적인 감정의 중독 상태를 극복할 수 있는 힘을 갖게 해주기 때문이다.

불안의 정체성

　정체성의 사전적 의미는 '어떤 존재가 본질적으로 가지고 있는 특성'이라고 할 수 있지만 우리의 정체성은 살아가면서 다양한 환경적 요인과 타인과의 관계, 학습과 경험에 의해 얼마든지 변화할 수 있다.

정체성은 살아가면서 반복되는 학습과 경험, 인간관계, 공간, 시간, 문화, 종교, 사건 등 다양한 요인에 의해 지속적으로 강화되기도 하고 새롭게 형성되기도 한다.

　우리의 정체성을 신경생리학적 관점에서 정의하면 내외부적인 다양한 요인들에 의해 특정한 신경화학적 반응이 반복되면서 전용신경회로를 구축한 상태로 볼 수 있다. 그래서 한 사람이 어떤 특정한 정체성을 가졌다는 것은 특정한 전용신경회로를 가지게 되었다는 것과 같은 의미를 가진다. 이렇게 한 사람의 정체성을 만드는 특정한 신경학적 구조는 충격적이거나 반복적인 자극에 의한 시냅스 연결과정에서 생긴 신경화학적 작용으로 광케이블처럼 굵은 독특한 전용신경회로가 구축된 것으로 볼 수 있다.

　우울이든 불안이든 행복이든 가리지 않고 전용신경회로가 강하게 형성되면 개인의 정체성은 더욱더 강화된다. 그뿐만 아니라 전용신경회로가 활성화되면 헵의 이론에 따라 관련된 이웃의 약한 회로들까지 함께 활성화시켜 상호 연결을 굵게 만든다. 그리고 정보간섭을 없애기 위해 전용신경회로와 관련 없는 회로들은 차단시키거나 약화시킨다.

반복적인 자극과 경험에 의해 불안을 일으키는 전용신경회로가 구축되면 불안한 정서 상태와 신경적 반응을 일으키는 자동화된 프로그램이 작동된다. 이렇게 불안과 관련한 부정적인 감정이 연합된 전용신경회로는 불안과 관련된 화학물질을 더 많이 분비시켜 습관적인 불안의 패턴을 만들고 중독 상태에 빠지게 만든다.

　우리가 자신의 자유의지로 중독된 불안 상태에서 벗어나기 위해 노력해도 쉽게 변화하지 못하는 이유가 여기에 있다. 새로운 변화란 반복적인 자극을 통해 오랜 시간 활성화시켰던 불안과 관련된 기존의 전용신경회로를 차단하거나 연결을 바꾸는 것이기 때문에 뇌에서는 모든 수단을 동원해 새로운 변화를 거부하게 되는 것이다.

　새로운 변화란 기존의 중독된 습관을 바꾸는 것이고 그것은 뇌의 신경학적 구조를 바꾸는 것과 같다. 이미 정체성이 불안과 관련된 자신만의 기저선 상태를 만들고 항상성을 유지한 상태에서는 새로운 변화를 위한 선택에 대해 뇌에서는 위기 상황으로 받아들인다.

의식적으로는 변화를 갈구하지만 습관에 중독된 뇌에서는 새로운 변화란 낯설고 불편하며 두려운 것으로 받아들이기 때문에 잠재의식 차원에서 변화를 거부하게 되는 것이다.

　만약 자신이 불안감의 정체성을 만든 부정적인 전용신경회로를 갖고 있다면 그동안 익숙해져 있는 불안감을 느끼는 현재 상태를 활력 상태로 바꾼다는 것은 너무나 불편한 것이 된다. 그동안 불안감의 정체성을 갖고 그것에 길들여져 살아왔다면 그 불안감의 안전지대 안에서 계속 불안감을 느끼는 중독 상태에 머물고 싶어 하기 때문이다.

불안감에 대한 신경화학적 중독 상태에 빠지게 되면 중독에서 벗어날 수 있는 새로운 결단과 행동을 거부한다. 오히려 불안감의 안전지대에 구속되는 것이 자신을 더 편안하게 해준다는 왜곡된 믿음을 갖게 되면서 점점 더 불안에 중독된 상태가 된다. 이처럼 우리가 느끼는 불안감은 오랜 시간 지속해온 중독 상태에서의 느낌과 관련된 전용신경회로가 강하게 형성되어 있는 것이다.

우리의 상태가 우울이든 불안이든 그것은 신경회로와 화학물질의 작용에 의한 결과라는 사실을 깨닫는 것이 중요하다. 불안은 결코 바꿀 수 없는 본질적인 것이 아니라 신경가소성에 의해 얼마든지 바꿀 수 있다는 자신의 깨달음이 그것으로부터의 단절과 새로운 변화를 선택하는 결단을 할 수 있게 해준다.

우리가 살아가면서 느끼는 힘든 마음의 상태를 바꾸어 더 이상 부정적인 감정의 중독 상태에 구속되지 않기를 바란다면 먼저 변화를 위한 새로운 결단이 필요하다. 변화를 위해 결단하는 순간 자신을 괴롭혔던 불안과 관련된 기존의 신경회로가 더 이상 활성화되지 못하고 나쁜 화학물질의 분비도 멈추기 때문이다.

위대한 결단을 할 수 있는 자신의 상태를 만들기 위해 먼저 마음 사용법에 대한 공부가 필요하다. 그래서 이 책의 마무리는 구체적인 마음 사용법에 대해 다루고 있다. 우리는 언제든지 자신의 생각을 바꿈으로써 자신뿐만 아니라 다른 사람과 세상까지도 바꿀 수 있는 위대한 멘탈의 힘을 가지고 있다는 사실을 잊지 말아야 한다.

중독 상태

신경생리학적인 관점에서 보면 우리의 존재는 지금-여기에서의 반복된 생각과 느낌, 말, 행동의 일관성과 지속성을 유지시키는 전용신경회로의 활성화와 화학물질의 분비에 의해 결정된다고 볼 수 있다.

한 개인의 생각과 느낌, 말, 행동을 형성하는데 가장 핵심적인 역할을 하는 것이 바로 지금 현재에 선택된 신경회로와 화학물질의 분비이다. 특정 상황에서 반복적으로 선택된 신경회로의 활성화와 화학물질의 분비에 의해 뇌는 감정적인 중독 상태가 되기 때문이다.

어떠한 형태의 중독이든 관계없이 뇌가 특정 감정의 중독 상태에 빠지기는 쉽지만 한번 빠진 중독 상태에서 빠져나오는 것은 쉽지가 않다. 특히 지속적인 화학물질의 분비에 의해 일어나는 불안이라는 정서의 중독은 자신의 의지로 조절하는 것이 힘들기 때문에 화학물질의 노예가 되는 경우가 많다.

이처럼 특정 상황이나 외부적 환경 때문에 화학물질의 분비와 화학적 반응이 불안이라는 일정한 패턴을 만드는 중독 상태가 지속되면 나중에는 상황과 환경에 상관하지 않고 불안과 관련된 화학물질을 계속 분비하게 해주는 외부적인 자극을 스스로 찾게 된다.

이와 같이 불안을 일으키는 잘못된 중독 상태가 지속되는 상황에서 만약 불안과 관련된 화학물질을 분비하기 위한 외부의 요인이 주어지지 않으면 그러한 상황과 요인을 억지로 만들어서라도 화학물질을 생산하고 분비하여 불안에 중독된 패턴을 계속 유지하려 한다.

뇌는 불안이라는 중독 상태를 만들게 되면 중독된 상태를 유지하기 위해 화학물질을 계속 분비할 수 있는 모든 수단을 다 동원하는 최선의 선택을 찾는다. 만약 외부에서 불안이라는 정서적 중독 상태를 활성화시키는 자극이 없다면 스스로 스트레스를 만들거나 내부적으로 부정적인 신경회로를 활성화시켜서라도 불안을 느끼는 자신의 상태를 유지하는 선택을 하게 되는 것이다.

이렇게 최선을 다했는데도 외부와 내부에서 현재의 불안한 중독 상태를 유지하는 상태가 만들어지지 않으면 그 상태를 대체할 무엇인가를 잠재의식 차원에서 끊임없이 갈구하게 된다. 그래서 별것 아닌 것에 자신도 모르게 신경이 날카로워지고 예민하게 반응하여 감정이 격해지는 상태를 억지로라도 만들어 불안한 감정의 부정적인 중독 상태에 빠지는 선택을 하게 되는 것이다.

이런 경우는 이미 불안과 관련된 부정적인 중독 상태에 자신의 기저선과 항상성이 맞추어져 있기 때문에 어떤 방법을 찾아서라도 화학적 반응에 중독되는 상태를 선택할 수밖에 없다. 불안뿐만 아니라 술이나 담배, 약물에 중독되는 것도 마찬가지로 이해할 수 있다.

예를 들어 술을 자주 많이 마시게 되면 술에 중독된 패턴을 보이게 된다. 술을 많이 마셔 취한 상태에서 활성화된 신경회로와 화학물질의 분비 및 화학적 반응이 반복되면 자신의 항상성을 술에 중독된 상태에 맞추어서 세팅하게 된다. 술을 많이 마시는 반복된 패턴이 이미 습관이 된 상태에서는 중독된 항상성을 유지해주는 알코올 흡수가 되지 않으면 이성적인 판단 기능이 약해지기 때문에 술을 마시기 위해 할 수 있는 일이라면 무엇이든 하는 비정상적인 준비상태를 만든다.

만약 이 상태에서 술을 마시는 기회가 주어지지 않으면 금단증세에 의해 정신적으로나 신체적으로 매우 힘들어진다. 이러한 힘든 상태를 벗어나기 위해 잠재의식에서는 현재의 상태를 바꾸거나 대체할 모든 수단과 방법을 찾아 술을 마시는 행동을 하게 되는 것이다.

결국 우리의 존재는 어떤 신경회로를 반복적으로 선택하여 강화하는가에 따라 달라질 수 있으며 어떠한 화학물질을 반복해서 분비하고 반응하는가에 따라 얼마든지 변화할 수 있는 가변적인 존재이다.

우리 뇌는 그 무엇이든 반복하면 그것을 사실로 받아들이고 그것에 대한 강력한 믿음을 만들어 스스로를 통제하게 된다. 그 믿음이 현실로 실현될 수 있는 실행의지를 가지게 되면 그것이 신념체계를 만들고 중독된 자신의 상태를 만들게 되는 것이다.

초점의 전환

특성 불안이 높은 사람은 어떤 자극이나 사건이 두려움이나 공포를 느끼게 하는 상황이 아닌데도 불구하고 그것을 불안한 상황으로 인지하여 높은 상태 불안을 만들어낸다. 이것은 자신의 초점을 불안한 정서를 일으키는 자극과 정보에 일치시키고 내면의 불안과 관련된 신경회로를 민감하게 활성화시키기 때문이다.

불안을 지나치게 느끼는 사람들 중에는 태어날 때부터 특별히 남들보다 불안을 더 많이 느끼는 특별한 기질을 갖고 있기도 하지만 대부분은 성장과정에서의 학습과 경험에 의해 자신의 초점을 불안에 일치시키는 왜곡된 습관을 갖고 있는 경우가 많다. 그들은 대수롭지 않은 작은 자극에도 자신이 원하는 상태에 초점을 일치시키지 못하고 불안한 상태에만 초점을 일치시켜 스스로 불안에 함몰되어 헤어나지 못하는 무기력 상태를 보인다.

불안에 초점을 완전히 일치시키게 되면서 자신을 부정적인 상태로 만들기 때문에 불안을 해결하기 위한 더 나은 선택을 할 수 있는 초점을 찾지 못하게 된다. 그렇게 되면 더 나은 선택으로 불안을 쉽게 극복하거나 해결할 수 있는 수많은 다른 방법들과 멀어지면서 불안한 현재 자신의 상태를 유지시킨다. 이러한 상태에서는 자신의 부정적인 정서와 약점이 더 부각되기 때문에 쉽게 해낼 수 있는 것에 대해서도 초점을 일치시키지 못하게 되면서 무기력한 상태에 놓이게 된다.
이렇게 되면 더 나은 변화를 위한 새로운 선택에 초점이 일치되지 않기 때문에 새로운 행동이 어려워진다.

많은 사람들이 문제에만 초점을 일치시키게 되면서 원하는 목표에는 초점을 일치시키지 못하고 자신을 점점 더 힘든 고통의 수렁으로 몰아붙인다. 나중에는 문제를 일으킨 처음의 사건 자체가 문제가 되는 것이 아니라 사건에 대한 부정적인 생각의 초점이 꼬리에 꼬리를 물면서 부정적인 생각의 순환고리에 갇히게 된다.

이렇게 되면 생각 자체만으로도 문제의 수렁에 깊이 빠져 중독 상태까지 가게 되는 나쁜 순환고리를 만들 수 있다. 이러한 상태가 반복되면 문제에 대한 잘못된 믿음이 강화되어 문제에 자신을 구속시키는 부정적 자기 제한 신념을 만들게 된다. 한 가지 사건에서 부정적 자기 제한 신념이 잘못 형성되면 다른 유사한 문제에서도 일반화된 비슷한 패턴을 사용할 수밖에 없다.

삶의 모든 성취 결과는 우리가 가진 신념에서 창조되는 것이다. 부정적 자기 제한 신념이 자신을 지배하게 되면 작은 문제에도 자신의 모든 초점을 부정적으로 일치시켜 문제를 점점 더 키우게 되어 부정적인 결과를 얻을 수밖에 없게 된다. 생각의 순환고리에 의해 문제를 더 키우게 되어 그 문제에 대한 생각이 또 다른 생각을 만들고 생각에 생각이 꼬리를 물게 되면서 점점 더 증폭된 문제가 자신의 뇌를 완전히 지배해버리게 되는 것이다.

우리는 대부분 어떤 문제 자체 때문에 힘든 경우는 많이 없다. 문제 자체가 우리를 힘들게 하는 것은 작은 일부분이고 오히려 문제에 잘못 맞추어진 초점으로 인해 만들어진 부정적인 생각과 정서 때문에 더 큰 문제가 되는 경우가 많다. 그래서 문제를 일으킨 그 당시의 인식과 관점으로는 그 문제를 해결할 수 없는 것이다.

자신의 문제에만 잘못 맞추어진 초점을 자신이 해낼 수 있고 해야만 하는 것으로 전환하여 새로운 초점을 일치시킬 수 있어야 한다. 이렇게 초점을 전환할 수 있을 때 자신을 짓누르던 불안과 무력감, 실패에 대한 두려움에서 벗어날 수 있게 된다. 문제에 잘못 맞추어진 초점을 원하는 것으로 바꾸는 순간 원하는 것을 성취하기 위한 긍정적인 생각의 순환고리가 만들어지기 때문이다.

우리 뇌는 한순간에 한 가지밖에 초점을 일치시킬 수 없기 때문에 지금 현재에 초점을 일치시킨 것이 자신의 존재가 되고 정체성이 된다. 불안을 일으키는 문제에 맞추어진 자신의 초점을 원하는 상태로 전환하는 것만으로도 이미 변화가 일어나고 문제는 해결되기 시작한다.

중독된 패턴

우리의 똑똑한 뇌는 그 무엇이든 반복해서 많이 사용하게 되면 전용신경회로가 굵게 형성되어 자신의 존재와 정체성까지 바꾼다는 사실은 이 책을 읽으면서 확실히 알 수 있게 되었다. 자신의 자원과 에너지가 긍정적인 것이든 부정적인 것이든 상관없이 많이 사용한 만큼 관련된 전용신경회로를 구축하여 신념체계를 형성하고 그 신념이 스스로를 통제하게 된다. 즉 반복적으로 많이 사용하는 전용신경회로가 만든 신념이 자신의 존재와 상태를 만들게 되는 것이다.

그래서 우리는 일상생활 속에서 좋은 생각이나 느낌, 말, 행동을 많이 하고 좋지 않은 생각이나 느낌, 말, 행동은 많이 사용하지 않는 것이 좋다. 뇌는 그 무엇이든 반복하면 습관을 만들고 습관에 의해 차츰 중독 현상을 나타내기 때문에 어떤 신경회로를 선택하여 반복을 하느냐에 따라 자신의 존재와 정체성을 결정짓게 된다.

습관적인 행동을 계속 반복하게 되면 그 패턴은 더욱 강화되며 자신의 의지와 상관없이 중독 상태를 만들어 점점 더 자동화되어간다. 예를 들어 오랫동안 불안 때문에 고통을 받고 있는 사람이 불안이 도움이 되지 않는다는 사실을 깨닫고 이제는 불안해하지 않겠다고 굳은 결심을 한다. 의식 차원에서는 불안해하지 않겠다는 의지를 일시적으로 키우게 되지만 잠재의식 차원에서는 여전히 불안해야만 하는 중독된 패턴을 찾는 충동에서 헤어나지 못하는 불일치를 겪게 된다.

이것은 그동안 불안을 느끼는 반복된 행동에 의해 뇌와 몸이 이미 불안과 관련된 중독된 습관 상태에 구속되어 있기 때문이다. 의식적으로는 자신을 고통 속에 가두는 불안에서 벗어나겠다고 굳은 결심을 해보지만 생리적으로는 불안하고 싶은 화학물질에 중독된 상태에 있기 때문에 불안한 상태를 다시 찾게 된다. 그래서 특정한 감정이나 행동이 반복에 의해 중독되면 의식적 차원에서 그 감정과 행동을 바꾸려 해도 어려워지게 되는 것이다.

반복에 의해 중독된 습관에 스스로 통제당하는 상태에서는 아주 특별한 방법을 사용하거나 주변의 도움을 받지 않고 스스로의 의지와 노력만으로 변화하기가 쉽지 않다. 그것이 불안이 아니라 술이나 담배, 마약, 게임, 약물 등 어느 것이든 마찬가지로 한번 중독되면 그 상태에서 쉽게 벗어나기 어려운 이유이다.

이러한 나쁜 중독으로 자신의 정신과 신체가 점점 더 망가져가도 그 중독에서 벗어나지 못하는 이유가 중독 자체에 우리의 뇌와 몸이 길들여져 있기 때문이다. 이미 오랜 기간 반복에 의해서 강화된 전용신경회로와 화학물질에 의해 중독된 상태를 벗어나 자신의 자유의지를 갖는 것이 결코 쉽지가 않은 것이다.

뇌의 신경회로는 그 무엇이든 자주 사용하게 되면 활성화되어 연결이 아주 굵게 강화되고 반대로 자주 사용하지 않으면 연결이 차단되거나 약해진다. 즉 아무리 좋은 전용신경회로도 자주 사용하지 않으면 위축되거나 연결이 끊어져서 그 기능을 상실하게 되는 것이며 반대로 나쁜 전용신경회로라도 자주 사용하면 활성화되고 더 굵게 강화되어 자신의 존재와 정체성을 결정짓게 된다.

그래서 할 수 있다는 성공 신념과 목표, 긍정적인 자원과 에너지에 초점을 맞추고 자주 반복하여 굵은 전용신경회로를 만들어 두어야 한다. 아무리 좋은 회로도 오랜 기간 사용하지 않으면 자연스럽게 관련된 신경회로가 위축되거나 단절될 수밖에 없기 때문이다.

그렇기 때문에 우리 삶에 도움이 되는 긍정적인 전용신경회로를 더 많이 강화할 수 있도록 좋은 생각과 느낌, 말, 행동을 반복하는 것이 중요하다. 그러한 경험이 비일상적 실재인 NCR의 상상이든 일상적 실재인 CR의 현실이든 상관없이 많이 반복하여 중독된 습관을 만들 수 있도록 하는 것이 긍정적인 자신의 존재와 정체성을 만들 뿐만 아니라 원하는 현실을 창조하는 힘이 되기 때문이다.

우리의 똑똑한 뇌는 그것이 긍정이든 부정이든 상관없이 그 경험이 반복되거나 충격적으로 들어오게 되면 강력한 전용신경회로를 형성하여 자신의 존재와 정체성을 바꾸게 된다. 그 무엇이든 오랜 기간 반복하거나 강렬한 정서적 경험을 하게 되면 더 많은 신경섬유가 합쳐지고 화학물질을 분비하여 굵은 전용신경회로를 구축하게 되고 자신의 존재와 정체성까지 바꾸게 되는 것이다.

마치 광케이블처럼 굵고 강한 전용신경회로가 만들어지면 미세한 자극에도 언제든지 쉽고 빠르게 활성화되기 쉬운 상태로 존재한다.

심지어는 오랜 기간 반복된 경험이 습관화되고 중독된 패턴을 자동화시키면서 유전에까지 영향을 미치게 된다. 유전자는 고정된 것이 아니라 우리의 반복적인 생각과 느낌, 말, 행동의 영향을 받아 언제든지 변화하고 진화할 준비가 되어 있기 때문이다. 이처럼 우리의 존재는 오랜 기간 반복에 의해 형성된 습관이 자동화된 것이며 반복적인 생각과 느낌, 말, 행동에 의해 전용신경회로가 구축된 것이다.

감정의 경계

어느 날 갑자기 끔찍하고 충격적인 사건을 경험하여 불안을 학습한 사람은 오랜 시간이 지난 이후에 과거 경험과 비슷한 작은 자극만 주어져도 과거의 불안을 그대로 재연하게 된다. 이성적으로는 그것이 과거의 사건뿐이라는 사실을 충분히 이해할 수 있고 어떻게 반응해야 할지를 잘 알고 있지만 자신의 이성을 관장하는 의식과 상관없이 잠재의식에서 불안한 정서가 순식간에 올라와 과거 사건 당시의 끔찍한 충격 속에서 헤매게 만드는 것이다.

분명히 이성적으로는 어떻게 하는 것이 자신에게 도움이 된다는 사실을 잘 알고 있지만 불안을 증폭시키는 화학물질에 중독된 감정은 이성적인 생각과는 별개로 부정적인 감정의 순환고리에 갇히게 되면서 불안을 다시 불러내는 중독 상태에 빠지게 된다. 그러면서도 잠재의식적 차원에서 불안을 일으키는 부정적인 감정이 활성화되면 그것이 괴로워 의식적 차원에서 현재의 부정적인 감정 상태를 벗어나고자 하는 노력을 동시에 하는 이중성을 보인다.

이렇게 되면 자신의 감정과 이성이 싸우는 과정에서 감정이 절대적 우위를 가지기 때문에 이성은 감정에 보조를 맞추어 주는 제한된 역할 밖에 하지 못한다. 이성적 사고와 판단이 불가능해진 상태에서 불안과 관련된 자신의 부정적 감정이 고통스럽기 때문에 그러한 고통에서 벗어나기 위해 더 나쁜 선택을 하는 경우까지 만들게 된다.

즉, 고통스러운 감정에서 도피하기 위해 극단적인 선택을 하거나 마약과 알코올에 의존하기도 하고 과식을 하거나 도박에 빠지기도 한다.

그러면서 자신을 조금씩 더 무기력하게 만들고 심한 경우 세상과 단절시키는 좁혀진 경계를 만들어 우울증과 범불안증세 때문에 더 큰 고통을 겪게 된다. 심한 우울증과 불안 상태가 반복되거나 지속되면 자신과의 참만남이 어려워질 뿐만 아니라 다른 사람과의 소통도 힘들어진다. 부정적 감정을 건강하게 표출하지 못하고 왜곡시키거나 억압시키는 과정에서 점점 더 자신을 상실하게 되어 이성적 판단과 선택, 행동을 할 수 없는 무기력한 감정 상태에 머물게 되는 것이다.

자신을 잃어버리고 허약해진 감정 상태에서 자신과 주변 사람들에게 더 이상 상처를 주지 않기 위해 감정을 점점 더 왜곡시키고 억압시키면서 좁혀진 경계에 스스로를 더 구속시킨다. 이러한 과정에서 자신과 타인을 연결해주는 친밀한 감정조차 잃어버리게 되면서 마치 고장 난 기계처럼 감정을 왜곡하거나 상실하게 된다.

왜곡되거나 억압된 감정이 처음에는 자기 스스로를 비하시키지만 나중에는 다른 사람과 세상을 원망하는 삐뚤어진 감정으로 굳어져 다른 사람들과의 소중한 라포까지 모두 상실하게 만들어 버리는 것이다.

이와 같이 충격적인 사건 때문에 생긴 부정적 감정을 표출시키거나 해소하지 못하게 되면 미해결 과제로 남아 이후의 모든 생각과 느낌, 말, 행동에 부정적인 영향을 미치게 된다.

이러한 상태는 표면적으로 별문제가 없는 것처럼 보이지만 마음은 이미 병적인 감정 상태를 만드는 화학물질에 중독되어 관련된 전용신경회로를 구축한다. 이렇게 되면 이후 자신에게 고통을 주었던 감정과 관련되거나 비슷한 자극과 경험이 주어지면 과잉적인 회피나 도피적 심리상태에 빠지기 쉽다. 심한 경우 아무런 감정도 느끼지 못하는 무감각상태까지 만들어 오로지 당장의 고통스러운 감정에서 벗어나려는 심리적 문제가 생길 수 있다.

예를 들어 많은 사람들 앞에 노출되어 불안을 느낀 경험에 대한 억압된 감정이 자기 안에 존재하고 있다면 조금이라도 자신을 불안하게 하는 상황에 대해서는 처음부터 피하려고 하는 대인기피 행동을 하게 된다. 그래서 사람이 많이 모이는 곳을 싫어하거나 피하게 되고 혼자만의 작은 감옥을 만들어 그 속에서 편안함을 느끼는 좁혀진 경계와 안전지대를 만들게 되는 것이다.

결국 좁혀진 인간관계와 소극적인 삶의 태도로 인하여 타인과 세상을 편안하게 접촉하기가 어려워지고 호기심을 가지고 새로움에 도전하는 어떠한 선택도 하지 못하는 무기력 상태에 빠지게 된다.

이러한 삐뚤어진 감정 상태는 단기적으로 자신을 편안하게 만들어주기도 하지만 자신을 속이는 거짓된 감정이 누적되면서 점차 자신을 상실하게 되어 더 큰 부정적인 감정의 블랙홀에 빠진다.

또한 자신의 부정적인 감정을 접촉할 수 있는 용기가 없어 사건 자체를 편집하거나 왜곡시켜 자신의 감정을 부인함으로써 부정적 상태에서 벗어나려는 선택을 하기도 한다. 하지만 그렇게 생각하고 말하며 행동하려고 의식적 차원에서의 노력을 시도해보지만 부정적으로 왜곡된 감정이 집요하게 변화에 저항하도록 만든다.

자신을 힘들게 하고 있는 사건이 얼마나 충격적이었는지, 얼마나 나의 자존심을 무참히 짓밟았는지, 얼마나 배신감이 들게 만드는지, 남이 나를 어떻게 속였는지, 어떻게 일이 이렇게 악화되어 버렸는지, 왜 하필 나에게 이런 일이 닥쳤는지에 대해 생각을 계속하게 만든다.

사건 자체보다 사건에 대한 생각 때문에 더 힘들어지고 나중에는 생각에 대한 생각 때문에 감정이 점점 더 격해져 부정적인 감정의 회오리에 갇히고 만다. 결국 자신의 감정에 더욱더 불을 지르는 나쁜 선택을 스스로 하게 되는 것이다.

자기 자신의 솔직한 감정을 만나지 못하고 회피하며 스스로를 속이는 것은 우선은 편안함을 느끼게 할 수도 있지만 나중에 더 나쁜 결과를 얻게 된다. 왜냐하면 자신의 감정을 속이고 무시하게 되면 나중에는 감정이 자신을 속이게 되면서 감정의 강도는 점점 더 높아져 더 큰 고통을 안겨주기 때문이다.

처음에는 자기 자신이 감정을 속이지만 나중에는 왜곡된 감정이 자기 자신을 속이게 된다. 이러한 왜곡된 부정적인 감정을 더 키우게 되면 자기 자신을 비하해서까지 감정의 고통에서 벗어나려고 하는 왜곡된 생각과 말, 행동을 한다. 자신에 대한 비하가 심해지면 모든 것은 자신이 잘못해서 이런 일이 생겼다고 생각하며 스스로를 자학하게 된다. 이처럼 자신을 자학하거나 비하해서라도 고통스러운 감정에서 벗어나려는 몸부림을 치게 되는 것이다.

충격적인 사건에 대한 부정적 감정을 회피하거나 부인, 비하하는 것이 자신의 감정 상태를 편안하게 해줄 수는 있지만 근본적인 문제 해결이 되지 않기 때문에 나중에 더 큰 고통을 받을 수도 있다. 그렇기 때문에 부정적인 감정을 직면하여 감정을 효율적으로 이용할 수 있는 자세를 가져야 한다.

그래서 감정과 정서를 무시하거나 그것을 무조건 억압해서는 안 되며 감정을 속이거나 방치해서도 안 되는 것이다. 우리의 이성으로 감정을 이길 수는 없지만 감정을 잘 활용할 수만 있다면 감정이 이성을 도와 좁혀진 삶의 경계를 넓혀주는 긍정적인 역할을 하게 된다.

감정의 접촉

불안과 관련된 부정적인 감정이 자신을 짓누를 때는 한발 뒤로 물러나 관조적 입장에서 지금 내가 느끼는 불안이라는 감정의 실체가 무엇인지에 대해 스스로에게 질문을 해보아야 한다. 자신의 부정적인 감정을 알아차리고 접촉할 때 감정의 회오리에 휘말리지 않도록 한발 뒤로 물러서서 관조할 수 있게 되면 좀 더 객관적이고 냉철하게 부정적인 감정을 파악할 수 있다.

만약 지금 내가 격하게 불안을 느끼고 있다면 지금 현재에서 내가 경험하고 있는 사건 때문에 불안을 느끼고 있는 것인지 아니면 사건에 대한 나의 신념이 격하게 불안을 느끼는 지금의 상태를 만든 것인지 물어보아야 하는 것이다. 그리고 격한 나의 불안한 정서가 외부 사건이 만든 불안인지 아니면 원래 내 안에 있었던 불안이 외부 자극에 의해 불려 나온 것인지 물어보아야 한다.

이처럼 지금 자신이 느끼는 불안의 실체에 대해 관조적 입장에서 질문을 하며 접촉하는 순간 불안한 감정이 약해지는 것을 느낄 수 있게 된다. 어떤 사건에 의해 자기 안에 억압된 대부분의 부정적인 감정은 처음 그 감정과의 올바른 알아차림과 접촉이 이루어지지 못했기 때문에 생기는 경우가 많다.

부정적인 감정의 실체를 확인한 후 그 감정을 알아차리고 접촉하게 되면 처음에는 그러한 접촉이 다소 고통스러울 수도 있다.

하지만 그 감정의 실체를 객관적으로 파악하고 접촉하여 문제를 해결하며 적응해가는 과정에서 자신의 감정을 스스로 조절하고 통제할 수 있게 되어 더 이상 부정적인 감정이 자신을 통제하는 비정상적인 왜곡이 일어나지 않도록 만들 수 있게 된다.

우선 당장의 심리적 안정과 편안함을 느끼기 위해 자신의 부정적인 감정을 제대로 파악하지 못하고 접촉하지 못한 상태에서 부정적인 감정을 계속 회피하기만 한다면 장기적으로 훨씬 더 큰 고통을 겪는 대가를 치러야 할 수도 있다. 우리는 모두가 감정적인 존재이다.

그리고 우리가 느끼는 감정 자체가 절대적인 긍정과 부정이 있는 것도 아니다. 다만 우리가 감정을 어떻게 만나고 처리하느냐에 따라 그 감정이 우리 삶의 긍정과 부정의 결과를 얻게 해줄 뿐이다.

어떻게 보면 모든 감정은 형태만 다를 뿐 우리 삶에 도움이 되는 소중한 자원이라고 할 수 있다. 다만 그 감정에 어떻게 반응하느냐에 따라 긍정과 부정의 결과를 만들 뿐 감정 자체는 어떠한 것이든 도움이 되는 소중한 자원이라는 전제를 가지는 것이 중요하다. 어떤 사건에 의해 생긴 부정적인 감정이 처음에는 우리에게 시련과 고통을 주기도 하지만 그 감정의 실체를 알아차리고 접촉하는 과정에서 감정을 조절하고 통제하는 능력을 갖게 해주기 때문이다.

그렇기 때문에 감정을 있는 그대로 알아차리고 접촉하여 그 감정을 통해 깨달음과 지혜를 얻을 수 있게 해주어야 하는 것이다.

슬플 때는 슬픔의 감정을 알아차리고 접촉할 수 있어야 하고 화가 날 때는 화의 감정을 알아차리고 접촉할 수 있어야 한다. 또한 기쁠 때나 사랑할 때도 그 감정을 알아차리고 접촉할 수 있을 때 그 감정이 해소되어 건강한 삶의 순환고리를 만들 수 있게 된다.

마음의 빛

불안을 만들어내는 우리의 마음은 눈에 보이지 않고 만질 수도 없으며 측정도 불가능하지만 분명히 사실로 존재하는 NCR의 비일상적 실재이다. '일체유심조'라는 말은 모든 것은 우리의 마음이 만들어내는 것이고 우리가 마음을 어떻게 사용하느냐에 따라 모든 것이 창조된다는 뜻을 가지고 있다.

그래서 마음은 눈에 보이지 않고 만질 수는 없지만 실재하는 것으로 모든 창조물에는 마음이 분명히 깃들어 있는 것이다. 즉 모든 일상적 실재에는 마음이 깃들어 있다고 볼 수 있다. 왜냐하면 마음이 존재하지 않는다면 그 어떤 현실도 존재할 수가 없기 때문이다.

현실에서 불안이라는 부정적인 정서를 일으키는 시작도 마음에서부터 시작되는 것이기 때문에 마음의 불안을 없애면 현실에서의 불안도 함께 사라지게 된다.

눈으로 사과를 보게 되면 눈까지 전달되는 아날로그 정보인 사과의 파동 정보가 망막에서 디지털 정보로 바꾸어 시각중추의 기능에 의해 뇌에 홀로그램으로 저장된다. 눈과 시신경이 사과를 뇌에 홀로그램으로 저장시키는 역할을 했다면 이 사과를 우리가 보기 위해서는 뇌에 저장된 사과라는 홀로그램에 마음에서 레이저 빛을 비추는 작업이 필요하다. 사과의 홀로그램을 뇌에 저장해두고 마음의 빛을 쏘지 않으면 우리는 사과를 볼 수 없게 되고 존재하지도 않게 된다.

불안도 마찬가지로 자신의 마음에서 비추는 레이저 빛을 쏘지 않으면 불안을 경험할 수 없게 된다. 우리의 뇌에는 무한한 자원과 정보가 들어있지만 우리의 마음에서 비추는 레이저 빛이 어디에 초점을 일치시키는가에 따라 선택된 일부가 현실로 만들어질 뿐이다.

그래서 NCR의 마음이 존재하지 않는다면 CR의 그 어떤 것도 존재할 수가 없게 되는 것이다.

우리는 수많은 학습과 경험을 통해 다양한 자극과 정보를 지각하지만 지각하는 대부분의 정보가 뇌에 홀로그램 상태로 저장되어 있을 뿐이며 마음의 레이저 빛이 초점을 맞추어 쏘아주지 않으면 영원히 볼 수 없고 만날 수도 없다. 모든 홀로그램적인 이미지는 우리 마음의 레이저 빛에 의해 볼 수 있고 만날 수 있는 것이다.

그래서 우리가 만나는 세상은 실제 세상이 아니라 우리 마음의 레이저 빛이 비치는 모형이라고 하는 것이며 어떤 레이저 빛을 쏠 수 있는

가에 따라 우리는 전혀 다른 세상에서 살아가게 된다.

우리는 세상을 있는 그대로 바라보고 있다고 착각하기 쉽지만 오감적으로 접촉하는 세상은 마음에서 쏘는 레이저 빛의 상태에 따라 존재가 달라지기 때문에 우리가 만나는 세상은 결국 세상에 대한 모형일 뿐이다. 그렇기 때문에 우리는 세상을 모두가 다르게 바라보며 다른 세상 속에서 서로 다른 삶을 살아가는 존재인 것이다.

모든 것은 우리 마음에서 만들어내며 우리의 마음에 의해 삶이 창조된다. 결국 우리가 살아가면서 느끼는 대부분의 불안은 우리 마음에서 비추는 레이저 빛의 초점을 어디에, 어떻게 일치시키는가에 의해 얻어지는 결과일 뿐이다.

인디언 추장이 손자에게 사람의 두 가지 마음에서 일어나는 싸움에 대해 이야기해주었다.

"애야, 우리의 마음속에는 두 마리의 늑대가 싸우고 있단다.

한 마리는 나쁜 늑대로 시기, 질투, 화, 우울, 탐욕, 거짓, 부정, 열등감, 자만심, 교만, 이기심, 게으름, 무력감, 불안을 먹고 사는 놈이 있단다. 그리고 다른 한 마리의 늑대는 좋은 늑대로 사랑, 수용, 공감, 활력, 진실, 믿음, 친절, 소망, 인내, 도전, 성취, 성공 신념 등을 먹고 사는 놈이 있단다."

그 말을 듣고 있던 손자가 할아버지에게 물었다.

"할아버지, 그럼 싸움에서 어떤 늑대가 이기나요?"

추장은 손자에게 간단하게 대답했다.

"그것은 우리가 먹이를 많이 주는 놈이 이기지."

이야기에서 늑대에게 먹이를 주는 것이 바로 마음에서 쏘는 레이저
빛의 초점을 일치시키는 것이다. 우리 안에 싸우고 있는 두 마리의 늑
대 중에 우리가 초점을 맞추는 것이 현실이 될 가능성이 높다.

우리가 불안에 마음의 초점을 일치시키게 되면 그 불안이 우리의 삶
을 통제하게 되고 원하는 긍정적인 것에 마음의 초점을 일치시키게 되
면 그것이 우리 삶을 통제하게 된다. 즉 우리 마음의 레이저 빛이 어디
에 초점을 일치시키는가에 따라 우리의 존재와 정체성이 결정되고 삶
의 성취 결과도 달라지게 되는 것이다.

초점과 반복

우리의 존재와 정체성을 형성하는데 핵심적인 역할을 하는 뇌세포는
특정한 시냅스 연결에 의해 신경회로의 형태를 만들고 있기 때문에 신

경회로의 조합과 배열에 따라 우리의 존재와 정체성은 바뀌게 된다.

신경회로의 조합과 배열은 우리 삶의 성공전략인 생각과 느낌, 말, 행동의 초점과 반복에 의해 결정된다. 결국 어떤 신경회로를 선택하여 반복적으로 사용하는가에 따라 생각과 느낌, 말, 행동이 달라지기도 하고 어떤 생각과 느낌, 말, 행동을 반복하느냐에 따라 신경회로의 연결이 달라지기도 하는 것이다.

우리가 어떤 일을 이루고자 할 때 '할 수 없다'는 생각과 느낌, 말, 행동을 반복하게 되면 그와 관련된 전용신경회로가 활성화되어 실제로 아무것도 할 수 없는 자신의 부정적인 상태를 만들어 아무것도 이룰 수 없는 결과를 얻게 될 가능성이 높아진다.

반대로 '할 수 있다'는 생각과 느낌, 말, 행동을 반복하게 되면 그와 관련된 전용신경회로가 활성화되어 실제로 할 수 있는 자신의 상태를 만들어 원하는 목표를 성취할 수 있게 될 가능성이 더 높아진다.

이처럼 서로 다른 결과를 얻게 되는 것은 반복적인 생각과 느낌, 말, 행동이 전용신경회로를 활성화하여 강한 신념을 만들고 그 신념이 스스로를 통제하기 때문이다.

우리는 어떤 일을 하는 과정에서 불안을 느끼게 되면 그 불안한 정서에만 초점을 맞추고 불안에 구속된 상태를 만들어 불안을 더 키우는 어리석은 선택을 하는 경우가 많다. 이러한 잘못된 초점은 불안을 느끼는 문제상황을 제대로 제어하지 못하고 자신의 모든 초점을 불안을 일으켰던 원인에만 일치시켜 원망과 후회의 감정 상태에 빠져 허우적거리게 만든다. 결국 일상생활에서 겪게 되는 대부분의 불안은 우리가 어떤 생각과 느낌, 말, 행동을 선택하여 사용하고 초점을 일치시키는가에 의해 만들어지는 것이다.

어떤 생각과 느낌, 말, 행동을 선택하여 사용하는가에 따라 경계가 확장되어 긍정의 자원을 얻기도 하고 경계가 좁혀져 부정의 경계에 구속되기도 한다. 일반적으로 일상생활 속에서 어떤 문제 때문에 불안이 생겨도 불안 자체가 우리에게 정말로 견디지 못할 만큼 큰 문제를 일으키지는 않는다. 왜냐하면 어떠한 불안한 상황도 극복하지 못할 문제는 처음부터 존재하지 않기 때문이다.

만약 우리의 힘으로 해결되지 않는 불안한 문제가 있다면 그건 우리가 걱정할 필요가 없다. 우리가 어쩔 수 없는 문제라면 그것을 걱정한다고 더 나은 결과를 만들 수 없기 때문에 걱정할 필요가 없는 것이다. 우리가 어떤 문제 때문에 느끼는 걱정과 고통은 대부분 문제 자체가 주는 것보다 문제에 대한 생각의 초점이 더 큰 문제를 일으키는 경우가 많다. 문제에만 초점을 맞추게 되면 처음의 문제를 일으켰던 사건은 더이상 큰 문제가 되지 않고 문제에 잘못 맞추어진 생각의 초점 때문에 더 큰 문제가 만들어지기 때문이다.

나중에는 문제에 대한 생각에 대한 또 다른 생각이 꼬리에 꼬리를 물면서 잘못된 생각의 초점이 자신을 문제의 수렁에서 헤어나지 못하게 만들어버린다. 원래 문제에 대한 생각과 말을 반복하는 것은 그 문제에서 벗어나고자 하는 긍정적 의도를 가지고 있는 것이지만 반복해서 문제에만 초점을 맞추고 집착하게 되면 문제가 더 증폭되어 스스로 그 문제에 파묻히게 되는 것이다.

우리 마음속에 반복된 부정적인 생각은 전기화학적 작용에 의해 광케이블처럼 굵은 전용신경회로를 구축하여 부정적인 신념을 강화시키는 힘을 가지기 때문에 문제에 스스로를 구속시키고 문제가 만든 좁혀진 경계에 스스로 갇히게 만든다. 아무리 심각한 문제가 있다 하더라도 자신의 긍정적인 상태를 만들기 위해 그 문제를 어떻게 해결할 것인가에 대한 합리적인 질문을 통해 문제에만 맞추어진 자신의 초점을 원하는 것으로 전환하여야 한다.

문제에 잘못 맞추어져 있는 생각의 초점을 '어떻게'라는 질문을 통해 원하는 것으로 전환하는 순간 문제는 더 이상 문제가 되지 못한다. 원하는 긍정적인 상태에 초점을 맞추게 되면 그 이전의 문제는 더 이상 자신을 구속하는 경계가 아닌 원하는 목표를 성취하기 위한 소중한 디딤돌이 된다. 이것이 우리가 문제에 맞추어진 초점을 원하는 것으로 전환하고 반복해야 하는 이유이다.

잘못된 초점

우리가 살아가면서 느끼는 대부분의 불안과 심리적인 고통은 자신의 초점을 진정으로 원하는 것이 아닌 문제상황에 잘못 맞추기 때문에 생기는 것이다. 우리의 똑똑한 뇌는 초점을 일치시키는 것은 그것이 부정이든 긍정이든 가리지 않고 관련된 신경회로를 활성화시키고 전기화학적 작용을 일으켜 그것을 사실로 만드는 탁월한 능력을 가지고 있다.

이것은 문제에 초점을 일치시키는 순간 이미 뇌가 문제와 관련된 신경회로를 활성화시켜 그 문제가 파생시키는 부정적인 감정 상태와 고통에 우리를 중독시켜버리기 때문이다.

부정적인 감정 상태에 중독되면 더 나은 선택을 할 수 있는 의식이나 자유의지가 개입되지 못하고 오로지 생존을 위한 본능적인 반응만이 우선시되면서 걱정과 불안을 더 키우게 된다. 이러한 부정적인 감정 상태나 문제에 대한 지나친 걱정은 문제 해결을 위한 합리적인 대응과 조치를 취하도록 도와주기보다 오히려 무력감이나 좌절감, 두려움 속에서 허우적거리게 만든다.

이렇게 되면 문제를 일으킨 그 당시의 의식 수준과 부정적인 감정 상태에서 한치도 벗어나지 못하고 나중에는 문제가 일으킨 지엽적인 문제까지 증폭시켜 완전히 문제의 포로가 되어버린다. 이러한 현상은 강자가 약자를 돕는 헵의 이론으로 충분히 설명할 수 있다.

헵의 이론은 어떤 자극에 의해 함께 활성화된 뉴런은 연결이 강화되고 연결이 강화된 뉴런은 이후에 함께 활성화되는 것이다.

불안을 일으키는 문제에 잘못 맞추어져 있는 초점과 관련된 신경회로가 활성화되면 다른 비슷한 회로들과 병렬적 연결을 확장하거나 강화하게 되어 뇌는 온통 문제와 관련된 부정적인 신경망을 확장하게 된다. 이렇게 강화된 연결에 의해 나중에는 처음의 문제는 더 이상 문제가 되지 않고 문제에 대한 초점이 만든 자기 안에 부정적인 신경회로가 계속 확장되어 더 큰 심리적인 문제를 일으킨다.

착각의 챔피언인 뇌는 그 무엇이든 초점을 일치시키고 그것에 대한 생각과 느낌, 말, 행동을 반복하면 그것을 사실로 받아들이고 흔들림 없는 믿음을 만들어 스스로 그 믿음에 통제당한다. 그래서 문제에 잘못 맞추어져 있는 초점을 원하는 것으로 바꿀 수 있는 새로운 선택을 통해 원하는 결과를 얻어야 하는 것이다.

우리가 문제에 잘못 맞추어져 있는 초점을 원하는 것에 일치시키게 되면 원하는 것과 관련된 새로운 신경회로를 구축하기 때문에 자신의 상태를 얼마든지 바꿀 수가 있다. 그래서 문제에 잘못 맞추어져 있는 초점을 빠르게 전환하여 원하는 것에 일치시키거나 해결책에 초점을 모으는 선택이 중요한 것이다.

지금 현재의 부정적인 문제 상태에서 벗어날 수 있는 더 나은 선택과 해결책에 초점을 일치시키는 순간 이미 그와 관련된 신경회로가 활성화되어 자신의 상태를 부정이 아닌 긍정으로 바꾸게 된다. 자신의 상태를 부정의 경계와 안전지대에서 벗어나 원하는 긍정적인 상태로 변화시키기 위해서는 네 가지 열쇠를 선택하여야 한다.

첫째, 재빨리 '생각'의 초점을 불안을 일으키는 문제상황이 아닌 원하는 상황으로 전환하여 새로운 초점을 일치시켜야 한다. 천억 개가 넘는 뇌세포의 시냅스 연결이 만드는 신경회로의 숫자는 헤아릴 수 없을 만큼 많다. 이렇게 많은 신경회로에서 만들어내는 생각의 조각들은 우리가 의식적으로 통제하기 힘들 만큼 넘쳐난다.

그 많은 생각 중에 불안을 일으키는 문제상황과 관련된 생각만 선택하여 초점을 맞추게 되면 부정적인 신경회로를 활성화시키게 되어 문제에 구속되는 상태를 만든다. 불안을 일으키는 문제에 대한 생각을 의식적으로 오랫동안 하지 않아도 되는 이유가 잠재의식 차원에서 문제에 대한 생각을 충분히 하도록 뇌가 이미 세팅되어 있기 때문이다.

그런데도 의식적으로 문제에 초점을 맞추고 문제에 대한 생각을 반복한다는 것은 너무나 어리석은 선택이 될 수 있다.

불안을 줄이기 위해 문제에 잘못 맞추어져 있는 생각의 초점을 원하는 것을 성취하기 위한 긍정의 생각으로 바꾸어야 한다.

우리의 똑똑한 뇌는 고통을 싫어하고 즐거움을 추구하도록 세팅되어 있기 때문에 생각의 초점을 즐거움에 맞추고 반복하게 되면 문제의 해결책을 찾아내게 된다. 우리의 생각은 무한한 자원과 에너지를 가지고 있기 때문에 생각의 초점을 바꾸는 순간 이미 문제를 해결하기 위한 행동이 일어나게 되는 것이다.

둘째, 불안을 일으키는 '감정'의 초점을 재빨리 불안이 아닌 원하는 것으로 전환하여 새로운 초점을 일치시켜야 한다.

우리의 감정은 어떤 문제나 부정적인 자극에 아주 민감하게 반응한다. 그것은 우리의 잠재의식에서 부정적인 자극과 정보에 촉수를 세우고 민감하게 반응하는 것이 자신의 안전과 생존을 위해 도움이 된다는 사실을 잘 알고 있기 때문이다.

문제에 초점을 맞추고 일시적으로 부정적인 감정 상태를 만드는 것은 문제의 본질을 관찰하고 파악하여 긍정적으로 해결하고자 하는 의도를 가지고 있는 것이다. 다만 감정을 조절하는 뇌의 영역이 포유류 뇌인 변연계이기 때문에 문제에 오랫동안 초점을 맞추게 되면 관련된 화학물질에 중독된 상태를 만들어 감정의 통제가 쉽지 않을 수 있다.

그래서 이성적인 판단과 선택을 할 수 있는 전두엽의 도움을 받아 감정의 초점을 재빨리 원하는 것으로 전환해야 하는 것이다.

불안을 일으키는 문제에 오랫동안 초점을 맞추고 부정적인 감정 상태에 머물게 되면 뇌는 그 상태를 유지시키는 화학물질을 다량으로 분비하여 중독된 상태를 만든다. 이러한 부정적인 감정 상태에서 벗어나 건강한 감정 상태를 유지하고 통제하기 위해서는 "이 문제상황에서 내가 얻을 수 있는 교훈과 이익은 어떤 것이 있을까?", "이 문제를 잘 해결한다면 어떤 좋은 점이 있을까?"와 같은 질문을 통해 감정의 초점을 바꾸어 주어야 하는 것이다.

셋째, 불안을 일으키는 '말'의 초점을 재빨리 문제가 아닌 원하는 것으로 전환하여 새로운 초점을 일치시켜야 한다. 어떤 말을 계속 반복적으로 사용하면 그와 관련된 전용신경회로가 형성되고 환경과 사물을 생각하는 방식과 느낌까지 바뀌게 된다. 말은 뇌 신경회로에 직접 연결되어 있기 때문에 말을 바꾸면 뇌 신경회로의 배열까지도 바꿀 수 있다. 말은 뉴런에 저장된 기억정보가 다양한 시냅스 연결에 의한 신경회로의 조합에 의하여 표출되기 때문에 말을 바꾼다는 것은 뇌 신경회로를 바꾸는 것과 같은 것이다.

어떤 경험을 뇌에 기억 형태로 저장될 때는 언어로 부호화하여 특정한 감정 상태와 신경적 반응을 일으키는 특정한 상태를 유지한다.

우리가 하는 말과 듣는 말에 따라 기분이 달라지는 것은 입 밖으로 뱉은 말에 우리의 감정이 덧입혀져 있기 때문이다.

그래서 문제에 대해 '조금', '약간'이라는 수식어를 붙이는 것만으로도 문제가 다르게 느껴지는 것이다. 문제 해결을 위해 변형 어휘나 긍정적인 말을 사용하는 것만으로도 문제에서 어느 정도 자유로워질 수 있는 선택이 될 수 있다. 반복적인 언어의 선택과 사용이 불안 수준을 바꿀수 있는 힘을 가지고 있는 것이다.

넷째, '행동'의 초점을 재빨리 불안을 일으키는 문제가 아닌 원하는 것으로 전환하여 새로운 초점을 일치시켜야 한다.

반복적인 생각과 느낌, 말이 행동을 일으키는 뿌리가 되기도 하지만 반복적인 행동이 생각과 느낌, 말을 만들기도 한다. 말초신경에서 일어나는 모든 행동은 뇌의 중추신경에 자극을 주기 때문에 행동을 바꾸면 뇌 신경회로가 바뀌게 된다. 비슷한 문제상황에서 서로 다른 결과를 만들어내는 것은 다른 사람과 행동이 달랐기 때문이며 행동이 달라지면 당연히 결과가 달라질 수밖에 없는 것이다.

만약 자신의 삶을 활력 있고 자신감 넘치는 상태로 변화시키려고 한다면 원하는 것을 이루기 위한 성공전략을 선택하여 꾸준한 행동을 해야 한다. 어쩌다 한번 하는 일회성의 행동이 아니라 꾸준히 행동을 반복할 수 있을 때 원하는 결과를 얻을 수 있다. 심호흡을 깊게 열 번을 천천히 해보면 우리의 몸과 마음이 어떻게 변화되는지 바로 확인할 수 있다. 단지 심호흡이라는 간단한 행동에 초점을 맞추었을 뿐인데 우리의 몸과 마음이 변화하게 되는 것이다.

행동을 통해 말초신경의 자극을 바꾸게 되면 중추신경이 함께 자극되어 뇌의 신경회로가 새로운 조합과 배열을 만들고 생각과 느낌, 말까지도 바뀌게 된다. 이처럼 우리의 초점을 어디에, 어떻게 일치시키는가에 따라 상태가 바뀌고 삶의 결과도 바뀌게 되는 것이다.

감정의 뇌

불안한 정서를 느끼게 만드는 뇌 변연계는 태아 때부터 발달하지만 아기가 세상에 태어난 이후부터 본격적으로 발달하기 시작한다.

포유류 뇌인 변연계는 모든 감정을 조절하는 중추적인 기능을 맡고 있는 중요한 영역이다. 변연계는 인간의 본능적인 욕구를 충족시키고 환경적인 위험요인을 감지하여 대응할 수 있는 모니터링 기능을 하며 쾌락과 고통을 구분하는 심판 역할도 함께 맡고 있다.

또한 생존에 중요한 우선순위를 정해 생존과 관련된 자극과 정보에 최우선적으로 반응하게끔 세팅되어 있다. 이처럼 변연계는 한 인간이 복잡한 사회적 관계 속에서 생기는 여러 가지 문제에 효율적으로 대응하는 핵심 역할을 맡고 있는 것이다.

변연계는 모든 감정과 기억에도 관여하고 있다.

그래서 변연계가 심하게 활성화된 상태에서의 경험은 다양한 화학물질의 분비로 경험 당시에 특정한 신경적 반응을 일으켰던 감정이 강한 신경회로를 형성하여 뇌 전체에 지속적으로 영향을 미치게 된다.

특히 변연계에서 시상은 감각정보가 드나드는 관문으로서 유입된 정보가 잠시 머물면서 감정을 덧입히고 통합하여 다른 곳으로 보내는 종합 터미널과 같은 중요한 역할을 한다.

시각과 청각, 촉각의 감각을 한곳에 모아 정보를 통합하여 다른 곳으로 전달하는 곳이 시상이다. 시상에서 우리의 특정 경험에 긍정적인 느낌과 부정적인 느낌을 덧입혀 특정한 기억의 형태를 결정짓는 것이다. 특별한 이유로 시상이 망가져 제 기능을 하지 못하게 되면 정서적 경험이 전체성을 가진 하나의 시나리오로 기억되지 못하고 시각적 이미지, 소리와 느낌, 특정한 감정 등의 감각이 뿔뿔이 흩어진 조각된 흔적으로 뇌에 기억된다. 이렇게 되면 새로운 학습과 경험을 할 때 흩어진 정보로 들어오기 때문에 전체성을 완성할 수 있는 신경회로가 활성화되지 못해 통합된 시나리오를 완성하지 못한다.

모든 감각적 정보가 모여 통합되고 다른 뇌 영역으로 정보가 전달되는 기능을 시상에서 맡고 있기 때문에 새로운 학습과 경험, 피드백에 관계되는 중심기관이라고 할 수 있다. 시상이 감각정보에 대해 건강한 전체성을 만들고 중요한 감각정보와 중요하지 않는 정보를 구분하여 주기 때문에 새로운 학습에 주의집중을 할 수 있게 되는 것이다.

만약에 충격적인 경험이나 의미 있는 정서적 사건으로 불안을 일으키는 트라우마가 발생하면 시상에 문제가 생기게 되고 문제가 생긴 시상에서 전달되는 정보는 전두엽보다 편도체에 더 빨리 전달된다.

특히 충격적인 사건이나 의미 있는 정서적 경험은 전두엽에서 알아차리기도 전에 편도체가 자극되어 신체적인 반응을 일으킨다.

시상에서 받은 정보에 의해 편도체가 자극되어 위험신호를 보내면 코르티솔, 아드레날린과 같은 강력한 스트레스 호르몬의 분비가 촉진되어 심장박동수와 혈압, 호흡수가 증가하면서 생존을 위한 불안기전을 발현시킨다. 이 상태의 느낌이 너무 강하거나 오래 지속되거나 반복되면 뇌는 이후에 이것과 비슷한 자극만 주어져도 민감하게 반응하며 경험 당시의 불안한 느낌을 만드는 신경회로를 활성화시키게 된다.

다행히 이러한 신호의 강도가 약하거나 단발성으로 그칠 때 항상성을 발휘하여 빠른 속도로 다시 원래의 정상적인 상태로 되돌려 놓는다. 만약에 이때 불안을 일으키는 충격의 강도가 너무 강하거나 반복적으로 지속된다면 정상적인 회복을 하지 못한 상태를 만들어 일상생활 속에서도 생존을 위한 각성과 불안 상태를 그대로 유지하게 된다. 이 상태가 더 지속되면 부정적인 감정의 중독 상태에 빠지게 되어 정상적인 안정상태를 찾지 못하게 될 수도 있다.

이 상태에서는 불안을 느끼는 흥분된 각성 상태가 지속되기 때문에 특정 상황에 대한 인식을 정상적으로 하지 못하게 되고 불필요한 각성 상태를 계속 일으키게 되면서 나쁜 감정의 중독 상태에 자신의 기저선 상태를 고정해버린다. 이것이 불안장애, 외상 후 스트레스 장애를 일으켜 엉뚱한 곳에 자신의 초점을 맞추고 에너지를 소모시키는 부작용을 일으키게 되는 것이다.

부정적인 감정의 중독 상태에 오랫동안 빠지게 되면 원래의 건강한 상태로 돌아가기 위해 전두엽에서 지시를 내려도 통제되지 않는 상태가 된다. 편도체는 전두엽의 이성적인 판단과 지시가 있기 전에 이미 작동되어 뇌를 장악해버리기 때문에 불안을 일으키는 감정의 중독 상태에서는 의식적인 변화가 쉽지 않은 것이다. 예를 들어 전두엽에서 담배나 술이 몸에 나쁘다는 정보를 인지하고 담배와 술을 끊어야지라고 결심해도 쉽게 끊을 수 없는 것은 감정의 뇌가 이미 담배와 술에 대한 느낌에 중독되어 있기 때문이다.

이처럼 우리 뇌가 부정적인 감정의 중독 상태에 빠지게 되면 전두엽의 이성적인 판단과 지시가 무의미해지기 때문에 건강할 때 미리 멘탈을 트레이닝시키는 것이 중요한 것이다. 우리가 건강할 때 멘탈에 대한 공부와 훈련을 게을리하지 말아야 하는 이유가 바로 여기에 있다.

회피적 행동

현대를 살아가는 우리 모두는 다양한 인간관계와 업무를 추진하는 과정에서 스트레스와 불안을 겪지 않고 살아갈 수는 없다.

어떻게 보면 우리의 삶 자체가 스트레스와 불안의 연속이라고 할 수 있기 때문이다. 사람들이 스트레스나 불안이 닥쳤을 때 가장 일반적으로 보이는 반응은 그것으로부터 벗어나고자 하는 회피적 행동을 선택하는 것이다. 충격적인 경험이나 사건, 오랜 기간 누적된 좌절로 인해 학습된 무기력에 중독된 상태가 아니라면 현재의 스트레스나 불안에서 벗어나기 위해서 회피적 행동을 선택하게 된다.

우리는 뜨거운 난로 위에 손을 올렸을 때 뜨거움의 고통에서 벗어나기 위해 손을 재빨리 떼게 되고 한여름의 무더위에서 벗어나기 위해 햇볕을 피해 그늘을 찾거나 시원한 에어컨 바람이 있는 실내에서 더위를 피하는 행동을 한다. 이와 같이 고통을 피하기 위한 도피와 회피적 행동을 하고 편안함을 주는 지향적 행동을 선택하는 것은 모든 인간이 갖고 있는 보편적인 심리이다.

살아가면서 겪게 되는 스트레스와 불안은 뇌에서 생존에 부정적이고 고통적인 정보로 받아들이기 때문에 그것에서 벗어나기 위한 회피적 행동을 먼저 선택하도록 만든다. 특히 스트레스와 불안의 고통이 너무 강하게 느껴질 때 뇌에서는 그것을 위험신호로 해석하여 신속하게 현재의 고통에서 벗어나는 반응을 먼저 하는 것이다.

우리의 뇌는 본능적으로 스트레스와 불안이 주는 고통을 회피하고 즐거움과 안전함을 지향하고 있다. 그래서 뇌는 현재의 고통 상황에서 벗어나기 위해 즐거움을 주는 대상이나 상황을 갈구하게 된다. 사람들이 스트레스나 불안이 주는 고통 속에서 마음이 많이 힘들 때 특정 종교에 의지하거나 평소 자신이 믿고 도움을 받을 수 있는 사람을 떠올리는 것도 이러한 기전이 발현되는 것으로 이해할 수 있다. 이러한 기전은 우리 뇌가 고통 상황에서 벗어나 즐겁고 안전한 상황으로 옮겨가기 위한 자연스러운 선택이라고 볼 수 있는 것이다.

고통 상황을 벗어나기 위한 지향적 행동으로 때로는 크게 소리를 지르거나 운동을 하는 등 신체활동으로 마음 상태를 전환하기도 한다.

만약 이러한 고통 상황에서 벗어나기 위해 잘못된 지향적 행동을 선택하게 되면 술이나 게임, 도박, 약물에 의존할 수도 있다. 특히 과거의 부정적인 경험이 만든 신경회로가 부정적인 정서에 중독된 상태라면 최악의 지향적 행동을 반복적으로 선택하는 위험한 중독 상태에 빠지게 될 수도 있는 것이다.

스트레스나 불안이 주는 고통이 과거의 부정적인 경험을 재연시켜 감정의 뇌가 통제력을 가지게 되면 전두엽의 이성과 자유의지 기능을 마비시켜 뇌 영역의 일부 기능을 정지시켜버린다. 이 상태에서 뇌가 정상적인 인식능력이 떨어진 채로 심한 불안이나 공포를 느끼게 되면서 강력한 진정 효과를 낼 수 있는 강한 자극을 찾게 된다.

자기 인식을 객관적으로 할 수 있는 뇌 영역이 정상적인 기능을 하지 못하기 때문에 극단적인 자극을 주는 술이나 게임, 도박, 약물에 의존하게 되는 것이다.

우리 뇌가 이러한 경험을 반복적으로 하게 되면 완전한 중독 현상을 나타내게 된다. 이후에 과거의 충격적인 경험이나 사건을 회상하면 마음과 신체가 그 당시에 느낀 직관적인 감각을 그대로 다시 경험하기 때문에 중독된 패턴을 계속 사용하게 되는 것이다. 이러한 중독 상태는 뇌간과 변연계를 과잉 활성화시켜 두려움과 공포에 심리적으로 압도당하고 생리적, 신체적으로도 흥분상태로 활성화된다.

이것이 바로 많은 사람들이 의식적으로는 이성과 자유의지의 힘을 빌려 과거의 나쁜 중독 상태에서 벗어나려고 노력하지만 늘 똑같은 문제

상황에 빠져 고통을 겪게 되는 이유이다. 외부의 자극과 정보에 상관없이 자신의 내면에서 일어나는 일을 일상적인 편안함으로 인식하지 못하는 사람들은 뇌의 건강한 전체성을 잃어버리거나 공황상태에 빠져 감각적인 자극에 대한 반응이 정상적이지 못하게 된다. 이 상태에서 두려움과 관련된 생각이 가득 차게 되면서 부정적인 생각을 되풀이하는 악순환의 고리를 만들어 스스로를 통제하게 되는 것이다.

마음의 내성과 응집력

멘탈코칭센터에서 불안을 극복하기 위한 상담과 코칭을 진행하면서 항상 안타깝게 느끼는 것이 내담자가 좀 더 일찍 멘탈에 대해 관심을 갖고 자신의 심리적 내성과 응집력을 강화시켰더라면 하는 것이다.

현재 내담자가 겪고 있는 불안으로 인한 정신적 고통의 대부분이 심리적 내성과 응집력이 부족해서 생기기 때문에 내담자의 마음 상태가 악화되기 전에 멘탈을 강화시키는 훈련이 필요한 것이다.

마음이 좀 더 건강할 때 마음 사용법에 대한 공부와 훈련, 긍정적 피드백, 인간관계 능력을 향상시켜 심리적 내성과 응집력을 강화시키는 것이 중요하다. 누구나 살아가면서 한 번 이상은 자신이 원하지 않는 심한 스트레스나 충격적인 경험, 정서적 사건 등을 겪는 과정에서 불안을 경험하게 된다. 이럴 때 우리의 마음 상태가 중심을 잃고 병적으로 발전되지 않게 지탱해주는 힘이 바로 심리적 내성과 응집력이다.

그래서 심리적 내성과 응집력이 남아있을 때 미리 멘탈을 강화시키는 공부와 훈련이 필요한 것이다.

그 이유는 우리의 마음이 건강한 상태일 때 심리적 내성과 응집력을 미리 강화시켜두면 살아가면서 겪게 될 심리적 고통의 대부분은 겪지 않아도 되기 때문이다. 이미 마음의 병이 깊어졌을 때는 심리적 내성과 응집력이 바닥난 상태가 되어 회복에 너무나 긴 시간과 노력이 필요하기 때문에 미리 멘탈을 강화시키는 것이 중요한 것이다.

정신건강을 위한 국가정책도 마찬가지로 이미 마음의 병이 깊어진 상태에서의 상담이나 치유 중심의 대응도 중요하지만 예방적 차원에서의 멘탈을 강화할 수 있는 다양한 정책들이 우선되어야 할 필요가 있다.

그래서 어릴 때부터 멘탈을 강화할 수 있는 체계적인 교육시스템을 만드는 것이 필요하며 그러기 위해서 사회적 공감대 속에 국가의 교육정책도 변화할 필요가 있는 것이다.

정신건강에서 가장 중요한 것이 스스로의 마음에 대한 이해와 사용방법, 주변 사람들과의 원만한 인간관계 능력이다. 특히 인간은 사회적 관계 속에서 자신의 존재와 정체성을 형성하기 때문에 주변 사람들과의 원만한 관계가 정신건강에 가장 중요한 영향을 미치게 된다.

결국 건강한 정신상태는 주변 사람들과의 건강한 관계에 의해 만들어지고 유지된다고 해도 틀린 말이 아니다.

우리는 주변 사람들이 자신의 말을 들어주고 수용해주며 공감해주는 과정에서 주변 사람을 통해 자기대상을 만들고 자신의 존재와 정체성을 확립하게 된다. 우리 주변을 잘 살펴보면 마음이 아주 힘든 상태에 있는 사람이 하는 말에 마음으로 귀를 기울여주는 사람이 많지 않다는 사실을 발견할 수 있을 것이다.

마음이 힘든 사람이 하는 말은 보통 사람들과 공통적인 코드가 부족하기 때문에 듣는 사람의 입장에서는 수용과 공감, 피드백이 힘들다. 폐쇄적인 정신세계로 부정적인 말과 태도, 행동을 반복하는 사람과의 만남에 상대는 심적인 부담을 가져 점차 거리를 두기 시작한다. 이러한 상태가 반복적으로 지속되거나 심해지면 인간관계의 폭이 좁아지고 궁극적으로는 완전한 외톨이가 되기 쉽다.

사회적 관계가 단절되어 소외된 외톨이가 되면 심리적 고립감이 더욱 심해지고 정신적으로도 점점 더 피폐해지면서 자신의 존재가 한없이 작게 쪼그라든다는 느낌을 갖게 된다. 처음에는 다른 사람들과의 원만한 관계를 위해 스스로 노력하는 모습을 보이지만 자신이 만든 마음의 경계에 갇혀 점차적으로 다른 사람들과의 관계를 스스로 차단하는 부정적인 악순환을 겪게 되는 것이다.

이러한 부정적 상태에서는 현재 상황을 만든 원인을 외부에서 찾게 되며 자신을 멀리하거나 수용하지 못하는 사람에 대해 서운함을 키우거나 원망하는 마음으로 공격적인 반응을 보이기도 한다. 이렇게 점점 더 고립이 심해지면서 자기 자신의 왜소함과 열등감, 무력감 등이 혼재하게 되고 심리적 내성과 응집력이 약해져 멘탈이 붕괴되면 완전한 무력감에 빠지게 될 수도 있다.

심리적인 장애를 더 자세하게 이해하기 위해서는 미주신경에 대한 기본적인 이해가 필요하다. 보통 심리적인 고통이나 스트레스가 없이 안정된 관계에서는 뇌간의 조절센터에서 그 상태와 관련된 신경들이 복합적으로 작동된다. 이 조절센터는 얼굴 근육과 목, 중이, 후두를 활성화시키는 인접한 신경들로 구성되어 있다.

이 신경단위가 작동되면 다른 사람의 미소나 태도, 행동에 공감하면서 똑같이 반응하고 심장과 폐에도 신호가 전달되어 심장박동이 느려지고 호흡을 더 깊이 할 수 있는 상태를 유지시킨다. 그렇게 되면 정서적으로 차분하고 편안해지면서 마음이 중심을 잃지 않고 긍정적인 심리상태를 유지할 수 있게 된다.

하지만 심한 정서적 경험이나 반복적인 스트레스가 누적되어 사회적 유대에 구멍이 생긴 것을 알아차리게 되면 미주신경 복합체가 자극하는 영역에 부정적인 변화가 일어난다. 부정적인 정서 상태를 느끼면 자동적으로 이 상태를 얼굴 표정과 목소리 톤에 나타나도록 신호를 보내는데 이러한 반응의 긍정적 의도는 다른 사람들에게 도와달라고 신호를 보내는 것이다.

이때 주변에서 아무런 반응이나 도움이 없으면 위험을 더 크게 느끼면서 변연계가 활성화되어 싸움 또는 도주의 태세를 취한다.

그래도 아무런 조치가 취해지지 않고 상황이 계속 악화되면 마음과 신체의 모든 응급시스템을 발동시켜 최대한 각성 상태를 유지하게 된다.

이러한 부정적인 상태가 오랫동안 지속되거나 견디기 힘들 만큼의 정서적 경험이 반복되면 횡격막 아래의 위, 신장, 장까지 영향력을 행사해 몸 전체의 대사작용을 대폭적으로 감소시킨다. 더 악화되면 심장박동이 비정상적으로 떨어지거나 숨을 제대로 쉬지 못할 수도 있으며 소화계는 기능을 멈추거나 배출을 유도하기도 한다.

이 모든 것이 우리의 심리적 내성과 응집력이 약해져 멘탈이 붕괴되는 과정에서 생기는 생리적인 부작용이다. 그래서 우리의 마음은 건강할 때 미리 강화시키는 멘탈에 대한 공부와 훈련을 통해 예방접종을 맞아야 하는 것이다. 공부를 하거나 운동, 인간관계, 여행, 다양한 체험활동, 독서, 좋은 음식 등은 우리의 심리적 내성과 응집력을 강화시켜주는 영양분이 된다. 우리가 멘탈이 좀 더 건강할 때 멘탈에 대한 공부와 훈련을 해야 하는 이유가 우리의 심리적 내성과 응집력을 키워 건강한 삶을 살 수 있는 토양을 만들어주기 때문이다.

애착관계와 불안

인간의 초기 발달단계에서 부모나 양육자와의 애착관계를 어떻게 형성하는가에 따라 불안의 수준이 결정된다. 성장과정에서 주변으로부터 따뜻한 보살핌과 공감 속에 사랑받고 건강한 애착관계를 건강하게 잘 형성하게 되면 불안 수준이 낮아진다.

사전적 의미로 애착이란 어떤 대상에 대해 특별한 정서적 관계를 가

지는 것을 말하기도 하고 몹시 사랑하거나 끌려서 떨어지지 않는 마음
이라고 정의하기도 한다. 보통 유아기까지의 어린이는 육아를 담당하
는 엄마와의 사이에 애착관계를 형성하게 되는데 이러한 모자관계를
중심으로 하는 정서적 관계를 일반적으로 애착이라고 부른다.

태아는 엄마 뱃속에서 엄마로부터 영양과 보살핌을 받으며 약 10개월
동안 안전하게 보낸 후 바깥세상에 적응할 수 있는 준비가 충분히 되
면 세상 밖으로 나온다. 아기는 세상에 빛을 보자마자 크게 울음을 터
뜨리며 자신의 존재를 알리고 관심과 사랑을 쏟아달라고 적극적인 신
호를 보낸다. 세상에 나온 아기는 주변의 축복 속에 누군가에 의해 씻
기고 사랑과 보살핌을 받는다.

아직 혼자 생존할 수 없는 아기는 부모나 주변 어른들의 따뜻한 보살
핌과 양육에 절대적으로 의지하며 자라게 된다. 아기가 자라면서 점차
신체적, 정서적으로 안정을 찾고 혼자 생존하는 방법을 학습하지만 인
간은 동물과는 달리 부모의 보호와 보살핌을 받는 기간이 너무나 길
다. 이렇게 보살핌의 기간이 긴 이유는 인간은 신체적인 성장과 더불어
인류의 오랜 진화과정에서 축적된 다양한 지식과 지혜, 문화, 인성 등
다른 사람들과 조화로운 삶을 살아가기 위한 사회화 과정을 학습해야
하기 때문이다.

사회화를 위한 학습과정에서는 부모의 특별한 보호와 양육을 받아
야 하고 사회적인 교육시스템을 통해 적응 능력을 높여야 한다.
그래서 가장 중요한 것이 성장과정에서 부모의 관심과 사랑이 전해지
는 돌봄을 받는 것이며 돌봄의 형태에 따라 자기의 존재와 정체성, 신

념체계, 세상모형을 만들어가게 되는 것이다.

아이는 부모의 돌봄을 받으며 부모의 통제와 영향 속에서 성장하기 때문에 부모의 사고와 가치관, 태도, 행동, 정서를 그대로 모델링하며 자라게 된다. 아이는 양쪽 부모의 유전자를 가지고 태어났으며 환경적으로도 자신을 낳아준 부모에 의해 양육과 코칭을 받고 자란다.

이렇게 부모의 절대적 영향을 받고 자라면서 자연스럽게 부모에 대한 라포가 강하게 형성되고 부모를 통해서 세상을 알아차리고 만나게 된다. 그래서 아이는 부모를 그대로 닮는 것이고 성인이 되어서도 부모의 또 다른 모습인 부모의 그림자로 살아가게 되는 것이다.

특히 생애 초기에 부모가 얼마나 수용과 공감, 긍정적 피드백을 보내며 아이와 조화롭게 상호작용을 했느냐에 따라 성장 이후의 자기관리와 통제 능력, 다른 사람들과의 관계 능력이 결정된다. 이 시기에 부모가 보내는 따뜻한 관심과 보살핌을 통해 아이가 정서적 안정감과 친밀한 교감을 하게 되면 평생 동안 자기 스스로를 지킬 수 있는 자결성과 통제 능력을 가지게 되기 때문이다.

아이는 무한한 사랑으로 보살핌을 주는 부모의 얼굴 표정과 태도, 자세, 목소리 톤, 행동에 민감하게 반응하며 부모를 모델링한다.

보살핌을 주는 부모나 부모의 역할을 대신하는 특정한 어른과 자연스러운 의사소통체계를 발달시키면서 애착관계를 넓게 형성해나간다.

이때 애착관계의 대상인 부모나 주변 어른이 보여주는 반응성이 높을수록 더 깊고 건강한 애착이 형성되고 건강한 세상모형을 만들어 관계 능력을 발달시키게 된다.

이 시기에 독립성과 공감능력, 이타심 등이 발달되어 건강한 관계 능력을 학습한다. 건강한 애착관계의 발달은 아이가 더 넓은 세상으로 나오는 안정적인 발판이 되는 중요한 과정이다. 아이는 주변의 따뜻한 관심과 사랑, 친근감, 공감을 받아 성장하면서 다른 사람들과 건강하게 관계하는 기술을 학습한다.

이 과정에서 아이는 다양한 사람들과 조화롭게 관계할 수 있는 능력을 발달시키게 되며 그 대상이 누구든 성장과정에서 자신을 돌봐주는 사람에게 애착을 갖게 된다. 건강한 애착관계는 아이의 인생 전반에 영향을 미치기 때문에 안전하고 행복한 정서를 가질 수 있는 애착관계 형성이 그 무엇보다 중요하다.

애착관계 형성이 중요한 이유는 애착관계 형성을 어떻게 하느냐에 따라 한 사람의 존재와 정체성, 운명까지도 바뀌기 때문이다. 애착관계 형성이 제대로 이루어지지 않으면 성인이 된 이후에 여러 가지 심리적, 정서적, 생리적인 문제를 일으키게 된다.

성장과정에서 돌봄이 제대로 이루어지지 않아 정서적으로 안정감을 채우지 못하고 친근감 있는 관계 경험이 없게 되면 결핍을 채우기 위해 안정감을 주는 대상을 계속해서 찾는다. 하지만 정작 본인의 잠재의식에서는 결핍으로 인한 불신과 의심이 가득하기 때문에 건강한 관계를 형성하는데 걸림돌을 가지게 된다. 그래서 성장과정에서의 밝고 건강한 애착형성이 그 무엇보다 중요한 것이다.

각성과 불안

각성과 불안은 일반적으로 특별한 구분 없이 사용하기도 하지만 상담이나 코칭, 스포츠 상황에서는 이 두 가지를 구분하여 사용한다. 각성은 완전히 이완된 상태에서 높은 흥분상태로 이어지는 연속선상의 변화하는 심리적, 생리적, 신체적 활성화라고 할 수 있다.

즉, 각성이란 전혀 흥분이 되지 않는 이완 상태에서부터 극도의 흥분상태 사이의 어느 지점에 위치한 특정 순간에 느끼는 강도를 의미한다고 볼 수 있는 것이다.

어떤 과제를 수행하거나 공부, 일을 하는 과정에서 각성은 심리적, 생리적, 신체적 에너지와 자원이 동원된 긍정적인 상태이다. 각성이 적정하게 높아지면 심리적인 준비상태와 활력이 높아지고 생리적으로는 심박수와 호흡이 증대되어 활력이 생기고 화학물질의 분비가 증가하며 신체적으로도 근육을 긴장시키고 수축시켜 과제를 수행하기 위한 최적의 준비상태를 만든다.

예를 들어 중요한 시험을 앞두고 있을 때 너무 낮은 각성 상태에서는 불필요한 정보의 유입으로 심리적 간섭이 생겨 주의의 초점이 모아지지 않기 때문에 기억된 정보가 잘 불려 나오지 않게 된다. 마찬가지로 너무 지나치게 높은 각성 상태에서도 과거에 공부를 통해 기억해두었던 정보가 주의의 초점에서 벗어나버리기 때문에 시험문제에 대한 답을 찾지 못하는 공황상태에 빠질 수 있다. 그래서 너무 높지도 않고 낮지도 않은 적정한 각성 상태를 유지하는 것이 중요한 것이다.

예를 들어 100m 단거리 달리기를 준비 중인 선수는 출발선에서 최적의 각성 상태를 유지할 수 있어야 한다. 출발선에 대기 중인 선수가 각성 상태에 있다는 것은 전속으로 달리는데 필요한 심리적, 생리적, 신체적 에너지와 자원을 즉시 동원할 수 있도록 준비하여 신호가 주어지면 바로 행동으로 옮길 수 있는 상태이다.

실제 경기 상황에서 선수는 자신의 완전한 운동수행을 위해 내면의 자원뿐만 아니라 주변 환경으로부터 제공되는 다양한 자극과 정보를 활용하게 된다. 이러한 외부정보가 경쟁 선수의 움직임일 수도 있고 관중의 함성소리일 수도 있다. 선수가 자신의 기량을 최고로 발휘하기 위해서는 운동수행에 반드시 필요한 정보를 얼마나 정확하게 감지하여 활용할 수 있는지가 중요하다.

각성 수준이 너무 낮은 경우에는 지각할 수 있는 범위가 상대적으로 넓어져 불필요한 정보까지 많이 유입된다. 불필요한 정보와 단서가 많이 유입되면 정보간섭에 의해 필요한 과제와 목표에 주의를 기울이지 못하게 되어 과제 수행이 방해를 받게 되고 수행 효율도 떨어진다. 반대로 각성 수준이 지나치게 높아지면 주의를 기울이는 폭이 좁혀져 필요한 정보와 단서까지 차단되어 과제 수행과 효율이 떨어진다.

불안은 미래에 감당하기 어려운 일이 닥칠 것이라는 걱정하는 마음이나 근심이다. 또한 불안은 초조함이나 걱정 등과 같은 정서적이고 인지적인 측면을 말하며 불쾌한 정서반응으로 자율신경계의 각성을 유발하는 부적응 상태이다. 불안은 일시적 상황에서 느끼는 상태 불안과 개인의 성격에 의해 느끼는 특성 불안으로 구분할 수 있다.

　상태 불안은 상황에 영향을 받아 자율신경계의 각성이나 지나친 활성화에 의해 주관적이고 의식적으로 느끼는 우려스러운 마음과 긴장감이다. 그렇기 때문에 상태 불안은 시간과 상황에 따라 변화하게 된다. 특성 불안은 개인의 성격적인 측면을 말하며 객관적으로 불안한 상황이 아닌데도 불안으로 지각하여 위협이나 자극의 강도와 상관없이 상태 불안 반응을 나타내는 행동 경향이다. 상태 불안은 순간순간 상황에 따라 쉽게 변화하지만 특성 불안은 성격적인 측면이기 때문에 상황에 따라 쉽게 변화하지 않는다.

　중요한 발표를 해야 하는 상황이나 중요한 경기를 앞두고 있을 때 지나친 긴장과 불안을 느끼게 되면 손바닥에 땀이 나고 신경성 복통을 일으키기도 하며 심장박동이 빨라지면서 두려움을 강하게 느끼기도 한다. 또 다른 관점에서 불안은 걱정이나 근심을 하는 것과 같이 주관적인 생각과 관련된 인지적 불안이 있고 호흡의 변화, 신체적 활성화와 관련된 신체적 불안이 있으며 심박수와 체온, 혈압 등의 변화와 관련된 생리적 불안으로 구분할 수도 있다.

　인지적 불안이 높아지면 생리적, 신체적 불안을 높이고 높아진 생리적, 신체적 불안 상태가 뇌에 피드백되어 인지적 불안을 다시 높이는 순환고리를 만든다. 이 세 가지 불안은 어느 한 가지가 먼저 높아지면 나머지도 함께 높아지는 상관성을 가지고 있다.

수행과 각성

어떤 행동이나 활동을 원활히 하기 위해서는 적정 수준의 각성 상태를 유지하는 것이 필요하다. 환경적 상황에 따라 요구되는 각성 수준이 다를 뿐 모든 행동과 활동에는 적정 수준의 각성이 동반된다.

불안과 상관성을 가진 각성은 특정한 과제를 수행하기 위한 심리적, 생리적 활성화 정도를 나타내는 긍정적인 개념이다.

불안과 각성이 반드시 나쁜 것이 아니라 환경적인 요구 수준에 맞지 않는 각성과 불안이 부정적인 결과를 만드는 것이 나쁜 것일 뿐이다.

다만 우리가 각성과 불안을 부정적으로 받아들이고 해석하는 인지능력과 관점을 가지게 됨으로써 자신의 상태를 부정적으로 만들어 부정적인 결과를 만들게 되는 것이다.

이와 같이 부정적인 영향을 미치는 왜곡된 각성 상태에서 행동을 반복하게 되면 인지 불안이 조절되지 않는 상태로 신경회로가 강화되어 중독된 습관을 만들게 된다. 이러한 인지능력과 관점은 성장과정에서 대부분 부모나 권위자의 코칭 형태와 피드백에 의해 형성된 것이다.

만약 숲속에서 갑자기 곰을 만나거나 과속으로 달리던 차가 갑자기 자신에게 덮치면 순간적으로 몸이 굳어버리는 경험을 하게 된다.

마치 몸이 얼음처럼 얼어버리는 현상을 경험하게 되는 것은 불안 상황에서 생존본능기전에 의해 잠재의식에서 몸을 지나치게 각성시켜 얼어버리게 만들기 때문이다. 생존을 위협할 정도의 강한 외부 자극을 인지하게 되면 근육이 긴장되거나 경직 상태가 되면서 중추신경과 말초 신경이 일시적으로 '멈춤 상태'가 되는 것이다. 멈춤 상태에서는 구심성 신경과 원심성 신경이 제 기능을 하지 못하게 되고 신체의 유기적인 협응 체계가 정상적인 기능을 하지 못하게 된다.

지나친 각성과 불안 상태에서도 의식적 차원에서는 과제와 수행에 초점을 맞추고 정상적인 수행을 하려고 노력한다. 하지만 잠재의식적 차원에서는 각성과 불안에 의해 정보간섭이 일어나거나 수행에 지장을 주는 심리적, 신체적인 경직 상태를 만들어 의식과 잠재의식의 불일치로 완전한 수행을 할 수 없게 만든다.

교류분석적인 관점에서 보면 개인의 멘탈 상태는 어릴 때의 반복적인 학습과 경험을 통해 만들어진 시나리오에 의해 결정된다고 볼 수 있다. 중요한 것은 어릴 때 초기 결정에 의해 만들어진 인생 각본은 얼마든지 수정이 가능하다는 사실이다. 각성 수준이 중요한 것은 자신의 자원과 에너지를 활용하는데 가장 중요한 주의집중의 폭과 방향을 결정하기 때문이다.

자신의 인생 각본이 지나친 각성과 불안을 일으키는 것이라면 새로운 학습과 경험, 피드백을 통해 각본을 수정해야 한다. 인생 각본은 얼마든지 수정이 가능하기 때문에 각성과 불안 수준도 조절이 가능하다. 적정 수준의 각성은 불필요한 정보는 배제시키고 꼭 필요한 정보에만 주의를 기울여 효율적인 수행을 할 수 있게 해준다.

신념의 선택

불안과 공포의 감정은 우리의 안전과 생존을 위한 정상적인 기전이지만 비합리적 신념이 강화되어 그것을 통제할 수 없을 때 불안과 공포가 우리 삶을 통제하게 될 수도 있다. 이처럼 불안과 공포가 우리를 통제하게 될 때 우리는 비합리적 신념에 갇히는 신세가 된다.

어떤 사람은 무엇이든 할 수 있다는 긍정적인 성공 신념을 가지고 도전과 실험정신으로 성취하는 삶을 살아간다. 또 어떤 사람은 그 무엇도 잘할 수 없다는 부정적인 자기 제한 신념을 가지고 불안과 무기력 상태에서 실패하는 삶을 살아간다.

모든 신념은 우리의 선택에 의해 반복적으로 생각하고 느끼고 말하고 행동한 것이 뇌에 프로그래밍된 것으로서 그것은 절대적으로 고정된 것이 아니다. 다만 그것이 반복에 의해 절대적인 것이라는 믿음을 만들기 때문에 뇌가 착각을 하고 있는 것이다. 그 어느 것도 절대적이지 않다. 우리 삶에서의 성공과 실패, 불안, 공포, 트라우마, 우울, 무기력, 자신감, 활력 등도 그것이 절대적 사실이 아니라 뇌가 일으키는 착각에 의해 생기는 것일 뿐이다.

그래서 우리 뇌가 가진 별명이 착각의 챔피언이다. 우리의 모든 학습과 경험은 언어로 부호화되어 뇌의 기억 시스템에 저장된다.

이러한 기억화 과정에서 언어에 특정한 감정이 코팅되기 때문에 모든 말에는 감정이 복잡하게 연합을 이루고 있다. 뇌 신경회로의 다양한 조합과 배열에 의해 만들어진 뇌의 기억 시스템에는 말과 감정뿐만 아니라 생각도 함께 연결되어 있으며 특별한 행동과도 연결을 짓는다.

우리의 생각과 느낌, 말, 행동은 뇌의 기억 시스템을 만드는 신경회로의 특정한 조합과 배열에 의해 같은 뿌리에서 표출되는 것이기 때문에 서로가 서로에게 상당한 영향을 미치게 된다. 즉 우리의 존재는 하나의 부분이 바뀌면 나머지가 함께 바뀌는 유기적 관계 속에서 전체성을 이루고 있는 것이다.

이처럼 우리의 존재는 타고난 유전적 기질을 바탕으로 반복적인 학습과 경험을 통해 전용신경회로를 구축하면서 형성된 신념체계에 의해 증명된다. 그리고 신경회로는 반복적인 생각과 느낌, 말, 행동에 의해 굵게 만들어지며 이렇게 구축된 전용신경회로가 만든 신념의 형태에 따라 자신의 상태가 달라지게 되는 것이다.

만약에 반복적인 생각과 느낌, 말, 행동이 불안과 공포에 관련된 비합리적 신념을 만드는 전용신경회로를 굵게 구축하게 되면 다양한 심리적인 문제와 고통을 겪게 된다. 그래서 뇌의 정상적인 기능을 제한하는 비합리적 신념을 성공의 지렛대 기능을 할 수 있는 합리적 신념으로 변화시킬 수 있을 때 심리적인 문제가 해결되고 고통에서 벗어날 수 있게 되는 것이다. 여기서 말하는 합리적 신념과 비합리적 신념은 우리 모두가 가지고 있는 공통적인 자원이다. 우리가 어떤 자원을 더 많이 선택하여 사용하느냐에 따라 상태가 바뀌게 되는 것일 뿐이다.

우리 뇌는 착각의 챔피언이기 때문에 반복에 의해 믿음을 만들게 되면 그 믿음에 통제당하게 된다. 즉 믿음에 의해 뇌가 착각을 하게 되는 것이다. 많은 사람들이 절대적이라고 믿고 있는 자신의 가치나 진실, 사실, 당위성 등이 대부분 절대적이지 않다는 사실을 알지 못한 채 살아간다. 우리가 절대적이라고 믿고 있는 것이 대부분 자기중심적인 편향성과 주관적인 관점을 가진 개인의 세상모형에 불과하기 때문에 애초에 객관적이고 절대적인 가치나 진실, 사실, 당위성이라는 것이 존재하지 않는다고 볼 수 있다. 우리는 세상모형이 만든 믿음에 통제당하고 있는 것일 뿐이다.

그런데도 우리는 자신의 주관적 세상모형이 만든 준거나 가치, 당위성을 주장하며 그에 대한 믿음을 현실에서 실현시키기 위한 의지를 만들어 주관적인 신념체계를 강화한다. 그러한 신념체계가 전용신경회로에 의해 생략, 왜곡, 일반화되어 있어 얼마나 편향되고 주관적인지를 깨닫지 못한 상태로 우리는 그 신념에 의해 삶의 결과물을 창조하고 있는 것이다.

다행히 그러한 신념이 합리적이라면 삶의 긍정적인 자원을 좀 더 알아차리고 접촉할 수 있는 기회를 많이 제공해주기 때문에 더 많은 성취를 이룰 수 있게 도움을 준다. 하지만 그 신념이 비합리적이라면 삶의 긍정적인 자원과는 차단되면서 부정적인 자원을 알아차리고 접촉할 수 있는 기회가 많아지기 때문에 삶의 걸림돌을 더 많이 만나게 해준다. 즉 우리 모두가 자신이 가진 신념의 형태에 따라 전혀 다른 삶을 살아가게 되는 것이다.

이처럼 불안과 공포에 대해 우리가 지각한 모든 것이 절대적이지 않을 뿐만 아니라 많은 오류와 착각이 생길 수 있다는 사실을 알아차려야 한다. 그것은 우리의 세상모형이 왜곡과 편향에 의해 불안정성과 불확실성을 가지고 있을 뿐만 아니라 우리가 가지고 있는 신념 또한 절대적인 것이 아닐 수 있기 때문이다. 이러한 비합리적 신념에 의해 불안을 가지게 되면 우리가 만나는 세상이 더 불안해지고 삶의 결과도 부정적이 될 확률이 높아지게 되는 것이다.

중요한 것은 우리의 신념이 타고나는 것이 아니라 후천적인 학습과 경험에 의해 선택된 것이라는 사실이다. 그 선택이 지나친 불안과 공포를 유발하는 비합리적 신념이라면 새로운 선택에 의해 얼마든지 합리적 신념으로 바꿀 수 있다. 긍정적이고 합리적인 생각에 대한 생각, 생각에 대한 또 다른 생각을 통해서 역기능적이고 비합리적인 자기 제한 신념을 기능적이고 긍정적인 합리적 신념으로 변화시키는 것이 얼마든지 가능하다.

이러한 변화는 느낌과 말, 행동에도 마찬가지로 적용시킬 수 있다. 중요한 것은 그것이 생각이든 느낌이든 말이든 행동이든 부분의 긍정적인 변화를 통해 전체의 긍정적인 변화를 이끌어낼 수 있다는 사실이다. 부분의 작은 변화로 나머지 더 큰 변화를 위한 연쇄작용을 일으켜 합리적 신념을 강화하거나 창조할 수가 있기 때문에 우리는 얼마든지 불안에서 벗어나는 긍정적인 변화를 선택할 수 있는 존재이다. 우리의 생각과 느낌, 말, 행동 중에서 어느 것을 변화시키더라도 그것은 비국소성과 유기적 관계성으로 전체성에 영향을 미치기 때문에 우리의 신념을 바꿀 수 있는 것이다.

불안에 대한 관점

불안한 감정을 느끼게 만드는 이유는 다음의 네 가지 관점에 따라 다르게 이해할 수 있다.

첫 번째 관점은 불안한 감정이 생기는 것을 유전의 영향이라고 보는 것이다. 인간이 느끼는 불안한 감정이 생존과 번식에 도움이 되기 때문에 유전을 통해 대물림된다고 보는 진화심리학적 관점이다. 이러한 관점에서 보면 환경적 자극과 정보가 자신의 생존이나 지위를 위협하는 상황에서 불안의 감정이 발동함으로써 싸움을 승리로 이끌게 하거나 안전한 곳으로 도망치게 만들어준다.

만약 위급한 상황에서 불안한 감정이 발동되지 않는다면 싸움과 도주, 얼어붙기의 반응이 나타나지 않기 때문에 먹이사슬의 위쪽에 위치하는 포식자의 먹잇감이 될 수도 있다. 이처럼 인류의 진화과정에서 볼 때 불안이라는 감정은 안전과 생존을 위해 아주 중요한 기능을 하고 있는 것이다. 그렇기 때문에 우리는 불안한 감정에 대해 긍정적인 관점을 가지고 초점을 일치시킬 수 있어야 한다. 그것은 불안한 감정이 결코 우리에게 절대적으로 나쁜 것이 아니라 안전과 생존을 위해 아주 유용한 기능을 하고 있기 때문이다.

두 번째 관점은 신체적 느낌이나 상태가 불안한 감정을 느끼게 만든다고 보는 것이다. 마음으로 불안한 감정을 먼저 느끼는 것이 아니라 몸의 떨림이나 긴장이 마음의 불안한 감정을 느끼게 만든다고 보는 관점이다. 슬퍼서 우는 것이 아니라 우는 행위가 슬픔을 안겨주는 것과 같은 원리이다.

인간의 뇌는 두개골 안에 안전하게 자리 잡은 상태에서 다섯 가지 감각을 통해 들어오는 자극과 정보를 수용하고 해석하여 반응하는 시스템을 가지고 있다. 즉 불안한 감정은 몸에서 나온 감각 없이는 제대로 작동되지 못한다고 보는 것이다. 그래서 얼굴 표정이나 제스처, 자세, 행동을 바꾸면 심리적 상태나 감정 상태가 바뀌게 된다는 주장이다. 불안한 감정을 약화시키거나 없애기 위해서 신체적인 감각을 활용하는 것이 현명한 선택이 될 수도 있다. 결국 신체를 다스리면 불안한 감정도 다스릴 수 있다는 결론을 얻게 되는 것이다.

세 번째 관점은 불안과 관련된 생각이 불안한 감정을 느끼게 만든다고 보는 관점이다. 불안한 감정을 발동시켰던 과거의 사건은 이미 지나간 기억일 뿐이지만 과거 사건에 대한 반복적인 생각이 또 다른 생각을 확장하고 나중에는 처음의 사건과 관련이 없는 엉뚱한 생각에 대한 또 다른 생각이 꼬리에 꼬리를 물게 되면서 불안한 감정에 중독되어버린다. 어떤 생각을 한다는 것은 그 생각과 관련된 신경회로를 활성화시키고 관련된 화학물질을 분비하도록 만들기 때문에 생각만으로 몸 상태뿐만 아니라 감정까지도 바뀌게 되는 것이다.

이렇게 되면 자신의 부정적 감정이 묻어있는 과거의 기억 시스템에 의해 투사된 생각이 또다시 부정적인 감정을 더 증폭시키게 된다. 이것을 병적인 투사라고 하며 생각에 의해 불안한 감정을 자주 경험하는 것은 생각이 신체적인 상태를 통제하는 힘을 가지고 있기 때문이다.

그래서 불안한 감정을 일으키는 생각의 초점을 바꾸어야 하는 것이다. 불안에 맞춰진 생각의 초점을 다르게 바꾸는 순간 불안은 더 이상 존재하지 않게 된다.

네 번째 관점은 불안한 감정이 사회문화적으로 학습된 개인의 주관적 세상모형에 의해 발동된다고 보는 것이다. 예를 들어 자기가 응원하는 스포츠팀이 경기에서 졌을 때 일시적으로 좌절과 우울, 무력감, 분노의 감정을 느끼게 된다. 반대로 자기가 응원하는 팀이 이겼을 때는 성취감과 우월감, 활력, 행복한 느낌을 가지게 된다.

이처럼 서로 다른 감정들이 발동되는 것은 사회 특유의 문화적 상황에 적응된 감정의 역할을 학습하여 저마다 다른 세상모형을 가지고 있기 때문이다. 즉 저마다 다른 성장환경 속에서의 학습과 경험에 따라 다른 세상모형을 가지고 있기 때문에 비슷한 자극과 상황에서 느끼는 감정이 서로 다른 것이다.

이렇게 보면 불안이 유전보다 학습에 더 가깝다고 볼 수 있다. 학습된 것이 뇌의 기억 시스템에 저장될 때 특정한 감정을 덧입히기 때문에 개인의 성장환경과 문화에 따라 불안을 느끼는 수준이 달라지게 되는 것이다. 그래서 불안한 감정을 표현하거나 해석하기 전에 자신의 성장과정과 현재 속한 사회적 문화가 어떤지에 대해 관찰하고 관조하는 것이 중요하다. 그렇게 할 수 있다면 불안한 감정의 포로가 되는 것을 차단할 수 있게 된다.

이상의 네 가지 관점은 서로 상반되고 반론이 있을 수 있기 때문에 어느 한 가지 관점이 절대적인 것이라고 단정 지을 수는 없다.

불안에 대한 네 가지 관점은 상태와 상황에 따라 적용이 서로 다를 뿐 어느 것이 옳고 틀림이 아니기 때문이다.

강박 극복

불안을 떨쳐버리기 위해 아무리 노력해도 반복적으로 일어나는 그러한 사고와 행동을 멈출 수 없는 상태를 강박이라고 한다.

강박은 자신의 의지와 상관없이 반복적으로 불안을 느끼며 어떤 특정한 사고와 행동을 반복하는 것이다. 이러한 사고와 행동이 이미 반복에 의해 중독된 습관을 형성하게 되면 최소한 자기 자신에게는 그것이 절대적인 신념이 되기 때문에 그것은 분명한 사실이 된다. 그것이 분명 비합리적인 신념일 뿐이라는 것을 알 수 있지만 강박이 생기게 되면 실제로 현실적인 문제를 일으키게 되는 것이다.

이처럼 특정한 강박이 심리적인 문제 상태를 만들어내기 때문에 그것이 자신에게 절대적 사실로 굳어지게 되고 그 문제가 다시 비합리적 신념을 강화한다. 다른 사람들에게는 그것이 사실이 아닐 수 있지만 자신에게는 그것이 절대적인 사실이기 때문에 자신의 사고와 행동이 비합리적 신념에 통제당하게 되는 것이다.

이러한 강박은 강박적 사고와 강박적 행동으로 구분을 할 수 있다.

강박적 사고는 불안이나 우울, 스트레스, 공포, 반복적으로 나쁜 생각하기, 망상, 폭력적 사고, 성충동 등을 한다. 강박적 행동은 강박적 사고로 인한 부정적인 상태를 진정시키거나 완화시키기 위해 긍정적 의도를 가지고 특정한 행동을 반복하는 것을 말하며 반복적인 확인, 지나친 손 씻기나 목욕, 패턴화된 특정한 행동의 반복, 숫자 세기, 너무 과한 정리 정돈과 청소 등을 하기도 한다.

강박적 행동의 의도는 긍정적인 것이지만 현실적으로 반복행동이라는 문제를 일으키게 된다. 때로는 이러한 자신의 반복적인 사고와 행동이 비합리적 신념에 의해 생기는 것이라는 자각을 하기도 하며 그 상태에서 벗어나기 위한 새로운 도전을 해보기도 하지만 자신의 의지만으로 오랫동안 중독된 강박의 굴레에서 벗어나는 것이 쉽지가 않다. 그래서 전문가의 조력이 필요한 것이다.

성장과정에서 사람들은 누구나 약간의 강박을 가지고 있으며 이러한 일반적인 강박은 자연스럽게 자신의 전체성으로 건강하게 편입할 수 있기 때문에 큰 문제를 일으키지는 않는다. 하지만 중독된 패턴을 가진 심한 강박은 불안과 스트레스를 동반하기 때문에 제때에 빠른 치유를 하지 못하면 비합리적 신념을 현실화시키면서 여러 가지 심리적인 문제를 일으키게 된다. 심한 강박의 경우 일반적인 심리상담만으로 해결이 힘든 경우가 많으며 일시적이고 단기적인 효과를 얻는데 그칠 수 있다. 그렇기 때문에 강박을 근본적으로 치유하기 위해서는 그 대상에게 가장 알맞은 프로세스와 콘텐츠를 새롭게 만들어야 한다.

강박 치유를 위해 활용할 수 있는 기법으로는 관점 바꾸기와 패턴 깨기, 메타화법, 독서치료, 멘탈 호흡, 이완시키기, 트랜스, 자기암시, 최면, 조건형성, 언어코칭, 인지 정서행동치료 등 다양하게 있다.

상담이나 치유 과정에서 일반적인 심리치유 기법뿐만 아니라 멘탈코칭을 병행하게 되면 훨씬 효과적이다. 이렇게 효율적인 방법으로 강박의 문제를 해결할 수 있게 되면 강박이 더 이상 자신을 제한하는 삶의 걸림돌이 아니라 놀라운 집중력과 몰입 능력으로 바뀌게 되어 자신의 소중한 성취 자원과 디딤돌을 만들게 된다.

멘탈코칭센터에서 집착과 강박 때문에 심리상담과 훈련을 받는 사람들 중에는 자신의 심리적 문제를 일으킨 비합리적 신념을 합리적 신념으로 바꾸어 건강한 삶을 영위하는 사람들이 많다. 비합리적 신념을 강화했던 민감성을 반대로 활용하여 합리적 신념을 강화하는데 사용하여 긍정적인 변화를 이루는 것이다. 기존의 문제에만 맞추어져 있는 자신의 초점을 문제가 아닌 원하는 상태로 바꾸는 순간 문제는 더 이상 자신을 제한하는 문제로 남지 않게 된다.

사람들은 누구나 한 가지 이상의 심리적인 문제를 가지고 살아간다. 어느 누구도 심리적인 문제가 없는 사람은 존재하지 않는다.

우리는 신이 아니기에 완벽할 수 없고 그래서 크고 작은 심리적인 문제를 하나 이상씩은 가지고 살아가는 것이다. 다만 우리가 가진 대부분의 심리적인 문제는 자신의 안전과 생존을 위한 최선의 선택과정에서 생긴 것이기 때문에 전체성으로 건강하게 통합하여 심리적인 문제를 일으키지 않는 상태를 만드는 것일 뿐이다.

이러한 심리적 문제가 현실에서 더 이상 문제가 되지 않는 것은 심리적 내성과 응집력이 작동되고 있기 때문이다. 심리적 내성과 응집력 덕분에 대부분의 심리적 문제를 극복할 수가 있는 것이다.

질병과 불안

인간은 동물과 달리 지금 현재의 단순한 생존만을 추구하는 존재가 아니다. 지금 현재에 살아가면서도 끊임없이 미래를 꿈꾸며 그 꿈을 실현하기 위해 구체적인 계획을 실행하며 살아가는 존재이다.

그렇기 때문에 인간은 지금 현재의 안전과 생존만을 우선으로 하는 동물과 차이가 나는 것이다.

인간의 우수한 뇌는 지금 현재뿐만 아니라 과거와 미래까지 지금 현재에서 시간선으로 연결하여 생각하고 느낄 수 있기 때문에 동물이 겪지 않는 더 많은 불안을 겪게 된다. 이처럼 우리는 지금 현재를 살아가면서도 미래를 위해 살아가는 존재이다. 그러면서도 지금 현재나 미래는 과거의 기억 시스템에 의존하는 한계를 가지고 있다. 그래서 인간은 동물과 달리 현재뿐만 아니라 과거의 기억과 미래의 예측 때문에 더 큰 걱정과 불안을 갖게 되는 것이다.

불안과 관련된 과거의 부정적 경험이 뇌에 전용신경회로를 구축했거나 관련된 화학물질을 다량으로 분비하여 중독된 상태를 만들게 되면 반복적으로 불안을 느끼게 된다. 그뿐만 아니라 통제할 수 없는 미래에 대한 예측을 할 때도 우리는 불안을 느낀다. 불안은 안전과 생존을 위한 인간 본성의 중요한 기반이지만 자신이 불안을 통제하지 못하고 불안이 자신을 통제하게 될 때 오랜 시간이 지난 후 혹독한 결과를 맞이하게 될 수도 있다. 우리가 주도적으로 불안을 통제하지 못하고 불안이 점점 힘을 얻어 우리를 통제하게 될 때 우리의 삶이 완전히 망가지게 될 수도 있는 것이다.

견디기 힘들 만큼의 끔찍한 충격으로 다가오는 코로나19와 같은 전염병에 의한 불안과 공포는 점점 더 우리를 무기력하고 우울하게 만든다. 많은 매체에서 불안을 부추기는 선정적인 보도를 앞다퉈하고 일부의 선동하는 사람들이 가짜 뉴스를 퍼트리면서 많은 국민들이 심리적 패닉 상태까지 경험하게 된다. 이러한 사태가 장기화되면 전염병 자체가 주는 피해와는 비교가 되지 않는 심리적 장애에 시달리게 될 수도 있다. 이럴 때일수록 냉정함과 객관성을 유지하며 상황에 적응할 수 있는 마음의 준비가 필요하다.

인류의 지나간 역사는 수많은 시련과 고난의 연속이었지만 인류는 그러한 시련과 고난을 이겨내고 계속 진화해왔다. 인류 역사상 안전과 생존에 위협을 주는 여러 가지 질병의 창궐이 있었지만 인류는 질병과의 싸움에서 많은 상처를 입으면서도 언제나 이를 물리치면서 생존과 진화를 계속해 올 수 있었다.

20세기 초 인류의 기대수명이 겨우 30세였지만 지금 우리는 100세 시대를 이야기할 정도로 풍족하고 안전한 삶을 영위하고 있다.

그럼에도 불구하고 불쑥불쑥 찾아오는 바이러스 전염병은 인류의 생존에 큰 위협을 주고 있는 것이 사실이다. 스페인 독감은 1918년부터 약 3년간 세계 인구 19억 명 중 5억 명이 감염되고 약 5000만 명이 사망한 재난이었다. 우리는 그것을 기억하고 있기 때문에 전염병에 대한 불안과 공포를 더 크게 갖고 있는 것이다.

그러나 과거의 끔찍한 재난은 바이러스에 대한 과학적 지식수준과 질병관리 체계가 열악했고 공중위생도 엉망인 시대에 일어났던 재앙이었지만 지금은 상황이 많이 다르다. 의료수준과 질병관리 시스템의 발달로 인류를 위협하는 바이러스들을 충분히 퇴치할 수 있기 때문에 너무 지나친 불안과 공포를 가질 필요는 없다. 전염병에 대한 예방조치와 높은 경각심은 갖고 있으되 지나친 불안과 공포는 경계해야 하는 것이다.

불안에 대한 관조

숲속에서 곰을 만나면 걸음아 나 살려라 하고 도망친다.

그 이유는 곰이 자신을 해칠 것이라는 의식적 느낌인 두려움이 들기 때문이다. 만약 곰이 너무 가까이에 있다면 엄습해오는 공포에 질려 그 자리에 얼어붙어버리는 반응을 보일 수도 있다.

일반적으로 우리가 갖고 있는 공포에 대한 관점은 위협 자극에 대한 의식적 느낌이 곰에 대한 공포 반응을 일으켰다고 본다. 하지만 곰을 피해 도망을 가면서 더 큰 공포를 느끼거나 곰을 보고 그 자리에 얼어붙어버린 반응 때문에 더 큰 공포를 느낄 수도 있다. 반드시 위협 자극이 의식적으로 뇌의 공포 시스템을 활성화하여 공포를 느끼는 것이 아니라는 사실을 알 수 있는 것이다.

일반적으로 외부의 위협적 자극에 의해 두려움의 정서가 활성화되고 공포를 느끼게 되지만 공포를 느끼는 현재 상태를 의식적, 무의식적으로 다시 피드백 받으며 공포가 더 증폭될 수도 있다. 예를 들어 세계적인 대유행을 일으킨 코로나19에 대한 인식과 해석, 느낌이 초기의 불안과 공포 반응을 일으켰지만 시간이 지나면서 코로나19 자체에 대한 불안과 공포뿐만 아니라 현재 상황에 반응하는 사람들의 반응 때문에 더 큰 불안과 공포를 느끼게 된다.

불안과 공포는 인간이 가진 원초적 정서로서 우리의 안전과 생존을 위해 중요한 기전이다. 하지만 너무 과한 불안과 공포가 우리의 일상에 깊이 뿌리내리게 되면 스트레스로 인해 마음의 쿠션이 약해져 심리적 내성과 면역력이 약화된다. 너무 과한 각성 상태가 오히려 심리적, 신체적 내성과 면역력을 떨어뜨려 전염병을 극복하는데 부정적인 영향을 미치게 되는 것이다.

전염병에 의한 위기 상황이 닥치면 그 상황이 하루 이틀 만에 수습될 수 없기 때문에 장기전을 준비하는 마음의 자세가 필요하다.
그러기 위해서는 현재의 위기에 대한 냉정한 상황인식과 더불어 관조를 통해 불안과 공포의 부정적인 정서에 중독되지 않게 해야 한다.

관조를 통해 전체성과 합리적 이성을 회복해야만 불안과 공포로 인한 정신적 외상을 최소화시킬 수 있을 뿐만 아니라 우리를 위협하는 외부의 질병에 효율적으로 대처할 수 있는 면역력을 갖게 된다.

관조란 문제에 융합된 상황에서 분리되어 객관적이고 차분한 마음으로 지금의 상황을 관찰하는 것을 말한다.

관조를 위해 뇌를 안정적으로 유지하는 것이 필요하며 멘탈 호흡 훈련이나 이완훈련, 자율훈련, 책 읽기, 명상, 자기암시 등이 도움이 된다. 그리고 가족 및 친한 사람들과 유대를 갖고 긍정적인 이야기를 통해 소통하는 것이 불안을 극복하는데 도움이 된다.

감정의 실체

코로나19와 같은 무서운 전염병이 창궐하면 많은 사람들이 사회적, 경제적인 문제뿐만 아니라 심리적인 무력감이나 우울함, 불안, 트라우마를 경험하게 되면서 심각한 심리적 후유증에 시달리게 된다.

계속되는 전염병에 대한 공포와 불안이 우리의 일상을 뒤덮게 되면서 전염병을 일으키는 바이러스보다 더 무서운 부정적인 정서와 감정의 바이러스가 사람들과의 사회적 관계를 축소시키거나 차단시킬 뿐만 아니라 건강한 멘탈까지 소리 없이 공격하게 된다.

이렇게 부정적인 감정이 우리를 짓누를 때는 한발 뒤로 물러나 관조적 입장에서 지금 내가 느끼는 감정의 실체가 무엇인지에 대해 스스로에게 질문을 해보는 시간을 가져보아야 한다. 지금 자신이 느끼는 감정을 제대로 알아차리고 접촉할 수 있을 때 부정적인 감정의 회오리에 휘말리지 않을 수 있기 때문이다. 그러기 위해서는 한발 뒤로 물러서서 부정적인 감정에 대해 관조할 수 있어야 하며 전염병을 지나치게 의식하는 생활패턴을 전환하여 책을 읽거나 운동, 취미활동을 하는 것이 도움이 된다. 그래야 좀 더 객관적이고 냉철하게 자신이 느끼는 부정적인 감정을 파악할 수 있기 때문이다.

만약 지금 내가 불안을 심하게 느끼고 있다면 내가 겪은 사건 때문에 불안한 것인지 아니면 사건에 대한 나의 신념이 지금의 불안한 상태를 만든 것인지 물어보아야 한다. 그리고 이 불안이 외부 사건이 만든 불안인지 아니면 원래 내 안에 있었던 불안이 외부 자극에 의해 불려 나온 것인지 물어보아야 한다. 이처럼 지금 자신이 느끼는 불안의 실체에 대해 관조적 입장에서 질문을 하며 접촉하는 순간 불안의 감정이 약해지는 것을 느낄 수 있게 된다.

어떤 사건에 의해 억압된 대부분의 감정은 처음 그 감정과의 올바른 알아차림과 접촉이 제대로 이루어지지 못했기 때문에 생기는 경우가 많다. 부정적인 감정의 실체를 확인한 후 그 감정을 알아차리고 접촉하게 되면 처음에는 다소 불편하고 고통스러울 수도 있다.

하지만 그 부정적인 감정의 실체를 파악하고 접촉하여 문제를 해결하며 적응해가는 과정에서 자신의 감정을 스스로 조절하고 통제할 수 있는 마음의 쿠션을 가질 수 있게 된다.

이렇게 되면 더 이상 부정적인 감정이 자신을 통제하는 비정상적인 반응이 일어나지 않게 만들 수가 있다. 우선 단기적으로 편안함을 느끼기 위해 자신의 감정을 접촉하지 못한 상태에서 무조건적으로 부정적인 감정을 억누르거나 회피한다면 장기적으로 훨씬 더 큰 심리적 고통을 겪는 대가를 치러야 할지도 모른다.

우리는 모두가 감정적인 존재이며 우리의 감정 자체가 절대적인 긍정과 부정이 있는 것이 아니다. 감정을 어떻게 만나고 처리하느냐에 따라 그 감정이 긍정과 부정의 결과를 얻게 해줄 뿐이다. 어떻게 보면 희로애락의 모든 감정은 형태만 다를 뿐 우리 삶에 도움이 되는 소중한 자원이라고 할 수 있다.

다만 우리가 그 감정에 어떻게 반응하느냐에 따라 긍정과 부정의 결과를 만들 뿐 감정 자체는 어떠한 것이든 우리에게 도움이 되는 소중한 자원이라는 전제를 가지는 것이 중요하다. 지금 우리가 겪고 있는 고통에 의해 생긴 부정적인 감정이 처음에는 우리에게 시련과 고통을 주기도 하지만 그 감정의 실체를 알아차리고 접촉하는 과정에서 감정을 조절하고 통제하는 능력을 갖게 된다면 우리의 심리적 내성과 응집력이 더욱더 강해질 수 있게 된다.

그렇기 때문에 어떤 부정적인 감정이라도 감정을 있는 그대로 알아차리고 접촉하여 그 감정을 통해 깨달음과 지혜를 얻는 것이 중요하다. 불안할 때는 불안한 감정을 알아차리고 접촉할 수 있어야 한다. 부정적인 감정을 회피하거나 억압하지 않고 알아차리고 접촉할 수 있을 때 우리가 그 감정을 통제할 수 있기 때문이다.

만약 우리가 부정적인 감정을 통제하지 못하고 그 감정의 수렁에 빠져 중독되면 부정적인 감정이 우리를 통제하여 심리적 장애를 일으키기 때문에 아주 위험한 상태가 될 수도 있다. 그래서 마음이 건강할 때 미리 심리적 방역을 하는 노력이 중요한 것이다. 우리의 마음이 건강할 때 미리 심리적 방역을 하지 못하고 뚫리게 되면 원래의 건강한 상태로 회복하는데 몇 배, 몇십 배의 시간과 에너지가 소모된다.

불안의 극복

우리가 세상을 살아가는 방식은 각기 다른 모형을 만들어 같은 세상을 다르게 알아차리고 접촉하게 되면서 각자가 다른 세상에서 다른 삶을 살아간다. 그것은 서로 다른 각자의 유전과 학습, 경험에 의해 개인의 세상모형이 모두가 다르기 때문이다.

모두가 다르게 가지고 있는 세상모형은 세상을 있는 그대로 알아차리고 만나는 것이 아니라 자신의 신념, 가치, 정서, 문화, 종교, 이념, 경험 등을 만드는 뇌의 전용신경회로에 의해 생략, 왜곡, 일반화시키기 때문에 철저하게 자기중심적이면서 주관적이고 편향성을 가질 수밖에 없다. 불안도 마찬가지로 각자의 세상모형이 어떻게 만들어져 있는가에 따라 각자가 느끼는 불안 수준이 달라진다.

개인의 전반적인 불안 수준은 상당히 안정적인 성격이면서 기질의 중요한 요소이다. 이러한 불안을 특성 불안이라고 하며 마치 에너지 보존의 법칙과 같이 불안 보존의 법칙이 개인의 성격특성에 따라 존재하는 것이다. 그래서 때로는 전혀 불안한 상황이 아닌데도 불안을 만들어 내기도 하고 약한 불안을 과대하게 증폭시키기도 하며 불안한 상황에서 불안을 느끼지 못하게 만들기도 하는 것이다.

사람들은 뇌가 하는 대부분의 일이 의식 차원에서 이루어진다고 알고 있는 경우가 많다. 하지만 의식의 용량은 7±2 정도이고 시간도 약 15초 정도밖에 되지 않는다. 뇌의 작업 과정의 대부분은 잠재의식 차원에서 이루어진다. 의식은 잠재의식의 작업 과정을 알아차리고 그것을 정리하여 합리화시키고 설명하는 역할을 할 뿐이다.

우리가 뇌의 메커니즘과 불안에 대한 이해를 가져야 하는 이유가 불안이 의식적이든 잠재의식적이든 반복해서 느끼거나 오랜 시간 지속하게 되면 잠재의식의 다른 모든 기억에 불안의 정서를 오염시키기 때문이다. 중요한 것은 잠재의식 차원에서 불안이 반복 학습되면 뇌의 전체성과 홀로그램적인 작동원리에 따라 통제할 수 없는 상태가 되어 범불안장애를 가질 수도 있다는 사실이다.

불안은 우리 삶에서 정상적이고 건강한 정서이지만 불안의 강도가 지나치게 높거나 빈도가 잦아지거나 시간이 길어지게 되면 걱정하는 마음이 두려움을 낳고 두려움이 초조함과 스트레스를 경험하게 만들면서 통제되지 않는 불안이 엄습해온다. 이렇게 과하게 활성화된 자율신경계의 교감신경을 끌어내리기 위해 부교감신경계가 활성화되어 원래의 기저선으로 회복시켜주는 과정에서 심리적 내성과 응집력을 높여주는 효과가 생긴다.

하지만 불안의 강도와 빈도, 시간이 자율신경계를 교란시켜 원래의 불안과 관련된 자극과 정보의 건강한 기저선이 아닌 불안한 상태에 항상성을 갖게 될 때 불안이 가진 긍정적이고 유용한 기능은 사라지고 범불안장애에 시달리는 부작용을 겪게 된다.

세계적으로 유행한 코로나19와 같은 전염병은 우리에게 지워지지 않는 불안과 트라우마 기억을 만든다. 이 과정에서 느끼는 불안이 우리의 경각심을 일깨워 전염병에 대한 최선의 대응전략과 안전한 생활패턴을 갖도록 해주는 긍정적인 부분이 분명히 있다. 그런데도 불구하고 너무 과할 정도로 불안을 갖게 되면 자칫 너무 많은 사람들이 트라우마에 시달릴 수 있는 위험에 노출된다.

이런 때에 심리적 안정감을 가질 수 있는 멘탈 훈련과 마음 사용법을 활용하여 마음의 내성과 응집력을 키우는 것이 필요하다. 시간이 지나 신체적 질병은 회복되면 대부분 큰 후유증이 없지만 심리적 장애가 생기면 원래의 건강한 멘탈 상태로의 회복이 쉽지가 않기 때문에 심리적 방역이 매우 중요한 것이다.

트
라
우
마

트라우마

많은 사람들이 트라우마를 자신과는 상관없는 남의 이야기라고 생각하고 있지만 트라우마는 우리 모두가 겪고 있는 이야기일 수도 있다.

왜냐하면 모든 심리적인 문제는 살아오면서 겪지 않아야 할 끔찍하고 충격적인 경험을 했거나 당연히 경험해야 할 긍정적인 자극과 피드백이 결핍될 때 생기기 때문이다. 누구라도 이 두 가지 부정적인 경험이 없는 사람은 없기 때문에 우리 모두는 트라우마의 경계에 구속된 상태로 살아가고 있다고 할 수 있는 것이다.

일반적으로 트라우마는 자신이 견디기 힘들 만큼의 충격적인 외부 사건이나 자극에 의해 생긴 신체적, 정신적 외상을 말한다.

외상의 사전적 의미는 사고나 폭력으로 몸의 외부에 생긴 부상이나 상처를 이르는 말이지만 여기서는 신체적 외상보다는 심리적, 정신적 외상을 의미하는 말로 많이 사용된다.

그래서 심리학에서는 트라우마를 '외부에서 일어난 충격적인 사건으로 인해 발생한 심리적 외상'이라고 정의한다. 트라우마의 원인이 되는 두 가지 경험 중에 어떤 것이든 트라우마로 인해 발생한 부정적인 감정을 해결하지 못하고 마음속에 계속 가두어 두게 되면 외상 후 스트레스 장애(PTSD)와 같은 정신적인 장애를 일으키게 된다.

외상 후 스트레스 장애는 전쟁이나 교통사고, 자연재해, 성폭행 등 견디기 힘들 만큼의 충격적이고 심각한 사건을 직접 경험하거나 목격한 후에 나타나기도 하고 성장과정에서 부모나 주변 사람들의 관심과 사랑, 긍정적인 피드백을 받지 못해 생기기도 하는 불안장애의 일종이다. 이처럼 트라우마는 부정적인 경험이 제공되거나 긍정적인 경험이 결핍될 때 생기며 특별한 사고나 자연재해가 아닌 경우 대부분 가까이에 있는 친구나 가족, 친척, 이웃으로 인해 생기기 쉽다.

트라우마는 우리가 생각하는 것보다 훨씬 더 가까운 사람들과 사건에 의해 자신의 의지와 선택에 상관없이 생길 수도 있는 것이다. 그래서 누구나 크고 작은 차이를 가지고 있을 뿐 트라우마를 가지고 있지 않는 사람은 없다고 볼 수 있다.

중요한 것은 트라우마에 대해 충분한 공부와 훈련을 통하여 대처할 수 있는 방법을 알고 실천하기만 한다면 트라우마는 얼마든지 극복할 수 있다는 사실이다. 트라우마는 우리의 뇌 시스템을 트라우마를 경험하기 이전과 이후로 완전히 다르게 바꾸어 놓기 때문에 혼자서 그것을 극복하는 것이 쉽지 않지만 뇌가 가진 신경가소성을 활용하기만 한다면 원하는 변화는 얼마든지 가능하다.

트라우마에 시달리는 모든 사람들에게 가장 잘 맞는 단 한 가지 치료법은 존재하지 않지만 우리가 트라우마에 대해 더 많이 공부하고 뇌의 가소성을 활용하는 방법을 알고 실행하기만 한다면 원하는 긍정적인 변화를 가져올 수 있다는 것은 분명한 사실이다.

트라우마에 대해 아무런 반응을 하지 못하게 되면 트라우마가 우리를 구속하는 좁혀진 경계를 만들어 삶의 걸림돌이 되지만 그것을 알아차리고 당당하게 접촉하여 트라우마를 극복할 수만 있다면 트라우마가 우리 삶의 소중한 성취 자원으로 변하게 될 수도 있는 것이다.

트라우마와 자기 상실

트라우마를 경험한 사람들은 과거의 경험 당시와 유사한 작은 자극만 주어져도 아주 민감하게 반응한다. 하지만 일상적인 평범한 자극이나 경험 과정에서는 오히려 알아차림과 접촉에 장애를 겪게 된다.

그것은 트라우마로 인하여 자신의 뇌가 건강하게 통합된 전체성으로 작동하지 못하기 때문이다. 과거의 부정적 사건과 충격의 굴레에 갇혀 자신의 건강한 자원과 능력을 알아차리지 못하게 되면서 점점 자기 자신을 상실하게 되는 것이다.

이렇게 되면 온전한 자기 자신을 만나지 못하기 때문에 다른 사람과 환경, 상황에 대한 알아차림과 접촉도 어렵게 된다.

트라우마로 인하여 자기 상실을 겪게 되면 타인과 환경, 상황에 대한 알아차림과 접촉이 왜곡되거나 축소, 편향될 수밖에 없기 때문에 삶의 경계가 더 좁혀지고 안전지대도 축소될 수밖에 없다. 그래서 심한 트라우마를 경험한 사람들은 대부분 자신과의 라포를 상실할 뿐만 아니라 다른 사람들과의 관계에서도 건강한 라포를 형성하지 못하게 되면서 점점 외톨이가 되어가는 것이다.

정신적 외상을 입은 사람들은 자신의 존재뿐만 아니라 주변의 모든 환경에 대해서도 트라우마를 덧입혀서 보기 때문에 자신과 주변에서 일어나는 일을 객관적이고 합리적으로 해석하지 못한다.

왜냐하면 정신적 외상을 입은 사람들은 과거의 기억 속에 살아가면서 다른 사람들과 전혀 다른 세상을 만나게 되는데 그것은 트라우마로 채색된 '세상모형'을 가지고 있기 때문이다. 트라우마로 인해 생략, 왜곡, 일반화된 과거의 부정적인 기억으로 편향된 세상모형을 가지고 자신과 다른 사람, 세상을 만나기 때문에 현실에서의 온전한 알아차림과 접촉이 어려워지는 것이다.

　　정상적인 사람들은 길 건너편에서 걸어오는 건장한 청년을 보면 그냥 젊은 사람이 걸어오고 있다고 생각한다. 하지만 과거에 젊은 청년에게 성폭행당한 경험이 있는 여성의 경우 길 건너편에서 걸어오는 청년이 자기 자신을 성폭행하려 한다고 착각하며 공황상태에 빠질 수도 있다. 이러한 착각은 전혀 사실이 아니지만 성폭행 트라우마가 있는 여성에게는 그 생각이 곧 현실이 되어 극도의 공포에 사로잡혀 구석으로 숨어 몸을 웅크리거나 그 자리에 얼어붙는 반응을 보이게 된다.

　　이처럼 트라우마는 자기 상실로 인하여 일반적으로 생각하고 느끼며 말하고 행동하는 것과는 전혀 다른 편향된 세상모형을 갖게 만든다.

자기 상실로 인하여 전체성을 완결시키지 못하기 때문에 주관적이고 편향된 좁혀진 경계에 갇힌 삶을 살아가게 되는 것이다.

트라우마에 구속된 사람들

　견디기 힘든 사건이나 사고로 생긴 트라우마는 마음과 몸을 통제하는 강력한 힘을 가지고 있기 때문에 온전히 자기 자신으로서 건강하게 살아가는데 장애를 갖게 만든다. 트라우마 기억은 과거에 자신이 겪었던 끔찍하고 고통스러운 자극을 다시는 겪지 않기 위해 경험 당시의 사건에 특정한 정서를 덧입혀 언제든 현실에서 재연할 수 있도록 뇌에 전용신경회로를 구축한다. 이렇게 과거의 끔찍한 경험을 다시는 하지 않기 위한 긍정적인 의도를 가진 전용신경회로가 구축되면 미세한 관련 자극에도 과거의 사건을 재연시켜 스트레스 반응을 하게 된다.

　트라우마를 경험한 사람들에게는 세상 사람들이 트라우마를 아는 사람과 알지 못하는 사람으로 구분된다. 본인이 겪은 고통스러운 정신적 외상을 다른 사람들이 직접 경험해보지 않았기 때문에 자신을 완전히 이해하지 못하고 공감하지 못하는 것이 당연한 것이다.

그 대상에 가까운 가족이나 친척, 동료 등도 대부분 포함된다는 사실이 트라우마를 겪고 있는 사람들에게는 또 다른 고통이 된다.

　정신적 외상을 주었던 과거의 사건은 이미 지나간 것일 뿐이다.

트라우마는 과거의 사건과 현재의 삶을 건강한 시간선으로 연결하지 못하기 때문에 과거의 고통스러운 사건을 떠올릴 때 오히려 자신이 온전히 살아있다는 엉뚱한 착각을 하게 된다. 그것은 과거의 트라우마로 인해 지금 현재의 알아차림과 접촉이 제대로 이루어지지 못하고 과거에 구속되는 상태에 놓이게 되는 것이다.

자신의 트라우마를 잘 알지 못하는 다른 사람들에게는 지나간 과거의 기억일 뿐인 사건이지만 정신적 외상을 입은 자신에게는 그 사건이 10년 전이든 20년 전이든 상관없이 과거가 끊임없이 현실로 재연된다. 이것은 뇌가 일으키는 착각일 뿐이지만 최소한 자신에게는 그것이 완전한 현실이 되어 자신을 구속하게 되는 것이다.

트라우마와 학습

우리의 존재와 정체성은 유전을 바탕으로 반복적인 학습과 경험을 통해 형성된 전용신경회로가 어떻게 구축되는가에 따라 만들어진다. 학습과 경험을 통해 장기기억을 만드는 전용신경회로를 구축하기 위해서는 크게 두 가지 방법을 선택할 수 있다.

첫째, 지속적인 반복이다.

인간의 뇌가 가진 별명이 착각의 챔피언이다. 뇌는 그 무엇이든 반복하면 그것을 사실로 받아들이고 그것에 대한 강력한 믿음을 만들어 스스로를 통제하게 된다. 이 과정에서 마치 광케이블과 같은 뇌의 전용신경회로를 구축하고 화학물질을 분비하여 절대적인 신념체계를 형성한다. 그것이 사실이든 아니든 상관없이 그것이 사실이라고 믿고 반복하게 되면 전용신경회로가 구축되는 것이다.

둘째, 강한 정서적 충격이다.

뇌가 가장 중요하게 받아들이고 반응하는 것은 안전과 생존에 관련된 자극이나 정보이다. 그렇기 때문에 강력한 정서를 일으키는 충격적인 자극에 대해서는 뇌에서 안전과 생존에 관련된 것으로 해석하여 단 한 번만에 전용신경회로를 구축하고 장기기억을 만들게 된다.

특히 자신이 감당하기 힘들 만큼의 충격적인 사건으로 정신적 외상을 입게 되면 뇌에 전용신경회로를 구축하여 강한 정서적 기억을 새긴다. 뇌는 안전과 생존을 위해 다시는 그러한 충격적인 경험을 하고 싶지 않기 때문에 그 경험이 과거의 사건으로만 기억되는 것이 아니라 지금 현재에서 일어나는 현실로 착각하게 되는 것이다.

이렇게 되면 트라우마는 과거의 어느 시점에서 일어난 지나간 과거의 사건으로 남아있는 것이 아니라 현재의 마음과 뇌, 몸에 지워지지 않는 자국을 남기게 된다. 트라우마로 인해 생긴 이 자국은 뇌의 신경학적 구조까지 바꾸어 인생 전반에 지속적으로 영향을 미친다.

즉, 트라우마는 수많은 학습과 경험에 의해 인지하여 형성시켜 놓은 기존의 뇌 신경학적 구조를 근본적으로 재편하여 마음 상태를 바꾼다.

생각하는 방식과 느낌, 말, 행동의 패턴을 바꿀 뿐만 아니라 자신의 능력, 인간관계 등도 트라우마 이전의 자신과는 완전히 달라진 새로운 존재를 만들게 된다.

분명한 것은 트라우마는 이미 지나간 과거라는 사실이다.

지나간 과거는 현재의 자신을 통제할 수 없는데도 불구하고 착각에 의해 그러한 위험요소가 이미 지나갔다는 사실을 알아차리지 못하기 때문에 과거에 구속된 상태에 머물고 있는 것이다. 다행히 지금 현재에서의 알아차림과 접촉을 통해 자신의 통합성을 회복하기만 한다면 트라우마에 구속되는 삶에서 벗어나 온전한 현실을 살아갈 수 있게 된다.

정서적 기억

전쟁이나 특별한 사건, 사고를 경험하지 않았다면 대부분의 심리적 장애는 성장과정에서 부모나 친척, 이웃, 친구에 의해 생기는 경우가 많다. 심리적 문제 때문에 센터를 방문하는 대부분의 사람들이 어린 시절 성장과정에서 부모나 주변 사람들로부터 심한 폭언과 폭행, 무시, 소외, 방치된 부정적인 경험을 갖고 있거나 가족 내에서 그러한 폭력적인 상황을 목격한 일이 있었다는 사실이다. 그래서 대부분의 심리장애를 성장장애라고 부르는 것이다.

충격적이거나 강한 정서적 의미가 저장된 과거의 특정한 경험에 대한 생각을 떠올리거나 말을 듣는 것만으로도 경험 당시의 사실뿐만 아니라 그 당시에 느꼈던 감정까지도 지금의 현실에서 그대로 재연된다. 이것은 충격적이거나 정서적 경험이 뇌에 기억될 때 언어로 부호화되는 과정에서 뇌간과 변연계의 활성화로 특정한 감정이 덧입혀지기 때문이다. 그래서 과거에 정서적 영향을 많이 받았던 특정 사건을 마음으로 떠올리거나 관련된 특정 언어를 사용하게 되면 마음과 신체가 과거의 경험 당시에 느낀 직관적인 감각을 지금의 현실 속에서 그대로 다시 재경험하게 되는 것이다.

생명의 뇌인 뇌간과 감정의 뇌인 변연계는 강한 정서적 사건을 경험하거나 생명에 위협을 느낄 정도의 상황에 놓이게 되면 생리적으로 급격하게 흥분되면서 동물적인 상태로 활성화된다. 이처럼 뇌간과 변연계가 활성화되어 강력한 전용신경회로가 만들어지면서 언제든지 다시 재연될 수 있는 민감한 상태를 유지한다.

이렇게 되면 오랜 시간이 지난 후 미세한 자극만으로도 부정적인 전용신경회로가 활성화되어 처음 경험했을 때의 나쁜 기억과 정서를 그대로 재연하게 된다. 이러한 상태는 이성적인 뇌 영역인 전두엽의 자유의지가 제 기능을 하지 못할 때 나타나기 때문에 정서적 경험이 재연될 때 동물적인 뇌가 완전한 통제력을 가지게 되는 것이다.

심리상담을 진행하다 보면 사회적으로 크게 성공한 사람 중에도 과거의 정신적 외상 때문에 주변 사람들과의 친밀한 관계 능력에 문제를 가지고 있는 사람을 많이 만나게 된다. 그들은 성공과정에서 겪었던 부정적인 정서 경험이 해소되지 못하고 억눌려져 자신의 내면에서 자기 자신을 계속 괴롭히고 있다는 사실을 알아차리지 못한 상태로 심리적인 불안과 우울, 무기력, 혼돈을 겪고 있는 것이다.

우리가 멘탈을 공부하는 이유가 트라우마에 구속되어 자기를 상실하는 제한된 삶에서 벗어나 온전한 자기 자신으로서 살아갈 수 있는 더 나은 선택을 하기 위해서이다. 그 선택을 통해 우리의 멘탈 1%만 바꾸어도 우리의 삶이 99% 바뀔 수가 있기 때문이다.

트라우마의 경계

인간의 뇌는 견디기 힘들 만큼의 충격적이고 강한 자극이 주어지면 그 상황에서 자신을 지키기 위한 최선의 선택과 반응을 하게 된다.

외부 위험으로부터 자신을 지키기 위해서 멀리 도망을 가는 도피를 선택할 수도 있고 그런 끔찍한 상황을 다시 경험하지 않기 위해 회피를 선택할 수도 있다. 그리고 그런 고통을 다시는 겪지 않기 위해 자신의 감정을 왜곡하거나 억압하기도 하고 때로는 아무런 반응을 하지 않는 상태를 만들기 위한 얼어붙기를 선택할 수도 있다.

현재의 상태를 만들기 위해 어떤 선택을 하든 상관없이 뇌 신경회로는 정신적 외상을 경험하기 이전과는 완전히 다른 현재의 상태를 만드는 것은 분명하다. 트라우마는 뇌가 건강한 전체성을 상실하기 때문에 유연하게 작동할 수 있는 신경회로의 특정 영역을 약화시키거나 차단하여 자신의 경직된 경계를 만들고 안전지대를 축소시키게 된다.

전체는 부분의 합보다 큰 것이 뇌가 가진 건강하고 유연한 전체성이지만 트라우마는 이러한 전체성을 이루는 부분의 연결에 문제를 일으켜 건강하고 완전한 전체성을 갖지 못하게 만든다.

억압된 마음은 마치 바람이 가득 들어있는 풍선을 물속에 집어넣어 위에서 눌리고 있는 것과 마찬가지로 이해할 수 있다. 표면적으로는 풍선이 물속에 안정적으로 가라앉아 있는 것처럼 보이지만 바람이 들어있는 풍선은 계속 물 위로 올라오기 위해 꿈틀거린다. 억압된 마음은 자신의 욕구가 채워지지 않으면 미해결 과제로 남게 되면서 계속 표출되기 위한 심리적, 생리적 작동이 일어나게 된다.

이처럼 억압에 의한 미해결 과제가 생기게 되면 통합된 건강한 자기 자신을 완성하지 못하기 때문에 타인과 세상의 변화에 대해서도 알아차림과 접촉이 어려워진다. 자신이 알고 있는 것을 알아차리지 못하고 그것을 모르고 있다는 사실조차 모르고 있을 수 있으며 자신이 느끼지 못하는 것을 느끼지 못하고 자신이 느끼지 못하는 것이 있다는 사실조차 알아차리지 못하는 안타까운 상태가 되는 것이다.

피할 수 없는 충격

스스로 통제할 수 없는 외상적 경험을 하게 되면 이후 같은 경험에 대처하려는 동기가 감소하여 자극을 회피할 수 있는 다른 방법이 있다 하더라도 그것을 학습하는 데에 어려움을 겪는 것을 학습된 무기력이라고 한다. 학습된 무기력은 새로운 상황에 대한 학습능력을 저하시키거나 둔감화시켜 장기적으로 우울증과 불안이 고조되는 심각한 정서 장애를 유발할 확률이 높아진다.

우리 뇌는 그 무엇이든 반복하면 그것을 사실로 받아들이고 그것에 대한 믿음을 만들어 그 믿음에 스스로 통제당하게 되는 착각의 챔피언이다. 만약 학습된 무기력 상태에 빠지게 되면 반복된 외부의 부정적인 자극에 순응하여 스스로 상황을 헤쳐나갈 의욕을 잃게 된다.

마틴 셀리그만은 개를 우리에 가두고 큰소리와 함께 통제 불가능한 전기 충격을 반복해서 가하고 그 이름을 '피할 수 없는 충격'이라고 붙였다. 자극의 빈도나 강도, 지속시간 등을 실험자가 완전히 통제하고 우리에 갇혀있는 개에게 피할 수 없는 자극을 반복해서 제공했다. 처음 30초 동안 개가 미친 듯이 전기 충격에서 도피하려고 발버둥 쳤지만 자극의 횟수가 많아지면서 차츰 도피하려는 반응이 줄어들었고 이후 자극 자체를 수용하고 감내하는 행동을 취했다.

이후 연구진은 문을 열어둔 상태에서 다시 전기 충격을 가했다. 이때 개는 문이 활짝 열려있는데도 전기 충격에서 도피하는 것을 지레 포기하는 반응을 보였다. 하지만 자극을 수용하는 실험을 받지 않았던 다른 개는 전기 충격을 받자 다른 쪽으로 이동하여 자극에서 도피하는 방법을 학습했다. 안전하게 도망갈 기회가 주어진다고 해도 트라우마에 사로잡힌 동물이나 사람이 더 나은 선택을 통해 자유를 찾아가지 못하게 되는 이유를 알 수 있는 실험이다.

이 실험은 트라우마에 시달리는 사람들이 새로운 기회가 주어져도 도전하지 못하고 그냥 포기해 버리는 이유에 대해 잘 설명해준다.

트라우마에 시달리는 뇌는 위험이 생길지도 모르는 새로운 선택을 하는 대신에 익숙한 두려움의 경계 속에 갇혀있는 것이 본인에게는 더 안전하다고 착각해버린다. 정신적 외상을 입은 개는 스트레스 호르몬이 정상적인 개들보다 훨씬 더 많이 분비된다. 사람도 정신적 외상을 입게 되면 오랜 시간이 지나 실질적인 위협이 사라진 이후에도 계속 다량의 스트레스 호르몬을 분비하여 중독 상태를 만든다.

일반적으로 스트레스 호르몬은 위험 상황이 닥쳤을 때 빠르게 반응한 후 다시 신속하게 원래의 평형상태로 되돌아오는 것이 정상이다. 하지만 정신적 외상을 입은 사람은 현실적인 위험이 사라진 이후에도 싸움, 도주, 얼어붙기 등의 반응을 지속하기 때문에 원래의 정상적인 상태로 회복을 빨리하지 못한다. 정신적인 외상을 입은 개들에게 우리 문이 열리면 전기 충격이 발생하는 영역을 벗어나도록 가르쳐주는 유일한 방법은 개들을 억지로 우리 밖으로 반복해서 끌어냄으로써 고통에서 어떻게 벗어날 수 있는지 개가 몸짓으로 직접 경험할 수 있게 해주는 것이다.

사람도 트라우마에서 벗어나기 위해서는 반복적인 경험이 필요하다. 과거의 충격적인 기억이 더 이상 자신을 통제할 수 없다는 반복적인 경험을 할 수만 있다면 얼마든지 자유로운 상태를 만들 수 있기 때문이다. 다만 사람은 동물과 달리 억지로 끌어내는 것이 아니라 스스로 벗어날 수 있도록 도움을 주는 조력자의 역할이 필요하다.

트라우마와 반복 강박

인간의 뇌는 본능적으로 쾌락을 추구하고 고통을 회피하도록 프로그
래밍되어 있다. 하지만 트라우마를 겪게 되면 이러한 일반적인 기전이
제대로 작동되지 않는다. 트라우마를 가지고 있는 사람의 뇌는 트라우
마를 겪기 전의 정상적인 전체성에 큰 구멍이 난 상태이기 때문에 신경
회로에 심각한 변형이 일어나게 된다.

뇌가 통합된 전체성을 만들지 못하기 때문에 심하게 생략, 왜곡, 일반
화된 자신의 세상모형을 만들어 건강한 알아차림과 접촉이 어려워진
다. 결국 트라우마로 인하여 자신과 환경을 알아차리고 접촉하지 못하
기 때문에 괴롭고 고통스러웠던 과거의 상황을 반복하고자 하는 강박
적인 충동을 지니게 되는 것이다.

이러한 충동을 지닌 사람들은 대부분 자기 내면에서 스스로 부정적
인 사건이나 경험을 유발한다는 사실을 전혀 인식하지 못하는 경우가
많다. 트라우마에 시달리는 많은 사람들이 부정적인 경험을 스스로 찾
게 된다는 것을 알지 못한다. 그뿐만 아니라 분노 표출이나 강압을 경
험하지 못하거나 어느 정도의 위험성을 느끼지 못할 때 오히려 어딘가
지루하고 공허한 감정을 느끼기까지 한다.

뇌가 비정상적인 기저선에 항상성이 맞추어진 상태에서 트라우마에
시달리고 있는 사람들은 일상적인 생활 속에서 전해지는 평범한 자극
이나 학습과정에서 입력되는 유익한 정보들에 대해 역치를 뛰어넘을

수 없는 무의미한 자극으로 지각하기 때문에 수용이 어려워진다.

동물실험에서 보면 겁먹은 동물들은 자신이 살던 집이 안전한 곳이든 불안한 곳이든 상관없이 자신의 집으로 다시 돌아가는 것을 관찰할 수 있다. 사람도 마찬가지로 가정학대를 당한 사람들이 자신에게 상처와 고통을 준 가정으로 돌아가 또다시 상처를 받는다.

그리고 인간관계에서도 마찬가지로 뻔히 자신이 상처받을 줄 알면서도 먼저 분노를 드러내어 관계를 악화시키거나 자신에게 부정적인 감정을 느끼게 하는 대상을 지속적으로 찾게 된다. 이러한 행동은 우리의 의지가 무력해지는 약물중독과 마찬가지로 볼 수 있다. 왜냐하면 트라우마에 시달리는 사람들은 자신의 의지와 상관없이 특정한 활동이나 경험을 통해 그러한 부정적인 감정을 느끼지 못하게 되면 금단증상을 느끼기 때문이다.

이러한 상황이 반복되거나 오랫동안 지속되면 특정한 활동이나 경험에서 받는 자극보다 오히려 금단증상에서 오는 고통에 더 심취하게 되면서 안정감과 쾌락을 느끼게 되는 심각한 부작용이 생기게 된다. 이것은 담배나 술, 약물, 마약, 도박에 중독되어 나타나는 금단증상과 같은 것으로 이해할 수 있다.

영화에서 보면 자신을 괴롭히거나 때려줄 사람을 고용하는 장면, 담뱃불로 신체를 지지는 장면, 자신을 무시하며 스트레스를 주는 나쁜 남자에게 끌리는 장면이 나온다. 이것은 두려움과 공포, 혐오의 부정적인 감정이 왜곡되면 기쁨과 쾌락으로 전환될 수 있기 때문이다. 그렇기 때문에 트라우마에 시달리는 많은 사람들이 스트레스 요인에 다시 노출되면 불안감을 느끼면서도 역설적으로 그에 상응하는 중독된 안도감과 쾌락을 느끼게 되는 것이다.

세로토닌의 힘

우리 뇌는 어떤 화학물질을 분비하는가에 따라 지금 현재의 정서 상태를 계속 변화시키는 탁월한 가소성을 가지고 있다. 특히 신경전달물질의 종류와 분비량에 따라 외부의 충격과 위협에 대처하는 편도체의 민감도가 달라진다.

뇌 편도체는 외부의 자극과 이미지, 신체감각에 대해 그것을 위협으로 해석할 것인지 아닌지를 빠르게 판단하여 생존에 가장 유리한 선택과 반응을 일으킨다. 편도체가 뇌의 기능과 작용에 미치는 영향력은 지속적이고 광범위하다. 그래서 편도체의 강력한 작용으로 공포와 두려움 등의 감정이 인지과정에 영향을 미치게 되는 것이다.

최근 연구결과에 따르면 편도체의 민감도가 그 부위에서 분비되는 신경전달물질인 세로토닌의 양에 따라 어느 정도 영향을 받게 된다고 한다. 동물실험에서 세로토닌 수치가 낮은 동물들은 스트레스를 유발하는 시끄러운 소리에 과민반응을 보인 반면 세로토닌 수치가 높은 동물들은 뇌의 공포 체계 반응이 약화되어 위험 가능성이 있는 자극에도 공격성을 보이거나 얼어붙는 반응이 감소하는 것으로 나타났다.

또한 세로토닌이 사회적 지위에도 영향을 미치게 된다는 연구결과도 있다. 지위가 낮은 원숭이에게 세로토닌 보충제를 공급하면 그룹에서 리더로 부상했다. 이것은 세로토닌에 의한 뇌의 활성화 상태가 환경과 상호작용한 결과이다. 원숭이 집단의 지배계급에서 위치가 낮아지도록 인위적으로 조작시키면 세로토닌 수치가 감소하게 된다. 반대로 세로토 닌 수치가 화학적으로 증가되자 지배당하던 원숭이도 서열이 높아지는 결과가 나타났다.

사람의 경우도 감정조절의 열쇠라고 하는 세로토닌의 수치가 바뀌면 뇌 기능과 신체적인 상태, 사회적 관계 능력까지 함께 바뀌게 된다. 그것이 음식을 통해서든 운동을 통해서든 멘탈 훈련을 통해서든 세로 토닌 수치를 높이는 선택이 가능하다면 자신이 원하는 긍정적인 상태 와 탁월한 성과를 얻을 수 있게 되는 것이다.

약물치료

인류의 진화과정에서 보면 정신의학에 약리학이 부상한 시간은 그다 지 오래되지 않았지만 약물의 효능이 워낙 강해 짧은 기간에 새로운 치료도구로 완전히 자리를 잡게 되었다. 약물이 신체적인 질병뿐만 아니라 정신적인 질병까지도 완전히 치료할 수 있다는 부푼 희망과 함께 발달해온 의학과 약물치료는 정신적인 고통을 겪고 있는 사람들에게 큰 혜택을 제공한 것이 사실이다.

의사들과 제약회사는 정신적인 문제가 뇌의 화학물질이 균형을 잃어 생겼다는 확신을 가지고 특정 약물을 이용해 화학물질의 변화를 통한 정신적인 치료에 초점을 맞추게 되면서 언론이나 일반인들도 약물치료에 대한 강력한 믿음을 갖게 되었다. 그래서 우울증이나 불면증, 불안장애, 트라우마를 겪고 있는 사람들에게 약물이 가장 손쉬운 선택이 될 수 있었던 것이다.

약물은 단기간에 변화를 체험할 수 있는 강력한 효능을 가지고 있을 뿐만 아니라 특정한 증상을 약화시켜주기 때문에 약물에 대한 의존성도 함께 높아지게 된다. 약물이 정신적 건강을 유지하는데 탁월한 효능이 있음에도 불구하고 그에 못지않은 부작용을 일으키게 되면서 약물에 대한 의존성을 줄이는 선택이 필요하게 되었다.

예를 들어 선택적 세로토닌 재흡수 억제제는 트라우마에 시달리는 사람들이 부정적인 감정의 굴레에서 해방될 수 있도록 큰 도움을 주는 것이 사실이지만 그것은 어디까지나 치료의 부가적인 수단으로만 활용해야 한다. 왜냐하면 약물치료에만 의존하게 되면 화학적인 문제가 아닌 사람들과의 관계, 환경, 생활패턴, 다양한 활동 등의 변화를 통한 근원적인 치료를 할 수 있는 선택권을 상실하게 만들기 때문이다. 그뿐만 아니라 항정신병 약이 신체적, 생리적인 기저선을 변형시키고 다른 질병에 노출될 때 위험성이 매우 높아질 수도 있기 때문에 보조적인 치료수단으로만 활용해야 하는 것이다.

정신적인 문제로 나타나는 증상을 단기간에 억제하거나 약화시키는데 약물치료가 탁월한 효능이 있는 것은 사실이지만 근본적인 치료방법이 될 수는 없다. 약물은 어디까지나 완전한 건강 상태로 가기 위한 보조적인 치료수단일 뿐이며 다음과 같은 다른 선택을 통해 약물에 대한 의존성을 줄이는 것이 필요하다.

첫째, 인간은 사회적 관계 속에서 자신의 존재와 정체성이 증명되고 그 속에서 서로에게 상처를 주기도 하지만 그 속에서 상처를 치유하는 힘을 찾기도 한다. 사람들과의 공동체 관계 회복과 경계의 확장은 약물보다 열 배, 백배의 강력한 치유 효과를 기대할 수 있다.

둘째, 말은 힘을 가지고 있다. 입 밖으로 뱉은 말과 귀로 듣는 말은 뇌 신경회로와 연결되어 있기 때문에 말을 바꾼다는 것은 뇌 신경회로를 바꾸는 것과 같은 것이다. 자신이 사용하는 말을 긍정적으로 바꾸는 것만으로도 뇌 신경회로의 조합과 배열을 바꿀 뿐만 아니라 화학물질의 분비까지 바꾸는 힘을 가지고 있다. 그래서 우리의 말 1%만 바꾸어도 삶이 99% 바뀐다고 하는 것이다. 말은 다른 사람들과의 긍정적인 의사소통과 유대관계, 피드백을 통해 자신의 존재와 정체성을 규정하는데 큰 도움을 받을 수 있게 된다.

셋째, 정신적인 문제는 자기 자신을 상실하는 데서부터 시작된다. 자기 자신을 정상적으로 회복시키기 위해서는 다양한 신체활동과 감각훈련을 통해 자신을 더 많이 알아차리고 접촉하는 훈련이 필요하다. 호흡 훈련, 접촉, 신체활동 등을 통해 몸과 뇌의 불수의적 기능, 생리적 기능을 간접적으로 통제하여 건강한 기저선을 만들어야 한다.

넷째, 환경을 바꾸어 주어야 한다. 인간은 환경을 통제할 수 있는 탁월한 능력을 가지고 있으면서도 대부분 환경의 통제와 영향을 받으며 살아가는 가변적인 존재이다. 시간적, 공간적으로 환경을 보다 더 안전하게 바꾸어줌으로써 지금 현재에서 자기 자신과 타인, 환경을 온전히 알아차리고 접촉할 수 있는 적응 능력을 가지게 된다.

이상과 같은 네 가지 선택과 반복을 통해 더 이상 약물에만 의존하지 않고 온전한 자기 회복과 치유를 할 수 있는 건강한 상태를 만들 수 있게 되는 것이다.

편도체의 착각

충격적인 사건이나 경험에 의해 생기는 불안과 공포 같은 부정적인 일차 감정은 자신의 의지와 상관없이 무의식적인 조건반사에 의해 생겨난다. 그래서 과거의 부정적인 자극이나 경험과 비슷한 상황이 현실에서 다시 주어지면 과거와 비슷한 부정적인 감정반응을 보이게 되는 것이다. 이러한 감정반응이 조건반사적으로 일어나는 것은 공포 신호를 보내는 편도체가 과거와 현재를 구분하는 기능이 없기 때문이다.

강렬한 자극으로 인한 감정이 변연계를 활성화시키게 되면 공포 센스라고 불리는 편도체가 활성화되어 스트레스 호르몬에 의한 반응들이 일어난다. 혈압이 상승하고 심장박동수가 증가하며 산소 흡입량을 늘리는 신경자극이 함께 일어나게 된다. 이러한 편도체의 활성화는 생존을 위한 싸움-도주 반응을 준비하는 긍정적인 과정으로 볼 수 있다.

편도체는 시상에서 전달된 정보를 전두엽보다 더 빨리 처리하므로 유입된 정보가 생존에 위협이 되는지 전두엽에서 파악하기도 전에 빠른 결정과 반응을 하게 만든다. 어떤 사건으로 어떤 일이 일어났는지 상황을 파악했을 때는 이미 자신의 의지와 상관없이 편도체의 활성화에 의해 몸이 각성된 상태로 변하게 되는 것이다.

뇌는 '긴장하지 마'라는 부정적 긍정어에 대해서 직접 처리하지 못하기 때문에 편도체가 활성화되어 신체를 먼저 각성시켜버린다.

긴장하지 말라는 말의 뜻을 해석했을 때는 이미 몸에 긴장을 준비하는 화학물질이 분비되어 자신의 의지와는 반대로 더 부정적인 상태로 변화하게 되는 것이다.

뇌가 가진 별명이 착각의 챔피언이다. 이러한 뇌의 착각 기능에 의해 현실이 아닌 마음으로 상상한 것에 대해서도 편도체가 활성화되어 위험신호를 보내게 되고 코르티솔, 아드레날린과 같은 강력한 스트레스 호르몬의 분비를 촉진하게 된다. 그 결과 심장박동수, 혈압, 호흡수가 빠르게 증가하면서 싸움-도주 반응을 하게 되는 것이다.

시간이 지나 이러한 위협이 사실이 아니고 안전하다는 것을 깨닫게 되면 신체를 빠르게 원래의 정상적인 상태로 회복시킨다. 그러나 트라우마로 인하여 정상적인 회복 기능이 약화되면 싸움-도주 반응 상태를 유지하며 자신을 지켜야 한다는 자극과 신호가 사라지지 않기 때문에 계속 불안과 공포를 느끼며 흥분상태를 유지하게 되는 것이다.

트라우마에 시달리면 특정 상황이 위험한 것인지 안전한 것인지 해석을 잘못하게 되는 비율이 높아져 불안과 흥분을 반복적으로 느끼는 항상성을 만들게 된다. 이렇게 비정상적으로 왜곡된 항상성에 의해 부정적 자기 제한 신념체계와 삐뚤어진 세상모형을 만들게 되면 자기 상실과 더불어 사회적 관계 능력이 떨어지고 학습 및 업무능력도 저하되는 부작용이 생기게 되는 것이다.

언어적 장애

트라우마는 뇌가 정상적인 기능을 하지 못하는 장애를 겪게 만들어 마치 뇌졸중 환자들이 겪는 장애와 같이 뇌의 브로카 영역 연결이 약해지거나 끊어지면서 생각과 감정을 말로 표현하는 것에 대한 어려움을 겪게 된다. 즉 뇌의 건강한 전체성에 구멍이 생기기 때문에 말문이 막히는 장애를 겪기도 하는 것이다.

정상적인 사람들도 감정조절이 안 되는 정도의 극단적인 상황이 닥치면 갑자기 상스러운 욕을 하거나 엄마와 신을 찾기도 하고 공포에 사로잡혀 비명을 지르거나 그 자리에 얼어붙어버려 정지 상태가 되는 경험을 하게 된다. 정신적 외상을 입은 사람들은 아예 말문이 막혀 아무런 소리도 내지 못하고 굳어버리기도 한다. 자신의 생각과 감정을 말로 표현하지 않으려고 하는 증상을 보이는 경우가 많다.

트라우마는 살아가면서 꼭 경험해야 할 것을 경험하지 못해서 생기기도 하고 경험하지 않아야 할 것을 경험해서 생기기도 한다.
어떤 이유로 트라우마에 시달리든 상관없이 트라우마는 뇌에 굵은 전용신경회로를 구축할 뿐만 아니라 스트레스와 관련된 다량의 화학물질을 분비하게 만든다.

이처럼 전용신경회로와 화학물질에 의해 특정한 항상성이 만들어지면 자신의 경계를 좁혀 트라우마와 관련된 특정 자극에 대한 획일적인 반응을 반복하게 된다. 그래서 트라우마에 시달리는 사람들은 오랜 시간이 흐른 뒤에도 과거의 기억을 회상하면서 그것을 지금 현재의 경험으로 착각하며 괴로움을 느끼는 경우가 많은 것이다.

트라우마로 인해 신체가 공포와 격렬한 분노, 무력감을 다시 경험하는 과정에서 싸우거나 도망가고 싶은 충동을 느끼지만 그것을 말로 표현하는 것에 대해서는 힘들어한다. 이러한 현상은 트라우마가 언어와 관련된 뇌 영역의 연결을 끊어버리거나 약화시켜 언어표현을 차단하기 때문에 나타나는 것이다.

하지만 말로 표현하지 못할 뿐 과거의 사건과 경험은 뇌에 지워지지 않는 이미지로 선명하게 저장되어 있기 때문에 이후에 작은 자극에도 악몽처럼 되살아나 재연된다. 과거의 사건과 경험은 이미 지나간 기억일 뿐이지만 트라우마는 그러한 과거 기억이 실제로 지금-여기에서 다시 일어난 것처럼 느끼고 반응하게 만든다.

과거 트라우마를 경험했을 당시와 비슷한 감각이 현실에서 주어진다면 그때의 일은 선명하게 되살아나고 이러한 트라우마 기억은 시간의 흐름과 상관없이 지금 현재에서 악몽으로 재연된다. 결국 트라우마에 시달리는 사람들은 현재를 살아가면서도 과거에 구속된 상태에 있기 때문에 지금-여기에서의 자신과 다른 사람, 환경을 온전히 만날 수 없는 장애를 갖게 되는 것이다.

좌우뇌와 트라우마

대뇌 가운데에는 홈이 있어 이 홈을 중심으로 좌우 반구로 나뉜다. 일반적으로 왼쪽 대뇌반구를 좌뇌라고 하고 오른쪽 대뇌반구를 우뇌라고 한다. 좌뇌와 우뇌는 표면적으로는 분리된 것처럼 보이지만 신경섬유 다발인 뇌량으로 연결되어 있어 서로 정보를 주고받는다.

뇌에서 몸으로 보내는 운동신호는 좌뇌와 우뇌 양쪽에서 나오며 우반신으로 보내는 신호는 좌뇌, 좌반신으로 보내는 신호는 우뇌에서 담당한다. 이것은 대뇌와 몸의 각 부분을 연결하는 신경이 척수 부분에서 좌우로 교차하기 때문에 나타나는 현상이다.

이성적인 뇌로 불리는 좌뇌는 논리적인 사고에 관한 기능이 집중되어 있으며 언어처리와 시간관념, 계산 등을 담당한다. 감정적인 뇌로 불리는 우뇌는 사물의 직감적 이해와 창조적 발상에 관한 기능이 집중되어 있으며 사물의 모양을 식별하고 그림을 그리며 음악을 듣고 방향이나 공간을 지각하는 반응을 한다.

경험에 대한 기억을 처리하는 방식도 좌뇌와 우뇌가 다르다.

좌뇌는 경험한 사실과 통계적 정보, 어휘를 기억하여 경험을 설명할 때 이 정보를 불러낸 후 정리해서 표현하거나 전달한다. 우뇌는 그러한 경험으로 생긴 소리와 촉각, 냄새, 감정의 기억을 저장하며 시간이 한참 지난 후에도 과거에 경험한 소리, 이미지 특징, 공간을 접하게 되면 자동으로 반응하여 과거의 경험을 재연하게 된다. 그렇기 때문에 우뇌에서 떠오른 감정은 실제의 일로 생생하게 느껴지며 진실로 받아들이게 되는 것이다.

이러한 좌뇌와 우뇌의 역할은 서로 다르게 구분할 수는 있지만 이 두 가지는 분리할 수 없는 원만한 협력관계를 유지한다. 좌뇌와 우뇌는 비국소성을 가지고 전체성으로 작동되기 때문에 어느 하나가 독립적으로 완전히 분리되어 작동하는 것이 아니다. 그래서 뇌 한쪽의 기능이 일시적으로 중단되거나 수술로 한쪽을 잘라내게 되면 전체성의 뇌 기능이 손상을 받게 되는 것이다.

만약에 과거의 트라우마로 인하여 우뇌가 과하게 활성화되면 경험을 논리적 순서에 따라 정리하고 감정을 알아차리며 그 정보를 말로 표현하는 능력에 장애를 겪게 된다. 이것이 충격적인 사건이나 경험을 했을 때 말문이 막히는 이유이다.

이처럼 트라우마 경험에 의해 정신적 외상을 입은 사람들이 과거의 경험을 재연하게 만드는 자극이 주어지면 격분하거나 겁에 질리고 얼어붙어버리는 이유가 좌우뇌의 불균형 때문이라고 볼 수 있다.

낯선 정보와 감정적인 경험이 주어질 때 우뇌가 과하게 활성화되기 때문에 우뇌를 극단적으로 자극하는 트라우마는 좌뇌의 불활성화와 우뇌의 과잉 활성화된 상태를 만들어 과거의 트라우마 상황을 현실에서 재연하게 되는 것이다.

지금-여기

우리의 똑똑한 뇌가 갖고 있는 별명이 착각의 챔피언이다.

뇌는 참과 거짓, 현실과 가상, 과거와 현재에 대해서 의식적으로 알아차리고 있다는 착각을 하지만 반복이나 충격적인 경험에 의해 전용신경회로를 구축하게 되면 뇌는 그것을 구분할 수 없다.

10년 전에 당했던 사건에 대한 정서적 경험이 뇌에 전용신경회로를 구축하고 다량의 화학물질을 분비하게 되면 세월이 주는 간격이 아무런 의미가 없어지면서 뇌는 미세한 자극에도 착각을 일으켜 과거의 그 경험을 다시 하게 된다. 과거의 충격적인 사건에 의한 정서적 경험이 전용신경회로를 구축하게 되면 미세한 자극에도 뇌는 현실에서 과거를 사실로 경험하는 착각을 하게 되는 것이다.

이처럼 뇌가 과거에 끔찍했던 사건을 경험했을 때 구축한 전용신경회로는 강력한 화학물질에 의해 강화된 상태이기 때문에 자신의 의지와 상관없이 미세한 자극에도 중독 상태에 다시 빠지게 만든다.

특히 뇌가 외부 자극에 대해 생존과 직접 관련된 것으로 해석하면 아드레날린을 분비하여 싸움을 하거나 즉시 도망갈 수 있는 준비를 한다. 만약 반응할 수 없는 너무 강한 자극이나 충격이 주어지면 아예 그 자리에 얼어붙기 반응을 보이기도 한다.

이때 각성을 도와주는 아드레날린의 분비에 의해 심장박동수가 증가하고 혈압이 급격히 높아진다. 이것은 우리 몸이 생존에 대한 위협에 효과적으로 신속하게 대응하기 위해 선택하는 최선의 전략이다.

정상적인 사람들은 이러한 위협 상황에 노출될 때 일시적으로 스트레스 반응을 보이지만 그 위협이 지나거나 사실이 아니라고 판단되면 스트레스 호르몬이 사라지고 심리적, 생리적, 신체적으로도 원래의 건강한 상태를 쉽게 회복한다.

하지만 정신적 외상을 입은 사람들은 스트레스 호르몬이 원래의 건강한 상태로 회복하는데 오랜 시간이 걸릴 뿐만 아니라 스트레스를 느끼는 작은 자극만 주어져도 순식간에 멘탈 붕괴 상태에 빠지게 된다.

이 상태는 자신의 의지와 상관없이 일어나기 때문에 중독이라고 부르며 중독은 과거의 기억을 재연하는 구속된 상태에 있기 때문에 현실에서 자기 자신과 환경과의 온전한 알아차림과 접촉이 차단될 수 있다.

이렇게 되면 현실에 초점을 맞추는 능력을 상실하게 되면서 집중력에 문제가 생기게 된다. 그뿐만 아니라 스트레스 호르몬의 영향으로 자극에 대한 과민반응 상태에 빠지게 되고 수면장애와 대인관계 능력에 심각한 문제가 발생하기도 한다. 그래서 정신적 외상이 심리적, 사회적인 장애를 일으킬 뿐만 아니라 신체적인 질병의 원인이 되기도 하는 것이다. 왜냐하면 신체 장기에 불균형을 반복하거나 지속하게 되면 결국 신체적 질병을 일으키기 때문이다.

약물이나 알코올, 마약 등이 일시적으로 고통을 줄여주거나 증세를 약화시켜줄 수는 있지만 이미 중독된 뇌는 계속해서 과거의 고통스러운 경험을 재연하게 해주는 자극을 애타게 기다리기 때문에 근본적인 치료가 되지 않는다. 중요한 것은 현재 자신에게 고통을 주는 '사건과 경험은 그때 지나간 일이고 나는 현실에 존재한다'는 사실을 깨닫고 기억할 수 있도록 반복적인 현실 경험을 통해 새로운 전용신경회로를 구축할 수 있어야 하는 것이다.

그렇기 때문에 트라우마로 인한 중독된 상태를 극복할 수 있도록 도움을 주는 전문가의 역할이 그 무엇보다 중요하다. 왜냐하면 중독은 그것이 쾌락이든 고통이든 상관하지 않고 자신의 의지와 관계없이 그러한 중독 상태를 반복적으로 경험하고자 하는 패턴을 가지고 있어 전문가의 도움 없이 치유되기가 쉽지 않기 때문이다. 다행한 것은 트라우마는 지금—여기에서 자신과 현실을 온전히 만나는 반복적인 경험을 통해 얼마든지 극복할 수 있다는 사실이다.

도주 반응

충격적인 사건을 경험했다고 모든 사람들이 삶의 장애가 되는 트라우마에 시달리게 되는 것은 아니다. 만약 충격적인 사건이나 재난을 당했을 때 위협과 싸워 승리하거나 안전한 곳으로 도주할 수 있는 능동적인 행동을 취하게 된다면 위협에 의해 일시적으로 분비된 스트레스 호르몬에 중독되지 않고 원래의 건강한 자신의 상태를 회복할 수 있다. 위협 상황으로부터 벗어나게 되는 승리를 하거나 안전한 공간으로 이동하게 되면 일시적으로 각성된 뇌와 신체 상태를 원래의 정상적인 상태로 회복시킬 수 있게 되는 것이다.

그렇기 때문에 위협에 대해 관조적 입장에서 이성적으로 관찰하고 비교할 수 있도록 해주는 객관적인 알아차림과 접촉의 경험이 필요하다. 이러한 경험이 트라우마를 삶의 걸림돌로 만드는 것이 아닌 디딤돌로 만들어줄 수 있다. 그뿐만 아니라 심리적 내성을 길러주어 어떠한 시련도 견디어 낼 수 있는 삶의 소중한 자원으로 바뀌게 된다.

만약 이러한 싸움에서의 승리와 안전한 도주 반응을 하지 못하고 정신적 외상을 입게 되면 조각난 기억 체계로 인하여 건강한 전체성을 이루지 못하게 될 수도 있다. 이와 같이 정신적 외상에 의해 뇌의 특정 신경회로가 차단되면 분리된 기억으로 인하여 통합된 건강한 전체성을 완결하지 못하게 된다.

정신적 외상으로 전체성을 만들지 못한 조각난 뇌 기억 시스템에 의해 세상모형을 만들기 때문에 새로운 학습과 경험을 자신의 삶에 통합시키지 못하고 과거의 상황에 자신을 가두어버린다. 이처럼 정신적 외상은 큰 충격을 받은 경험 후에 만들어진 신경회로에 의해 왜곡되고 편향된 세상모형으로 모든 경험을 하기 때문에 건강한 전체성을 형성하지 못하게 되는 것이다.

전체성에 구멍이 생긴 상태에서는 자기 자신의 내면에서 발생한 부조화와 혼돈을 억누르는데 자신의 자원과 에너지를 집중시켜 소진해버리기 때문에 환경과의 온전한 알아차림이나 접촉이 어려워진다.

자신이 가진 자원과 에너지는 유한하기 때문에 자기 안에서 발생한 부조화와 혼돈을 제압하는데 너무 많은 자원과 에너지가 소진되면 정작 필요한 곳에 사용할 자원과 에너지는 고갈되어버린다. 자기 안에서 일어나는 문제에만 온통 초점이 모아지고 자신의 자원과 에너지를 모두 사용하기 때문에 새로운 도전과 일에는 닫힌 경계를 만들고 바깥세상과의 다양한 연결과 원만한 소통도 어려워지는 것이다.

자신에게 고통을 주는 부정적인 심리상태를 통제하기 위해 내부적으로 에너지를 과다 사용하게 되면 신체적인 증상까지 유발하게 된다. 심한 근육통이나 어깨결림, 만성피로, 특정 부위의 마비, 자가면역질환 등이 발생할 수도 있다. 그렇기 때문에 트라우마에서 자유로워지기 위해서는 생리적, 신체적 요인이 모두 고려되어야 하는 것이다.

내면의 불일치

뇌는 천억 개가 넘는 뇌세포의 시냅스 연결이 방대한 네트워크를 형성하여 전체성으로 작동되고 있다. 뇌는 각 부분이 비국소성으로 연결되어 무한에 가까운 네트워크를 형성하기 때문에 부분에 전체의 정보가 들어있는 홀로그램과 같은 시스템으로 작동된다. 그래서 충격적인 경험이 특정 부분에 문제를 일으키게 되면 그것이 부분의 문제로 국한되는 것이 아니라 뇌 전체 시스템이 혼돈을 겪게 되는 것이다.

만약 외부의 충격적인 자극이나 위협이 주어지면 생존을 위한 뇌 경고 시스템이 즉시 가동되면서 관련된 신경회로를 활성화시키고 화학물질의 분비를 촉진하여 위협 상황에 대처하게 된다. 이러한 변화 과정에서 생존과 관련된 정서적인 뇌 부위가 과잉 활성화되어 전체적인 통제력을 갖게 되면 이성적인 해석과 판단을 할 수 있는 뇌 회로를 부분적으로 차단해버린다.

이렇게 되면 뇌는 정상적인 전체성을 이루지 못하게 되면서 오로지 생존을 위해 싸움-도주하거나 얼어붙기 반응을 선택하는 상태가 되면서 혼돈을 겪게 된다. 다행히 싸움-도주, 얼어붙기 반응에 성공하여 위험으로부터 벗어나 안전한 상황이 되면 원래의 건강한 정상적인 기저선 상태로 회복하기 시작한다. 하지만 외부의 자극과 충격에 대해 자신이 적절한 반응을 주도하거나 능동적인 선택을 할 수 없게 되면 뇌는 그 상황을 극복하기 위해 스트레스와 관련된 화학물질을 다량으로 분비하여 신경회로를 활성화시키고 빼앗긴 주도권을 정상적으로 회복하기 위해 발버둥을 치게 된다.

이러한 부정적 경험이 뇌에 선명하게 새겨지면 그 사건이 끝나고 오랜 시간이 흘러도 뇌는 신체에 더 이상 남아있지 않는 과거의 위협을 실재하는 것으로 착각하여 그 상황에서 벗어나려고 하는 잘못된 신호를 계속적으로 보내게 된다. 트라우마 경험에 의해 정신적 외상을 입은 뇌는 과거의 정서적 경험에 구속된 상태에 있기 때문에 지속적으로 사건 당시의 정서적 경험을 재연하는 행동을 반복해서 시도하도록 신호를 보내게 되는 것이다.

뇌가 담당하는 가장 중요한 기능은 안전과 생존을 보장하는 것이며 그 기능은 어떤 상황에서도 우선적으로 유지되어야 한다.

그런데 만약 정신적 외상을 입게 되면 생존을 위해 자기 내면의 문제에만 초점이 모아져 혼돈을 겪는 상태에 머물러 있기 때문에 더 나은 변화와 성장을 위한 외부환경적 자원과의 연결이 차단되거나 약해진다.

이렇게 되면 합리적 선택을 할 수 있는 유연성을 상실하여 상황 변화에 적응할 수 있는 올바른 반응을 위한 에너지가 고갈되어버린다.

정신적 외상으로 인해 자기 내면의 혼돈과 불일치가 반복적으로 지속되면 다른 사람들과 건강한 소통이나 협력을 할 수 없을 뿐만 아니라 환경과의 연결에도 문제가 발생한다. 인간은 영장류이면서 넓은 의미로 보면 포유동물이라고도 할 수 있다. 포유동물로서 인간은 혼자서 생존할 수 없는 사회적 존재이기 때문에 다른 사람들과의 원만한 의사소통과 협력을 통해 호혜성을 발전시켜야 한다.

인간이 겪는 대부분의 심리적 문제는 자기 내면의 혼돈과 불일치로 인해 사회적 관계가 실패할 때 발생하는 경우가 많다. 트라우마는 이러한 비정상적인 상태를 절대적 사실로 받아들이는 착각을 하게 만들어 뇌를 부정적인 중독 상태에 빠지게 만든다. 우리가 멘탈에 대해 관심을 갖고 공부를 하는 이유가 이러한 착각에서 벗어날 수 있는 능력을 회복하기 위한 것이다.

뇌의 진화

폴 맥린 박사는 인간의 뇌가 크게 세 개 층으로 이루어져 있다고 주장했다. 세 개 층의 가장 아래 지하층은 파충류 뇌인 뇌간으로 호흡, 혈압조절, 체온조절, 심장박동 등 생명을 유지하는 가장 중요한 기능을 담당하고 있다. 그리고 1층은 포유류 뇌인 변연계로 감정을 다스리고 기억을 주관하며 각종 호르몬 분비를 담당하는 역할을 하고 있으며 2층은 영장류 뇌인 전두엽으로서 생각하고 판단하며 우선순위를 정하고 감정과 충동을 조절하는 중요한 역할을 하고 있다.

세 개 층 모두 중요한 기능과 역할을 하고 있기 때문에 통합적으로 조화를 이룰 때 가장 효율적으로 작동된다. 왜냐하면 세 개 층은 주도권을 잡기 위해 경쟁하고 있는 것처럼 보이지만 실제로는 서로에게 도움을 주는 상보적 관계에 있기 때문이다. 그중에서 가장 중요한 기능과 역할은 이성적 사고와 인지 기능을 담당하는 전두엽 영역으로 두개골 안쪽 면적의 약 30%를 차지한다.

트라우마는 뇌의 세 개 층 중에서 자유의지를 관장하는 전두엽의 기능과 역할이 제한되거나 차단된 상태와 같다. 지하층의 파충류 뇌도 수면, 식욕, 접촉, 소화, 성적 흥분 등의 기능을 맡고 있기 때문에 트라우마와 깊은 관련이 있다. 뇌간과 시상하부는 신체 에너지 수준을 함께 조절하기 때문에 이 두 부위가 서로 협력하여 심장, 폐의 기능과 함께 내분비계와 면역체계를 조절해 안정적인 체내 균형을 이루어 정상적인 기능을 유지시킨다.

뇌 변연계도 트라우마와 깊은 관련이 있다. 뇌 변연계는 아기가 세상에 빛을 본 후부터 발달하기 시작하며 감정의 중추이자 위험을 감지하는 센서이면서 즐거움과 두려움을 구분하는 감별사이고 생존에 중요한 것과 중요하지 않은 것을 결정하는 주체이다. 또한 복잡한 인간관계 속에서 발생하는 제반 문제에 대처하는 중심적인 역할을 맡고 있다. 변연계는 성장과정에서의 반복적인 경험이 타고난 유전자의 구성과 선천적 기질을 만나면서 특정한 정서 상태를 만든다.

파충류 뇌와 변연계를 합쳐 일반적으로 정서적 뇌라고 부르는 시스템이 구성되며 트라우마는 이 정서적 뇌가 비정상적으로 작동되는 상태로 이해할 수 있다. 전두엽은 자유의지가 만들어지는 곳이며 인간을 동물과 구분될 수 있는 독특한 존재로 만들어준다. 발달된 언어로 다른 사람들과 의사소통을 하고 창의적인 사고를 가능하게 하며 방대한 정보를 흡수하고 통합하면서 특정한 의미와 가치를 만들어낸다.

전두엽은 계획을 수립하여 추진하고 피드백을 통해 더 나은 선택을 계속하며 변화와 성장을 할 수 있게 해주기 때문에 인간의 진화에서 가장 중요한 역할과 기능을 하고 있다. 트라우마는 바로 정서적 뇌가 과잉 활성화되어 전두엽의 이성적이고 합리적인 역할과 기능이 정상적이지 못하도록 만들기 때문에 삶의 걸림돌을 갖게 되는 것이다.

거울뉴런

트라우마는 환자 자신뿐만 아니라 가족이나 주변 사람들에게도 매우 부정적인 영향을 미친다. 특히 감정적 연합 상태에 있는 가족이나 환자와 특별한 정서적 교감을 갖고 있는 사람은 환자가 겪는 고통을 옆에서 그냥 지켜보는 것만으로도 그 고통을 함께 느끼게 된다.
이러한 현상은 거울뉴런의 작용에 의해 자연스럽게 생기는 것이며 특히 감정적 유대가 높거나 융합 상태에서 더 심하게 나타난다.

거울뉴런은 1996년 이탈리아 파르마 대학의 연구진에 의해 붙여진 이름이다. 한 원숭이가 다른 원숭이나 사람들의 행동을 보기만 하는데도 자기가 움직일 때와 마찬가지로 뇌에서 반응하는 뉴런이 있다는 것을 발견했다. 이후 연구를 통해 인간의 뇌에도 원숭이보다 더 정교한 거울뉴런이라는 신경 메커니즘이 존재한다는 사실을 알아냈다.

예를 들어 상갓집에서 알지도 못하는 사람이 대성통곡을 하며 슬프게 눈물을 흘리는 모습을 보면 이유 없이 자신도 함께 슬퍼지는 경험을 하게 된다. 누군가 행복하게 웃는 모습을 보면 자신도 함께 웃게 되고 옆에서 두려움을 느끼면 덩달아 두려움을 느끼기도 한다.
또한 사랑하는 사람이나 가족이 아프면 똑같이 아픔을 느끼게 되는 것도 거울뉴런이 작용하기 때문이다.

거울뉴런이 공감, 모방, 동시성뿐만 아니라 언어발달에도 중요한 역할을 한다. 성장과정에서 부모나 주변 어른들의 언어를 모방해서 자신의 언어 패턴을 만들게 된다. 이러한 모델링을 통해 독특한 언어를 학습하여 구사하는 언어 패턴을 갖게 될 뿐만 아니라 지역별 사투리를 사용하는 이유도 거울뉴런의 작용으로 볼 수 있는 것이다.

거울뉴런은 다른 사람의 움직임과 얼굴 표정을 관찰하고 상대의 감정 상태까지 알아차릴 수 있다. 특히 곁에 있는 사람의 감정적 성향에도 쉽게 영향을 받기 때문에 어떤 사람과 자주 어울리고 함께 시간을 오래 보내는가에 따라 자신의 감정적 성향까지 닮아가게 된다.
우울증을 앓고 있는 가족과 함께 오랫동안 생활하거나 간호하게 되면 자신도 우울증에 걸리게 될 확률이 높아지게 되는 것도 거울뉴런이 작용하기 때문이다. 이처럼 거울뉴런의 작용이 트라우마뿐만 아니라 다양한 심리적 장애에도 깊이 관여하고 있다는 것을 알 수 있다.

편도체의 역할

편도체는 대뇌변연계에 존재하는 아몬드 모양의 뇌 부위이며 감정을 조절하고 공포에 대한 학습 및 기억에 중요한 역할을 하고 있다.

편도체가 뇌의 전체적인 작용과 일상적인 생활에 미치는 영향력은 지속적이고 광범위하다. 만약 편도체의 작용으로 과잉 활성화된 정서가 인지과정에서 심한 왜곡과 편향을 일으키게 되면 정상적인 뇌 기능에 장애가 발생할 수도 있다. 과거의 경험이 축적되어 있는 뇌의 기억 저장 영역과 편도체가 연결되어 있기 때문에 특정한 기억을 떠올리면 그때 당시의 감정까지도 함께 불려 나온다.

정상적인 경우 특정 자극에 주의를 기울이면 선택적 주의집중에 의해 그 자극과 관련이 없거나 정보간섭을 일으키는 다른 자극을 무시하게 된다. 만약 이때 정보간섭을 일으키는 자극이 감정적으로 매우 중요한 자극이라고 판단하게 되면 편도체가 인식과 해석에 끼어들어 인식과정 및 반응에 큰 영향을 미친다. 즉 편도체는 암묵적으로 처리되는 감정적 자극들을 의식 속으로 보내는 통로의 역할을 수행한다.

편도체는 뇌의 화재경보기와 같은 역할을 수행하기 때문에 안전과 생존에 관련된 자극과 정보에 대해서는 신속하고 자동적으로 처리하여 반응하게 된다. 편도체로부터 입력되는 감정 신호는 전두엽과 전 운동 영역에 영향을 주어 행동 출력이 감정의 영향을 받게 만든다.

이 상태가 되면 생략, 왜곡, 일반화된 자기 주관에 갇히기 때문에 감정적 판단과 행동에서 벗어나기 어렵게 된다. 뇌 신경회로는 전두엽에서 편도체로 나가는 것보다 편도체에서 전두엽으로 들어가는 신경섬유가 훨씬 많기 때문에 편도체가 주도권을 가지게 되는 것이다.

전두엽은 뇌의 모든 영역과 연결되어 있으며 편도체도 마찬가지로 전두엽과 연결되어 있다. 이처럼 뇌는 전체성과 비국소성으로 연결되어 있기 때문에 시상에서 전달된 정보는 전두엽과 편도체에 함께 전달된다. 하지만 편도체는 생존과 관련된 자극과 정보에 대해서는 아주 민감하게 반응해야 하기 때문에 전두엽보다 정보를 더 빨리 받아들이고 처리도 신속하게 한다. 그렇기 때문에 시상에서 유입된 정보가 생존에 위협이 되는지를 전두엽에서 깨닫기도 전에 편도체는 신체의 반응을 일으키는 감정 신호를 보내는 것이다.

이러한 편도체의 역할과 기능을 보면 우리가 어떤 상황에 대해 인지했을 때 우리 몸은 이미 특정 반응 상태에 있다고 볼 수 있다.
특정 자극과 정보에 대해 편도체가 위험신호를 보내면 코르티솔, 아드레날린과 같은 강력한 스트레스 호르몬의 분비가 촉진된다. 이러한 반응에 의해 심장박동수, 혈압, 호흡수가 증가하고 얼어붙거나 싸움, 도주 반응을 준비하게 되는 것이다.

다행히 위험 상황이 종료되었거나 위험한 상황이 아니라는 판단이 서게 되면 원래의 정상적인 기저선을 빠르게 회복시킨다.
그러나 끔찍한 트라우마 경험에 의해 생긴 정신적 외상에 대한 기억이 뇌에 전용신경회로를 구축하고 있는 경우 이러한 정상적인 회복 과정이 차단되어 신체의 각성과 불안 상태를 그대로 유지하게 만드는 잘못된 신호를 계속 보내는 착각을 하게 된다. 그래서 트라우마에 시달리는 사람들은 특정 상황이 안전한 것인지 위험한 것인지 정상적인 해석과 반응을 못하는 비율이 높아지는 것이다.

전두엽의 역할

전두엽은 대뇌의 앞쪽에 있는 부분으로 기억력, 사고력, 창의력, 자유 의지를 주관하는 중요한 역할을 맡고 있다. 편도체가 위험에 대한 센서 역할을 한다면 전두엽은 높은 곳에서 전체를 내려다보며 감시하고 지시하는 관제탑의 역할을 한다. 편도체의 중요한 역할은 전두엽에 정보가 전달되어 분석이나 판단, 지시가 있기 전에 위험 상황과 싸우거나 도망갈 태세를 갖추도록 하여 생존에 유리한 상태를 만드는 것이다.

휴일에 편안하게 쉬고 있는데 갑자기 집 안에 설치된 화재경보기에서 요란한 사이렌 소리가 울린다면 우리는 어떤 행동을 하게 될 것인가? 이때 전두엽보다 변연계의 편도체가 먼저 이 신호에 반응하여 위험 상황에 대처할 수 있는 각성 상태를 만들어 생존에 더 유리한 반응을 할 수 있도록 만든다.

만약 이때 지나친 각성 상태가 되면 전두엽이 제 기능을 하지 못해 일단 도피하거나 그 자리에 얼어붙는 반응을 보이게 된다.

하지만 너무 지나치게 각성되었거나 당황한 상태가 아니라면 전두엽이 개입하여 지금의 상황이 화재경보기의 오작동에 의해 생긴 것이라고 깨닫게 되어 즉시 신체의 스트레스 반응을 멈추도록 신호를 보내고 원래의 균형을 회복할 수 있도록 도와주는 역할을 한다.

이처럼 실제로 집에 불이 났으니 신속하게 집 밖으로 피해야 하는 신호인지 아니면 화재경보기의 오작동에 의해 생긴 것이기 때문에 계속 휴식을 취해도 되는지를 판단하는 것이 전두엽의 역할이다.

위기 상황에서는 전두엽의 역할에 따라 실제 위험 상황에서 안전하게 살아남느냐 죽느냐가 결정될 수도 있는 것이다. 반대로 실제 위험 상황이 없는데도 불구하고 전두엽이 제 역할을 하지 못해 편도체가 지나치게 활성화되면 계속해서 위험신호를 보내게 되어 정신과 신체가 균형을 잃고 병적인 상태가 될 수도 있다.

요즘 뉴스를 보면 우리 사회가 너무 각박하고 살벌하다는 느낌까지 든다. 사소한 일로 말싸움하다가 친구를 죽이는 사건이 발생하고 층간소음 때문에 이웃을 무참히 살해하며 잔소리를 한다고 자기를 키워준 할머니를 잔혹하게 살해하는 사건들이 보도되는 것이 새삼스럽지 않게 느껴질 만큼 많이 일어나고 있는 것이 현실이다.

이러한 사건들은 순간의 감정을 조절, 통제하지 못하고 폭발하기 때문에 일어나며 충동조절 기능을 맡고 있는 뇌의 변연계와 전두엽의 역할과 관련이 있다. 충동조절장애는 뇌의 두 부위 중 한쪽 또는 두 부위 간 신호전달 시스템에 문제가 생겨 발생하게 된다.

변연계가 큰 충격에 의해 정신적 외상을 입거나 지속적으로 큰 스트레스가 누적될 경우 전두엽에 과부하가 걸려 감정을 조절, 통제하지 못하게 된다. 이러한 상황에서 자신의 의지와 상관없이 충동적인 행동을 하게 되는 것이다.

변연계에 큰 스트레스가 일어나도 자유의지의 기능을 맡고 있는 전두엽이 정상적인 역할을 할 수만 있다면 스트레스가 오히려 마음의 쿠션과 심리적 내성을 키울 수 있는 자극이 될 수도 있다. 하지만 전두엽의 기능이 떨어져 있을 경우 감정조절이 잘 안되기 때문에 미세한 스트레스에도 충동적인 행동을 쉽게 한다.

이러한 충동조절장애는 대부분 성장과정에서의 반복적인 경험이나 충격적인 사건으로 인한 정신적 외상에 의해 생겼다고 하여 성장장애라고도 부른다. 충동조절장애는 여러 가지 원인에 의해 생기지만 요약하자면 전두엽의 기능 저하와 변연계의 과잉 활성화 때문이다.

예를 들어 교통사고나 전쟁, 폭력에 의한 충격으로 뇌 앞쪽에 출혈이 생기게 되면 전두엽에 손상을 입게 되어 분노조절이 안 되는 상태가 될 수도 있다. 이 상태가 되면 전두엽이 제 기능을 할 수 없기 때문에 단순하게 느낌대로 말하고 느낌대로 행동한다.

게임이나 도박에 의한 중독도 마찬가지로 전두엽이 제 역할을 하지 못하기 때문에 충동조절이 안 되는 것으로 볼 수 있다. 게임과 도박에 반복적으로 몰입하면 뇌가 스트레스와 쾌락에 대한 단순 자극에 조건형성이 되면서 중독 상태에 빠지기 때문에 충동조절이 안 되는 것이다. 또한 게임과 도박의 특성상 오래 기다리지 않아도 바로 결과가 피드백되기 때문에 기다림이나 참을성이 부족해지기 쉽다.

이와 같이 마약, 약물, 게임 등의 특정한 자극에 뇌가 중독되면 변연계가 뇌의 통제권을 가지게 되면서 전두엽의 역할이 없어지게 된다. 이렇게 중요한 전두엽의 역할을 되살리기 위해서는 약물치료나 심리상담, 운동요법, 식사습관, 멘탈 훈련, 뉴로피드백 등 가장 좋은 치료방법을 선택해야 한다.

대상에 따라 가장 좋은 치료방법을 선택하는 것이 중요하지만 한 가지가 절대적으로 좋은 방법이라는 정해진 답은 없다. 중요한 것은 전두엽의 기능을 강화할 수 있는 합리적 선택과 훈련을 통해 전두엽이 정상적인 역할을 할 수 있도록 도움을 주는 것이다.

이성적 뇌와 정서적 뇌

일반적으로 사람들은 이성과 감정이 서로 반대 개념이라고 착각을 하기 쉽지만 이 두 가지는 반대가 아니라 양가성을 가지고 있으면서 서로가 서로에게 영향을 미치는 상보성을 함께 가지고 있다.

기억 시스템을 만드는 모든 학습과 경험은 이성적 뇌와 정서적 뇌의 조화와 균형에 의해 달라지게 된다. 우리는 이 두 가지 뇌의 서로 다른 기능이 조화와 균형을 이루게 될 때 주관성을 가진 객관적인 자기 자신으로서 환경과의 건강한 소통과 접촉을 할 수 있다.

만약 충격적인 사건이나 경험에 의해 생존을 크게 위협받는 상황이 되면 이 두 가지 뇌의 시스템이 균형을 잃고 상당 부분 따로 기능한다. 예를 들어 밭에서 일을 하고 있는데 갑자기 저 멀리서 집채만 한 사나운 곰이 자신을 향해 돌진해 온다면 생존을 위해 이 두 가지 뇌는 서로 균형을 잡고 가장 최선의 반응을 선택하게 된다.

일단 기존의 하던 일을 멈추고 곰과 싸울 수 있는 상황인지 빨리 도망을 가야 할 상황인지를 판단하여 신속하게 반응해야 한다. 이때 두 가지 뇌가 서로 균형을 잡고 있을 때 생존에 가장 유리한 반응을 선택을 할 수 있다. 도망을 가야 하는 판단과 행동을 할 경우에는 정서적 뇌가 신속하게 위험에 대처할 수 있는 각성된 신체 상태를 만들고 이성적 뇌는 어디로, 어떻게 도망을 가야 할지를 순식간에 결정하여 반응하게 만들어야 한다.

이때 너무 지나친 각성 상태가 되면 이성적 뇌와의 연결이 차단되어 생존에 불리한 잘못된 선택을 하거나 제자리에 얼어붙어버릴 수도 있다. 다행히 곰의 위협으로부터 벗어나서 안전하다는 판단이 서게 되면 각성된 마음과 신체를 원래의 정상적인 상태로 되돌릴 수 있는 회복 시스템이 작동된다. 이러한 회복 능력은 본능적인 반응이며 위험한 상황에서 얼마나 빨리 벗어났느냐에 따라 달라진다.

우리는 위험한 상황을 경험할 때 이성적인 뇌와 정서적인 뇌가 서로 양가적 기능을 하며 균형을 잃지 않고 반응할 수 있기 때문에 위험한 상황에서 생존에 좀 더 유리한 상태를 만들 수 있게 해준다. 그뿐만 아니라 이러한 양가적 균형이 위험 상황에서 벗어나 안전한 상황이 되었을 때 정상적인 회복 기능을 강화시켜준다.

만약 정서적 뇌가 과잉 활성화되어 위험하지 않은 상황에서도 위험하다는 잘못된 신호를 계속 보내게 되면 이성적 뇌는 제어 능력을 상실하여 아무런 기능도 하지 못하게 될 수도 있다. 이처럼 변연계에서 생존과 관련된 심각한 문제가 생겼다는 판단을 하고 특정 반응을 선택하게 되면 이성의 뇌 영역인 전두엽과 정서적 뇌 영역인 변연계의 연결이 약화되거나 차단되어버린다. 이렇게 되면 객관적인 통찰력과 이해력 같은 이성적 뇌의 도움을 전혀 받지 못하게 될 수도 있다.

이성적 뇌와 정서적 뇌가 조화롭게 균형을 맞추고 있을 때 온전한 자기 자신으로서의 경험을 할 수 있을 뿐만 아니라 인간다움을 유지할 수 있다. 이 두 뇌가 서로 갈등을 겪으며 균형을 잃게 되면 둘 사이에 주도권 싸움이 일어나게 되면서 신체적인 불편함과 정신적인 고통이 모두 발생한다. 그래서 이 두 뇌의 조화와 균형을 이룰 수 있는 건강한 멘탈 상태를 유지하는 것이 무엇보다 중요한 것이다.

해리 현상

생존에 위협을 느끼는 위험한 상황에 압도당한 경험은 전체성으로 통합되지 못하고 쪼개지고 조각조각 분리되기 때문에 뇌에 기억될 때도 분리되어 전체에 통합되지 못한다. 경험 당시의 이미지나 소리, 냄새, 느낌 등이 건강한 전체성으로 통합되지 못하기 때문에 트라우마와 관련된 신체감각이 제각각 새로운 생명을 얻어 비정상적으로 활성화되는 것이 해리 현상이다.

이처럼 해리 현상에 의해 조각난 감각의 과거 기억은 미세한 자극만 주어져도 현실로 생생하게 되살아나 엄청난 고통을 경험하게 만든다. 트라우마를 극복하지 못한 상태가 반복적으로 오랜 기간 지속되면 위험 상황에서 생존을 위해 분비된 스트레스 호르몬이 혈액에 계속 떠다니게 되고 특정 신경회로의 과잉 활성화로 좁혀진 경계 때문에 불안한 정서적 반응을 반복하게 된다.

트라우마를 겪게 했던 사건 자체는 이미 지나간 과거가 되었기 때문에 현재에서 더 이상 자신을 구속시키는 힘이 없지만 과거 사건의 반복적인 재연은 실제 트라우마 자체보다 더 큰 삶의 장애를 일으킨다. 트라우마는 이미 끝난 지나간 과거의 사건이지만 뇌에는 사건 당시와 유사한 작은 자극에도 과거의 경험이 쉽게 재연될 수 있는 전용신경회로를 구축하고 있기 때문에 트라우마를 경험할 때 분비되었던 화학물질을 간절히 갈구하는 중독 상태를 계속 유지한다.

이러한 중독 상태는 미세한 자극에도 부정적인 정서가 불쑥불쑥 솟아올라 과거의 경험이 재연되면서 자신의 모든 자원과 에너지를 생산적인 곳에 사용하지 못하고 트라우마를 다시 경험하며 싸우는데 다 써버리도록 만든다. 현재에서 긍정적인 자기 자신의 자원과 에너지를 차단시키고 모든 초점을 트라우마에만 맞추게 되면서 오로지 트라우마에만 반응하는 중독 상태를 만들기 때문에 엉뚱한 곳에 모든 자원과 에너지를 낭비하게 되는 것이다.

이렇게 과거의 위험을 불러내어 계속해서 전쟁을 벌이기 때문에 마음과 신체는 늘 녹초가 되어 무기력과 우울, 불안한 기분을 느끼며 힘들게 살아간다. 이것이 외상 후 스트레스 장애를 겪고 있는 사람들의 특징이다. 조각으로 쪼개져 경험하고 기억된 트라우마가 특정 자극에 의해 반복적으로 재연되면 그로 인해 분비된 스트레스 호르몬과 전용신경회로는 그 기억을 마음에 더욱더 선명하게 새긴다.

외상 후 스트레스 장애를 앓고 있는 사람들의 뇌는 강한 자극에 반복적으로 노출되었기 때문에 평범한 일상적인 일들에 대해 관심과 흥미를 가지지 못하게 된다. 이러한 상태는 평범한 사람들과의 관계나 큰 자극을 주지 못하는 일상생활에서는 즐거움이나 분노를 느끼는 것조차 힘들어지고 주의집중력이 급격히 떨어진다. 지금—여기에서의 자신과 다른 사람, 환경과 온전히 만나지 못하기 때문에 현재를 살아가지 못하고 과거에 더욱더 갇히게 되면서 뇌는 트라우마에 완전히 중독된 상태에 빠지게 된다.

만약 이러한 중독 상태를 유지시켜주는 신경회로가 약화되거나 부정적인 정서를 느끼게 해주는 화학물질이 고갈되면 과거의 트라우마 경험을 재연시켜줄 수 있는 강한 자극을 찾아 나선다. 이것은 트라우마에 시달리는 사람들이 이러한 반응을 고통스러워하면서도 그 경험을 계속 재연하려는 중독 상태에 있기 때문이다.

이처럼 통제 불가능한 강렬한 충동과 감정 상태가 재연되면 이성적인 뇌가 기능을 하지 못하고 정서적인 뇌가 완전한 통제권을 가지게 되면서 트라우마의 깊은 수렁에 다시 빠지게 된다. 이러한 트라우마의 수렁에서 벗어나기 위해서는 트라우마로 생겨난 부정적인 감정을 지금-여기에서의 자기 자신으로 그대로 느끼고 접촉할 수 있는 마음의 탄성과 내성을 키워야 한다. 그래서 자기 자신을 알아차리고 접촉할 수 있는 멘탈 공부와 훈련이 필요한 것이다.

자기 안에서 일어나고 있는 일을 관조적 입장에서 바라보고 느끼며 말로 표현하는 것에서부터 트라우마를 극복하는 첫걸음이 시작되며 트라우마는 얼마든지 극복이 가능하다는 믿음을 가지는 것이 중요하다. 손자병법의 '적을 알고 나를 알면 백번 싸워 위태롭지 아니하다'라는 말처럼 트라우마를 알아야 트라우마를 극복할 수가 있다.

시간 감각

정신적 외상으로 트라우마가 재연될 때 편도체가 과잉 활성화되어 과거와 현재를 구분할 수 있는 시간 감각을 잃어버리게 된다.

트라우마로 인해 전두엽의 기능이 떨어지면 시간 감각을 잃고 과거의 특정한 순간에 갇힌 채 과거, 현재, 미래를 구분하지 못하는 시간맹이 되어버린다. 지금 현재의 문제가 유한하며 언젠가는 끝난다는 사실을 알아차리게 되면 대부분의 힘든 경험을 견디어 낼 수 있게 된다.

왜냐하면 어떤 시련과 고통도 희망이라는 불씨가 살아있을 때 그것을 견디어 낼 수 있는 힘이 생기기 때문이다.

하지만 트라우마는 시간 감각이 무너져 있는 상태이기 때문에 이러한 알아차림과 희망의 불씨가 꺼져있는 상태를 만들게 된다.

이렇게 되면 부정적인 감정을 느끼게 되면서 무기력과 상실감을 절대로 이겨낼 수 없다는 좁혀진 경계에 갇혀버린다. 트라우마는 이러한 상태가 영원히 지속될 것이라는 신념이 강화된 경험과 같은 것이다.

이러한 상태에서 벗어나기 위해서는 무디어진 시간 감각을 다시 회복해야 한다. 눈앞의 현실을 알아차리고 활성을 잃은 전두엽의 기능을 되살려야 하는 것이다.

과거의 트라우마를 현재에서 재연하며 과거에 구속되는 현재의 상태를 바꾸는 작업이 필요하다. 그러기 위해서 과거를 불러낼 때 확고한 현실감각을 유지하면서 최대한 침착하고 편한 상태에서 현실적인 상태로 진행되어야 한다. 호흡 훈련과 신체감각 훈련을 통하여 지금-여기에서의 모든 자극과 정보를 알아차리도록 유도하여 현실에 굳건한 뿌리를 내린 트라우마로 되살리면 시간 감각을 회복하여 과거의 끔찍했던 사건이 과거에 속한 일임을 깨닫게 된다.

트라우마는 과거의 좁혀진 안전지대에 머물러있으려는 관성을 가지고 있기 때문에 현실을 알아차리고 접촉하는 것에 대한 장애를 갖게 만든다. 그래서 지금-여기에서의 안전한 현실과 주변의 지지에 대한 알아차림과 접촉을 제공해주는 것이 중요하다.

시상의 역할

시상은 대뇌 안쪽이면서 중뇌의 앞부분에 위치하고 있으며 간뇌의 중요한 구조이다. 대뇌의 중심부인 간뇌의 중앙 부분으로 시상에는 두 가지 중요한 기능이 있다. 먼저 시상은 각종 수용기로부터 신경충격을 대뇌피질로 전달하며 그곳에서 촉각, 통증, 온도 등의 적절한 감각으로 경험하게 된다.

또한 휴지상태 중에는 시냅스 전달에 의해 들어오는 충격을 조절하게 되며 이러한 조절은 긴 휴지기 이후에 오는 폭발적인 신경충격을 분산시킴으로써 이루어진다. 즉 감각신경들이 시상을 지나 대뇌피질로 도달하며 시상이 운동정보가 나가는 출력 중추 역할을 하기 때문에 마치 종합터미널에 비유할 수 있다. 종합터미널에서는 수많은 차들이 들어오고 나가는 과정에서 새로운 승객과 화물이 내리고 타며 새로운 목적지를 향해 이동하듯이 시상은 모든 감각정보가 들어오고 운동정보가 나가는 중추적인 역할을 하고 있는 것이다.

만약 중요한 역할을 하는 시상이 망가져 제 기능을 하지 못하게 되면 트라우마가 하나의 이야기로 이어진 전체성으로 통합되지 못한다. 경험 당시의 이미지, 소리와 공포, 무기력감 등 특정한 감정 상태에서 느낀 신체감각이 정상적인 전체성을 만들지 못하고 조각조각 흩어진 파편 같은 흔적으로 기억된다.

트라우마는 시상의 정상적인 기능과 역할을 방해하기 때문에 학습과 경험을 하는데도 장애를 일으킨다. 트라우마가 학습에 장애를 일으키게 되는 것은 시상이 맡고 있는 주의력과 집중력이 흐트러져 학습에 꼭 필요한 상태를 유지하지 못하기 때문이다. 시상이 학습과정에서 중요한 감각정보와 무시해도 되는 중요하지 않은 정보를 구분하도록 필터링하는 도움을 주기 때문에 시상이 제 역할을 하지 못하게 되면 학습에 장애가 생길 수밖에 없는 것이다.

트라우마에 시달리는 사람들은 이러한 필터링 작업을 하는 시상 기능에 문제가 있기 때문에 불필요한 감각정보가 넘쳐나게 되면서 혼돈이 생기게 된다. 이렇게 되면 뇌는 혼돈 상태에서 주의집중력을 잃어버리기 때문에 현재의 이 부정적인 상태를 이겨내기 위한 선택으로 혼돈을 주는 뇌의 시스템을 아예 정지시키려 한다.

그래서 시야를 최대한 좁혀 경계를 지나치게 축소하거나 특정한 한 부분에만 과도하게 집착하게 되며 강박을 보이는 특성까지 가지게 되는 것이다. 이렇게 하는데도 이러한 상태가 통제되지 않게 되면 외부에서 주어지는 강력한 자극인 알코올, 약물, 도박 등의 힘을 빌리는 잘못된 선택을 할 수도 있다. 이러한 선택이 일시적으로 자신의 상태를 안정적으로 만들어주기 때문에 부적 강화가 되어 그러한 잘못된 선택을 반복하는 중독에 빠지게 되지만 근본적인 해결이 안 될 뿐만 아니라 오히려 더 나쁜 상태를 만들게 된다.

이인증

　이인증은 자기와 분리된 상태를 말하며 한 개인이 자기 자신이나 외부 세계를 실재하지 않는 허구로 느끼는 상태에 있는 것이다.

충격적인 사건에 의해 정신적 외상을 입은 사람들은 시선을 멍하니 어딘가를 응시하고 생각은 다른 곳에 가있으며 그 자리에 얼어붙은 모습을 보이게 된다. 이러한 이인증은 트라우마로 인하여 발생하는 여러 가지 증상의 하나이다.

　이인증은 비현실감 이외에도 정신이 육체와 분리되어 있다는 느낌 또는 자신이 기계가 되어버렸다는 느낌을 동반하며 자기와 분리된 느낌을 갖게 된다. 일시적으로 자기와 분리되는 가벼운 이인증은 개인의 인격 완성과 독특한 개성을 만들어가는 과정에서 누구나 한 번쯤은 겪는 것이다. 다만 너무 오랫동안 지속되거나 반복되면서 생존을 위한 스트레스 반응으로 습관이 되면 대인관계나 공부, 일에 적응할 수 없는 심각한 심리적 장애가 생기게 되어 우울, 불안, 분열 등의 파생된 심리 장애로 나타날 수도 있다.

　심한 정신적 외상을 입게 되면 처음에는 미세한 자극에도 과거의 사건이 급격히 재연되면서 고통스러운 경험을 반복하게 되지만 시간이 지나면서 멍한 상태가 되는 경우가 많아진다. 트라우마로 인해 극적인 변화를 경험하고 지나친 각성과 불안으로 인하여 무기력해지거나 지나치게 파괴적인 행동을 하기도 하며 시간이 지나면서 점점 더 현실감을 잃어버리기 때문에 정신적으로 매우 심각한 상태가 되는 것이다.

특히 성장기에 정신적 외상을 입게 되면 이후의 성장과정에서 정상적인 표현과 공감, 반응, 관계 능력에 문제가 생겨 자신의 긍정적인 자원과 에너지를 사용하지 못하는 상태가 되기 때문에 소중한 미래를 잃어버리게 될 위험에 노출된다.

트라우마는 현재를 온전히 알아차리거나 접촉하지 못하게 만들기 때문에 자기 자신과 분리될 뿐만 아니라 외부 연결도 점차 차단되면서 현재에서 살아있는 자기를 만나지 못한다. 지금-여기에서 온전한 알아차림과 만남이 없기 때문에 자연스럽게 살아있다는 느낌을 주는 곳을 찾아 헤매게 되고 자신이 찾는 그곳이 바로 공포와 분노, 불안, 무기력, 고통으로 가득한 곳이 되기 쉽다.

이러한 이인증을 극복하기 위해서는 지금-여기에서 주변을 의식할 수 있는 상태를 만들어주는 신체감각을 통한 상향식 접근법을 사용하는 것이 도움이 된다. 멘탈 호흡 훈련이나 마사지, 지압, 운동, 활동, 춤, 상호작용 등을 통한 상향식 접근법을 사용하게 되면 정신적인 건강을 회복할 수 있다. 하지만 이러한 방법을 혼자서 실천하는 것이 쉽지 않기 때문에 전문가의 도움을 받는 것이 좋다.

이와 같이 다양한 상향식 접근법을 통해 현재를 안심하고 온전하게 만날 수 있기 위해서는 트라우마에 대한 전문적인 지식을 가지고 훈련을 진행할 수 있는 전문가가 필요하다. 트라우마에 대한 부정적인 감정을 없애기 위해 문제에 맞추어진 초점을 원하는 상태로 전환하여 자신의 신체감각과 다양한 활동을 통해 현재의 건강한 감각을 회복시키는 것이 먼저이다. 그것이 과거의 감당할 수 없었던 트라우마를 극복할 수 있는 마음의 쿠션과 내성을 기르는 빠른 길이다.

감정의 표현

인간은 철저하게 이성적인 존재이면서도 상황에 따라 완전한 감정적인 존재가 되기도 한다. 이러한 모순적이고 이중적인 존재가 되는 이유는 두 가지가 마치 시소처럼 양가성을 가지고 있기 때문이다.

어느 하나가 뇌의 통제권을 많이 행사하게 되면 나머지는 그만큼 소외되기 때문에 균형을 잃을 수밖에 없다. 그러면서도 이 두 가지는 함께 연합형태로 작동된다. 왜냐하면 사람이 100% 이성적인 뇌 상태로 존재할 수가 없고 감정적인 뇌 상태로도 존재할 수 없기 때문이다.

만약에 100% 이성적인 뇌만 활성화된다면 따뜻한 마음이나 인간적인 모습을 잃어버리게 되어 이기적이 되거나 사이코 패스가 될 수도 있다. 마찬가지로 100% 감정적인 뇌만 활성화된다면 이성적인 판단과 사고능력을 잃어버리게 되어 동물과 같은 저급한 존재가 될 수도 있다.

그래서 정상적인 인간의 뇌는 이 두 가지 뇌가 서로 균형을 이루어 이성에 감정이 묻어있고 감정에도 이성이 함께 작용하고 있는 것이다.

인간은 철저하게 이성적인 존재이면서도 감정의 통제를 받으며 생각과 말, 행동을 하는 존재이기 때문에 감정의 동물이라고도 부른다.

결국 인간은 이성적이면서도 감정적인 존재이며 감정이 우리가 하는 모든 선택과 반응, 방향을 결정짓게 되고 얼굴과 소리, 몸의 근육, 신경을 통해 그것을 표현하게 되는 것이다.

이처럼 감정은 이성에 덧입혀져 모든 생각과 말, 행동을 하는데 필요한 동기 형성에 필수적인 역할을 하고 있다. 그래서 우리는 다른 사람의 목소리나 얼굴 표정, 신체의 움직임만 관찰해도 그 사람의 정신상태나 감정, 의도까지도 유추할 수 있는 것이다.

내 앞에 있는 상대가 웃고 있다면 친근감과 호의를 전달하는 것으로 받아들여 마음의 경계를 열고 자신도 친하게 지낼 수 있다는 긍정적인 메시지를 상대에게 보낸다. 반대로 상대가 찡그린 얼굴로 인상을 쓰거나 위협적인 몸짓을 보낸다면 공격할 의도가 있음을 전달하는 것으로 받아들여 방어기제를 동원하여 상대에게 같은 반응을 보낸다.

만약 상대가 우울하고 슬픈 표정을 짓고 있다면 그것은 다른 사람들에게 관심을 이끌어내거나 위로받고자 하는 것으로 받아들여 상대에게 관심과 위로를 보낸다. 이와 같이 인간관계에서 사람들의 얼굴 긴장 상태나 자세, 눈빛, 목소리 톤, 표정의 변화만 관찰해도 그 사람의 감정 상태를 알아차리고 반응을 할 수 있다.

TV에서 외국영화를 보면 전혀 모르는 언어로 배우가 노래를 부를 때 그 노랫말의 뜻은 알 수 없지만 본능적으로 그 배우의 감정 상태를 읽을 수 있게 된다. 이처럼 생각, 말, 행동에는 특정한 감정이 코팅되어 있기 때문에 감정 상태에 따라 우리의 선택과 반응이 달라지며 감정 상태가 삶의 성취 결과까지 바꿀 수 있게 되는 것이다.

만약 우리가 격한 감정 상태에서 오로지 생존만을 위한 예민한 기전을 활성화시켜 몰두하게 되면 자기 내면의 엉뚱한 적과 싸우는데 자신의 긍정적인 자원과 에너지를 낭비하게 된다. 그렇게 되면 서로 사랑을 나누거나 새로운 학습과 경험을 통해 자기 계발과 성취를 이루는 데는 흥미가 없어지고 긍정적인 에너지를 동원할 수 없는 무기력한 상태가 된다. 이 상태에서 자신의 자원과 에너지가 목표 성취를 위한 초점에 일치되지 못하고 마음의 혼돈과 불안, 분노, 공포에 맞서 전쟁을 치르고 있는 동안 자기 자신과 다른 사람, 환경과의 건강한 만남이 어려워지며 자신의 목표와도 더 멀어지게 되는 것이다.

이러한 부정적인 감정 상태를 반복하거나 오랫동안 지속하게 되면 심리적인 장애뿐만 아니라 신체적인 병리 현상까지 일어나게 된다.

강렬한 감정에는 마음뿐만 아니라 위, 장, 심장, 혈관까지 관여하고 있기 때문에 마음의 상태가 곧 생리적, 신체적인 상태를 결정짓기까지 한다. 그렇기 때문에 긍정적인 변화를 위해서는 두 가지 맞춤 전략을 활용할 수 있는 능력을 가져야 한다.

두 가지 맞춤 전략인 마음공부와 훈련을 통한 하향식 접근법과 신체 감각을 통한 상향식 접근법 중에서 어느 것을 선택하더라도 심신상관성에 의해 두 가지는 함께 긍정적으로 변화할 수밖에 없으며 두 가지를 복합적으로 선택한다면 더 큰 효과를 얻을 수 있다.

멘탈 호흡 훈련

우리의 몸과 마음은 서로 구분할 수는 있으나 분리될 수는 없는 하나로 연결된 전체성을 가진 시스템을 가지고 있다. 그렇기 때문에 몸과 마음은 어느 하나가 바뀌면 나머지 하나도 함께 바뀌게 되는 비국소성과 전체성으로 작동된다.

마음에서 일어나는 변화와 몸에서 일어나는 변화는 표면적으로는 서로 구분되기 때문에 분리되어 있는 것처럼 보이지만 어느 한 가지가 바뀜으로써 나머지도 동시성으로 영향을 받아 함께 변화하기 때문에 실제로는 하나로 연결된 전체성을 가진 시스템으로 작동되는 것이다.

그뿐만 아니라 신체의 어떤 증상과 변화는 다른 신체의 증상과 변화에 영향을 미친다. 그것은 마음과 몸의 상관성과 마찬가지로 모든 장기나 근육, 신경 등도 전체성과 비국소성으로 작동되기 때문이다.

예를 들어 긴장했을 때 나타나는 근육의 변화와 얼굴의 경직, 팽창된 동공, 음성의 높낮이, 말의 속도, 땀 분비, 침 삼키기, 빠른 호흡, 심장 박동수 증가 등이 하나의 조절체계를 통해 서로 연계되어 전체성으로 작동되고 있다. 이러한 부분적인 신체증상과 반응을 관찰하면 다른 신체적인 상태뿐만 아니라 숨겨진 마음 상태까지도 알아차릴 수 있게 된다. 전체성의 관점에서 보면 신체적으로 드러난 사소한 징후들에도 그 사람의 마음이 함께 묻어 있기 때문에 부분적인 하나를 알아차린다는 것은 전체를 알아차리는 것과 같은 것이다.

모든 증상과 반응들은 개인의 의지와 상관없이 자율신경계가 특정한 항상성을 유지하여 그 상황에 가장 적합한 상태를 만들어주기 때문에 나타난다. 즉 이러한 현상은 자율신경계의 교감신경계와 부교감신경계라는 두 가지 동시성에서 비롯된 결과로 볼 수 있다.

자율신경계는 신체의 각성과 관련된 교감신경계의 역할과 이완에 관련된 부교감신경계의 역할로 특정한 상태가 유지된다. 두 신경계는 서로 상반된 관계로 이해할 수 있지만 실제로는 상황과 상태에 맞는 최상의 조화와 균형을 이루기 위해 서로 협력하며 함께 작용한다.

위험 상황을 인지하게 되면 교감신경계는 그 상황에 빠르게 대처하며 행동할 수 있도록 근육으로 혈액을 보내고 아드레날린을 분비하여 신체를 각성시킴으로써 안전과 생존에 유리한 상태를 만든다.

시간이 흘러 교감신경이 활성화된 상태를 만든 위험 상황이 사라지게 되면 즉시 부교감신경이 활성화되어 원래의 정상적인 이완과 안정상태를 회복하게 된다. 이때 부교감신경이 활성화되어 소화, 상처치유, 안정적 상태 등 신체 보존 기능을 촉진시킨다.

멘탈코칭센터에서 상담과 코칭을 할 때 가장 많이 활용하는 멘탈 호흡 훈련은 신체적 긴장과 이완을 반복하여 자율신경계의 교감신경과 부교감신경의 활성화를 유도함으로써 자율신경계가 원래의 정상적인 기저선을 회복할 수 있도록 도움을 주는 중요한 훈련과정이다.

체계적인 멘탈 호흡 훈련을 하루도 쉬지 않고 3개월만 꾸준히 반복하면 자율신경계가 안정적인 기저선을 형성할 수 있게 된다.

멘탈 호흡 훈련과정에서 숨을 깊게 들이마시고 신체를 긴장시키게 되면 교감신경이 활성화된다. 이때 숨을 최대한 크게 들이마신 후 숨을 멈춘 상태에서 신체를 최대한 긴장시켜야 한다. 긴장의 강도가 클수록 숨을 내쉴 때 부교감신경의 활성화가 크게 일어나기 때문에 더 큰 이완을 느낄 수 있다.

입으로 숨을 천천히 내쉴 때 신체를 최대한 이완시키게 되면 부교감신경이 활성화되어 편안함과 안정감을 느끼게 된다. 멘탈 호흡 훈련에서 숨을 얼마나 깊게 마시고 길게 뱉어내느냐에 따라 교감신경과 부교감신경의 활성화 정도가 달라진다. 자율신경계가 활성화되면 신체적인 긴장과 이완이 반복되는 과정에서 심신상관성에 의해 정신적 긴장과 이완이 함께 이루어지기 때문에 마음이 편안하게 안정되는 것이다.

멘탈 호흡 훈련은 숨을 마시고 뱉는 동안 신체적 긴장과 이완을 최대한 크게 반복한다. 그렇기 때문에 호흡을 인위적으로 조절할 수만 있다면 마음과 몸의 상태를 원하는 대로 바꾸어 줄 수 있게 된다. 만약 숨을 들이마실 때보다 내뱉는 시간을 길게 한다면 부교감신경이 활성화되는 시간이 길어져 편안한 이완 상태를 유지할 수 있다.

멘탈 호흡 훈련을 꾸준히 규칙적으로 정확하게 실천한다면 대부분의 심리적 문제를 해결할 수 있는 마음의 기초체력과 쿠션을 강화하여 심리적 내성과 응집력을 기를 수 있으며 심신의 부조화에서 생기는 신체적인 문제도 함께 해결될 수가 있다. 멘탈 호흡 훈련으로 마음의 쿠션이 만들어진 후 복식호흡을 병행하게 되면 효과가 더욱 좋다.

관계 능력

인간은 자연 생태계에서 만물의 영장이라고 불릴 만큼 탁월한 생존 능력을 갖추고 먹이사슬의 최고 꼭대기에 자리하고 있으면서도 복잡한 사회적 관계 속에서 혼자 살아갈 수 없는 나약한 존재이기도 하다.

이러한 관점에서 보면 다른 사람들과의 관계 속에서 자신의 존재와 정체성이 증명되기 때문에 자기 자신 안에 다른 사람이 들어와 있는 것으로 볼 수도 있다.

정신적 문제로 고통을 겪고 있는 많은 사람들이 현재의 문제를 일으켰던 시작이 건강한 사회적 관계를 형성하지 못했거나 외부의 환경적 자극을 잘 통제하지 못해 생겼다는 사실을 알지 못하고 눈앞의 드러난 현상과 문제에만 초점을 맞추고 살아간다.

특히 성장과정에서 부모나 주변 사람들로부터 정상적으로 받아야 할 관심과 사랑, 수용과 공감, 지지, 긍정적인 피드백을 받지 못하는 결핍적 관계 형성은 소외감과 무력감, 우울한 정서, 불안과 같은 부정적인 상태를 만들어 외상 후 스트레스 장애를 겪게 된다. 마찬가지로 전혀 받아야 할 이유와 필요가 없는 충격적인 자극이나 부정적인 정서를 일으키는 관계 형성이 반복적으로 지속되면 자괴감과 더불어 무력감, 우울한 정서, 불안과 같은 부정적인 상태를 만들어 외상 후 스트레스 장애를 겪게 될 수도 있다.

성장과정에서 관계 형성의 첫 단추를 끼우는 대상은 부모이다.

부모가 아이와 어떤 관계를 형성하는가에 따라 세상모형이 만들어지고 부모를 그대로 내사하거나 모델링하여 부모와 비슷한 관계 능력을 갖게 될 가능성이 높아지기 때문이다. 이때 부모가 정신건강과 마음의 쿠션을 갖는데 도움이 되는 수용과 공감, 지지를 보내주게 되면 이후 성장과정에서 스트레스와 트라우마에 구속되지 않게 자신을 지켜주는 마음의 내성과 응집력을 가질 수 있게 된다.

상호의존 속에 다름을 인정할 줄 아는 마음의 유연성과 수용, 공감능력을 갖추게 되면 타인의 존재를 인정할 수 있는 사람으로 성장한다. 그렇기 때문에 공감과 격려, 지지를 받는 관계가 중요하며 이러한 안정된 관계 형성을 통해 타인과 눈을 마주치고 라포를 형성해가는 것에서부터 회복의 첫 단추를 끼울 수 있게 된다.

거울뉴런은 상대의 드러난 행동뿐만 아니라 말소리, 미세한 움직임까지 놓치지 않고 스캔한다. 심지어는 상대방의 숨겨진 감정까지도 알아차릴 수 있다. 주변 사람들의 얼굴 표정이나 목소리, 제스처, 행동에도 상호작용하며 영향을 주고받는다. 친절한 얼굴 표정이나 마음을 달래주는 목소리, 공감과 지지를 받게 되면 부정적인 마음이 순식간에 긍정적으로 변화하게 되는 것도 거울뉴런의 힘이다.

거울뉴런은 자기 자신에게 안정감과 편안함을 주는 사람과 만나거나 그 사람의 목소리만 들어도 편안하고 안전하다고 느끼게 된다. 반대로 자기 자신을 무시하며 고통을 주었던 사람을 만나거나 그 사람의 목소리만 들어도 순식간에 분노 반응이 일어나고 부정적인 정서가 폭발하여 마음과 신체 균형이 무너질 수 있다.

이처럼 사회적 관계 속에서 우리의 존재와 정체성이 증명되기 때문에 사회적 관계를 바꾸게 되면 개인의 존재와 정체성이 함께 바뀌게 된다. 우리가 겪고 있는 모든 심리적 장애는 사회적 관계 속에서 발생했기 때문에 사회적 관계 속에서 그것을 극복할 수도 있다.

세 가지 반응

사람들은 자신이 처한 상황이나 환경에 따라 상대적인 위험과 안전에 대해 평가하는 개인의 능력과 반응 수준이 다르다.

이러한 현상은 사람들이 서로 다른 학습과 경험에 의해 자신만의 독특한 세상모형을 만들어 서로 다른 세상을 살아가고 있기 때문이다.

특히 트라우마 경험으로 정신적 외상을 입은 사람들은 건강할 때와는 전혀 다른 왜곡된 세상모형을 만들기 때문에 위험과 안전에 대한 인식과 해석, 반응이 그 이전과는 완전히 달라질 수밖에 없다.

만약 충격적인 사건을 경험한 이후에 생존본능기전이 과하게 방어작용을 하게 되면 정상적인 세상모형이 기형적으로 변형되거나 쪼그라들어 마음의 유연성을 상실할 수 있다. 이러한 왜곡된 세상모형이 만들어지면 위험에 적절히 반응하면서도 안전하고 편안한 기분을 느낄 수 있는 사회적 적응 능력과 인간관계 능력이 떨어지게 된다.

사회적 적응 능력과 관계 능력이 떨어지게 되면 생존을 위한 변연계가 과잉 활성화되어 근육이나 심장, 폐를 자극해 비정상적인 각성 상태를 오랫동안 유지시킨다.

만약 자신에게 닥친 외부 자극과 상황이 위험한 것이라면 이러한 각성 상태는 자신의 안전과 생존을 위해 아주 중요한 역할을 하게 된다. 하지만 위험하지 않는 안전한 상황에서도 이러한 각성 상태가 계속 유지된다면 정신적인 혼돈과 붕괴를 겪게 될 뿐만 아니라 여러 가지 신체적인 질병의 원인이 되기도 한다. 일반적으로 사람들이 트라우마 상황에 처하게 되면 자신의 안전과 생존을 위해 세 가지 생리학적 상태를 조절하게 되며 특정 시점에 세 가지 중 한 가지 반응을 선택하여 활성화시키면서 자신을 안전하게 지키게 된다.

첫 번째 단계는 '사회적 개입' 반응이다.

사람들은 충격적인 자극이나 사건을 경험하게 되면 본능적으로 제일 먼저 주변의 도움과 지원을 구한다. 다행히 이 단계에서 가족이나 주변 사람들의 위로나 공감, 격려, 지지와 같은 도움을 받을 수 있게 되면 위험 상황에 대해 각성을 준비하던 자율신경계가 원래의 정상적인 기저선을 회복할 수 있게 된다.

자신이 위험한 상황이라고 인지했던 그 상황에서 주변 사람들이 미소를 짓거나 공감을 해주며 지금 이 상황이 안전하고 괜찮다는 메시지와 피드백을 제공해주게 되면 자신도 침착하고 편안한 정서를 느끼며 중심을 잃지 않는 쾌적한 기분을 느낄 수 있다. 이때까지는 이성적인 뇌가 통제력을 가지고 있기 때문에 동물적인 뇌가 일으키는 부정적인 정서의 수렁에 깊이 빠지지 않고 안전한 상태로 되돌아가는 현명한 선택을 할 수 있게 된다.

두 번째 단계의 선택은 '싸움-도주' 반응이다.

주변 사람들에게 보냈던 도움의 요청에 아무런 반응과 긍정적인 피드백이 주어지지 않으면 위험에 대한 생각이 점점 더 증대되면서 변연계가 더 활성화된다. 이때 혈류가 근육으로 이동하고 근육과 심장, 폐를 움직여 싸움을 할 것인지 빠르게 도망을 갈 것인지를 결정한다.

이 단계에서는 주변의 도움에 대한 연결이 차단되고 주변 사람들이 보내는 신호나 목소리에 대한 반응도가 떨어지는 반면 위험을 알리는 소리와 이미지는 크게 다가오기 때문에 더욱 민감한 상태가 된다.

이 상태에서 시비가 붙거나 다투게 되면 전형적인 싸움-도주 반응이 나타난다. 자신의 의지와 상관없이 갑자기 위험을 크게 느끼고 과잉행동을 취하거나 상대를 공격하겠다는 강렬한 충동이 치솟게 된다.

학대와 정신적 외상을 입은 사람들은 실질적인 위험과 마주하면 아주 과잉된 행동과 반응을 보이는 경우가 많다. 그러한 반응이 나타나는 것은 자신의 몸에는 그것이 부정적인 것이라 할지라도 에너지가 가득한 느낌이 들기 때문에 그 충동이 조절되지 않는 경우가 많아지는 것이다. 이 상태에서 공격을 가한 대상과 맞서 싸우거나 안전한 장소로 신속하게 달아나는 선택을 하게 된다. 반면에 여러 사람들과의 친교를 위한 워크숍이나 파티, 단체 식사를 하는 것처럼 객관적으로 안전하고 편안한 상황에서는 오히려 멍해지거나 소극적인 반응을 보이게 된다.

세 번째 단계의 선택은 '얼어붙기' 반응이다.

싸움–도주 반응으로도 위험 상황이 해결되지 않으면 파충류 뇌가 관여하는 얼어붙기를 통해 환경과 자신을 차단시키고 에너지 소모를 최소한으로 줄이게 된다. 도저히 위험 상황을 벗어날 수 없고 피할 수도 없는 상황에 처하면 등 쪽 미주신경 복합체 시스템이 활성화되면서 위, 심장, 장까지 영향을 받아 몸 전체의 대사작용을 대폭 감소시킨다.

심장박동이 떨어지고 숨을 제대로 쉬지도 못하며 소화계는 기능을 멈추거나 배출을 유도하기도 한다. 이 상태가 되면 실제상황과 완전히 분리되어 얼어붙기를 선택하게 된다.

만약 가해자에게 움직일 수 없는 상태에 잡혀있거나 아이가 부모의 폭력에 도망가지 못하는 상황에 있다면 신체를 마음대로 움직이지 못하게 되어 얼어붙기를 선택하게 될 가능성이 높아진다. 이 단계가 가동되면 지금 자신이 겪고 있는 일이나 상대방이 더 이상 중요하게 느껴지지 않고 인지능력까지 떨어지게 되면서 신체적 고통도 더 이상 인지하지 못하는 분리 상태가 된다.

몸을 자신의 의지대로 움직이지 못하는 상황은 대부분의 트라우마에서 근본적인 원인이 되는 경우가 많다. 세 가지 단계의 선택이 부정적으로 오랫동안 지속되어 원래의 정상적인 상태로 회복되지 못할 때 자기 상실과 분리를 경험하게 되면서 점점 더 트라우마가 주는 부정적인 중독 상태에 빠지게 되는 것이다.

트라우마 극복을 위해서는 이러한 생존본능기전을 활성화시키는 방어작용이 중단되도록 생리적 기능을 새롭게 세팅할 필요가 있다.

자기 자신의 좁혀진 경계를 확장하고 신체감각을 회복하는 반복적인 훈련과정에서 자기 자신을 더 온전히 만나게 해야 한다.

자기 자신과의 온전한 만남 이후에 사회적 관계 능력까지 확장할 수 있다면 자기를 구속하고 있는 트라우마에서 벗어나 더 나은 선택을 할 수 있는 유연성과 자유를 찾을 수 있게 된다.

운동치료

트라우마에 시달리는 사람들 중에는 자율신경계의 교감신경이 지나치게 활성화되어 사소한 자극에도 쉽게 긴장과 각성을 하며 평소에도 민감한 경계심을 갖고 있기 때문에 주의의 폭을 좁혀 일상생활에 지장을 받는 경우가 많다.

이처럼 지나친 긴장과 각성, 경계심은 주의의 폭을 좁혀 불필요한 자극과 정보를 차단하는 긍정적인 상태를 만들기도 하지만 삶의 즐거움과 행복을 느끼게 만드는 소소한 자극, 긍정적인 자원과의 연결까지도 모두 차단해버리기 때문에 삶을 황폐화시키게 된다. 이러한 긴장과 각성, 경계심이 자신의 생존과 안전에 도움이 되기 때문에 본능적으로 선택을 하게 되지만 그것이 때로는 자신의 좁혀진 경계를 만들거나 심리적 장애를 만들어 삶의 걸림돌을 갖게 한다.

트라우마로 인하여 무기력한 상태가 오랫동안 지속되면 무기력과 둔감화로 인해 아무런 감각을 느끼지 못하기 때문에 새로운 학습과 경험을 받아들이거나 실제 위험에 대한 알아차림과 적절한 반응을 하지 못해 안전에 위협이 될 수도 있다. 이렇게 되면 실제 위험 상황에서 도피하거나 회피하는 빠른 선택을 통해 자기 자신을 안전하게 방어하지 못하게 되며 위협을 주는 대상과의 싸움을 통해 자기 자신을 지키려는 반응도 정상적으로 하지 못하게 된다.

그래서 트라우마에 시달리는 사람에게 가장 필요한 것이 지금-여기에서 자기 자신의 존재와 환경을 있는 그대로 알아차리고 만나는 것이다. 이러한 알아차림과 접촉 과정에서 자신이 현재 안전한 상태이며 만약 자신이 위험에 처했을 경우 방어 기능을 활성화시키면 안전하게 된다는 사실을 깨닫게 해주어야 한다.

요즘 트라우마에 시달리는 사람들이 멘탈코칭센터를 찾아와 심리상담과 훈련을 많이 하고 있다. 멘탈코칭센터에서는 상향식 접근법과 하향식 접근법을 활용하여 현재의 문제 상태에 맞추어진 내담자의 초점을 원하는 긍정적인 상태에 맞출 수 있도록 도움을 준다.
멘탈 훈련과정에서 다양한 기법으로 지금 현재 자신의 상태가 편안하고 안전하다는 경험을 반복하여 조건형성시키게 되면 차츰 안전한 자기 자신을 회복할 수 있게 된다.

상향식 접근법으로는 신체를 사용하는 각종 운동과 멘탈 호흡 훈련, 이완훈련, 멘탈 체조 등을 반복적으로 훈련시키는 방법을 사용한다.
하향식 접근법으로는 멘탈 공부와 심리상담, 심상훈련, 자기암시, 시각화 기법 등을 반복적으로 훈련시키는 방법을 사용한다. 이 두 가지 접근방법이 트라우마에 시달리는 사람들의 불안정한 마음을 진정시키고 정신과 신체를 연결하는데 큰 도움이 된다.

특히 그중에서 마음과 신체를 함께 수련하는 건강 운동 종목인 요가와 합기도가 트라우마 극복에 도움이 된다. 요가는 단순한 신체 훈련이 아니라 신체 훈련을 통해 마음을 공부하고 마음공부를 통해 신체를 단련하는 좋은 운동 종목이다. 마음을 통해 신체를 변화시키고 신체를 통해 마음을 변화시키며 전체성을 회복시켜준다. 그리고 유원화의 원리로 수련을 하는 합기도와 같은 무술종목은 자신과 상대의 힘을 알아차리고 접촉하여 힘을 반복해서 느낄 수 있기 때문에 트라우마를 극복하는데 아주 큰 효과가 있다.

건강 운동인 요가와 합기도는 전신적인 신체의 자극과 더불어 호흡 훈련, 명상을 통한 정신적인 활동을 동시에 활성화시켜 자기 자신을 회복하게 만들어 변화한 건강한 자기 자신으로서 타인과 환경을 알아차리고 접촉하도록 해주기 때문에 트라우마를 극복하는데 큰 도움이 된다. 이 두 가지 건강 운동이 상향식과 하향식을 동시에 활용하기 때문에 트라우마 극복에 큰 도움이 되는 것이다.

그뿐만 아니라 건강 운동을 오랫동안 여러 사람과 함께 수련하게 되면 사회적 참여 기능을 활성화시키기 때문에 대인관계 능력을 향상시키는 긍정적인 효과까지 생긴다. 그래서 규칙적인 운동이 마음과 몸을 건강하고 활력 있게 만들어주는 최고의 보약이라고 하는 것이다.

자기 인식

트라우마는 자기 상실을 겪는 과정에서 삶의 소중한 자원들과의 연결을 차단시킨다. 이러한 차단이 지금-여기에서의 자신과 현실을 온전히 알아차리거나 만나지 못하고 과거의 부정적인 정서를 가진 기억의 좁혀진 경계에 구속된 삶을 살아가게 만든다. 트라우마의 경계에 구속되어 자기 자신을 온전히 감지할 수 있는 내면의 시스템이 가동되지 않으면 자기 자신이 누구인지, 지금 어디서 무엇을 하고 있는지, 자신에게 지금 무슨 일이 일어나고 있는지를 모르기 때문에 변화를 위한 그 어떤 선택과 실행도 하지 못하게 된다.

아동기에 만성적으로 트라우마에 시달리며 고생한 사람들 중에는 심한 경우 자기 자신을 제대로 인식할 수 있는 능력을 잃어버려 거울을 보고도 자신을 알아보지 못하는 경우까지 생긴다. 우리는 눈으로 세상을 직접 보고 있다고 착각하지만 실제로 눈은 카메라 렌즈의 기능처럼 세상을 비춰주는 역할밖에 하지 못한다. 세상을 보는 것은 눈이 아니라 시신경을 통해 눈에서 비추어준 정보를 받아 처리하는 뇌에서 그 역할을 맡고 있다.

트라우마는 뇌에 심각한 후유증을 남기기 때문에 감각정보를 처리하는 정상적인 뇌 기능에 장애를 일으키게 된다. 뇌는 두개골 깊숙한 곳에 자리 잡고 있기 때문에 외부 자극과 정보를 감각을 통해 받아들이고 처리하게 되는데 트라우마는 신체의 직관적인 느낌과 감정을 전달하는 뇌 영역의 일부 기능을 떨어뜨리거나 아예 정지시켜버린다.

트라우마에 시달리는 사람들의 뇌는 트라우마 자체에 대한 반응뿐만 아니라 반복적으로 솟아오르는 불안, 두려움, 공포에 대처하기 위해 특정 영역의 뇌 기능을 정지시키는 방법을 습득하여 중독된 패턴을 만들기도 한다. 왜냐하면 트라우마와 관련된 뇌 영역을 활성화시키게 되면 부정적 정서를 증폭시키거나 생생하게 재연시킴으로써 관련된 뇌 기능을 아예 정지시켜버리기 때문이다.

뇌는 생존을 위한 기전을 최우선적으로 선택하기 때문에 과거에 끔찍했던 사건을 경험하며 기억된 감각을 차단하는데 모든 시스템을 가동한다. 중요한 것은 시스템이 가동되면 건강한 삶을 온전하게 살아가는 데 필요한 중요한 뇌 기능마저도 함께 정지시켜 버리는 엉뚱한 선택을 할 수도 있다는 사실이다. 이와 같이 뇌 기능이 일부라도 정지된 상태에서는 삶의 방향과 목표를 잃게 될 뿐만 아니라 현실과 동떨어진 과거에 구속된 상태에 머물게 된다.

트라우마 극복을 위해 멘탈코칭센터를 방문한 사람들 중에는 아주 소소한 것까지 디테일하게 잘 이야기하고 도움을 간절히 요청하면서도 멘탈 훈련과정에서의 조언이나 제공되는 미션을 거의 이행하지 않는 경우가 많다. 그 이유는 바로 트라우마로 뇌가 충격을 받아 뇌의 특정 영역이 제 기능을 하지 못하기 때문이다.

자기 자신이 진정으로 무엇을 원하는지, 지금 당장 무엇을 실천해야 하는지를 알지 못하기 때문에 당연히 실행이 뒤따르지 않는 것이다.

그들은 지금 현재의 자기 자신을 알아차리지 못하고 만나지 못하기 때문에 자신의 미래를 어떻게 설계하고 그것을 실행에 옮겨야 하는지도 모른 채 살아가게 된다.

인간의 감각 체계는 태아 때부터 형성되며 태어난 뒤에도 신체감각을 통해 자기 자신과 주변 환경과의 관계를 설정한다. 의식과 언어체계가 완전히 습득된 이후에도 신체감각 시스템은 신체 움직임 하나하나에 현재의 상태에 대한 중대한 정보를 제공하고 있다.

이때 감지한 모든 자극과 정보는 주의의 초점 대상을 바꾸게 되고 스스로 인지하지 못한 사이 자신의 생각과 느낌, 말, 행동을 그 변화에 맞게 새롭게 세팅한다. 그래서 우리가 마음과 몸을 건강하고 안전하게 지키려면 신체감각을 인식하고 그에 따라 행동하는 훈련을 반복하는 것이 필요하다. 우리 몸이 어떤 상태인지 알 수 있는 정보가 없으면 삶을 통제하고 항상성을 유지시켜주는 인식 기능도 함께 사라지게 된다.

자기통제

일반적으로 트라우마에 시달리는 사람들은 정신적인 고통 때문에 힘든 삶을 살아간다고 생각하기 쉽다. 그 말이 틀린 것은 아니지만 마음과 몸은 심신상관성에 의해 하나의 체계로 작동되기 때문에 마음의 병은 곧 몸의 병이 되어 신체적인 장애가 동반되는 경우가 많다.

우리의 마음이 견디기 힘들 만큼의 외부적 충격이나 사건을 경험하게 되면 마음뿐만 아니라 근육이나 위, 심장, 장, 피부 등 신체가 함께 관여하여 전체성으로 반응한다. 좀 더 정확하게 말하면 어떤 충격이 주어지면 마음뿐만 아니라 몸 전체가 함께 반응하는 것이다.

이러한 반응은 직접적인 경험뿐만 아니라 정서적 영향을 받았던 과거의 경험을 회상할 때도 그 당시에 느낀 직관적 감각을 그대로 다시 경험하게 되면서 마음과 몸이 함께 고통을 겪게 된다. 자신이 겪었던 과거의 충격적인 사건은 오래전의 일이 되었지만 트라우마에 시달리는 사람들의 뇌는 과거 경험 당시와 연관된 작은 자극에도 뇌간과 변연계의 기본적인 시스템을 과하게 활성화시켜 과거의 경험을 현재에서 다시 생생하게 경험하도록 만드는 것이다.

이렇게 특정 영역의 뇌가 활성화되면 과거 경험과 비슷한 정서적 반응이 나타나고 이러한 정서적 반응이 특정 뇌 영역을 더 과하게 활성화시키게 된다. 그래서 트라우마에 시달리는 사람들은 정상적인 사람들과는 전혀 다른 삶을 살아가게 되는 것이며 그들에게는 일반적으로 이해하기 힘든 많은 일들이 생기게 되는 것이다.

그들은 아무런 위험 상황이 없는데도 불구하고 생존에 내몰린 동물처럼 불안과 공포를 느끼며 온몸이 마비되고 시력이 일시적으로 정지되거나 무기력한 상태에 빠지기도 한다. 아주 미세한 소리에도 과민반응을 나타내고 신경질과 짜증이 늘어나며 별것 아닌 일반적인 자극에도 소스라치게 놀라는 반응을 하게 된다.

이러한 상태가 반복되거나 오랫동안 지속되면 삶의 건강한 활력을 잃어버리게 되고 감각의 둔감화로 인하여 소소한 즐거움과 행복을 느끼지 못하기 때문에 정신이 황폐화되고 심한 경우 조현병과 같은 심각한 정신질환으로 이어질 수도 있다. 트라우마는 자신과 환경을 알아차리고 접촉할 수 있는 연결을 차단시키고 더 나은 변화를 위한 선택권과 창의적인 사고능력을 빼앗아버리기 때문에 늘 같은 문제의 수렁에 반복해서 빠지게 된다.

트라우마의 경계에 갇힌 사람들은 지금의 현실이 결코 안전하지 않게 느껴지기 때문에 작은 자극에도 과거의 일이 되살아나서 안정감과 편안함을 갉아먹는다. 그들의 신체는 끊임없이 위험에 대한 경고신호가 울리기 때문에 이 불안정한 상황을 통제하기 위해 과잉 활성화된 반응을 보이거나 아예 둔감해지는 선택을 하게 되는 것이다.

이렇게 되면 자기 자신과 환경과의 연결이 더 많이 차단되면서 공황 상태에 빠지게 되고 때로는 모든 형태의 감각 변화에 반응성이 약해지게 될 수도 있다. 실제 사건이나 충격적인 과거 기억 때문에 두려움을 느끼는 것이 아니라 단순히 두려움 자체를 두려워하게 되는 강박까지 갖게 되는 것이다.

공황장애를 겪고 있는 사람들은 특정한 상황에서 발작이 일어날 때 그 사건이나 상황 때문이 아니라 자신의 신체감각을 두려워하면서 발작을 더 키우고 지속하는 경우가 많다. 생각에 대한 또 다른 생각이 점점 더 자신의 신체감각에 대한 공포를 키우게 되고 나중에는 몸 전체를 비상상태로 각성되게 만들어 기능이 정지되고 마비된 완전한 얼어붙기가 실행되어버린다.

이러한 부정적인 상태가 될 때 주의의 폭을 좁히기 때문에 짧은 순간 일시적으로 안전함을 느끼게 만들어 주기도 하지만 더 위험한 자극과 신호를 알아차리지 못하게 될 수도 있고 반대로 자신에게 아주 도움이 되는 긍정적인 자원들과의 연결들을 차단하여 자신만의 좁혀진 안전지대에 갇혀버릴 수도 있다.

약물이나 알코올, 게임, 강박, 충동에 중독된 가짜 자기를 만드는 트라우마를 극복하기 위해서는 자기 자신을 회복하는 멘탈 재활 과정이 필요하다. 자기 자신의 회복을 통해 자기조절에 대한 통제권을 갖기 위해서는 먼저 자신의 몸과 친밀한 관계를 형성해야 한다. 그 선택이 바로 규칙적으로 운동하는 습관을 형성하는 것이다.

운동을 통해 말초신경의 모든 자극과 정보가 중추신경인 뇌에 전달되면 평소에 활성화되지 못한 다양한 신경회로가 활성화되면서 완전한 전체성을 만들게 된다. 운동은 신체감각을 회복하는 과정에서 자기 자신을 알아차리고 접촉할 수 있는 가장 확실한 방법이라고 할 수 있다.

운동은 다른 사람들과의 경쟁, 협력을 경험하고 정해진 규칙 안에서 승리와 생존을 위한 거친 투쟁과 자신을 지키는 방법을 습득하게 해준다. 그 과정에서 위험과 안전에 대한 정상적인 인지능력이 발달하면서 자신의 좁혀진 경계를 점점 더 확장할 수 있게 도움을 받는다.

그래서 운동은 신체의 보약이 되기도 하지만 건강한 멘탈을 강화시켜 주는 최고의 영양분이 되는 것이다.

감정인지불능증

　감정인지불능증은 트라우마로 인해 긴장된 상태이거나 억압과 부정 등의 방어기제로 인해 자신의 느낌을 말로 표현하지 못하고 막히는 것을 말한다. 감정인지불능증은 현재 자기 자신의 신체감각이 무슨 의미인지 알아차리지 못하고 접촉할 수 없기 때문에 자신의 느낌을 말로 표현하지 못하게 된다. 그래서 굉장히 힘들어하는 모습을 보이면서도 자신은 전혀 힘들지 않다고 말하고 잔뜩 겁에 질린 반응을 보이면서도 아무렇지 않다고 말한다.

　이러한 현상은 자기 안에서 일어나는 자신의 신체감각을 제대로 인식하지 못하기 때문에 일어나며 그로 인해 자신의 욕구도 인식하지 못하게 되면서 자기를 돌보거나 관리하는 것조차 어려움을 겪게 된다. 감정인지불능증은 자신의 신체감각을 느끼지 못하고 감정을 알아차리거나 접촉하지 못하기 때문에 자신의 감정을 신체적인 문제로 잘못 인식하기 쉽다. 그래서 희로애락의 감정을 정상적으로 느끼는 대신 신체의 문제로 인식하여 근육통이나 심장, 호흡, 소화기 계통에 문제를 일으키게 되는 것이다.

　사회적으로 크게 성공한 사람들 중에도 감정인지불능증으로 마음의 걸림돌을 가지고 있는 사람이 의외로 많다. 그들은 사회적으로 남들이 부러워하는 큰 성취를 이루었지만 자신이 원하는 성과를 빠르게 얻는 과정에서 자신의 신체감각과 감정을 알아차리거나 접촉하지 못하고 오랫동안 억누르고 왜곡시켜왔다. 억압과 왜곡이 계속 누적되면서 감각과 감정이 비정상적인 반응을 하기 때문에 친밀한 대인관계에 문제를 갖고 있는 것이다.

목표를 성취하기 위해 뜨거운 열정으로 달려오는 과정에서 자신의 살아있는 신체적인 감각과 감정을 억누르고 차단하는 처세술을 배워 사용하는 것이 비즈니스에는 큰 도움이 되었지만 자신의 신체적인 감각과 감정을 알아차리거나 접촉하지 못하는 상태가 오랫동안 지속되면서 자기 상실을 겪게 된다. 이렇게 되면 생활 속에서의 소소한 자극이나 다양한 인간관계의 친밀함을 잃어버려 일상의 작은 즐거움과 행복감조차 잘 느끼지 못하는 상태가 되기 쉽다.

심한 정신적 외상을 입은 사람들은 신체에서 일어나는 일들을 잘 알아차리지 못하기 때문에 그것을 말로 표현하거나 합리적이고 정상적인 반응을 하지 못한다. 강한 스트레스를 받게 되면 아예 무기력한 상태나 멍해지는 상태를 만들게 되고 때로는 과한 신경질과 조절되지 않는 분노를 표출하는 경우가 생긴다.

이처럼 자신의 신체감각과 감정을 차단한다는 것은 자기 자신을 알아차리지 못하고 접촉하지 못하게 만들기 때문에 자기를 상실하는 이인증을 겪게 될 수도 있다. 자기를 잊어버리는 몰아의 단계에서 더 깊이 들어서면 이인증을 겪게 되는 것이며 이인증은 자기 자신에 대한 감각을 잃어버리는 것이다. 이와 같이 이인증으로 잃어버린 자기 자신을 정상적으로 회복시키기 위해서는 먼저 자기 몸의 감각을 알아차리고 접촉할 수 있도록 자신의 감각에 주의를 기울여야 한다.

트라우마의 후유증에서 벗어나 건강한 마음과 몸 상태를 회복하기 위해서는 자신의 감각과 환경이 상호작용하는 방식을 이해해야 하며 그 시작이 자기 자신의 신체감각을 인식하는 것에서부터 출발한다.

현재 자기 자신의 신체감각이 무슨 의미인지 알아차리고 접촉할 수 있을 때 감정인지불능증에서 벗어날 수 있다. 트라우마 후유증을 극복하기 위해서 가장 먼저 시작해야 하는 것이 자기 몸이 느끼는 감각을 인식하고 그것을 말로 설명하는 것이다.

중요한 것은 자신의 화, 불안, 공포와 같은 부정적인 감정 자체가 아닌 그 부정적인 감정 아래에 있는 부정적인 신체감각을 알아차리고 접촉할 수 있어야 한다. 즉 근육의 긴장이나 떨림, 무력감, 답답함, 심장박동, 호흡 등을 느낄 수 있어야 하는 것이다.

그리고 자신의 신체감각을 인식한 후 자신이 괜찮다고 했던 부정적인 사건에 대해 말하도록 유도하여 근육 통증이나 가슴 조임, 배 아픔 등과 같은 부정적인 신체감각의 변화를 찾는다. 이때 해소되지 않은 트라우마가 신체로 재연될 때 또다시 정신적 외상을 입지 않도록 주의를 기울여야 한다. 그렇기 때문에 신체감각과 감정을 건강하게 회복할 수 있도록 도움을 주는 전문가가 필요한 것이다.

자신의 느낌을 말로 표현할 수 없는 감정인지불능증의 뿌리에 트라우마가 자리 잡고 있기 때문에 트라우마를 극복하는 과정에서 감정인지불능증뿐만 아니라 이인증도 함께 극복이 될 수 있다.

아동학대

아동이 성장과정에서 부모나 주변 어른들로부터 정상적으로 경험해야 할 관심과 사랑, 지지, 긍정적인 피드백을 받지 못하는 방치와 학대를 경험하게 되면 트라우마를 가지게 된다. 또한 성장과정에서 경험하지 않아야 할 충격적인 사건이나 폭력 등과 같은 학대에 노출될 때도 트라우마를 가지게 된다.

아동학대란 발달단계에 있는 아동을 안전하게 보호하지 않고 정신적, 신체적으로 방치하거나 폭력을 가하는 것을 말한다. 아동은 정신적으로나 신체적으로 아직 발달이 완전히 마무리되지 않은 상태에 있기 때문에 학대에 의해 정신적, 신체적인 건강이 침해되면 이후의 성장과정에서 부정적인 영향을 받을 수밖에 없다.

돌탑을 높이 쌓을 때 아랫부분의 돌이 잘못 놓이면 그 위에 아무리 좋은 돌을 쌓아도 원하는 돌탑을 쌓을 수가 없게 되는 것과 같다. 내일의 삶은 오늘이라는 원인에 의해 만들어진 결과이기 때문에 만약 트라우마에 의해 오늘 자신의 부정적인 상태가 만들어진다면 내일의 결과는 참혹할 수밖에 없어진다.

아동이 성장과정에서 견디기 힘들 만큼의 정신적 외상을 입게 되면 자신이 일차적으로 직접적인 피해자가 된다. 일차적으로 자신이 피해를 입게 되면 성장과정에서 정신적, 신체적 발달이 저해되기 때문에 관계 능력과 사회적응 능력이 현저히 떨어진다.

그뿐만 아니라 자신이 경험한 학대가 뇌에 전용신경회로를 구축하게 되면 엉뚱하게 활성화되어 스스로 폭력의 가해자가 될 수도 있다. 그렇기 때문에 아동학대가 아동 개인의 문제로만 국한되지 않는 비국소성을 가지게 된다.

이러한 아동학대는 평생 지워지지 않는 트라우마로 남기 때문에 성장과정에서의 모든 학습과 경험에 트라우마의 기억이 덧입혀져 정신적, 신체적으로 건강한 성장을 할 수 없게 만든다. 성장과정에서 정신적 외상을 입게 만든 처음의 사건과 경험은 지나간 과거가 되어 이미 현실이 아니다. 하지만 학대받은 경험으로 만들어진 세상모형에 의해 이후에 제공되는 모든 것들이 트라우마를 일으키는 자극으로 왜곡되어 계속 다가오기 때문에 과거의 경험이 반복적으로 재연되면서 격한 반응을 촉발하게 되는 것이다.

학대로 인한 트라우마를 경험한 뇌는 그 이전의 뇌와 달라진다. 이렇게 되면 아주 평범한 일상적인 자극과 평화로운 상황에서도 부정적이고 끔찍한 결과를 끝없이 상상하고 그것이 마치 절대적인 사실로 느껴지게 되는 착각을 하게 된다. 이런 착각을 일으키는 상태는 뇌가 이미 트라우마와 관련된 전용신경회로를 구축했기 때문이며 자신의 의지와 상관없이 그것이 반복적으로 재연되면서 중독 상태에 빠져 있는 것으로 볼 수 있다. 그래서 모든 심리적인 병인은 성장과정에서 형성되는 것이기 때문에 성장장애라고 부르는 것이다.

대상관계

한 사람의 존재와 정체성은 타고난 유전적 기질을 바탕으로 성장과정에서 어떠한 후천적인 학습과 경험을 반복하였는가에 따라 결정된다고 볼 수 있다. 그러한 후천적인 학습과 경험 과정에서 개인의 존재와 정체성을 형성하는데 제일 큰 영향을 미치게 되는 것이 바로 어떤 대상과 어떻게 관계를 맺는가이다.

대상관계란 세 가지로 구성된다.

자신과 대상이 누구인지에 대한 자기 표상과 대상 표상, 이 둘을 연결하는 정서적 관계이다. 여기서 말하는 대상이란 좁게는 사람을 뜻하며 넓게는 세상을 뜻한다. 이러한 대상관계는 자신만의 독특한 세상모형을 만들어 모든 인간관계의 기본 프레임이 되며 다양한 인간관계는 결국 대상관계일 뿐이라는 결론을 얻을 수 있다. 일반적으로 대상관계는 어린 시절에 부모나 주변 양육자와의 관계에서 만들어지며 그 대상이 주로 자신을 키워준 엄마인 경우가 많다.

어린 시기의 아이는 엄마를 통해서 자신의 존재와 정체성이 만들어지고 세상과 접촉하게 되며 자신과 세상의 관계가 무엇인지 알아간다. 이렇게 어린 시기에 형성된 대상관계는 한 개인의 인생 각본이 되어 성인이 된 이후의 삶에서도 자신의 의지와 상관없이 계속해서 반복되는 경향을 보인다. 대상관계가 어린 시절 부모와의 관계에서 시작되었다고 보기 때문에 넓은 의미에서 발달심리학의 애착과 관련이 있으며 교류

분석 이론의 인생 각본과도 관련을 지을 수 있다.

어린 시기에 부모로부터 당연히 받아야 할 따뜻한 관심과 사랑을 받지 못하게 되면 결핍에 의한 트라우마로 인하여 불안정한 자기 표상을 가지게 되어 타인에게 끊임없이 애정과 사랑을 갈구하게 된다.

처음에는 자신이 좋아서 관계를 발전시키지만 그 과정에서 대상이 자신에게 의지하거나 좋아하게 되면 이내 불안을 느끼게 되면서 관계에 대한 의심이 일어난다. 왜냐하면 자신의 무의식에는 성장과정에서의 결핍으로 인한 트라우마가 남아 있어 자신이 사랑받을 가치가 없다는 착각을 하고 있기 때문이다.

그래서 사랑을 확인하기 위해 끊임없이 상대를 실험하게 되며 그 실험의 결과가 어떻게 나오든 상대를 밀어내거나 이별을 준비한다.

그리고 어떤 당위성과 자기합리화를 만들어서라도 자신의 결핍을 채워줄 또 다른 대상을 찾아 끊임없이 방황하게 되는 것이다.

중요한 것은 결핍으로 형성된 이러한 대상관계가 성인이 된 이후의 삶에서도 인간관계 능력에 지속적인 문제를 계속 일으키게 된다는 사실이다. 이러한 트라우마로 인하여 잘못된 대상관계를 가진 사람들은 자신뿐만 아니라 주변 사람들까지 모두 힘들게 한다.

물론 이러한 사람들의 대상관계가 가지고 있는 긍정적인 의도가 있다. 그것은 바로 결핍에 의해 만들어진 자신의 역기능적 대상관계에서 벗어나 새롭고 건강한 대상관계를 갖고 싶은 의도이다. 그래서 대상을 끊임없이 바꾸어서라도 자신의 결핍을 채우려고 하는 긍정적인 의도를 가지고 있지만 그 결핍은 쉽게 채워지지 않는다.

사람들이 회피적 동기를 가지고 성공을 위해 계속 도전하는 것도 이러한 대상관계로 이해할 수 있다. 대상관계에 문제를 가지고 있는 사람을 변화시키기 위해서는 전문적인 코칭을 해줄 수 있는 대상이 필요하다. 변화를 위한 코칭을 할 때 그 대상이 누구이든 역기능적인 패턴이 반복되는 과정에서 전이가 일어날 수 있으므로 주의를 해야 한다.

상담사가 자신의 건강한 멘탈을 가지고 새로운 패턴으로 코칭을 해주게 되면 점차적으로 대상관계가 변하게 된다. 즉 상담사가 새로운 양육자의 역할을 하는 것이다. 결핍에 의한 트라우마로 불안과 분노, 우울과 슬픔에 빠져 큰 고통을 느끼고 있는 사람에게 수용과 경청, 공감을 통해 위로와 사랑을 주고 함께 지지해줄 수 있을 때 관계의 재경험을 통해 대상관계를 긍정적으로 바꿀 수 있게 된다.

애착관계

일반적인 관계에서 애착이란 몹시 사랑하거나 마음이 끌려서 떨어지기 싫어하는 상태를 의미한다. 그 애착의 대상이 부모일 수도 있고 가까운 친척이나 어른일 수도 있다. 혼자서 생존할 수 없는 존재인 아이는 성장과정에서 그 대상이 누구든 자신을 일차적으로 보살펴주는 사람에게 애착을 형성한다.

성장과정에서 형성된 애착관계에 따라 한 개인의 인생 전반에 엄청난 차이를 만들게 되기 때문에 애착관계를 어떻게 형성하는가는 너무나 중요하다. 어릴 때 애착관계 형성에 따라 자기대상과 자기개념이 형성된다. 그리고 건강한 애착관계가 뇌에 전용신경회로를 구축하여 신념 체계와 세상모형을 만들어 인생 각본을 완성한다. 이렇게 중요한 애착관계는 성장과정에서 관심과 조율이 포함된 따뜻한 보살핌을 받을 때 건강하게 형성된다.

건강한 애착관계는 정서적 조율이 포함된 보살핌과 공감 속에 형성되며 조율은 아기를 안아주고 흔들어주는 미세한 신체적 상호작용에서부터 시작된다. 이때의 움직임을 통한 신체의 리드미컬한 자극을 조율하며 다른 사람과 안전하게 공감하고 소통하는 방법을 배운다.

이 과정에서 거울뉴런의 작용으로 양육을 책임지는 대상을 모방하고 감정적인 교감을 할 수 있게 된다. 이렇게 중요한 역할을 하는 거울뉴런은 아기가 태어난 직후부터 바로 기능을 시작한다.

거울뉴런의 모델링 기능은 모든 학습과 경험을 하는 것에 있어서 가장 중요한 사회적 기술이다. 이 모델링 기술 덕분에 애착 대상이 되는 엄마나 스승, 친구와 같은 모델의 사고와 언어, 행동을 자연스럽게 수용하고 내면화시킬 수 있기 때문이다. 이때 물리적 상호작용이 자기 감각과 자기개념, 정체성을 형성하여 한 개인의 운명까지도 결정짓는 밑바탕이 된다. 이렇게 보면 거울뉴런이 건강한 애착관계를 형성하는데 중요한 기능을 하고 있다는 것을 알 수 있다.

만약 이 시기에 보살핌을 제공해주는 부모나 양육자가 아이의 욕구를 충족시키지 못하거나 부정적인 정서를 일으키는 자극이나 충격을 주게 되면 자신의 내적 감각과 감정을 무시하게 되면서 양육자의 생각과 행동을 자신의 것으로 믿는 왜곡된 신념체계를 형성하게 된다.

이렇게 되면 왜곡된 신념체계로 인하여 자신을 무시하거나 잃어버린 상태에서 양육자의 욕구에만 적응하려는 잘못된 상황에 대해서도 비판 없이 그대로 받아들이는 부작용이 생길 수 있다.

성장과정에서 심한 학대나 폭력에 노출된 아이들은 다른 사람의 목소리와 얼굴 표정, 행동의 변화에 아주 민감하게 반응하게 되는데 그 이유는 그러한 신호나 자극을 서로 공감하고 조율하기 위한 신호로 받아들이지 못하고 위협으로 잘못 인식하는 경우가 많아지기 때문이다.

이러한 현상은 트라우마에 시달리는 아이들이 평범한 자극과 상황에도 민감하게 방어적인 태도를 보이며 불안해하거나 두려움을 느끼는 이유를 잘 설명해주는 것이다.

예를 들어 친구들이 자신을 자주 괴롭히고 공격한다고 생각하며 과잉반응을 보이는 아이들, 친구의 의도나 요구를 알아차리지 못하는 아이들, 자신의 감정을 조절하지 못하는 아이들은 스스로를 무기력한 상태로 만들거나 과잉행동을 보이기 때문에 다른 친구들의 기피 대상이 될 가능성이 높아진다.

이런 상태가 반복적으로 지속되면 분노를 폭발시키거나 폭력을 행사해서라도 자신의 불안과 두려움을 감추려 한다. 이러한 행동으로 인해 다른 친구들의 기피 대상이 되면서 게임이나 TV 등을 보며 혼자 있는 시간이 증가하게 되고 자기 자신의 감정조절과 다른 사람들과의 원만한 관계 능력에 심각한 문제가 생기게 된다.

인간은 사회적 관계 속에서 자신의 존재와 정체성이 만들어지고 증명되기 때문에 다른 사람들과의 관계가 차단된 상태로 살아갈 수는 없다. 이러한 경험이 트라우마가 되어 성인이 된 이후에도 주변 사람들과의 건강한 유대감과 애착이 형성되지 못하게 되면서 여러 가지 질병과 다툼, 법적인 소송, 이혼, 가정불화 등의 잘못된 선택을 통해 무엇인가 다른 선택을 하려는 시도를 반복하기도 한다.

트라우마에 시달리는 뇌는 그 선택이 어떤 것이든 기존의 우울함, 불안, 무력감이 주는 고통을 벗어나기 위한 의미 있는 것으로 착각하기 때문에 더 나쁜 선택을 할 수도 있는 것이다.

부모의 그림자

옛말에 그 부모를 알고자 한다면 자식을 보면 되고 그 사람을 알고자 한다면 벗을 보면 된다고 했다.

아이는 부모의 유전적 기질을 물려받은 상태에서 부모의 양육환경 속에 보살핌을 받고 자라기 때문에 부모의 또 다른 모습인 부모의 그림자와 같은 존재가 되어 부모의 삶과 비슷한 삶을 살아갈 확률이 높아진다. 이렇게 부모의 영향을 받아 부모와 비슷한 삶을 살아가게 되는 것을 대물림이라고 하며 신체와 성품뿐만 아니라 문화, 종교, 경제력 등도 대물림될 가능성이 높아지게 되는 것이다.

성장과정에서 아이는 부모에게 절대적으로 의존해야만 생존이 가능하기 때문에 부모의 생각이나 정서, 언어 패턴, 행동까지 모델링하여 내면화시키게 된다. 심지어는 부모가 우울증이나 심리적 장애를 갖고 있는 경우에 그러한 장애조차 모두 내면화시켜 심각한 정신적 문제를 갖게 될 확률이 높아진다. 그래서 아이의 문제가 대부분 부모와의 관계에 의해 만들어진다고 하는 것이다.

그렇기 때문에 성장과정에서 건강한 멘탈을 가진 부모와의 든든한 애착관계와 유대를 형성하는 것이 아이의 건강한 삶을 위해 무엇보다 중요하다. 만약 양육을 책임진 부모가 건강하지 못한 멘탈 상태에서 아이와의 관계를 조화롭게 이어가지 못하게 되면 아이는 혼돈과 슬픔, 무기력, 분노를 겪게 될 수도 있다. 이렇게 되면 부정적으로 성장하는 아이를 보며 부모는 또다시 아이에게 실망하고 부정적인 감정을 표출하거나 좌절하며 무력감을 전달하게 된다.

부모가 아이를 존중의 대상으로 보지 않고 부정적으로 보고 반응하게 되면 아이를 좌절감과 무력감, 분노감을 일으키게 하는 낯선 존재로 여기게 되면서 자칫 아동학대로 이어질 수 있는 위험성이 높아진다. 특히 부모가 트라우마에 시달리거나 심한 우울증을 겪고 있는 경우 부모의 관계 능력이 저하되기 때문에 아이가 정서적으로 매우 심각한 문제를 겪게 될 수도 있다. 왜냐하면 부모가 겪고 있는 심리적 장애는 어떤 형태로든 그대로 전달되기 때문이다.

아이가 스트레스를 받거나 힘든 상황에서 보이는 부정적인 반응은 대부분 부모의 반응을 내사하여 드러내는 것이다.

중요한 것은 어릴 때의 이러한 부정적인 반응은 성인이 된 이후에도 자신의 의지와 상관없이 그대로 재연된다는 사실이다. 아이가 성인이 되었을 때 정신적 불안정을 겪게 되는 근본 원인이 성장과정에서 부모와의 건강한 정서적 유대관계가 형성되지 못했기 때문이며 이러한 정서적 위축 상태가 성인이 된 이후의 사고나 정서, 말, 행동에도 부정적인 영향을 미치게 되는 것이다.

성장과정에서 부모가 아이를 따뜻한 마음으로 감싸주거나 관심과 사랑을 나누어 주지 못하게 되면 그 아이는 성장과정에서뿐만 아니라 성인이 된 이후에도 다른 사람을 따뜻한 마음으로 감싸주지 못하고 관심과 사랑을 나누지 못하는 사람이 될 가능성이 높아진다. 반면에 부모와 안정적인 유대관계를 맺으며 사랑과 존중 속에 자란 아이는 마음의 쿠션과 심리적 내성을 키우기 때문에 성장과정에서 겪게 될 시련과 좌절, 고통까지도 자신의 자원으로 축적시킬 수 있게 된다.

이와 같이 부모와의 긍정적인 유대관계 속에서 자라게 되면 자신을 더 많이 알아차리고 접촉하기 때문에 목표와 관심사, 좋아하는 것, 취미, 관계 능력 등에 초점을 모을 수 있다. 존중과 공감 속에 자란 아이는 심리적 내성과 응집력이 강해져 마음의 쿠션을 갖고 있기 때문에 성장과정에서뿐만 아니라 성인이 된 이후에도 충격적인 자극을 주는 사건에 휘둘리지 않고 그것을 완화하거나 직면하여 극복할 수 있게 된다.

전환반응

물이 흐르지 못하고 한자리에 오래 고여있게 되면 오염되거나 썩듯이 사람의 마음도 마찬가지로 트라우마로 인한 미해결 과제가 해소되지 못하고 마음 한 곳에 오랫동안 억압되어 있으면 여러 가지 정신적, 신체적인 스트레스 반응을 일으키게 된다. 전환반응은 트라우마로 인해 억압된 충동이 일으킨 스트레스가 정상적으로 해결되지 못할 때 특정한 감각이나 감정, 신체운동 계통의 기능장애로 나타나는 히스테리성 신경증의 한 유형이다.

트라우마로 정신적 외상을 입은 사람들의 뇌는 이전과는 전혀 다른 신경회로의 조합과 배열을 만들고 화학물질의 분비도 달라지기 때문에 왜곡된 세상모형을 가지고 살아가게 된다. 이렇게 트라우마로 인해 세상모형이 바뀌게 되면 트라우마를 겪기 이전과는 전혀 다른 왜곡된 세상모형으로 다른 세상을 살아가는 새로운 존재가 되는 것이다. 트라우마에 시달리는 사람들은 겉으로 보기에 정상적인 삶을 살아가는 것처럼 보이지만 그들은 그저 평범하게 살아가는 것처럼 시늉만 하는 것일 뿐이다.

충격적인 사건이나 경험에 의해 입은 정신적 외상 때문에 불안과 심리적 혼돈을 겪는 과정에서 문제가 해결되지 못하고 억압된 감정이 쌓이게 되면 그것을 전환하여 신체적인 감각을 둔감화시키거나 무감각 상태로 만들어버리기도 한다. 둔감화나 무감각은 자기 자신과의 만남을 차단하게 될 뿐만 아니라 주변 환경과의 연결들도 차단하여 정신적, 신체적으로 점점 더 고립되면서 멍한 상태를 만들어버린다.

멍한 상태로 둔감화시키고 무감각 상태로 지내는 것이 일시적으로 편안하게 해주는 선택이 되기 때문에 그 상태를 유지하지만 시간이 경과하면서 점차 그 멍한 상태에서 벗어나기 위한 새로운 자극을 찾게 된다. 왜냐하면 멍한 상태에서는 자신의 존재를 느낄 수 없기 때문에 그 멍한 상태에서 벗어나야 하는 것이다.

멍한 상태에서 벗어나기 위해 때로는 자신의 신체에 자해를 가하기도 한다. 자해와 같은 극단적인 자극이 주어질 때 오히려 둔감화되고 무감각해져 있는 자신이 살아있다는 느낌을 갖게 만들고 마음의 안정까지 찾게 된다는 착각에 빠지기 때문이다.

뇌에서 일으키는 이러한 착각은 점점 더 강한 강도와 빈도로 새로운 자극을 받기 위해 다양한 수단과 방법을 선택한다. 새로운 자극을 받기 위해 뇌에서는 술이나 게임, 도박 등을 선택하여 중독된 상태에서 일시적인 편안함과 안정감을 찾기도 한다. 그러한 중독이 일시적으로 편안함과 안정감을 주지만 시간이 지나면서 정신은 점점 더 황폐해지고 신체의 감각과 운동기능 또한 기능을 잃어가게 된다.

이러한 현상은 정신적 외상에 의한 스트레스가 해소되지 못하고 억압되면서 미해결 과제로 남아 억압된 충동이 감각이나 신체기능 장애를 일으키기 때문에 생긴다. 트라우마에 시달리는 사람들의 신체는 표면적으로는 정상적으로 보이기도 하지만 심층적 수준에서 위험과 안전조차 구분하지 못하는 둔감화와 무감각 상태에 있는 경우가 많다.

이러한 상태는 과거의 트라우마가 남긴 흔적으로 생략, 왜곡, 일반화된 세상모형에 의해 유입되는 자극과 정보를 또다시 생략, 왜곡, 일반화시키기 때문에 생긴다. 이렇게 되면 정신과 신체의 균형이 무너져 편안하고 안전한 기분이 무엇인지조차 알지 못하게 만든다. 그래서 트라우마를 극복하기 위해 현재의 알아차림과 접촉이 중요한 것이며 그 시작이 둔감화되고 무감각해져 있는 신체에 대한 감각 훈련이다.

마음의 쿠션

인간의 신체는 성장과정에서 어떻게 변화하는지 육안으로 관찰이 가능할 뿐만 아니라 각종 측정장비를 이용하여 수치화시킬 수도 있다. 하지만 인간의 신체와 달리 마음은 눈으로 볼 수 없고 직접적으로 측정할 수 없기 때문에 수치화시킬 수 없다. 그래서 간접적으로 유추할 뿐이다. 이렇게 마음을 유추한 것일 뿐인데도 불구하고 우리는 그것이 절대적인 사실이라고 믿음을 가지게 된다. 분명한 것은 눈에 보이지 않고 수치화시킬 수 없는 마음이지만 우리는 그 마음을 느낄 수 있고 읽을 수도 있으며 서로 주고받을 수도 있다는 사실이다.

어떤 사람은 긍정적인 마음을 가지고 있고 어떤 사람은 부정적인 마음을 가지고 있다. 어떤 사람은 자신의 마음을 잘 드러내지만 어떤 사람은 자신의 마음을 숨기고 드러내지 않는다. 어떤 사람은 감정이 너무 앞서기 때문에 후회하는 일들을 많이 만들고 어떤 사람은 이성적 판단이 너무 앞서기 때문에 인간적인 매력을 잃게 되기도 한다.

이처럼 우리는 어떤 마음 상태를 유지하는가에 따라 자신의 존재와 정체성을 형성하게 된다.

어떤 사람을 이해하거나 평가할 때 눈에 보이는 신체적인 정보도 중요하지만 더 중요한 것이 바로 그 사람의 마음이다. 개인의 운명까지도 결정지을 수 있는 마음 상태를 만드는 것은 유전도 영향을 미치지만 성장과정에서 부모와 권위를 가진 어른들과의 관계가 어떻게 형성되었는가에 의해 더 큰 영향을 받는다.

만약 성장과정에서 부모와 양육자로부터 존중과 공감, 격려를 반복해서 받게 되면 실제로 자신이 받은 긍정적인 지지와 피드백만큼 심리적 내성과 응집력을 강화시켜 마음의 쿠션을 가지게 된다. 특히 언어적인 지지와 피드백을 반복적으로 제공해주는 것이 매우 중요한 이유는 언어가 뇌 신경회로와 연결되어 있어 마음을 만들기 때문이다.

- 넌 참으로 따뜻한 마음을 가졌구나.
  너의 그 따뜻한 마음이 세상을 따뜻하게 해주는 빛이 될 거야.
- 넌 이 세상에서 가장 귀한 존재야.
- 내가 가장 사랑하는 존재는 바로 너야.
- 넌 우리 모두의 희망이야.
- 넌 무엇이든 할 수 있어.

네 안에 네가 모르는 더 많은 자원이 있다는 것을 명심해.

■ 실수해도 괜찮아.

훌륭한 사람이 되기 위해서는 더 많은 실수를 경험하면서 성공을
위한 디딤돌을 만들어야 해.

어릴 때 성장과정에서 이러한 말을 반복해서 듣게 되면 본인이 세상
의 중심이라는 긍정의 착각을 하게 된다. 그것이 다소 지나쳐 자기중심
적인 편향을 갖게 된다 하더라도 심리적 내성과 응집력을 강화시켜 마
음의 쿠션을 갖게 만들어 주기 때문에 긍정적인 세상모형을 만드는 밑
거름이 될 수 있다. 자신이 귀하고 사랑스러운 존재이며 무한한 가능성
을 가지고 있다는 긍정의 착각이 누적되면 자기효능감을 높여주어 마
음의 쿠션을 강화시켜주게 되는 것이다.

마음의 쿠션을 갖게 되면 누군가가 자신을 공격해도 근본적으로 사
랑스럽고 귀한 존재라는 것을 믿고 있기 때문에 정신적 외상을 쉽게 입
지 않게 된다. 외부의 공격에 대해 적극적인 대응을 할 수 있는 마음의
쿠션을 작동시키면서도 마음에 부정적인 감정의 찌꺼기를 쌓아두지 않
기 때문에 심리적 장애를 겪지 않는 것이다.

이와 같이 자존감이 높은 상태에서는 외부의 부정적인 자극과 정보
에 일시적으로 격한 반응을 하면서도 자신이 그러한 자극에 무너지지
않는 마음의 쿠션이 작동되기 때문에 빠르게 자신을 원래의 건강한 상
태로 회복시킨다. 이러한 높은 자존감은 성인이 된 이후에도 자신을 지
키는 마음의 쿠션으로 작동한다. 그러나 어린 시절 성장과정에서 심한

학대를 당하거나 무시, 폭력 등의 충격적인 경험과 부정적인 피드백에 반복적으로 노출되면 자존감이 완전히 무너지게 되면서 마음의 쿠션을 잃어버리게 될 수도 있다.

이렇게 충격적인 경험과 부정적인 피드백에 의해 수치심, 열등감, 무력감 등이 자신에 대한 대표적인 느낌이 되고 그것이 자신의 세상모형을 만들게 되면 불합리한 대우를 받아도 분노하거나 저항하지 못하고 무기력한 존재가 되어버린다. 이 상태에서는 마음의 쿠션이 약해져 있기 때문에 긍정적인 경험에 대해서 의심하게 되고 사소한 일에도 갈등과 싸움을 일으키게 된다.

마음의 쿠션이 약하게 되면 외부의 충격을 이겨내거나 상처 입은 마음을 쉽게 복원시키지 못하기 때문에 부정적인 감정을 점점 더 키우게 되면서 다른 사람들에게도 나쁜 존재로 낙인찍힌다. 결국 성장과정에서 부모나 양육자의 따뜻한 보살핌과 긍정적인 피드백, 지지에 따라 마음의 쿠션이 만들어지게 되는 것이다.

아동 성 학대 순응 증후군

아동은 아직 혼자 생존할 수 있는 정신적, 신체적, 사회적 적응 능력을 완전히 갖추지 못한 미완성 상태의 성장과정에 있다.

아동이 아직 미완성된 성장과정에서 성 학대로 인해 견디기 힘들 만큼의 정신적 외상을 입었음에도 불구하고 양육을 책임지고 있는 대상의 지시에 순순히 따르는 순응 경향을 보인다. 이것은 충격의 후유증으로 자기 자신뿐만 아니라 외부와의 정상적인 연결과 소통까지도 차단되기 때문에 나타나는 부적응 현상이다.

이와 같은 아동 성 학대 순응 증후군은 충격적인 사건에 대한 잘못된 반응이며 가해자의 협박, 비난, 고립, 억압된 통제가 동반되는 과정에서 심각한 스트레스 반응과 무기력을 학습한다. 피해를 당한 아이는 끔찍하고 충격적인 경험을 누군가에게 말하고 도움을 받고자 하지만 자신이 속한 환경으로부터의 사회적 압력과 무관심, 비난을 견디기 힘들어 사건에 대한 감정을 억압하게 된다. 이러한 비정상적인 반응을 보이는 것은 자신의 생존과 가족의 안전까지 위협하는 가해자의 협박에 의해 정신적, 신체적인 통제를 당하고 있기 때문이다.

특히 가해자가 양육을 책임지고 있는 사람이거나 가까운 관계일 경우 사건에 대한 비밀을 밝히는 것이 더욱 어렵게 된다.

만약 아이가 절대적으로 의존하고 있는 양육자가 사건에 대해 침묵을 요구하거나 자신을 불신하며 비난과 분노를 보여주게 되면 아이는 그 사건을 자신의 마음에만 담아두고 자신만의 비밀로 만들어버린다.

그렇게 되면 충격적인 성 학대 사건에 대한 아동의 감정이 완전히 억압되고 비정상적인 대처 기전이 오랜 기간 지속되면서 일상적인 행동이 되어버리는 '성 학대 순응 증후군'을 겪게 되는 것이다.

아이가 이런 불행한 일을 당하게 되면 제일 먼저 아이 자신이 심각한 정신적, 신체적 외상을 겪게 되지만 부모도 그러한 사건에 대해 큰 충격을 받기 때문에 부모는 그런 끔찍한 일을 인정하고 싶지 않게 된다. 그래서 부모가 사건 자체를 아예 부정해버리거나 묻어버리기도 한다. 부모는 그러한 선택이 아이의 미래를 위해 더 도움이 된다는 그릇된 판단을 하게 될 수도 있는 것이다.

끔찍한 사건을 경험하게 된 아이는 겉으로 보기에 정상적으로 성장하는 것처럼 보이지만 억압된 부정적 정서가 뇌 전체 신경회로를 엉망진창으로 만들어 돌이킬 수 없는 정신적 장애를 갖게 만든다. 성 학대라는 끔찍한 사건에 의한 정신적 외상으로 마음의 장애를 갖게 될 때 한 인간의 삶이 얼마나 비참하고 고통스러운지 안다면 부모가 결코 그런 잘못된 선택을 하지 않을 것이다.

성장과정에서 아이는 절대적인 권력을 가진 부모에게 전적으로 의존하는 관계에 있기 때문에 양육을 책임지고 있는 부모와 강한 라포를 형성하고 있다. 심지어 양육을 책임지고 있는 부모가 학대하더라도 그 라포는 변하지 않고 여전히 부모에게 의존하는 반응을 보인다. 양육자에게 학대를 당한 아이를 구조한 후에 학대가 반복되는 가정과 편안한 보호시설 중에서 선택하라고 하면 학대가 반복되는 가정으로 다시 돌아가는 선택을 하게 되는 경우가 많다. 이러한 선택을 하는 이유가 아이의 뇌는 반복적인 학대에 중독된 상태에 있기 때문이다.

간혹 인질로 잡혀있던 사람들 중에는 범인이 체포된 이후에도 범인의 석방을 위해 증인이 되거나 그 범인과 결혼하고 싶다는 반응을 보이며 가해자와 성관계를 맺기도 한다. 또한 가정 내에서 양육자에게 학대와 폭력을 당한 피해자도 학대나 폭력을 가한 양육자를 지켜주려고 감싸는 행동을 하는 경우가 많다.

이러한 현상은 피해자가 생존이 위협받는 상황에서 절대적인 존재로 비치는 가해자와의 감정적 융합에 의해 나타나는 일종의 중독 현상으로 볼 수 있다. 사람의 뇌는 생존을 최우선적으로 여기기 때문에 생존이 위협받는 상황에서 생존을 결정짓는 힘을 가진 대상에게 순응하거나 복종하게 되는 것이다.

그러한 순응과 복종은 피해자의 뇌가 그러한 상황에 중독된 것으로 볼 수 있으며 그 선택이 자신을 안전하게 지켜줄 수 있다는 잠재의식적 착각에 의해 일어난다. 인간의 뇌는 무엇이든 반복하면 그것을 사실로 받아들이고 그것에 대한 강력한 믿음을 만들어 스스로 그 믿음에 통제당하는 착각의 챔피언이다. 그것이 가해자라 할지라도 비정상적인 대처 기전이 반복된다면 그 대상과 상황에 순응하게 되는 것이다.

자해

자해는 자신의 신체에 의식적으로 해를 입히는 행위이며 면도날로 손목을 긋거나 의도적으로 몸에 상처를 입히기도 한다. 이처럼 자해는 의식적으로 자신에게 해를 입히는 행위를 하지만 자신을 살해하는 자살과는 구분된다. 아동기에 심한 정신적 외상을 주는 성적, 신체적 학대나 폭력을 경험한 경우 성장과정에서뿐만 아니라 성인이 된 이후에도 반복적인 자해와 자살을 시도할 확률이 높아진다.

자해의 원인은 여러 가지가 있지만 가장 큰 이유는 성장과정에서 정상적으로 받아야 할 관심과 사랑, 지지, 긍정적인 피드백을 받지 못하고 오히려 견디기 힘들 정도의 부정적 경험에 의해 억압된 감정의 충동과 미해결된 과제로 인하여 발생하는 심각한 스트레스 반응에 의해 생긴다. 그러한 스트레스 반응으로 나타나는 자해가 자신의 격한 감정을 주체하지 못해 더 강한 자극을 원하기 때문에 생기는 것일 수도 있고 무감각한 자신의 존재를 깨우기 위해 더 강한 자극을 원하기 때문에 생긴 것일 수도 있다.

어떠한 자극이든 스트레스 반응에 의해 자해를 할 때 순간적으로 느껴지는 강한 자극으로 인하여 스트레스가 해소되는 느낌을 가진다. 물론 이것은 뇌가 비정상적인 상태에서 착각을 일으키는 것일 뿐이지만 최소한 자기 자신은 그것을 절대적인 사실로 느끼게 되는 것이다. 하지만 그 느낌이 착각이기 때문에 일정한 시간이 경과하면 또다시 격한 감정과 무감각이 찾아오고 우울한 정서까지 함께 동반하게 된다. 이러한 착각을 반복하게 되면 일정한 패턴을 만들어 '자해 중독'으로 진행될 수도 있다.

자해 중독은 자신이 현재 겪고 있는 심리적 고통이 영원히 끝나지 않을 것이라는 신념이 생기게 되면서 현재의 삶을 마감하거나 자신의 몸을 해쳐서라도 지금의 고통에서 도망가고자 하는 스트레스 반응이다.

그러한 파괴적인 행위가 최소한 본인에게는 잃어버린 자기 자신에 대한 자각과 통제력을 회복하기 위한 절박한 선택일 수도 있다. 이처럼 자기 자신을 파괴하는 행동을 반복하는 사람들의 경우 성장과정에서 애착과 유대관계 대상이 없었던 경우가 많으며 양육자로부터 무시당하거나 방치, 무관심한 대상인 경우가 많다.

만약 성장과정에서 마음의 쿠션을 만들어주는 양육자의 관심과 사랑, 지지가 반복적으로 제공된 기억이 뇌에 남아 있다면 정신적 외상을 치료하는데 큰 도움이 된다. 대부분의 트라우마는 관계 속에서 발생하기 때문에 과거의 기억 속에 안전하고 사랑받았던 기억의 회로가 존재한다면 그 회로를 활성화하여 현재의 관계를 회복하는 지렛대로 사용할 수 있기 때문이다.

새로운 학습은 기존의 뇌 기억 시스템을 활용하는 것이다. 그렇기 때문에 과거에 주변으로부터 관심과 사랑, 긍정적인 피드백, 무조건적인 지지와 격려를 받은 기억이 많이 남아 있다면 뇌에 긍정적인 변화를 위한 수용체가 존재하고 있기 때문에 긍정적인 변화가 가능하다. 하지만 주변으로부터 깊은 사랑과 지지를 받거나 안전한 관계에 대한 기억이 별로 없다면 다른 사람들과의 연결과 소통을 위한 뇌의 수용체가 발달하지 못했기 때문에 훈련을 통해 수용체를 만들어야 한다.

그래서 성장과정에서 양육자의 역할이 중요한 것이다. 자해는 스스로를 공격하는 행위이지만 실제로는 허약한 자신의 존재를 확인하고 지키려는 생존의 몸부림이라고 할 수 있다.

트라우마 시나리오

어릴 때 성장과정에서 대인관계와 환경적 요인으로 인해 정신적 외상을 입게 되면 성인이 된 이후의 삶에서도 심리적 불안정을 겪게 되면서 집중력이 떨어지고 무엇인가에 쫓기듯이 초조해하며 극심한 열등감과 자기혐오를 갖게 될 가능성이 높아진다. 정신적 외상을 입게 되면 성인이 된 이후에 성장과정에서의 특정한 부정적인 기억이 떠오르지 않는데도 불구하고 현실적인 위험상태에 처한 것처럼 불안과 초조, 우울감 등과 같은 부적응적인 정서를 갖게 된다.

정신적 외상을 입게 만든 어릴 때의 학대 경험이 성장과정에서의 자기 상실로 이어져 다른 사람들과의 건강한 관계 능력을 떨어뜨릴 뿐만 아니라 환경과의 정상적인 접촉에 장애를 일으켜 인생 전반에 걸쳐 지속적으로 트라우마에 시달리게 만든다. 성장과정에서 심각한 정신적 외상을 입게 되면 분명한 현실적인 위험이 존재하지 않는데도 불구하고 자신이 느끼는 초조한 감정이나 불안을 증폭시켜 최소한 자기 자신에게는 절대적 사실이 되어 고통의 수렁에서 헤매게 만드는 것이다.

만약 성장과정에서 양육자의 학대와 방치가 반복되거나 지속된다면 한 개인의 삶에 치명적인 문제를 갖게 만든다. 그것은 마치 뇌졸중이나 교통사고를 당한 후유증보다 더 큰 부정적인 영향을 미친다.

사람은 누구나 이 세상에 태어날 때부터 자신만의 타고난 가능성과 무한한 잠재능력을 가지고 있다. 이러한 가능성과 잠재능력은 모두가 가지고 태어나지만 성장과정에서의 양육과 보살핌의 형태에 따라 누군가는 성인이 된 후 건강하고 행복한 삶의 주인공이 되고 또 누군가는 성인이 된 후 정신적 외상 때문에 불행한 삶을 살아가게 된다.

무엇이 이들의 삶을 전혀 다르게 만드는 것인가에 대한 답은 성장과정에서 부모나 양육자와의 관계가 어떻게 맺어지는가에 따라 찾을 수 있다. 만약 성장과정에서 다음과 같은 부정적인 경험을 많이 했다면 성인이 된 이후의 삶이 평탄하지 못하거나 불행한 삶을 살아가게 될 확률이 높아진다.

- 성장과정에서 부모의 심한 학대나 폭언, 무시, 방치를 자주 경험한 적이 있다.
- 성장과정에서 타인으로부터 심한 언어적 폭력과 신체적 폭력을 경험한 적이 있다.
- 부모가 부부 싸움을 할 때 서로 폭력을 휘두르거나 분노를 조절하지 못하고 물건을 집어던지는 모습을 지켜본 경험이 있다.
- 부모나 주변 친척, 어른들이 자신의 몸을 성적으로 접촉했던 불쾌한 기억이 있다.
- 부부 싸움 중 아버지가 어머니에게 언어적, 신체적으로 폭력을 행사하는 모습을 자주 목격한 경험이 있다.
- 가정이나 학교에서 소외감이나 무력감을 느낄 정도의 차별과 무시를 당한 경험이 있다.
- 부모나 양육자로부터 욕설과 비난을 자주 들었다.

- 부모나 권위자로부터 따뜻한 수용과 공감, 피드백을 받은 경험이 별로 없다.
- 친구로부터 따뜻한 격려나 칭찬을 받았던 경험이 거의 없다.
- 주변 사람들로부터 무시나 소외, 폭언, 억압, 폭행을 당한 불쾌한 경험을 많이 가지고 있다.

위의 항목 중에 부정적 경험에 대한 기억이 많을수록 성인이 된 이후에 트라우마에 시달리게 될 확률이 높아진다. 성인으로 완전히 성숙한 뒤에도 굵게 형성된 뇌의 신경회로는 헵의 원리에 의해 더 많은 회로들과의 연결을 확장하여 트라우마의 영향에서 벗어날 수 없게 만든다. 트라우마의 영향은 성인이 된 이후의 삶 속으로 깊이 파고들어 한 개인의 운명까지도 결정짓는 힘을 가지고 있다. 그뿐만 아니라 트라우마로 인해 생긴 뇌의 신경가소성은 불안, 우울증과 같은 심리적 질환을 유발하는 촉매 역할을 하게 된다.

이러한 부작용은 제2의, 제3의 피해자와 가해자를 만들기도 한다. 어릴 때 가정폭력을 목격하거나 경험한 여자아이들은 성장과정이나 성인이 된 이후에 폭력적인 대인관계 경험을 할 가능성이 훨씬 높아지기 때문에 성폭행이나 폭력의 희생자가 될 위험성도 함께 높아진다.

남자아이들도 마찬가지로 가정폭력을 목격했거나 직접 경험하게 되면 성장과정이나 성인이 된 이후에 자신의 친구나 파트너를 학대하거나 폭행할 위험이 훨씬 높아지게 된다. 결국 아동학대나 폭력으로 인한 트라우마가 외상 후 스트레스 장애를 겪게 만들면서 더 많은 심리적 장애와 사회적 관계 능력의 문제를 유발하게 되는 것이다.

아동기의 뇌 발달

아이가 건강하게 성장하여 성취하는 행복한 삶을 살아갈지를 결정하는 지표는 아동기 초기에 양육자와의 관계에서 찾을 수 있다.

아이가 성장과정에서 양육자와의 정상적인 애착과 유대관계를 발전시키게 되면 뇌가 건강하게 발달하여 마음의 쿠션을 키운다.

이렇게 건강한 뇌 발달이 스트레스에 견딜 수 있는 심리적 내성과 응집력을 강화시켜 마음의 쿠션을 만들게 되면 스스로를 지킬 수 있는 자기방어능력을 갖게 된다.

반대로 아이가 성장과정에서 양육자의 학대나 무관심, 폭력 등에 반복적으로 노출되면 뇌가 마치 뇌졸중이나 교통사고를 당했을 때의 충격과 같은 후유증 때문에 정상적인 발달을 하지 못하게 되면서 여러 가지 심리적 장애를 겪게 될 확률이 높아진다.

만약 아이가 성장과정에서 부정적 경험에 의해 트라우마를 심하게 겪게 되면 이후의 성장과정에서 지속적으로 뇌 발달에 부정적인 영향을 미친다. 아동기의 트라우마는 아동기에 정상적으로 받아야 할 관심과 사랑, 공감, 지지 등을 받지 못해서 생길 수 있으며 반대로 받지 않아야 할 충격적인 사건이나 사고, 학대, 폭력, 무시, 방치 등의 부정적 경험에 의해 생길 수도 있다.

특히 어릴 때 경험한 정신적, 신체적인 학대는 이후의 성장과정에서 뇌 발달에 지속적으로 부정적인 영향을 미치기 때문에 아동기 초기의 트라우마는 뇌에 치명적인 손상을 입히게 된다. 이러한 손상을 입는 이유는 생애 초기의 학습과 경험에 의해 자신의 존재와 정체성을 결정짓는 뇌 전용신경회로가 굵게 구축되고 관련된 화학물질을 분비하여 중독된 상태를 만들기 때문이다.

이처럼 아동기 초기의 정신적 외상은 뇌 깊숙한 곳에 상처를 남겨 광케이블과 같은 전용신경회로를 구축하기 때문에 이후의 성장과정에서도 지속적으로 기형적인 신경회로를 구축하여 뇌 발달에 치명적인 손상을 입히게 되는 것이다. 이러한 비정상적인 뇌 발달로 인하여 성장과정에서 주의력과 집중력뿐만 아니라 관계 능력까지도 부정적인 영향을 받게 된다. 그뿐만 아니라 정서적인 부적응을 겪게 되면서 우울증, 불안, 무기력 등의 심리적 장애를 겪게 될 수도 있다.

발달 트라우마

생애 초기에 예기치 못한 순간 충격적인 사건이나 사고를 경험한 아이는 결코 그 경험 이전과 같은 안전한 존재로 성장할 수 없게 된다.

이렇게 성장과정에서 충격적인 사건이나 사고 때문에 트라우마를 겪게 되면 트라우마 사건 이전과 이후의 존재와 정체성, 생활패턴이 그 이전과는 완전히 달라지게 되는 것이다.

바람 한 점 없는 고요한 호수에 커다란 돌멩이를 던지게 되면 물결이 일어난다. 돌멩이가 떨어진 충격은 이미 지나간 과거로 종료되었지만 그 충격으로 인해 호수의 물결은 계속 번져 나간다. 트라우마도 마찬가지로 처음의 사건 자체는 이미 지나간 과거가 되어 종료되었다. 하지만 그 충격으로 인한 뇌의 기억 시스템이 수시로 활성화되고 충격에 의해 새롭게 배열을 바꾼 신경회로에서 과거의 종료된 사건을 반복적으로 재연시키게 된다.

처음의 충격적인 사건에 의해 정신적 외상을 입은 비정상적인 상태가 뇌에 전용신경회로를 구축하게 되면 이후의 모든 학습과 경험, 반응은 트라우마로 인해 비정상적으로 이루어진다. 나중에는 처음의 충격적인 사건과 관련이 없는 자극과 정보에도 비정상적으로 민감하게 반응하는 일반화된 패턴이 뇌의 전체성에 영향을 미쳐 사건 이전과는 완전히 다른 존재로 살아가게 만든다.

이처럼 어릴 때 성폭행, 폭력, 자동차 사고, 자연재해와 같은 정신적 외상을 입게 만드는 다양한 사건과 사고를 경험하게 되면 극심한 트라우마에 시달리게 되면서 트라우마 사건 이전과는 전혀 다른 사람이 되는 것이다. 이러한 트라우마로 인해 발달장애를 겪는 아이들은 다음과 같은 일관된 특성을 가지고 있다.

첫째, 트라우마로 인해 심리적, 신체적인 조절과 통제가 안 되는 경험을 자주 하게 된다. 정서적 불안정으로 감정과 기분이 양극단으로 자주 바뀌며 별것 아닌 일에도 짜증과 신경질, 화를 내며 진정하지 못하고 자신이 지금 어떤 기분인지 말로 표현하는 것조차 힘들어한다. 그래서 주변 사람들로부터 감정 기복이 심하다는 말을 많이 듣는다.

둘째, 트라우마로 인해 주의력과 집중력에 문제가 발생한다. 트라우마 경험은 기억이 뇌에 저장될 때 분리되어 조각조각 쪼개지기 때문에 전체성을 만들지 못해 목표나 과제, 대상에 주의의 초점을 일치시키기가 어려워진다. 트라우마에 시달리는 사람들은 자신이 가지고 있는 에너지를 트라우마를 통제하기 위해 모두 소진해버리기 때문에 중요한 과제 수행이나 공부, 대인관계 접촉 등에 사용할 에너지가 부족한 상태가 된다.

셋째, 트라우마로 인해 자기 자신을 알아차리고 접촉하는 과정이 생략되기 때문에 다른 사람과 환경을 접촉하는 능력이 떨어진다. 트라우마를 겪게 되면 자신의 부정적 경험에 의해 생략, 왜곡, 일반화된 전용신경회로가 구축된다. 처음에는 다른 사람의 도움을 받기 위한 절박한 심정으로 주변에 신호를 보내게 되며 심지어는 자신을 학대하거나 고통을 준 대상에게조차 도움을 청한다. 또한 자기 자신의 가치를 제대로 알아차리지 못하고 자기 비하와 혐오감, 불안, 무력감 등을 쉽게 느끼며 대인관계 접촉의 경계를 좁히게 된다.

결국 아동기 초기에 정상적으로 겪어야 할 긍정적인 경험을 겪지 못하거나 아동기 초기에 겪지 않아야 할 부정적인 경험을 겪게 될 때 심각한 심리적, 생리적, 사회적 문제를 일으키게 되는 것이다.

관계 형성

일반적으로 한 사람의 존재와 정체성을 말할 때 유전적인 요인이 차지하는 비율이 절반 정도 된다고 본다. 나머지 절반은 후천적인 학습과 경험에 영향을 받게 되는데 그중에서 생애 초기 부모와의 관계가 어떻게 형성되는가에 따라 가장 큰 영향을 받게 된다. 이처럼 한 사람의 존재와 정체성은 유전과 학습에 의해 결정되는 것이다.

인간의 뇌가 가진 위대한 능력인 신경가소성은 새로운 학습과 경험, 관계 형성을 통해 얼마든지 더 많은 신경회로의 배열과 조합을 만들 수 있기 때문에 자신의 존재와 정체성을 원하는 대로 바꿀 수가 있다. 특히 태어난 이후에 부모와의 관계와 상호작용에 따라 뇌에 전용신경 회로를 다양하게 구축하기 때문에 유전은 절대적으로 극복할 수 없는 장벽이 아니다.

생애 초기의 성장과정에서 아이가 부모에게 따뜻한 관심과 사랑을 받지 못하고 소외당하거나 무관심의 대상이 되어 강압적이고 폭력적인 경험을 반복하게 되면 성장과정에서 정상적인 발달을 할 수 없게 된다. 그뿐만 아니라 성인이 된 이후의 삶에서도 주의력 결핍이나 과잉행동,

불안, 무기력한 상태 등의 심각한 심리적, 신체적인 문제가 나타날 수 있다. 이러한 부정적인 경험이 반복되면서 뇌가 억제 시스템과 흥분 시스템이 제대로 조율되지 못하는 상태에 놓이면 미세한 자극만 주어져도 통제력을 상실하게 만든다.

부모와의 잘못된 관계 형성으로 이성적 뇌가 통제력을 상실하게 되고 정서적 뇌가 완전한 통제력을 갖게 되면 불필요한 자극이나 감정들이 수시로 심리적 간섭을 일으켜 혼돈 상태에 빠지게 된다. 삶에서 발생할 수밖에 없는 부정적인 자극이나 스트레스에 잘 적응하기 위해서는 그것에 합리적으로 대처할 수 있는 심리적 내성과 응집력을 강화시켜 마음의 쿠션을 만들어야 한다.

이러한 마음의 쿠션은 대부분 성장과정에서 부모와의 관계를 통해 얻은 안정감에 의해 만들어진다. 마음의 쿠션이 어떻게 만들어지느냐에 따라 성인이 된 이후의 심리적 회복력과 긍정적인 세상모형을 만들기 때문에 결국은 생애 초기와 성장과정에서 부모와의 관계 형성이 한 사람의 삶을 결정짓는다고 볼 수 있는 것이다.

성적 학대

어린이에게 성적인 착취나 유희, 가해를 가함으로써 가해자인 성인이

성적인 만족을 얻는 행위를 성적 학대라고 한다. 가해자는 주로 성격적인 장애를 가지고 있거나 성도착, 심각한 심리적인 문제를 갖고 있는 경우가 많으며 주로 가까운 관계에서 많이 발생한다.

아이들이 성장과정에서 성적 학대를 당하게 되면 이후의 성장과정뿐만 아니라 성인이 된 이후의 삶도 지속적인 스트레스 반응을 보이며 심각한 트라우마에 시달리게 된다. 성장과정에서 성적 학대와 같은 부정적인 경험에 의한 정신적 외상을 입게 되면 이후 정상적인 성장발달에 치명적인 타격을 받게 될 수도 있다.

후유증으로 인지 기능의 저하, 우울증, 불안, 성격발달장애, 조현병, 저성장, 자해행동 등 여러 가지 심리적, 신체적, 사회적인 문제들을 겪게 될 가능성이 높아진다. 이러한 후유증으로 성장과정에서 대인관계 기피를 겪기도 하고 학교생활에 부적응 행동을 보이기도 한다. 또한 자신의 안전지대와 경계를 축소시키며 만성적 스트레스 반응에 시달리게 된다. 이러한 부정적인 상황에서 생존하기 위해서는 빨리 어른이 되는 것이 유리하기 때문에 생존본능기전이 조기에 과잉 활성화되어 성장을 촉진하여 사춘기를 앞당기기도 한다.

이처럼 어릴 때의 성적 학대는 생존본능기전을 조기에 과잉 활성화시키기 때문에 생체시계를 빨리 돌아가게 만들어 성호르몬 분비를 촉진시킴으로써 빨리 어른이 될 수 있게 만든다. 이러한 현상은 생존을 위해 하루라도 빨리 어른이 되어야만 자기 자신을 지킬 수 있는 대처능력을 높일 수 있기 때문에 나타나는 자연스러운 생존기전이다.

하지만 사춘기가 앞당겨지면 전체적으로 성장발달이 조기에 끝나기 때문에 키 성장에 지장을 받거나 비만 등의 신체적인 문제를 일으킬 수 있다. 그뿐만 아니라 신체가 만성적인 트라우마에 점점 적응하게 되면서 처음의 민감한 감정과 각성이 점차 무디어지고 무감각이나 무력감을 느끼게 되기도 한다.

무감각이나 무력감이 더 심해지면 나중에는 자기 상실을 겪게 되면서 스스로의 감정을 알아차리거나 접촉하지 못하기 때문에 점차 아무런 감각도 느끼지 못하고 초기에 생존을 위해 민감하게 반응했던 여러 기전들도 더 이상 반응하지 않는 멍한 상태가 되어버린다.
이렇게 멍한 상태가 되면 표면적으로 아무런 문제가 없는 것처럼 보이기 때문에 주변의 관심을 끌지 못하고 마음에 심각한 고통과 장애를 갖고 있다는 사실조차 눈치채지 못하게 된다.

정상적인 성장과정에서 성적 학대 경험이 없는 아이들은 동성이든 이성이든 친구들과 자연스럽게 어울리며 또래집단의 정체성을 함께 학습한다. 그 과정에서 대인관계 능력이 발달되고 사회 적응을 위한 심리적 내성과 응집력이 깊어져 마음의 쿠션을 갖게 되면서 관계 접촉의 경계를 확장해나간다.

하지만 성장과정에서 성적 학대를 경험한 아이의 경우 정신적 외상의 후유증으로 마음의 쿠션이 약하기 때문에 사춘기 이전에 친구를 사귀기 힘들고 새로운 친구를 사귀는 과정에서도 관계 부적응으로 인해 심한 갈등과 혼란을 겪으며 또다시 상처를 입게 될 확률이 높아진다.
이 시기에 친한 친구가 없다는 것은 살아가면서 대인관계와 사회 적응에 심각한 결함을 지속적으로 키우기 때문에 평생을 두고 부정적인 영향을 받게 될 수도 있다. 대부분의 사회적 기술이 대인관계에서 발달하기 때문에 또래 집단과의 관계가 단절된다는 것은 한 사람의 삶에 회복하기 힘든 치명적인 결함을 갖게 될 수 있는 것이다.

또한 성적 학대를 받은 아이는 학대 이전과 같은 정상적인 건강한 뇌 발달이 안되기 때문에 전체성이 결여되어 심각한 심리적 장애를 겪게 될 가능성이 높아진다. 이렇게 되면 자신을 신뢰하지 못할 뿐만 아니라 다른 사람들도 신뢰하지 못하게 되므로 친구관계의 폭이 좁혀지거나 단절되고 새로운 친구를 사귄다고 해도 불신과 불안, 분노 등의 부정적 감정 때문에 그 관계를 오래 지속하기가 어렵게 된다.

이러한 부정적인 상태가 오랫동안 지속되면 점차 자기 자신을 혐오하거나 증오하게 되면서 과잉반응을 보이거나 완전히 멍한 상태에서 안전함을 느끼려는 회피적 행동을 보인다. 이처럼 성장과정에서의 성적 학대는 정상적인 발달을 방해할 뿐만 아니라 성인이 된 이후의 삶에서도 지속적으로 불신과 불안, 자기부정, 분노의 감정에 갇히게 만든다.

기억

인간은 기억을 할 수 있기 때문에 살아가는데 도움이 되는 다양한 학습과 경험이 가능하며 또한 망각을 할 수 있기 때문에 불필요한 기억들을 지울 수도 있다. 학습하고 경험한 중요한 기억들을 뇌에 오랫동안 저장해 두었다가 필요할 때 언제든지 끄집어내어 사용할 수 있게 하기 위해서는 그 기억에 특별한 의미를 부여하거나 강한 감정과 정서를 코팅해야 한다.

특별한 의미가 없거나 정서가 코팅되지 않는 대부분의 평범한 학습과 경험은 단기기억으로 남아있다가 자연스럽게 희미해지거나 망각하게 된다. 하지만 아주 기뻤던 기억이나 끔찍한 공포를 느끼게 했던 기억들은 오랜 시간이 지나도 잘 잊히지 않는 장기기억으로 남게 된다.

이처럼 충격적인 사건이나 사고와 관련된 부정적인 기억은 오랜 시간이 지나도 잘 지워지지 않는다. 그 이유는 뇌가 부정적인 경험에 대해서는 안전과 생존에 관련된 것으로 받아들여 전용신경회로를 구축하기 때문이다. 그래서 다른 사람에게 무시당했거나 모욕당한 일, 상처입은 일은 잘 망각되지 않는 것이다.

충격적인 사건이나 사고로 인해 부정적인 정서가 많이 개입되는 경험을 하게 되면 뇌는 잠재적 위협을 느끼기 때문에 자신의 안전과 생존을 위해 아드레날린과 같은 다량의 화학물질을 분비하여 그 경험을 신경망에 강하게 새기게 된다. 물론 정상적인 기억 시스템이 가동되는 경우에는 시간이 경과되면서 그러한 기억들이 서서히 희미해지거나 망각되기 때문에 특정한 문제를 일으키지 않는다.

하지만 너무 과한 충격적인 사건이나 사고를 경험하게 되면 이러한 정상적인 뇌 기억 시스템이 망가져버려 작동이 멈추게 될 수도 있다.

견디기 힘들 만큼의 충격적이고 끔찍한 사건이나 사고로 정신적 외상을 입게 되면 전두엽이나 시상의 기능이 제대로 작동되지 않거나 멈추어버린다. 이 상태에서는 의식적인 조절, 통제가 불가능하고 정서적인 뇌가 완전한 통제력을 갖게 된다.

정서적인 뇌가 완전한 통제력을 갖게 되면 감정의 흥분상태와 신체의 생리적인 변화, 근육긴장 등의 과잉 흥분된 상태를 만들어 이성적인 뇌와 정서적인 뇌가 기억 체계의 균형을 잃게 될 뿐만 아니라 다른 뇌 영역과의 다양한 연결이 차단되기 때문에 통합된 전체성을 만들지 못하게 된다. 이렇게 되면 트라우마 경험의 기억들은 논리적이고 합리적으로 연관된 전체성을 가진 통합된 이야기로 조합하지 못하고 파편처럼 분리된 조각과 이미지, 소리, 신체감각 등으로 기억되어 트라우마를 지속적으로 재연시킨다.

트라우마가 남긴 기억의 흔적 때문에 고통을 겪고 있는 사람들에게 지금 당장 필요한 것은 그들에게 언제, 무슨 일이 어떻게 일어났는지 추적하고 판단하여 진단하는 것이 아니라 더 이상 그러한 부정적인 감각과 감정, 반응에 통제당하고 희생당하지 않도록 도움을 주는 것이다. 그들은 지금 자신이 겪고 있는 트라우마가 자신의 잘못이라는 왜곡된 자책감을 가지고 있기 때문에 더 많은 분노와 수치심, 열등감의 기억을 가지고 있는 경우가 많다.

먼저 자신이 겪은 트라우마가 자신의 의지대로 선택한 것이 아니고 특별히 자신에게 문제가 있어서도 아니라는 분명한 사실을 깨달을 수 있도록 해야 한다. 그리고 자신을 괴롭히는 트라우마 기억이 현실이 아니라 과거 기억일 뿐이라는 사실을 깨닫게 하는 것이 중요하다.

더 중요한 것은 지금 현재 자신의 상태를 긍정적으로 바꾸기만 한다면 과거의 부정적인 사건에 대한 사실을 없앨 수 없다 하더라도 정서적 의미는 얼마든지 바꿀 수 있다는 사실을 깨닫는 것이다.

히스테리

히스테리라는 용어는 자궁을 뜻하는 그리스어 '히스테라'에서 유래된 말이다. 여성의 자궁을 뜻하는 병명이 붙은 것은 이러한 증세가 주로 여성에게 많이 일어나며 여성의 호르몬 이상이 원인이라고 생각하는 데서 붙여진 이름이다. 히스테리는 그 증세가 광범위하게 일어나며 특정 신체적 요인에 의해 나타나는 것이 아닌데도 불구하고 특정 신체감각이나 운동장애를 일으키기도 하기 때문에 트라우마와도 깊은 관련이 있다고 볼 수 있다.

히스테리는 감정의 분출과 기복이 심하고 암시에 취약하며 근육의 수축과 마비가 일어나기도 하지만 신체적으로 그 원인을 정확하게 특정할 수는 없다. 과거에는 여성 고유의 질환으로 인식하여 감정 기복이 심한 여성이나 짜증과 신경질을 자주 내는 여성에게 꼬리표를 붙이는 용어로 사용되기도 했으며 나이 든 미혼 여성이 자주 신경질을 내거나 짜증을 부릴 때 '노처녀 히스테리'라고 부르기도 했다.

정신의학적 관점에서 보면 히스테리는 일반적인 신경적 행동이며 자신을 지키려는 방어기제의 한 종류라고 할 수 있다. 현재 자신이 처한 상황이 견디기 힘들고 고통스러울 때 그 상황에서 벗어나 자신을 안전하게 지키기 위한 하나의 방법으로 감정을 표출하거나 신체적인 증상을 발달시키기 때문에 방어기제로 보는 것이다.

우리가 일반적으로 알고 있는 히스테리는 대부분 청년기에 많이 나타나지만 연령에 상관없이 남녀노소 누구에게나 나타날 수 있으며 그것이 트라우마와 관련이 있을 수 있다. 만약 아동기의 성장과정에서 겪은 끔찍한 사건이나 사고, 성적 학대, 관계 단절 등에서 생긴 트라우마에 시달리게 되면 히스테리 증세를 보일 수도 있기 때문에 트라우마와 히스테리는 관련이 있을 수 있는 것이다.

트라우마에 시달리는 사람들은 과거의 끔찍한 사건이나 사고로 인한 기억들을 지우고 싶어 하지만 그 기억들이 자신의 의지와 상관없이 계속 떠올라 지금-여기의 현실에서 당시의 위협이 끊임없이 되살아나는 것처럼 느끼는 착각을 하게 된다. 때로는 정신적 외상에 의한 장애가 과거의 기억을 떠올리는 대신에 신체로 표출되어 신체 특정 부위를 마비시키기도 한다.

견디기 힘들 만큼의 충격적이고 끔찍한 사건이나 사고로 인해 트라우마를 경험한 사람들 중에는 자신의 의지와 상관없이 과거의 부정적인 경험과 관련된 생각과 느낌, 말, 행동, 감각을 자동적으로 반복해서 경험하게 되는 과정에서 히스테리 증세를 보이기도 한다.

이와 같이 히스테리는 광범위하게 다양한 감각과 운동기능에 장애를 일으키는 정신적 장애이면서 트라우마와 관련 있는 것으로 볼 수 있다.

흩어진 기억

　한 개인의 뇌에는 자신만의 독특한 유전적 정보와 태어난 이후의 학습과 경험을 통해 입력된 수많은 정보가 마치 촘촘한 거미줄처럼 광대한 신경 네트워크를 형성하고 있다. 우리의 생각과 느낌, 말, 행동은 바로 이 광대한 신경 네트워크에 걸쳐져 있는 기억들이 다양한 조합과 배열을 통해 표출되는 것이다.

　만약 우리 뇌에 기존의 저장된 기억이 없다면 모든 학습과 경험을 처음부터 새롭게 배우고 경험해야 하기 때문에 생존 자체가 위태롭게 될 수도 있다. 이렇게 뇌에 기억이 존재하지 않는다면 안전과 생존뿐만 아니라 개인의 존재와 정체성도 갖지 못하게 된다. 결국 우리는 뇌 신경망에 기억과 관련된 어떠한 회로들을 구축해두었는가에 따라 독특한 개인의 존재와 정체성이 결정될 뿐만 아니라 현재의 상태까지 바꿀 수 있게 되는 것이다.

　그래서 인간을 기억의 존재라고 하는 것이며 기억 시스템에 의해 새로운 학습과 경험이 가능해지고 모든 창조적 행위가 일어나게 된다. 자기 자신과의 만남과 다른 사람들과의 관계, 환경과의 접촉도 모두 기존의 기억 시스템에 의존하고 있다. 중요한 것은 사람들이 갖고 있는 기억이 모두가 서로 다르다는 사실이다. 그 이유는 그들의 유전이 서로 다르고 학습과 경험이 다르며 인간관계와 환경이 모두 다르기 때문에 모두가 다른 기억을 가지고 있는 것이다.

마찬가지로 정신적 외상을 입은 사람들의 기억 시스템도 정상적인 사람들과 다르다. 그들의 뇌는 정신적 외상으로 균형 있는 전체성을 갖지 못하기 때문에 어떤 것은 너무 적게 기억되고 어떤 것은 너무 과하게 기억되는 특징이 동시에 일어난다. 때로는 특정 기억을 완전히 차단하여 회상하지 못하게 만들기도 한다. 개인의 뇌에 기억된 정보들에 대해서도 정신적 외상을 입은 사람들의 기억 시스템은 정상적인 사람들의 기억 시스템과 전혀 다르게 작동된다. 일반적인 평범한 기억과 트라우마 기억에 대한 신경회로의 발현과 화학물질의 분비 속도가 현격한 차이를 보이기 때문이다.

트라우마 기억은 아주 미세한 자극에도 과거의 기억이 순식간에 떠오른다. 헵의 이론으로 보면 트라우마가 된 경험의 한 조각과 관련된 신경회로가 활성화되면 연결된 다른 부분의 신경회로들이 동시에 활성화되어 자동으로 함께 떠오른다. 함께 활성화된 회로들은 연결이 강화되고 연결이 강화된 회로는 작은 자극에도 쉽게 활성화된다.

일반적인 기억은 뇌의 가소성에 의해 유연하게 조종이 가능해지고 사회적 환경과 상황에 따라 합리적으로 조작되기도 한다. 하지만 트라우마 기억은 전체성을 이루지 못하고 분리되어 있기 때문에 새로운 학습과 경험 과정이 정상적이지 못하고 유연성을 잃어버리게 된다.

트라우마에 시달리는 사람들의 뇌는 어느 한 지점에 개인의 모든 특성이 정지되어버리기 때문에 새로운 확장과 축소, 이동, 전환이 불가능해진다. 각기 분리된 기억의 조각들을 하나의 전체성으로 통합하지 못하기 때문에 오래전에 트라우마를 경험했던 그때의 부정적인 감정이 지금-여기의 현실에서 일어나는 일이라는 착각을 하게 되면서 점점 더 자기 상실을 겪게 될 뿐만 아니라 현실을 온전히 알아차리거나 접촉하지 못하는 부적응을 겪게 된다.

우리 속담에 '세월이 약이다'라는 말이 있다.

그 말은 시간이 지나면 바뀐 현재의 상황에 따라 과거의 기억이 희미해지거나 바뀌게 되고 좀 더 긍정적으로 왜곡된다는 뜻을 포함하고 있다. 즉 세월이 지나면서 과거의 기억을 편집시키는 뇌의 기능 때문에 과거의 일이 더 이상 현재의 자신을 괴롭히지 못하게 되는 것이다.

정상적인 기억 시스템은 거대한 신경 네트워크의 집합체에 의해 전체성을 이루기 때문에 서로가 서로에게 영향을 미쳐 과거의 기억이 편집되어 새롭게 저장되는 유연성을 가지고 있다.

하지만 트라우마는 통합 기능이 상실된 상태에서 해리 현상으로 인해 생각과 느낌, 말, 행동이 얼어붙어버려 유연성을 상실한 상태이다.

트라우마 극복은 흩어지고 분리된 기억을 통합하여 전체성을 완결시키는 과정이다. 따로 떨어진 트라우마 기억의 조각들을 지금-여기에서 계속 이어지는 삶의 이야기로 통합시킴으로써 뇌가 과거와 현재를 구분할 수 있도록 해야 한다. 그래서 끔찍한 사건이나 사고의 기억은 과거에서 끝난 일이라는 사실을 알아차리게 하고 지금-여기에서 새로운

나 자신과 환경을 접촉할 수 있게 해주어야 하는 것이다.

언어의 힘

우리가 일상생활에서 사용하는 작은 가전제품 하나에도 제품 사용법에 대한 자세한 설명서가 들어있는데 우리 삶에 가장 중요한 말과 마음을 사용하는 방법에 대한 제대로 된 사용설명서를 가지고 있지 못한 사람이 많다는 사실이 매우 안타까운 일이다.

일상생활에서 다른 사람들과의 원활한 의사소통을 통한 대인관계를 확장하는 과정에서 말이라는 소통 수단을 사용하게 된다. 말이라는 소통 수단을 통해 대인관계의 다양한 연결을 만들고 개인의 존재와 정체성까지 결정짓기 때문에 말이 가진 놀라운 힘을 활용할 수 있는 방법을 아는 것은 중요하다.

말은 뇌 신경과 연결되어 있기 때문에 자신이 하는 말과 듣는 말 모두가 뇌 신경회로의 새로운 조합과 배열을 만들어 개인의 존재와 정체성을 형성하는데 영향을 미친다. 그래서 인간관계에서 몇 마디의 말만으로 사람의 마음과 행동, 생리적, 신체적인 변화를 유도할 수 있는 놀라운 힘을 가지고 있는 것이다.

말은 성취의 힘, 긍정의 힘, 소통의 힘, 치유의 힘, 창조의 힘을 갖고 있어 말을 어떻게 활용하는가에 따라 현재의 상태를 바꿀 수 있을 뿐만 아니라 과거의 기억과 미래의 예상 기억까지 편집할 수 있다.

심리상담이나 코칭 과정에서 자신의 고민에 대해 상세하게 설명하고 그러한 자신의 경험이 현재의 상태를 만들었다는 사실에 대해 말로 표현하는 것만으로도 억눌려져 있던 감정이 해소되어 자신의 부정적인 기억이 약해지거나 없어지기도 한다.

트라우마는 과거의 기억이 놀라울 정도로 뇌에 생생하게 오랫동안 지워지지 않고 남아있어 지속적으로 재연되며 현재에서 심리적, 신체적인 고통을 준다. 트라우마 기억이 언제 되살아날지에 대해 자신이 의식적으로 통제할 수 없기 때문에 당연히 그러한 기억들을 자신의 삶에서 긍정적인 자원으로 활용할 수가 없다.

트라우마 기억은 평소에 없는 듯 잠재되어 있다가도 작은 자극만 주어지면 순식간에 떠올라 뇌를 통제하게 된다. 평소에는 잠재되어 있어 트라우마 기억을 의식적으로 회상하지 못하지만 트라우마가 신체나 행동으로 나타날 수도 있다. 이러한 현상은 기억을 뇌의 전체성에 저장하기에는 뇌가 그 상태를 통제할 수 없기 때문에 기억하는 대신 행동과 신체적 반응으로 드러내는 것이다.

중요한 것은 이러한 트라우마 기억이 뇌에 저장될 때 언어로 부호화되어 저장된다는 사실이다. 언어가 뇌 신경과 연결되어 있고 모든 기억이 언어로 부호화되어 있기 때문에 언어를 바꾼다는 것은 뇌 회로를 바꾸는 것이 되고 뇌 회로가 바뀌면 기억 시스템이 함께 바뀌게 되는 것이다. 언어가 신체와 행동의 반응을 대체할 수 있기 때문에 언어의 도움을 받을 수 있다면 과거의 트라우마 기억에 구속된 자신의 상태를 원하는 상태로 바꿀 수도 있다. 대부분의 트라우마가 사람들과의 관계 속에서 발생하고 그 관계의 수단이 언어가 되기 때문이다.

트라우마 기억이 언어로 부호화되어 있다면 언어를 통해 트라우마에서 해방될 수 있는 길이 있다는 뜻이다. 언어를 통하여 잠재의식 깊숙이 뿌리내린 트라우마 기억을 의식으로 끄집어낼 수 있다면 기존의 트라우마 구속에서 벗어날 수 있는 새로운 신경회로를 구축할 수 있게 된다. 말이 가진 치유의 힘으로 트라우마를 극복할 수 있는 것이다.

기억상실

우리 뇌에는 천억 개가 넘는 뇌세포가 있으며 유전적인 정보와 태어난 이후에 학습하고 경험한 모든 정보가 이 뇌세포에 기억되어 있다. 어떤 기억은 반복이나 충격에 의해 뇌의 전용신경회로에 걸쳐져 있어 쉽게 활성화되고 또 어떤 기억은 약한 신경회로에 걸쳐져 있어 희미해지거나 잊혀 쉽게 떠올리지 못하게 된다.

어떤 특정 원인에 의해 지나간 과거 기억의 일부 또는 전체를 떠올리지 못하게 되는 것을 기억상실이라고 한다. 트라우마 사건을 경험한 사람에게도 이러한 기억상실이 일어날 수 있으며 이러한 기억상실이 일어나게 되면 사건이 일어나기 전의 삶과 이후의 삶이 완전히 달라지게 된다. 그것은 트라우마로 인해 충격받은 뇌가 정상적인 기능을 하지 못하게 되면서 나타나는 부작용 때문이다.

트라우마 기억은 너무나 충격적이고 끔찍한 경험이기 때문에 그 기억을 뇌에서 차단해서라도 부정적인 감정에서 벗어나고자 한다. 그러한 이유로 트라우마 기억이 차단되어 일정 시간 잊혔다가 뒤늦게 떠오를 수도 있으며 경우에 따라서는 수년, 수십 년 후에 그 기억이 되살아날 수도 있다.

일반적으로 기억상실이란 자연재해나 끔찍한 사건, 전쟁, 납치, 고문, 쇼크, 폭력, 성적 학대 등과 같은 심한 정서적 충격을 경험한 과거의 일을 기억하지 못하는 상태를 말한다. 간단하게 말하면 기억을 일시적으로 잃어버리는 것이며 가끔씩 기억을 회상하지 못하는 것은 기억상실이 아니다. 기억상실은 선행성과 역행성 두 가지가 있으며 선행성 기억상실은 기억상실을 일으키게 한 사건 뒤에 일어난 일들을 기억하지 못하는 것이고 역행성 기억상실은 기억상실을 일으키게 한 사건 전에 일어난 일들을 기억하지 못하는 것이다.

트라우마에 의해 일어난 기억상실은 충격적인 사건이나 사고의 끔찍하고 고통스러운 기억으로부터 자신을 보호하기 위한 정신적인 회피나 도피일 수도 있다. 그렇기 때문에 기억이 뇌에서 완전히 지워지는 것이 아니라 일정 기간 기억상실을 겪고 있다고 볼 수 있는 것이다.

이처럼 트라우마로 인한 기억상실은 몇 주, 몇 달, 심지어는 몇십 년 동안 계속될 수도 있으며 이 기간 동안 기억상실을 겪는 사람은 그전과는 전혀 다른 삶의 패턴을 갖게 된다. 그래서 트라우마로 인하여 기억상실을 겪는 경우 자신에 관한 중요한 정보나 정신적 외상, 스트레스와 관련된 정보를 기억해내지 못하게 될 수도 있는 것이다.

특히 그러한 경험의 주체가 아주 어리거나 가해자가 가까운 사람일수록 그 사건에 대한 기억을 상실하는 비율이 높아진다. 이것은 자기 자신을 더 이상 그러한 고통에 머물지 않게 하고 위험에 빠지지 않게 하려는 방어기제가 작동되는 것으로 볼 수 있다. 이와 같이 기억상실을 방어기제로 사용해도 잠재의식에서는 여전히 트라우마 기억이 존재하기 때문에 트라우마의 경계에 구속된 상태를 벗어날 수 없게 된다.

이러한 트라우마 기억에서 벗어나기 위한 다양한 방법 중에서 잊힌 과거 기억을 다시 떠올릴 수 있는 방법으로 언어를 활용하는 것도 좋은 방법이다. 자신의 트라우마 기억을 불러낼 수 있는 언어를 들려주게 되면 트라우마 기억이 다시 표출되며 이때 말로 표출될 때 관련된 신경회로도 함께 활성화된다.

중요한 것은 말로 표출된 기억이 뇌에 다시 저장될 때 이웃해있는 다른 신경회로들과 새로운 연결을 만들기 때문에 원래의 기억이 변형된다는 사실이다. 그래서 트라우마를 극복하기 위한 상담과 훈련과정에서 트라우마 기억을 이야기할 때 의도적으로 맥락이나 의미를 조작하게 되면 뇌에 다시 기억될 때 그 이전의 트라우마 기억과는 다른 새로운 기억이 저장되는 것이다.

말로 표출된 기억은 새로운 신경회로의 조합과 배열을 통해 그 이전과는 다른 기억이 만들어지기 때문에 말을 통해 상태를 바꿀 수가 있다. 우리는 뇌의 기억에 직접 접근할 수 없기 때문에 기억과 마음을 직접 바꿀 수는 없다. 하지만 말을 통해 어떤 이야기가 뇌에 입력되거나 표출되는 과정에서 기억을 편집하거나 왜곡시킬 수 있다.

특히 반복해서 하는 말과 듣는 말에는 더 큰 영향을 받는다. 말은 뇌 신경과 연결되어 있어 말을 바꾼다는 것은 기억을 바꿀 뿐만 아니라 마음까지 바꾸게 된다. 왜냐하면 마음은 뇌에서 만든 산물이기 때문이다. 결국 기억을 말로 표현할 때 패턴과 행위를 바꾸게 되면 기억을 편집할 수 있을 뿐만 아니라 마음에서 만든 의미까지도 바꿀 수 있다는 결론을 얻게 된다.

기억은 조작과 편집이 가능하다. 기억은 학습과 경험 당시에 활성화된 신경회로의 다양한 조합과 배열에서 만들어지기 때문에 신경회로를 바꿀 수 있는 언어를 통해 새로운 편집을 할 수 있다면 트라우마 기억에서 자유로울 수가 있다. 기억은 이미 입력단계에서 생략, 왜곡, 일반화되며 출력될 때 또다시 생략, 왜곡, 일반화된다. 그렇게 표출된 말이 다시 기억될 때 그 말과 관련된 새로운 신경회로가 추가되거나 연합되면서 기존의 기억이 편집될 수밖에 없다.

말은 뇌 신경회로와 연결되어 있기 때문에 말을 바꾸는 것은 뇌 신경회로를 바꾸는 것과 같다. 그래서 말을 바꾸는 것만으로도 기억을 바꿀 수 있게 된다. 중요한 것은 그러한 작업 과정을 혼자서 진행하기 힘들기 때문에 전문가의 도움이 필요한 것이다.

기억의 차이

나는 누구인가에 대한 질문에 한 마디의 말로 답을 할 수 있다면 그것은 바른 답이 아닐 수도 있다. 우리의 존재가 한 마디의 말로 정의를 할 수 있을 정도로 단순하지가 않기 때문이다. 그래도 나는 누구인가에 대한 정의를 굳이 해야 할 필요가 있다면 나는 지금-여기에서 반복적으로 생각하고 느끼고 말하고 행동하는 것이라고 말할 수 있다.

나의 존재는 어느 지점과 순간에 고정된 존재가 아닌 매 순간 상황과 환경에 따라 끊임없이 변화하는 가변적인 존재이다. 그렇기 때문에 언제나 그 자리에 멈추어져 있는 고정된 나는 존재하지 않는다.

나는 언제나 변화할 수 있고 변화된 새로운 존재는 또 다른 내가 된다. 생각과 느낌, 말, 행동은 뇌 신경회로에 걸쳐져 있는 기억이라는 뿌리에서 나온다. 그래서 과거에 경험했던 기억의 형태에 따라 생각과 느낌, 말, 행동이 달라지게 되는 것이다.

예를 들어 과거 성취 과정에서의 즐거움과 행복한 경험이 기억에 많이 축적된 사람과 과거 트라우마 사건의 기억을 가진 사람의 생각과 느낌, 말, 행동은 큰 차이가 있다. 기억이 다르기 때문에 당연히 생각과 느낌, 말, 행동이 달라질 수밖에 없는 것이다.

즐거움과 행복한 경험의 정상적인 기억은 현재가 아닌 과거의 일로 분리할 수 있기 때문에 현실에서 긍정적으로 회상할 수 있으며 그것을 말로 표출할 때도 시작과 중간, 마무리가 체계적이고 안정적으로 전개

된다. 이러한 긍정적인 기억은 기존의 뇌 신경회로에 전체성으로 통합되어 정상적인 기능을 할 수 있게 해준다.

반면 트라우마 기억은 조각조각 분리되어 뇌에 입력되고 기억되기 때문에 전체성으로 통합되지 못한다. 마치 정리 정돈이 되지 않은 어지러운 방처럼 기억이 체계적으로 정리되지 못하기 때문에 산만한 상태를 만들며 트라우마와 관련된 특정한 경험에 대해서는 아주 민감하게 반응하기도 한다. 이처럼 트라우마 기억은 정리되지 못하고 전체성이 결여되어 있기 때문에 그 당시의 경험에 대한 순서나 중요한 세부내용을 구체적으로 기억하지 못하게 된다.

결국 트라우마 기억은 전체성으로 통합되지 못하기 때문에 기억이 파편으로 남아있게 되며 그것을 말로 표출할 때도 파편성이 높아진다. 그렇기 때문에 트라우마 기억은 대부분 통합되지 못하고 분리되어 과거 트라우마 경험이 각기 다른 감각으로 저장되어 하나의 이야기로 조합되지 못한다. 그래서 트라우마 기억은 일반적인 과거 기억과는 근본적으로 다르다고 하는 것이다.

우리가 트라우마에 대해 공부를 하고 이해를 해야 하는 중요한 이유가 트라우마에 시달리는 사람들의 생각과 느낌, 말, 행동이 과거의 트라우마 기억으로 채색되어 있어 전혀 일반적이지 않기 때문이다. 그렇게 채색된 생각과 느낌, 말, 행동에 의해 뇌에 마치 광케이블과 같은 굵은 전용신경회로가 구축되면서 온통 트라우마 기억에 휩싸이고 통제당하게 되는 것이다.

우리가 경험한 과거 트라우마 사건이나 사고 자체를 없었던 것으로 만들 수는 없다. 그러한 기억은 이미 지나간 과거의 일이기 때문에 현재에서 그것을 없앨 수 없는 것이다. 하지만 우리는 과거의 트라우마 사건 자체를 없앨 수는 없지만 우리 몸과 마음에 남아있는 트라우마의 어두운 흔적들을 해결할 수 있는 새로운 기억을 만들 수는 있다.

뇌가 가진 별명이 착각의 챔피언이기 때문에 뇌의 놀라운 가소성을 활용하기만 한다면 현재의 생각과 느낌, 말, 행동을 바꾸어 과거와 미래의 기억까지 편집할 수 있기 때문이다.

뇌의 주도권

특별한 외부적인 자극이나 상황의 변화가 없는데도 불구하고 지금 현재의 기분이 즐겁거나 우울하다면 뇌에 중독된 패턴을 유지하게 만든 특정한 기억이 걸쳐져 있는 신경회로가 존재하기 때문이다.

우리의 감정과 느낌이 코팅된 기억은 뇌와 혈액 속의 화학물질에 의해 조절되고 유지되며 자동화된 패턴을 만들어 중독 상태를 만든다.

일상생활에서 느끼는 대부분의 기분 상태나 사람들과의 관계에서 흥분, 설렘, 행복감, 미움, 분노, 고통, 걱정, 불안 등의 감정을 느끼는 것은 기억이 화학물질의 분비에 의해 영향을 받고 있기 때문이다.

이처럼 우리는 특정한 신경회로를 구축하고 화학물질에 중독된 기억을 가지고 살아가는 존재라고 할 수 있다.

우리가 일반적인 과거 경험에 대해 이야기할 때 과거의 이야기는 현재와 분리되어 있기 때문에 심리적으로 안정된 상태에서 표현할 수 있게 된다. 하지만 트라우마 기억은 오래전에 경험했던 어떤 일에 대해 융합되어 있어 과거와 현재가 분리되지 못하기 때문에 일반적인 경험에 대해 말할 때와는 달라진다.

트라우마 기억은 과거의 끔찍한 경험에 대한 기억이 현재와 융합되어 있기 때문에 단순히 과거의 기억으로만 회상되는 것이 아니라 지금-여기에서의 생생한 현실로 재연하게 된다. 과거의 기억이 지금-여기의 현실로 재연되면서 불안한 감정이 올라오고 와해된 신체적 반응을 생생하게 재경험하게 되는 것이다.

이렇게 트라우마 기억이 생생하게 재연될 때 화학물질에 중독된 뇌는 이성적인 뇌가 통제력을 상실하고 정서적인 뇌가 완전한 통제력을 갖게 되면서 신체 반응으로 표현을 하게 된다. 심장박동, 소화불량, 호흡의 변화, 목소리 떨림, 경직, 전도, 방어적 행동 등의 특징적인 신체 반응들이 일어난다. 이때 만약 이성적인 뇌가 정상적으로 기능할 수 있다면 지금의 불안정한 감정이 어디서 비롯되었으며 무엇 때문인지를 알아차릴 수 있다. 그렇게 되면 더 이상 트라우마 반응이 지속되지 못하도록 통제권을 가질 수 있게 된다.

그러나 트라우마와 관련된 화학물질이 다량으로 분비되어 정서적인 뇌가 이미 활성화된 상태라면 이성적인 뇌가 그 사실을 알아차린다 하더라도 감정이나 감각, 생각을 통제하지 못한다. 이성적인 뇌에서 왜 이런 상태가 생기는지 알아차려도 이미 정서적인 뇌가 활성화되어 주도권을 가지게 되면서 중독된 패턴을 보이기 때문에 이성적인 뇌가 통제력을 회복하지 못하게 되는 것이다. 그것은 우리 뇌가 이미 과거 기억이 재연될 때 활성화된 신경회로와 분비된 화학물질에 의해 중독된 상태에 있기 때문이다.

다만 그러한 이유에 대해 이성적인 뇌에서 좀 더 빠르게 알아차릴 수 있다면 격렬한 정서적 반응에 어쩔 수 없이 중독 상태로 끌려가는 비참한 상황을 차단할 수 있는 유연한 대처가 가능해진다. 문제는 트라우마 기억이 반복적으로 재연되면 이성적인 뇌가 정서적인 뇌에 주도권을 내주는 일이 점점 더 빈번히 생기게 된다는 사실이다.

뇌의 균형

선수가 운동을 수행하는데 가장 알맞은 자신의 상태를 유지하며 수행을 하기 위해서 자신의 상태와 행동을 만드는 적정한 각성 수준이 필요하다. 운동선수들은 목표를 달성하기 위해 최고의 운동수행 능력을 가져야 하기 때문에 운동수행에 도움이 될 수 있는 적정 각성 수준을 유지하는 것이 중요하다. 선수가 목표에 초점을 일치시키고 자신이 가진 실력을 경기 상황에서 충분히 발휘하기 위해서는 최상의 운동수행을 할 수 있는 적절한 각성 상태를 만들어야 하기 때문이다.

적정 각성 수준은 개개인 선수의 특성에 따라 다르지만 일반적으로 너무 낮거나 높은 각성 수준은 주의의 폭을 지나치게 넓히거나 좁히게 되어 운동수행에 부정적인 영향을 미치게 된다. 즉 각성이 어떠한 수준까지는 운동수행에 긍정적인 영향을 미치지만 그 수준에 미달하거나 지나치게 높아지게 되면 운동수행 능력이 떨어지게 되는 것이다. 이러한 각성 수준은 이성적인 뇌와 정서적인 뇌가 적절한 균형을 맞출 때 가장 알맞은 상태를 유지한다.

운동뿐만 아니라 트라우마 스트레스를 예방하거나 없애기 위해서도 적정 수준의 각성이 필요하며 기본적으로 이성적인 뇌와 정서적인 뇌 사이에 적절한 균형을 회복하는 데서 답을 찾을 수 있다. 외부의 어떤 자극이 충격적으로 주어지면 너무 과하게 흥분하거나 지나치게 위축되어 적정 각성 수준을 벗어나게 된다.

이러한 상태에서는 뇌의 필터링 기능이 정상적으로 가동되지 않기 때문에 지나치게 민감해지거나 산만해지기 쉬우며 부정적인 과거 이미지들이 어지럽게 되살아나 극도의 혼돈을 겪게 만들 수도 있다. 때로는 자신과 환경 사이에 견고한 장벽이 생겨 유연한 관계의 연결이 차단됨으로써 심신이 멍해진 상태를 만들어 고차원적인 뇌 기능이 일시적으로 마비되기도 한다. 이렇게 뇌 기능이 일시적으로 마비되면 지나치게 좁혀진 자기 경계에 갇히게 되어 자기 자신과 다른 사람, 환경과의 연결과 접촉이 어려워진다.

너무 과한 각성으로 인한 흥분상태나 너무 낮은 각성으로 인한 무기력 상태에서 자기 상실을 겪기 때문에 새로운 학습과 경험이 힘들어지게 된다. 결국 특정한 부분에 지나치게 민감한 반응을 보이게 되지만 일상적인 관계와 접촉에서는 융통성이 없고 무기력한 모습을 보이며 적응 능력이 떨어진다.

트라우마 스트레스를 해소하고 심신의 정상적인 기능을 건강하게 회복시키기 위해서는 이성적인 뇌와 정서적인 뇌가 균형을 이룰 수 있도록 변연계에 새로운 자극과 정보를 반복적으로 제공해 주어야 한다. 이성적인 뇌와 정서적인 뇌는 어느 한쪽으로 치우쳐 균형을 잃게 되면 심리적, 신체적인 여러 가지 문제를 일으키게 된다.

자기 자신을 건강하게 회복시키기 위해서는 가장 기본적인 신체기능을 되살릴 필요가 있으며 균형 있는 식사와 숙면, 규칙적인 운동, 관계 능력 향상, 마음의 쿠션을 강화시키는 실행이 필요하다. 특히 멘탈 호흡 훈련을 지속하는 것이 큰 도움이 된다. 정서적인 뇌를 원래의 안정 상태로 만들기 위해 자기 내면에서 일어나는 일을 인지하고 감정을 자각할 수 있는 멘탈 훈련과정이 필요한 것이다.

이성적인 뇌 영역은 대부분 새로운 초점에 반응하고 다른 사람들과의 관계, 일처리, 미래에 대한 계획과 같은 외부에서 일어나는 일에 집중해야 하기 때문에 내면에서 무슨 일이 일어나는지 별 관심이 없다. 내면에서 일어나는 내적 경험을 알아차리고 내면을 돌볼 수 있을 때 정서적 뇌가 안정을 찾아 이성적 뇌와 균형을 이룰 수 있게 되면서 통합된 전체성을 갖추게 된다.

트라우마 극복의 구심 신경

트라우마를 극복하기 위해서는 근본적인 해결책을 찾아야 하는데 약물에만 의존성을 가지게 되면 회복에 한계가 있을 수 있다.

약물의 도움을 받아야 할 사람도 분명히 있지만 그렇다고 약물이 근본적인 치료방법은 아니기 때문에 더 많은 관점에서 트라우마 극복에 접근할 수 있어야 한다. 의사들은 트라우마에 시달리는 환자에게 약물을 이용해 과잉 흥분된 상태를 진정시키거나 지나치게 낮은 각성 상태를 정상으로 끌어올려 증상을 호전시킨다.

약물이 주는 놀라운 치료 효과가 있음에도 불구하고 트라우마로 인한 과잉 흥분상태나 낮은 각성 상태를 근본적으로 치료하여 원래의 정상적인 상태로 회복시키는데 한계가 있다는 사실을 우리는 잘 알고 있다. 중요한 것은 우리의 마음 상태를 안정적으로 바꿀 수 있는 자극이 약물 이외에도 많이 있다는 사실을 깨닫는 것이다.

우리는 그러한 자극이 어떤 것이 있으며 그것이 얼마나 효과가 있는지를 잘 알지 못하기 때문에 약물에 의존성을 가지고 있을 뿐이다.

더 좋은 선택이 있다는 것을 알고 그것을 실행할 수만 있다면 트라우마 극복에 큰 도움이 될 수 있다는 사실을 깨달아야 한다.

미주신경의 감각 섬유 중 상향식인 구심 신경이 차지하는 비율이 약 80% 정도 된다는 사실은 우리가 의식하지 못하는 이 순간에도 수많은 자극과 정보가 신체에서 뇌로 전달되고 있다는 것으로 이해할 수 있다. 신체적인 움직임과 변화가 구심성으로 뇌에 특정한 자극과 정보를 제공하게 되면 자극과 정보의 영향이 약물보다 더 강한 작용을 하게 되어 뇌 상태를 바꾸게 된다.

예를 들어 호흡을 깊게 하거나 말을 긍정적으로 하는 것만으로도 뇌 신경회로와 화학물질의 분비를 긍정적으로 바꿀 수 있다는 사실은 트라우마 극복의 치료방법이 약물 이외에도 많이 있다는 것을 말해주고 있다. 규칙적인 운동 과정에서의 다양한 동작과 기술들이 트라우마로 인해 무너진 신체의 각성 체계를 정상적인 원래의 상태로 회복시키게 되면 뇌도 신체의 정보를 받아 함께 회복하게 된다.

뇌파를 조절해서 치료하는 뉴로피드백도 마찬가지로 뇌에 적절한 자극을 주어 뇌 상태를 안정시키는 원리이다. 뉴로피드백이 필요 이상의 과도한 각성과 지나치게 낮은 각성 상태로 인해 집중력이 떨어져 산만한 사람이나 결단력과 실행력이 떨어지는 어린이와 성인에게 큰 도움이 될 수 있는 이유이다. 이처럼 구심 신경의 원리를 이해하면 무용이나 춤, 노래, 요가, 무술 수련 등을 통해서도 각성 체계를 원하는 상태로 통제할 수 있다는 사실을 알 수 있게 된다.

마음과 신체는 개념적으로 구분은 할 수 있으되 심신상관성에 의해 분리될 수는 없는 하나의 체계이기 때문에 하나를 바꾼다는 것은 두 가지 모두를 바꾸는 것과 같은 것이다. 그러므로 원심성에 의해 마음을 먼저 바꾸어도 신체가 바뀌고 구심성에 의해 신체를 먼저 바꾸어도 마음을 바꿀 수 있게 된다. 그래서 멘탈 호흡 훈련 한 가지만으로도 트라우마로 인한 격한 감정을 통제할 수 있는 능력을 갖게 되는 것이다.

멘탈코칭센터에서는 멘탈 수업 및 상담과 훈련과정에서 멘탈 호흡 훈련을 필수적으로 하고 있다. 그 이유는 멘탈 호흡 훈련을 통해 신체가 이완되는 과정에서 마음도 함께 이완되기 때문이다. 멘탈 호흡 훈련을 오랫동안 반복하여 안정된 상태를 유지하게 되면 고통스럽고 두려운 기억이 떠오르는 순간에 호흡을 크게 몇 번 하는 것만으로도 안정적인 상태를 유지할 수 있게 된다.

호흡 훈련을 통해 트라우마 극복에 도움을 얻기 위해서는 필요한 요령이 있다. 호흡 훈련을 할 때 내쉬는 숨을 일부러 길게 하여 몸의 부교감신경계가 정신의 각성 상태를 끌어내리게 하는 효과를 얻을 수 있게 해야 한다. 또 심리적 간섭을 차단하여 더 강한 집중 상태를 유지하기 위해 호흡 훈련과정에서 눈을 감고 하는 것이 효과적이다.

먼저 호흡을 할 때 가슴이 부풀어 오르는 느낌이 들 정도로 숨을 크게 들이마신 후 잠시 숨을 멈추고 각성을 더 강하게 느낀다. 그다음 숨을 내쉴 때 천천히 마지막까지 집중해서 숨을 뱉어낸다. 그리고 잠시 기다렸다가 다시 반복하면 훨씬 더 효과가 좋다.

모든 운동이 트라우마 극복에 도움이 될 수 있다고 생각하지만 그중에서도 요가와 합기도가 트라우마 극복에 도움이 된다.

요가나 합기도 운동이 약물을 복용했을 때보다 우리 뇌에 안정적이고 정상적인 신경회로의 활성화와 화학물질 분비에 더 긍정적인 영향을 미칠 수 있기 때문이다. 그 외 운동, 춤, 노래, 무용 등 그것이 어떤 자극이라도 신체적인 자극 통제를 통해 마음까지 통제할 수 있기 때문에 트라우마 극복을 위한 최선의 선택이 될 수 있는 것이다.

트라우마 극복의 알아차림

트라우마를 겪은 사람들의 뇌는 사건 이전과 이후가 완전히 달라진다. 트라우마에 시달리는 사람들은 사건 이전의 평온함과 일상의 호기심이 점점 메말라가면서 견디기 힘든 부정적인 감각 속에 갇혀 끊임없이 자기 자신을 고문하거나 학대한다. 부정적인 감각에 의해 심장이 답답함을 느끼고 무엇이라고 표현하기 힘든 거북스러움과 불안, 경직 등의 고통이 반복되면서 마음과 몸이 스트레스 반응에 극도로 민감해지거나 아예 무기력해져버린다.

인간의 뇌는 근본적으로 고통을 회피하고 즐거움을 추구하도록 세팅되어 있기 때문에 고통스러운 트라우마 기억을 재연할 때 그 감각을 직접 접촉하지 못하고 피하게 되면서 오히려 그 감각에 제압당해 포로가 되기 쉽다. 자신의 감각을 느끼지 않으려고 피하기만 한다면 우선은 편안함을 느낄 수 있겠지만 훗날 더 큰 고통을 받게 된다. 그것은 고양이에게 쫓겨 도망가던 쥐가 쥐구멍에 머리만 집어넣은 상태에서 자신이 안전하게 숨었다고 착각하는 것과 같은 것이다.

우리는 자신의 신체감각을 온전하게 인식할 수 있을 때 전체성을 완성하여 자기 자신과의 온전한 접촉을 할 수 있게 된다.

어릴 때 일기장에 하루 일과 중 좋았던 일, 기분 나빴던 일, 후회스러운 일, 반성해야 할 일들을 적으면서 하루를 정리했던 기억들이 있을 것이다. 일기장을 적는 그 행위만으로 하루가 전체성으로 정리되고 마음이 관조적이 되면서 좀 더 넓은 경계를 갖게 되는 경험을 하게 된다. 마찬가지로 운동선수가 하루 훈련을 마치고 훈련 일지를 작성하는 것도 같은 효과가 있다.

사람들이 정신적 외상에 의해 짜증이나 초조, 긴장, 불안감이 생기는 것을 그저 깨닫기만 해도 순식간에 관조적 입장이 되어 인식이 바뀌면서 유연한 선택을 할 수 있는 넓은 경계를 갖게 되는 것도 같은 이유이다. 내 안에 무슨 일이 일어나는지에 대한 알아차림을 갖게 되면 순간순간 변화하는 우리의 감정과 인식이 연결된다. 변화하는 신체감각에 주의의 초점을 일치시키게 되면 수시로 변화하는 감정을 인지할 수 있을 뿐만 아니라 그러한 감정들과 분리되어 그 감정을 통제할 수 있는 능력까지 향상될 수 있다.

트라우마에 시달리는 사람들은 부정적인 감정을 불러일으키는 사건이나 만남, 일 자체를 두려워하는 경향을 가지고 있다. 두려움이 자기 자신의 신체감각을 회피하게 되면 처음의 가해 자극보다 자신이 외면했던 그 신체감각이 훨씬 더 무서운 자극으로 자신을 공격하게 된다. 가해 자극이 현재에서 더 이상 존재하지 않는데도 불편한 감각이 지속적으로 불쑥불쑥 찾아와 자신이 그러한 감정에 사로잡힐까 봐 불안해하면서 몸은 더 경직되고 마음도 굳게 닫혀버린다.

트라우마가 된 사건은 오래전의 과거일 뿐이지만 과거 트라우마의 기억에 의해 불편한 신체적인 감각이 일어나는 것을 미리 걱정하는 생각이 자신을 더 괴롭히게 되는 것이다. 나중에는 처음의 사건은 존재하지 않고 사건에 대한 생각과 그 생각에 대한 또 다른 생각이 꼬리에 꼬리를 물면서 신체와 마음을 엉망으로 만들어버린다.

이때 정서적 뇌는 불안해하며 무기력해지는 감각을 계속 유지할 수 있도록 관련된 신경회로를 활성화시키고 화학물질을 계속 분비하게 만든다. 이처럼 왜곡된 감각이 계속해서 자신을 괴롭히게 되면서 정상적인 감각기능이 차단되어버린다. 이렇게 되면 더 강한 자극을 얻기 위해 충동적인 폭식을 하거나 술, 게임, 약물, 도박에 쉽게 빠지고 건강한 사회적 관계 능력이 떨어지면서 대인관계의 경계도 축소된다.

그래서 자신의 내면에서 일어나는 일에 대해 알아차릴 수 있도록 하기 위하여 자신이 느끼고 있는 감각에 주의의 초점을 모으고 호흡, 생각, 말을 바꿀 때마다 신체감각이 바뀌는 것을 인지할 수 있어야 한다. 이렇게 신체감각에 초점이 모아지면 다음은 감각을 표현하는 것이다.

"불안감을 느끼면 숨이 답답해지고 온몸이 굳어버리는 것 같아서 아무 말도, 행동도 할 수 없어요."

위와 같이 구체적이고 생생하게 묘사하도록 하는 것이 중요하며 그러한 표현에 대한 피드백을 제공해 주어야 한다.

"그 감각에 주의의 초점을 일치시켜보세요.
그리고 멘탈 호흡 훈련을 하면서 하단전을 손으로 치거나 그냥 마음 놓고 실컷 울면서 그 감각이 어떻게 변하는지 느껴 볼 수 있다면 당신은 당신 자신을 있는 그대로 접촉하게 되는 거예요."

위의 내용은 멘탈코칭센터의 멘탈 훈련과정에서 피드백을 통해 자신을 알아차림을 가질 수 있게 해주는 표현이다. 평소에 자기 자신을 자각할 수 있는 멘탈 훈련을 반복하게 되면 마음의 쿠션이 강해져 자율신경계를 간접적으로 통제하여 흥분을 진정시키기 때문에 싸움-도주 반응이라는 극단적 상태로의 진행을 막을 수 있다.

알아차림을 통해 자기 자신의 신체감각을 관찰하고 접촉할 수 있어야 과거의 트라우마 기억도 용기 있게 만날 수 있게 된다. 멘탈 훈련을 통해 마음의 쿠션을 강화시키게 되면 과거의 정신적 외상 때문에 겪는 절망과 고통에서 해방될 수 있다.

현재 일시적으로 찾아오는 몸의 불편한 감각이 영구적이지 않으며 그 상태는 자신의 선택과 뇌의 가소성에 의해 끊임없이 변화한다는 사실을 인지할 수만 있다면 더 이상 불편한 감각의 노예가 되지 않아도 된다. 그런 불편한 신체감각이 느껴지더라도 그 감각을 회피하지 않고 접촉하면서 멘탈 호흡이나 특정한 말, 움직임을 가지는 것만으로 상태가 얼마나 더 편안해지는지를 느끼게 되면 그 불편함은 사라진다.

알아차림의 다음 단계는 생각과 신체감각 사이에서 일어나는 상호작용을 관찰하는 것이다. 신체에 특정한 감정이나 기억이 어떻게 연합되어 있는지 인지하면 그 감각을 표출할 수 있는 가능성이 열리고 차츰 시간이 지나면서 생존기전에 의해 차단되었던 정상적인 자극을 다시 알아차릴 수 있게 되어 온전히 자기 자신을 회복할 수 있게 된다.

트라우마 극복의 관계 능력

인간은 독립적으로 자기 혼자 살아갈 수 없는 사회적 존재로써 다른 사람들과의 다양한 관계를 통해 개인의 존재와 정체성을 형성하여 자신만의 신념체계와 세상모형을 만든다. 개인의 존재는 한없이 미약하지만 다른 사람들과의 방대한 네트워크를 구축하여 사회적 관계 속에서 심리적 내성과 응집력을 강화시킬 수만 있다면 트라우마에 구속되는 힘든 삶을 살지 않아도 된다.

우리가 힘들 때 가족이나 가까운 친구에게 의논을 하거나 도움을 받기 위한 신호를 보냈을 때 자신이 원하는 만큼의 긍정적인 피드백을 받을 수 있기 때문에 건강한 관계 능력이 생기게 되며 이것이 곧 자신을 지키는 방어막이 되는 것이다. 끈끈한 라포 관계가 형성된 주변 사람들의 존재 자체가 큰 위안이 되기도 하고 힘들 때 언제나 기댈 수 있는 든든한 버팀목 역할을 해주기도 한다.

남녀노소 누구나 할 것 없이 충격적인 사건이나 사고에 노출되면 대부분 두려움과 공포를 느끼게 된다. 이때 주변에 관계를 맺고 있는 사람이 얼마나 의지가 될 수 있는 사람이냐에 따라 그 사건을 경험하는 감각과 감정이 달라진다. 어떠한 충격이 주어져도 주변에 강력한 라포가 형성된 건강한 관계가 구축되어 있다면 큰 위안이 되어 마음의 쿠션을 활용할 수 있기 때문에 자신을 제한하거나 구속시키는 두려움과 공포에 떨지 않아도 된다.

그래서 트라우마에 시달리는 사람들에게 의사보다 가족이나 친구, 동료와의 사회적 관계가 더 중요한 것이다. 특히 건강한 애착관계가 형성된 가까운 사람들과 함께 보내는 시간을 많이 가지는 것이 심리적 안정감과 마음의 쿠션을 강화시키는데 큰 도움이 된다.

뉴런과 뉴런의 병렬적 연결에 의해 신경회로가 전체적인 네트워크를 구축하듯이 인간관계도 병렬적 연결에 의해 다양한 관계를 형성하고 있다. 만약 연결이 잘못되어 주변에 가까운 사람들과의 관계에서 트라우마를 경험하게 되면 일반적인 사건이나 사고 때문에 겪는 트라우마보다 회복이 훨씬 더 힘들어진다.

그 이유는 우리의 존재가 다른 사람들과의 조화로운 관계 속에서 모든 것이 형성되고 그 관계가 서로에게 영향을 미치고 있기 때문이다. 성장과정에서 가까운 사람으로부터 학대나 폭력, 왕따, 추행 등을 당하게 되면 그 관계가 갖는 압력 때문에 자신을 지켜야 할 안전한 보호막을 갖지 못하게 되면서 회복이 더 힘들어지는 것이다.

신뢰의 대상이 되어야 할 가까운 사람과의 관계에서 겪지 않아야 할 경험을 하거나 꼭 겪어야 할 경험을 하지 못하게 될 때 다른 사람들과의 연결도 축소되고 차단시키게 되면서 자신의 감각과 감정까지 무시하는 법을 배운다. 특히 자신에게 통제력을 행사할 수 있는 양육자에 의해 공격을 당하게 되면 수치심과 두려움, 분노, 좌절의 부정적인 감정을 해소할 수 있는 탈출구를 찾기가 어렵게 된다.

이와 같이 양육을 책임지거나 보호자의 위치에 있는 사람과의 관계가 잘못 형성되면 그러한 부정적인 감정을 혼자 해결할 수밖에 없기 때문에 절망감이나 무력감, 해리 현상, 혼란, 대인기피증 등을 겪게 되면서 심각한 심리적 장애를 발생시킨다. 이렇게 되면 지나치게 민감해지거나 무기력한 모습을 보이며 때로는 분노조절이 되지 않아 감정을 주체하지 못하고 폭발하거나 과한 공격성을 보이기도 한다.

이러한 상태가 반복되거나 오랫동안 지속되면 과거의 기억과 현재의 경험을 분리된 연결로 건강하게 연계시키지 못하면서 그러한 문제 상태를 당연한 것으로 받아들이게 된다. 대부분의 심리적 문제나 갈등은 사람들과의 관계에서 발생하기 때문에 다른 사람들과의 관계 속에서 알아차림과 건강한 접촉을 통해 조화로운 관계를 발전시키는 것이 회복과 치료의 핵심이다.

만약 대인관계로 인해 미해결 과제로 남아있는 트라우마가 있다면 자신뿐만 아니라 다른 사람들과의 알아차림과 접촉도 방해를 받게 된다. 믿었던 사람에게 공격을 받아 쉽게 회복되지 않은 상처를 가지고 있으면 마음의 쿠션이 상실된 상태이기 때문에 또다시 상처받을지 모른다는 미래에 대한 비관적인 예상으로 불안을 더 크게 느낀다.

이렇게 되면 생존기전이 활성화되어 자신이 공격을 당하기 전에 먼저 상대를 공격하여 상처를 주려는 행위를 하기도 한다.

이러한 행위가 자기 자신을 지키기 위한 긍정적인 의도에서 시작된 것이라 하더라도 그것이 정당화될 수 있는 것은 아니다.

자기 자신의 관계 능력을 회복시켜주고 길잡이 역할을 할 수 있는 믿을만한 관계의 누군가가 필요하다. 그래서 자신이 과거에 겪었던 경험이 현재의 자신을 괴롭히지 못하도록 조각난 기억을 통합시켜 줄 수 있는 건강한 사회적 관계를 구축하는 것이 중요한 것이다.

트라우마 극복의 신체활동

우리의 생각이 밖으로 표출될 때 말이라는 수단을 빌리게 되는데 말은 표현의 한계로 생략, 왜곡, 일반화되기 때문에 얼마든지 편집되고 조작될 수 있다. 하지만 신체로 표현되는 메시지는 뇌에서 완벽한 통제가 불가능하기 때문에 숨기거나 거짓말을 하기가 어렵다.

범죄 수사에 많이 사용하는 거짓말 탐지기는 바로 신체적인 신호를 활용하여 말의 진위를 가리는 것이다. 거짓말 탐지기의 신뢰성이 인정받을 수 있는 이유가 말은 거짓말을 쉽게 할 수 있지만 신체는 거짓말을 쉽게 하지 못하기 때문이다.

트라우마는 정신적 외상에 의해 다양한 신체적인 반응을 보이게 되는데 신체의 부조화와 협업의 장애, 감각의 둔감화 및 차단으로 정신과 신체의 전체성을 만들지 못하게 된다. 트라우마가 신체적인 부조화와 장애를 일으킨다는 사실을 바꾸어 말하면 신체적인 움직임과 조화를 정상적으로 회복시키면 트라우마를 극복할 수 있다는 결론을 얻을 수 있다. 노래나 춤, 무용, 리듬이 있는 운동 등의 신체활동이 신체의 협업과 조화를 통해 전체성을 회복하는데 큰 도움이 되는 이유이다.

특히 합기도와 같은 무술종목을 꾸준히 수련하게 되면 자기 자신의 신체감각을 더 많이 느낄 수 있다. 다른 사람들과 공격, 방어를 반복적으로 훈련하며 힘을 조율하는 능력을 갖게 될 뿐만 아니라 사람들과의 사회적 유대감과 성취 경험을 축적할 수 있어 트라우마 극복에 큰 도움이 될 수 있는 것이다.

무술 수련과정에서 자율신경계의 조절, 통제 능력이 강화되면 트라우마로 인한 신체적인 문제를 해결하는 데도 도움이 된다. 교감신경계가 자극을 받아 활성화되면 아드레날린과 같은 화학물질을 분비하여 뇌가 더 활성화될 수 있도록 에너지를 공급하며 부교감신경계가 활성화되면 아세틸콜린과 같은 화학물질을 이용해 소화 기능이나 상처치유, 수면, 신체의 기본기능을 조절할 수 있도록 돕는다.

정상적인 상태에서는 두 가지 시스템이 서로 협력하여 균형을 이루어 자신의 상태를 안정시키고 다른 사람들과 환경과의 원만한 관계를 맺고 유지하는 긍정적인 역할을 하게 된다. 특히 무술 수련과정에서 반복적으로 훈련하는 단전호흡이나 복식호흡의 원리는 교감신경계와 부교감신경계의 상대적 균형을 유지시키는데 긍정적인 영향을 미친다.

호흡 훈련을 할 때 숨을 크게 들이마시게 되면 교감신경계가 자극을 받아 신체와 정신이 함께 긴장상태를 유지한다. 숨을 크게 들이마신 후 잠시 숨을 멈추고 있을 때 최고의 각성 상태를 자각할 수 있게 된다. 이때 숨을 멈춘 상태에서 각성이 높을수록 이후의 이완 상태를 더 크게 느낄 수 있다. 그다음 꾹 참았던 숨을 천천히 내쉴 때 부교감신경계가 자극을 받아 신체와 정신이 함께 이완이 되는 것이 호흡 훈련의 원리이다.

호흡 훈련을 통해 자율신경계가 충분히 균형을 유지하게 되면 웬만한 외부의 자극과 충격에도 큰 동요 없이 반응할 수 있는 마음의 쿠션이 만들어져 안정된 상태를 적절히 유지할 수 있다. 이러한 마음의 쿠션이 정상적으로 작동될 때 좌절감이나 수치심, 모욕감, 소외감이 들더라도 차분하게 현실을 파악할 수 있는 관조 능력을 갖게 해준다. 이처럼 각성 상태를 관조적인 입장에서 안정적으로 통제할 수 있게 되면 충동과 감정의 분출을 제어할 수 있는 통제력을 가지게 된다.

이와 같이 차분한 마음 상태가 유지될 수 있다면 현재 상황에서 겪고 있는 문제를 효율적으로 해결하기 위한 가장 최선의 방법을 선택할 수 있는 유연성을 가질 수 있다. 트라우마 기억이 자율신경계의 조절, 통제 능력을 떨어지게 할 뿐만 아니라 신체와 정신의 조화와 균형까지 잃게 만들어 마음의 쿠션을 약화시키기 때문에 호흡법을 반복적으로 훈련하여 자율신경계를 정상적으로 유지시키는 것이 트라우마 극복에 중요한 의미를 가진다.

이처럼 호흡법 하나를 반복적으로 훈련하는 것만으로도 불안과 초조, 우울, 분노, 강박과 같은 부정적인 정서를 개선시킬 수 있다. 신체기능을 회복시키는 호흡 훈련이 정신뿐만 아니라 신체적인 기능의 경계를 확장하고 의학적인 문제에도 긍정적인 영향을 미치기 때문에 트라우마 극복에 큰 도움이 되는 것이다.

신체접촉

인간의 알아차림과 접촉은 눈으로 보고 귀로 듣고 코로 냄새를 맡고 입으로 맛을 보고 몸으로 느끼는 다섯 가지 감각을 통해 이루어지며 그중에서 신체적 차원의 접촉이 가장 강렬한 경험으로 남기 때문에 장기기억이 된다. 트라우마를 극복하는데 신체적인 접촉을 적절히 활용할 수만 있다면 큰 도움이 될 수 있다.

일반적으로 사람들은 자신의 고통을 진정시키기 위해 가장 자연스럽게 하는 행동이 가까이 있는 친밀한 사람과 손을 잡거나 포옹하는 것이다. 의지가 되고 심리적 안정감을 주는 가까운 사람과 신체를 접촉하는 것만으로도 안전하게 보호받는 느낌을 갖게 되어 과도한 각성 상태를 정상적으로 가라앉히는데 도움을 받게 된다.

우리는 마음이 힘들고 지칠 때나 심한 고통을 느낄 때 누군가에게 의지하고 싶어지거나 도움을 받고 싶어지는 마음이 생긴다.

이럴 때 각성된 마음 상태를 진정시켜주고 지지해주는 느낌을 갖게 하는 따뜻한 손길이나 어깨 두드림, 포옹 등이 심리적 안정감을 찾아 준다. 신체접촉은 신체적, 생리적, 심리적 과정을 동반하기 때문에 강렬한 감정의 체험과 해소를 가져온다. 때로는 여러 가지 복잡한 말로 설명하고 설득하는 것보다 한 번의 신체접촉이 더 깊은 수준의 교감을 할 수 있게 하여 큰 변화를 이끌어내기도 한다.

신체접촉에 대한 욕구는 누구나 가지고 있는 인간의 보편적인 심리이다. 신체감각은 뇌 회로와 연결되어 있기 때문에 신체접촉이 자기 자신과 다른 사람과의 만남을 이어주는 통로가 된다. 하지만 기계문명의 발달로 현대사회에서 이러한 신체접촉이 많이 줄어들 수밖에 없다.

일을 할 때도 사람의 손보다 대부분 기계에 의존하게 되었으며 교통수단이 발달하면서 이동할 때도 발바닥과 지면의 접촉이 거의 사라져 가고 있다. 문명의 발달로 세상은 빠르게 변화하고 있으며 그 변화가 신체적인 접촉의 기회를 빼앗아가고 있는 것이다.

이와 같이 현대사회는 차츰 신체적인 접촉을 줄이게 되지만 심리치료와 멘탈코칭에서는 신체접촉이 치료와 코칭의 중요한 도구로 활용되고 있다. 특히 신체의 긴장과 경직, 각성은 정신적인 부분과 직접 연계되어 있기 때문에 정신적인 긴장이나 스트레스가 해소되면 신체가 함께 건강하게 된다. 반대로 신체의 긴장이나 경직, 각성이 해소되면 정신적인 문제나 스트레스도 함께 해소될 수가 있다.

이것은 우리의 마음과 몸이 심신상관성에 의해 하나의 시스템으로 기능하는 전체성을 이루고 있기 때문이다. 이렇게 신체접촉을 통해 긴장이나 스트레스가 해소되고 나면 그 표현이 신체가 아닌 소리로 표현될 수 있으며 호흡도 자유로워지고 더 부드러워진다. 즉 신체적 감각이 바뀌면 마음의 상태가 바뀌고 마음의 상태가 바뀌면 신체적 감각이 바뀌는 건강한 순환고리가 만들어지게 되는 것이다. 그뿐만 아니라 신체적 감각의 변화가 언어표현에도 긍정적인 영향을 미치게 된다.

태도와 행동

여러 번 반복해서 강조하지만 우리 뇌가 가진 별명이 착각의 챔피언이다. 인위적으로라도 늠름하고 당당한 태도와 행동을 반복하게 되면 뇌는 그것을 사실로 받아들여 강력한 믿음을 만든다.

그것이 사실이든 아니든 상관없이 그것이 사실이라고 믿고 그와 같이 행동하면 착각의 챔피언인 뇌는 아주 쉽게 속아 넘어가게 되어 그 믿음에 스스로 통제당하게 된다.

반복적인 태도와 행동에 대한 착각은 본인뿐만 아니라 다른 사람도 똑같이 반응하며 속아 넘어간다. 인위적으로라도 당당한 태도와 행동을 하는 자기 자신을 다른 사람들이 착각해서 보기 때문에 감히 함부로 대하지 못하게 되는 것이다. 뇌는 이렇게 반복적으로 태도와 행동을 바꾸는 것만으로도 관련된 전용신경회로를 구축하고 화학물질을 분비하기 때문에 자신의 상태를 얼마든지 바꿀 수 있게 된다.

만약 어떤 자극과 충격 때문에 극단적인 스트레스가 가해지면 신체는 재빨리 스트레스 호르몬을 분비하여 그 상황에 대처하고 극복할 수 있는 상태를 만든다. 스트레스 호르몬이 오랫동안 반복적으로 분비되어 나쁜 기저선을 만드는 부정적인 중독 상태가 아니라면 그 상황에 가장 알맞은 양의 스트레스 호르몬을 분비하여 상황 대처와 환경적응을 위한 긍정적인 목적으로 건강하게 활용하게 된다.

이렇게 건강한 상태에서는 충격적인 자극이 주어져서 스트레스 호르몬 분비량이 초과되어도 정신적 외상을 입을 가능성이 낮아진다.

하지만 마음의 쿠션이 위축되거나 무기력한 상태에서 분비되는 스트레스 호르몬은 자기 자신을 보호하거나 상황에 적응하는 능력을 키워주는 긍정적인 기능을 하기보다 오히려 자신을 더 얼어붙게 만들거나 현실을 회피하는 부정적인 중독 상태에 빠지게 만든다.

결국 무기력하고 얼어붙은 상태에서 스트레스 호르몬이 과잉 분비되어 여러 가지 부작용이 생기게 된다. 문제를 견디어내고 극복하기 위해 분비되는 스트레스 호르몬 활성 과정이 오히려 자기 자신을 공격하는 작용을 하게 되는 것이다. 그렇게 되면 상황 대처와 적응 능력이 현저히 떨어지고 합리성이 결여된 상태에서 싸움-도주 반응을 하거나 아예 얼어붙기 반응을 촉구하게 된다. 이러한 기전들은 응급상황에서 안전과 생존을 위해 빠르게 반응해야 하는 중요한 기능이지만 나쁜 상태를 유지하는 중독 상태에서는 정상적인 기능을 할 수가 없게 만든다.

이러한 비정상적인 기능 상태를 정상적인 기능 상태로 회복시키기 위해서는 나쁜 반응이 지속되는 상태를 끝내야 한다.

그러기 위해서는 마음의 쿠션을 강화시킬 수 있는 유연성과 이완, 심리적 안정상태가 중요하다. 신체가 기본적인 안정상태로 회복되고 충분히 이완되어 유연성을 가지고 있어야 위험과 재난이 닥쳤을 때 즉각적인 행동을 취할 수 있게 된다. 이러한 유연성과 이완이 트라우마가 발생할 당시 자기 자신을 집어삼켰던 부정적인 감각과 감정에 안전하게 접근할 수 있는 마음의 쿠션이 구축되도록 돕는 역할을 한다.

신체감각을 파악하고 과거의 트라우마가 남긴 흔적이 신체 어디에 어떤 형태로 남아있는지 세밀하게 관찰하는 것도 매우 중요하다.

마음의 쿠션과 안정된 신체 상태에서 트라우마로 인해 발생한 신체 경험을 인지하고 그것을 견딜 수 있게 되면 억압에 의해 형성된 신체적 충동이 깨어나면서 몸을 비틀거나 휘청거리는 신체적 움직임 등을 표현할 수 있게 된다.

이때 자신의 움직임이 안전하다는 사실을 인지하고 경험할 수 있도록 지지해주고 현재 느끼는 감각과 감정, 위치가 뇌에 새겨지게 도와주는 것이 필요하다. 뇌는 적절한 행동을 통해 안전감과 즐거움을 반복해서 느끼게 되면 자신을 적극적으로 방어하고 보호할 수 있다는 긍정적인 느낌도 자연스럽게 회복할 수 있기 때문이다.

정신적 외상을 입은 사람들은 대부분 감당할 수 없는 어떤 힘에 강제로 굴복하고 구속당한 상태에서 체념하고 순응하면서 살아가는 경우가 많다. 이처럼 깊게 뿌리내린 중독된 굴복과 체념에서 벗어날 수 있는 좋은 방법은 그 상황에 참여하고 방어하는 자신의 신체적인 능력을 정상적으로 회복하는 것이다.

근육 이완훈련과 호흡 훈련을 통해 신체 적응 능력을 향상시킬 수 있다. 또한 우리 뇌는 상상과 현실을 구분하지 못하기 때문에 위급한 상황에 대처하는 자신의 모습을 강한 이미지로 만드는 심상훈련을 반복하게 되면 현실에서 실제로 당당하고 늠름한 태도와 행동을 반복하게 되어 위기 상황에서의 임기응변과 대처능력이 향상된다.

전체성

우리가 살아가는 세상은 수많은 학습과 경험에 의해 뇌에 어떠한 전용신경회로가 구축되어 신념체계와 세상모형을 형성하고 있는가에 따라 모두가 다르게 보인다. 자신만의 독특한 학습과 경험에 의해 생략, 왜곡, 일반화된 편향성을 가진 개인의 세상모형은 실제 있는 그대로의 세상을 보지 못한다. 그래서 우리 뇌는 근본적으로 착각을 할 수밖에 없는 시스템을 가지고 있는 것이다.

트라우마에 시달리는 사람들은 사건 이후의 삶이 모두 트라우마에 채색되어 비추어지기 때문에 보통 사람들에 비해 착각을 더 많이 하게 된다. 트라우마에 시달리는 사람들은 뇌가 일으키는 착각의 정도가 더 심하기 때문에 자신이 겪은 과거의 일을 그대로 인정한 후에 현재와 분리하는 작업을 하지 못하고 현재가 과거의 기억에 융합되어 그 기억에서 벗어나지 못하게 되는 것이다.

현재에서 고통을 주는 분명한 실체가 없는데도 불구하고 트라우마를 겪는 사람들은 과거의 기억을 떠올리면 다시 그 고통을 실제처럼 경험하게 된다. 평범한 과거의 일을 떠올릴 때 정상적인 뇌 시스템에서는 그 일과 관련된 시각, 청각, 후각, 미각, 신체감각이 정상적인 접촉을 어렵게 할 만큼 과하게 재연되지 않는다. 우리의 모든 기억은 언어로 부호화되는 과정에서 감각과 감정이 코팅된다. 일상적인 평범한 기억까지 감각과 감정을 모두 과하게 코팅하면 눈앞의 현실을 온전히 알아차리거나 접촉하는 것이 어려워지기 때문에 적절하게 조절을 한다.

하지만 트라우마 기억은 충격적인 과거의 일을 경험할 당시에 뇌의 특정 영역이 심한 충격으로 제 기능을 하지 못하기 때문에 기억을 전체성으로 통합하지 못하게 된다. 경험 자체가 분산된 기억으로 남기 때문에 이후의 경험도 모두 분산되는 악순환이 반복되면서 전체성으로 통합되지 못하는 순환고리가 만들어진다.

결국 트라우마는 과거의 경험에 대한 기억뿐만 아니라 현재의 경험까지 제대로 처리하지 못하고 통합된 전체성을 만들지 못하기 때문에 과거의 분산된 기억에 구속된 상태에서 또다시 분산된 현재의 경험을 통해 분산된 기억을 강화시키게 된다. 그뿐만 아니라 특정한 자극에 의해 과거의 분산된 기억은 수시로 다시 활성화되어 현재와 과거가 융합된 채로 트라우마를 반복적으로 재경험하게 만든다.

트라우마 기억이 제대로 통합되어 처리되려면 그 기능을 맡고 있는 뇌의 특정 영역이 전체성으로 활성화되어야 한다. 뇌가 과거의 트라우마 기억을 현재에서 분리한 후 분리된 기억을 전체성으로 통합시킬 수 있을 때 트라우마 기억에서 자유로울 수 있다. 만약 뇌의 어느 한 영역이라도 기능하지 못하게 되면 트라우마를 극복하는 것이 어렵게 된다. 이처럼 뇌가 깨어있는 상태에서 전체성을 갖지 못하게 되면 트라우마 극복이 쉽지가 않다.

그래서 특정 자극에 의해 트라우마가 재연되면 뇌의 경보 시스템이 다시 예민하게 활성화되고 그 일을 현재와 분리된 과거의 일로 처리하지 못하게 된다. 트라우마 기억을 현재와 분리하여 전체성으로 통합하는 기능을 해야 할 뇌의 특정 영역이 기능을 하지 못하게 되면서 현재에 실재하지 않는 트라우마가 재연되는 것이다.

트라우마가 단순히 과거에 구속되어 발이 묶여버리는 것도 문제가 되지만 과거의 분산된 기억 때문에 현재를 알아차리고 접촉하며 살아가지 못하게 하는 것이 더 큰 문제가 된다. 그래서 트라우마를 겪는 사람들에게는 현실 세계에서의 치료가 중요한 것이다. 과거와 현재, 미래는 같은 시간선에 걸쳐져 있기 때문에 과거를 바꾸어도 현재와 미래가 바뀌고 미래를 바꾸어도 과거와 현재가 바뀌지만 가장 빠른 변화는 현재를 바꾸어 과거와 미래를 바꾸는 것이다.

인지행동치료와 트라우마

인지행동치료는 정신건강을 향상시키는데 널리 사용되는 심리치료방법 중의 하나로서 아주 중요한 분야이다.

현재의 문제를 해결하고 인지적, 행동적, 정서적 규칙에 도움이 되지 않는 부정적인 패턴을 긍정적으로 변경하는 것을 목표로 하는 개인 대처 전략이다. 즉 행동심리학과 인지심리학의 기본 원리를 조합한 것으로 볼 수 있으며 지금과 여기를 강조한다. 상담 과정에서 활용도가 높고 효과가 탁월하기 때문에 심리상담사뿐만 아니라 심리학자들도 대부분 인지행동치료에 관심을 가지고 배우는 것이다.

인지행동치료는 우울증, 외상 후 스트레스 장애, 강박, 공포 등의 다양한 정신질환 치료에 많이 활용된다. 과거의 부정적인 경험을 재연시키는 과정에서 지금-여기에서의 안전한 현실을 만나게 하여 자신이 가진 그릇된 부정적 자기 제한 신념체계에서 벗어날 수 있도록 도움을 주는 방법이다. 인위적으로 두려움이나 공포를 느끼게 하는 대상을 머릿속에 떠올리게 하거나 공포를 촉발시키는 상황을 연출시키기도 하고 가상의 장면을 보여주며 노출시키기도 한다.

우리 뇌는 부정적인 정서를 가진 과거 경험에 대해 안전한 현재 상태로 반복해서 경험을 시키면 차츰 안정된 경험으로 편집해서 받아들이는 놀라운 가소성을 가지고 있다. 이렇게 반복적인 노출에 의해 뇌가 차츰 적응되면서 두려움과 공포의 감정이 차츰 약화되거나 사라진다. 이것은 우리 뇌가 갖고 있는 신경가소성의 특성을 충분히 활용한 과학적인 치료방법이다.

우리 뇌는 낯설거나 익숙하지 않은 것, 두려워서 회피했거나 억압시켰던 부정적인 감정이나 감각에 대해서는 계속적으로 두려움과 공포의 부정적인 감정을 더 키우게 된다. 나중에는 실제 사건이나 경험과는 전혀 상관이 없는 생각만으로 그러한 부정적인 감정이 올라오게 만든다. 부정적인 생각에 대한 또 다른 생각이 꼬리에 꼬리를 물며 뇌를 완전히 두려움과 공포로 가득 채우게 되는 것이다. 이렇게 되면 신체적인 감각으로 표현하는 부정적인 반응 때문에 또다시 두려움과 공포가 느껴지고 단지 그러한 반응이 나타나는 것을 우려하는 마음만으로도 트라우마가 재연되는 악순환의 고리에 갇혀버린다.

인지행동치료의 원리는 실제로 나쁜 일이 일어나지 않는 안전한 현재 상태에서 자극이 되는 대상에 반복적으로 노출되면 그 대상에게서 느끼는 부정적인 감정이나 혼란이 약화되거나 사라지게 되면서 트라우마가 극복되는 것이다. 즉 부정적인 기억을 긍정적인 현재 상황과 연결시켜 안전한 전체 기억으로 편집시키는 것으로 이해할 수 있다.

이렇게 보면 인지행동치료가 트라우마 치료에 모두 적용될 수 있을 것 같아 보이지만 실제로는 그렇지 않다. 대인공포나 거미 공포처럼 뇌의 단순한 착각에 의한 비이성적인 두려움을 해소시키는 데는 도움이 되지만 심한 아동학대나 성폭행, 전쟁 등의 정신적 외상의 경우에는 오히려 부작용이 생기게 될 수도 있다. 왜냐하면 트라우마가 재연되는 과정에서 뇌의 경보 시스템이 다시 과하게 활성화되면 그 사건을 과거의 일로 통합하기 위해 꼭 필요한 기능을 할 수 있는 뇌의 특정 영역이 제 기능을 하지 못하기 때문이다.

이렇게 되면 트라우마를 극복하기보다 오히려 과거의 트라우마가 재연될 가능성이 더 높아진다. 트라우마로 인해 현재 마음의 쿠션이 없는 상태에 있는 사람에게 인지행동치료의 노출 기법은 최악의 결과를 초래할 수도 있다. 그래서 트라우마에 시달리는 사람들에게 노출 치료와 가상현실 치료보다 현실 세계를 알아차리고 접촉할 수 있는 치료방법이 더 필요한 것이다.

지금-여기에서의 순간순간에 자신이 살아있다는 느낌을 가질 수 있도록 하는 것이 중요하다. 마음의 쿠션을 가지고 트라우마 기억에 제압되지 않을 수 있는 자신의 상태가 되었을 때 트라우마 기억의 재연이나 노출 치료가 도움이 될 수 있다는 사실을 명심해야 한다.

둔감화와 트라우마

트라우마에 시달리는 사람들의 뇌는 트라우마 경험 이전의 정상적인 건강한 뇌와는 다르다. 조각조각 파편 난 기억은 전체성이 결여되어 있기 때문에 통합된 알아차림과 접촉이 어려워진다.

그뿐만 아니라 트라우마는 과거의 부정적 경험이 분산되고 조각난 상태로 기억되어 전체성을 이루지 못하기 때문에 미세한 자극에도 그것이 통합적으로 처리되지 못하고 부분으로 받아들여져 뇌 전체가 오작동을 일으키게 만든다. 특정 자극에 민감하게 반응하는 이유가 전체성이 결여되어 민감한 부분의 자극을 착각에 의해 전체로 확대하는 오작동이 스트레스 반응으로 나타나기 때문이다.

멘탈코칭센터에서 트라우마에 시달리는 사람들을 상담하다 보면 대부분이 특정 자극에 과한 민감성을 가지고 있다는 사실을 발견할 수 있다. 그러면서도 특정 자극 이외의 자극이나 상황에 대해서는 아주 둔감하거나 차단되어 있다는 사실도 알 수가 있다. 이러한 사실을 기반으로 본다면 트라우마에 시달리는 사람들을 치료할 때 특정 감정과 감각에 덜 반응하게 하는 둔감화 훈련이 도움이 된다고 믿기 쉽다.

내담자의 상태나 상황에 따라 이런 둔감화가 도움이 되기 때문에 그러한 방법을 선택하는 것이 잘못된 것은 아니다. 하지만 그것이 완전한 선택이 아닐 수도 있다는 사실을 깨닫는 것도 중요하다.

왜냐하면 특정 감각이나 감정을 둔감화시킨다는 것은 정상적인 민감성을 가져야 하는 다른 영역까지 둔감화시켜 전체성을 만들지 못하게 될 수도 있기 때문이다. 예를 들어 약물을 이용해 감정과 감각을 인위적으로 둔감화시켜 상태를 일시적으로 호전시킬 수 있다.

하지만 중요한 대인관계나 미래에 대한 계획을 세우는 일처럼 적절한 민감성이 요구되는 상황에서조차 전체적인 둔감화가 일어나게 되면 민감성을 상실하여 정상적인 작동에 장애를 갖게 될 수도 있기 때문에 대상과 상태에 따라 다르게 적용시켜야 한다. 둔감화가 잘못 적용되면 창의적 사고와 영감, 타인에 대한 관심, 세상의 변화, 자신과 타인에 대한 민감성까지 둔감화가 일어나는 부작용이 생길 수 있기 때문이다.

그래서 둔감화가 트라우마 치료에 긍정적인 효과가 있으면서도 그것이 절대적인 답이 아닐 수도 있는 것이다.

우리의 존재는 신체와 정신이 통합되어 전체성으로 작동되고 있으며 신체의 장기들도 서로 유기적 관계 속에서 협업하며 전체성으로 작동되고 있다. 그리고 마음도 마찬가지로 천억 개가 넘는 뇌세포의 시냅스 연결이 만든 전체성에 의해 만들어진다.

만약 신체가 통합된 전체성을 만들지 못하거나 마음을 만드는 뇌의 어느 한 영역이 트라우마로 인해 통합된 전체성을 방해하는 장애가 발생하게 되면 분산되는 문제가 생기게 된다. 그래서 트라우마 사건도 삶의 중요한 기억이라는 사실을 있는 그대로 받아들이고 그 기억을 인생 전체의 시간선에 적절한 자리를 찾아 자리 잡게 해주는 것이 트라우마를 극복하는데 도움이 되는 것이다.

약물과 트라우마

트라우마 기억에 시달리는 사람들은 현실에서 느끼는 고통에서 벗어나기 위해 다양한 노력을 해보지만 이미 중독된 뇌와 몸을 정상적으로 회복시키지 못한 상태에서 트라우마 기억이 다른 심리적 장애를 일으키는 요인이 되는 경우가 많다.

트라우마와 파생된 심리적 장애를 치료하기 위해 일반적으로 증세를 약화시키는 효과가 검증된 약에 의존하기 쉽다. 그것은 약물치료를 통해 트라우마 극복에 도움을 받을 수 있기 때문에 약에 의존을 많이 하게 되는 것이다. 우리는 과연 약이 트라우마를 근본적으로 완전히 치유할 수 있을까라는 의문을 가져보아야 한다.

안타깝게도 약이 트라우마를 약화시키거나 호전시킬 수는 있지만 근본적으로 치유할 수는 없다. 약이 생리학적 측면에서 발현되는 여러 가지 정신적, 신체적인 혼란스러운 증세를 약화시키거나 호전시키기 때문에 완전한 치료가 되고 있다는 착각을 하는 것일 뿐이다.

약이 일시적으로 트라우마 고통의 증세를 약화시키거나 없애줄 뿐만 아니라 격한 감정이나 행동을 통제하는데도 분명히 도움을 준다.

그리고 약물 치료가 반드시 필요한 사람들도 있는 것이 사실이다.

하지만 오로지 약물치료방법만 고집하게 되면 약에 대한 의존성을 키워 장기적으로 치료에 부정적인 결과를 얻게 될 수도 있기 때문에 주의를 기울여야 한다는 것이다.

그리고 약물에만 의존하는 패턴을 갖게 되면서 전체성이 결여되기 때문에 자기 자신에 대한 인식능력이 떨어지고 다른 사람들과의 관계에서도 좁혀진 경계를 갖게 되는 부작용이 생기게 될 수도 있다.

약물에 대한 의존성이 높아지면 일시적으로 편안함과 안정감을 얻게 되지만 시간이 경과하면서 전체성이 결여되어 점점 더 자기 자신을 잃어가기 때문에 뇌와 신체의 기능에 여러 가지 문제가 발생한다.

약물에 대한 의존성 때문에 뇌의 통합 기능이 떨어지면서 정서적 뇌와 이성적 뇌의 기능도 크게 떨어지게 된다. 약이 불안, 초조, 걱정, 분노 등의 격렬한 감정을 진정시키는데 도움을 주는 것은 분명하지만 동시에 합리적 사고와 추론, 즐거움, 만족감을 느끼게 만드는 이성적 뇌와 정서적 뇌 기능에 문제가 생기게 되는 것도 분명한 사실이다.

약은 트라우마 치료에 분명히 도움이 된다.

그리고 상태에 따라 약물치료를 꼭 받아야 되는 사람도 있다.

다만 모든 사람들에게 효과가 있는 약은 없으며 모든 사람들에게 효과가 없는 약도 없다는 사실을 깨달아야 한다. 중요한 것은 약 자체가 나쁘다는 것이 아니라 트라우마에 시달리는 사람들이 약물 이외에 더 나은 선택이 있음에도 불구하고 약에만 의존하는 것이 나쁘다는 것이다.

경험의 표현

트라우마에 시달리는 사람들 중에는 멘탈코칭센터를 방문하기 전에 문의를 하고 상담과 코칭을 받기 위해 센터로 이동하는 과정에서 마음이 한결 편안해지는 느낌을 갖게 된다고 말하는 사람이 많다.

그리고 상담 과정에서 자신의 과거 경험과 현재 상태에 대해 상세하게 설명하면서 더 편안한 기분을 느낄 수 있다고 말한다.

프로이트는 트라우마에 대해 "그 사건에 대한 기억을 촉발시켜 과거의 기억이 명확히 드러나게 하고 그때 수반되는 영향도 나타나도록 하는 과정에서 그 사건을 최대한 상세하게 설명하고 그 기억으로 나타난 영향을 말로 표현하는 순간 영원히 사라진다"라고 말했다.

트라우마는 과거의 부정적인 경험이 현재와 분리되지 못하고 융합되어 있다. 약한 트라우마의 경우에는 그 기억을 안전한 현재 상태에서 말로 표현하는 것만으로도 그 증세가 완화되거나 사라질 수 있다.

하지만 안타깝게도 심각한 트라우마를 겪고 있는 사람들의 경우 과거의 충격적인 경험이 분산되어 조각으로 기억되어 있기 때문에 그 사건을 말로 온전히 표현하는 것이 쉽지가 않다.

끔찍한 사건에 대한 기억이 조각난 파편으로 저장되어 있을 수도 있고 그러한 충격을 견디는 것이 너무 힘들어 경험에 대한 기억을 덮어버리거나 지워버려 아예 하얀 백지로 남아있을 수도 있다.

그렇다 하더라도 조금씩 조심스럽게 단어 하나하나씩 표현하는 과정을 통해 전체성의 퍼즐을 맞추는 작업을 포기해서는 안 된다.

트라우마는 할 말을 정상적으로 하지 못하게 만들기 때문에 흩어진 기억의 파편들이 퍼즐을 맞추어 나가듯이 모든 이야기가 전체성으로 배열되는 과정을 통해 트라우마의 깊은 수렁에서 벗어날 수 있는 길을 만들어야 한다. 그렇기 때문에 침묵이 아닌 말로써 치유의 실마리를 찾아야 하는 것이다. 말이 중요한 이유가 긴 침묵은 죽음의 계곡으로 들어가는 잘못된 선택이 될 수도 있기 때문이다.

말을 하지 않는 긴 침묵은 표면적으로는 평온한 것처럼 보이지만 뇌에서는 활성화된 트라우마와 관련된 신경망들이 안정을 찾지 못하고 수많은 시냅스 연결을 확장시키며 부정적인 정서를 코팅하면서 아수라장으로 만들어버린다. 이렇게 되면 트라우마로 인해 깊은 수렁에 빠진 혼돈 상태가 돌이킬 수 없을 정도로 악화될 수 있다.

침묵을 계속 유지하면 우선은 위장된 평화를 얻을 수 있지만 내면에서는 슬픔과 공포, 수치심, 분노의 감정이 뒤엉켜 부정적인 감정과 감각의 포로가 되어 점점 헤어나지 못하는 중독 상태에 빠지게 된다.

처음에는 자신의 선택이 자신의 상태를 악화시키지만 나중에는 악화된 자신의 상태가 자신의 존재를 더 악화시키게 되는 나쁜 순환고리가 만들어져 통제가 불가능한 수준이 되어버린다.

갑작스럽게 충격적인 경험이나 상처를 입는 일이 생기면 자신에게 일어난 일에 대해 온전한 알아차림과 접촉이 어려워질 수 있다.

그래서 어떤 상황에서든 자기 자신에 대한 알아차림과 접촉이 중요한 것이다. 그렇기 때문에 그것에 대해 편안하게 말을 할 수 있는 안정된 상황을 조성하고 지지를 제공해주어야 한다. 누군가의 수용과 공감, 지지가 있게 되면 신체적, 정신적 안정감 속에 자신의 복잡한 감정을 세밀하게 표현할 수 있기 때문이다.

자신의 경험을 알아차리거나 접촉하지 못하고 비밀로 감추며 억눌러버리게 되면 우선은 그냥 넘어갈지 모르겠지만 자기 안에서는 엄청난 혼돈과 큰 전쟁이 계속해서 일어난다. 이러한 부정적인 상태에서 감정을 표현하지 못하고 계속해서 억누르거나 숨기게 되면서 그러한 부정적인 상태를 유지하기 위해 자신의 긍정적인 에너지를 모두 소진시키게 되는 부작용이 생긴다.

이렇게 되면 공부, 연애, 명상, 대인관계, 목표 달성을 위해 사용해야 할 에너지를 모두 빼앗겨 버리고 지루함을 느끼며 다른 사람 및 환경과도 단절된 상태를 만든다. 자신의 에너지가 긍정적으로 활용되지 못하고 부정적인 감정과 감각을 확산시키는 데만 사용되기 때문에 스트레스 호르몬이 온몸을 통제하게 되면서 소화계통이나 순환계, 근육 계통에 장애를 일으킨다.

또한 이성의 뇌가 정상적인 기능을 하지 못하기 때문에 자기 인식이 결여된 상태에서 다른 사람들과 갈등을 겪거나 싸움을 하며 그들에게 상처를 입히기도 한다. 이 모든 문제가 어디서 발생했는지 무엇이 원인인지 주의를 기울여야 자기 자신을 접촉할 수 있게 된다.

중요한 것은 자신이 경험하고 느낀 부정적인 감정을 인식하고 그 감정을 말로 표현하여 다른 사람들과 공유하게 되면 자신의 존재와 정체성을 건강하게 회복할 수 있는 실마리를 찾게 된다는 사실이다.

인간은 사회적 관계 속에서 자신의 존재와 정체성을 유지할 수 있기 때문에 자신의 경험과 감정을 다른 사람들과 나누는 것은 사회적 유대를 강화하여 잃어버린 자기 자신을 정상적으로 회복하는 길이 된다.

언어의 축복

독일의 실존주의 철학자 하이데거는 "언어는 존재의 집이다"라고 했다. 말이 곧 그 사람이라는 것이다. 인간은 사회적 관계 속에서 자신의 존재와 정체성을 확립하게 되는데 사회적 관계의 중요한 도구가 바로 언어이다. 그래서 언어로 표현되는 모든 것은 현실이 되는 것이고 언어로 표현될 수 없는 것은 현실이 아니라고까지 하는 것이다.

언어는 놀라운 힘을 가지고 있다.

성취의 힘, 창조의 힘, 치유의 힘을 가진 언어를 잘 활용할 수 있는 능력을 갖게 된다면 트라우마 극복에도 큰 도움이 된다. 트라우마는 분산된 기억으로 인하여 전체성이 결여되어 통찰 능력이 떨어지기 쉬운데 자기 자신을 있는 그대로 알아차리고 접촉한 후에 이를 통합된 언어로 표현할 수 있다면 통찰 능력을 얻게 되는 것이다.

트라우마 경험을 언어로 표현하는 일은 매우 힘들고 고통스러울 수 있지만 얻는 효과는 클 수가 있다. 왜냐하면 인간의 모든 기억은 언어로 부호화하여 저장되고 그 기억에는 특정한 정서가 코팅되어 있기 때문이다. 그렇기 때문에 특정한 트라우마 기억을 끄집어내어 말로 표현하는 것은 곧 억눌려져 있거나 숨겨져 있는 부정적인 정서를 함께 불러내는 것과 같은 것이다.

그래서 트라우마에 시달리는 사람들의 언어지도에 존재하지 않는 새로운 말을 찾아 표현하는 훈련을 반복하는 것이 중요하다.

말로 표현하는 훈련은 말과 함께 저장된 가장 깊은 상처와 부정적인 감정도 함께 불려 나와 다른 사람들과 나눌 수 있게 되면서 치유 효과를 얻을 수 있게 된다. 신경과학적 관점에서 인간은 각기 다른 두 가지 형태의 자기 인식이 존재한다고 본다.

첫 번째 자기는 시간의 흐름에 따라 자기 자신을 추적하는 인식으로서 다양한 경험들을 시간선으로 연결하고 하나의 통합된 전체성을 갖춘 일관적인 이야기로 조합하는 자기이다. 언어를 통해 인식은 계속 변화하고 새로운 정보를 통합하게 되며 말을 하면서도 계속적으로 변화하는 자기라고 할 수 있다.

두 번째 자기는 지금─여기에서 현재의 자기 상태에 대한 인식으로서 순간순간 인식하는 자기이다. 대부분 신체감각을 바탕으로 형성되기 때문에 현재의 상태가 안정적이라면 경험을 말로 표출할 수 있게 된다.

이 두 가지 자기 인식은 뇌의 각기 다른 부분에서 이루어지며 서로 연결되어 있지 않는 상태로 존재하기 때문에 구분되어 있으면서도 서로 영향을 미치는 관계로 친하고 조화롭게 시스템이 작동되고 있다.

중요한 것은 두 번째 자기가 지금-여기에서 안정과 균형을 찾고 감각을 회복하는 과정에서 그것을 다시 말로 표현하여 첫 번째 자기 인식을 새롭게 통합하는 과정을 통해 전체성을 회복하게 된다는 사실이다. 그래서 말로 표현되는 모든 것이 현실이 된다고 하는 것이다.

글쓰기

자신의 생각과 감정을 말로 표현하게 되면 두 배의 힘을 갖게 되지만 글로 쓰게 되면 열 배의 힘을 갖게 된다. 글을 쓰는 것은 신체감각을 사용하기 때문에 말을 할 때보다 더 강한 정서를 느끼면서도 안정된 상태에서 내면의 감정에 다가갈 수 있게 도움을 주기 때문이다.

자신의 글은 남을 의식해서 하는 말과는 달리 남이 읽는다는 전제하에 쓰는 것이 아니라 그냥 자신의 생각과 감정에 대해 쓰기 때문에 말로 할 때보다 더 진실된 감정이 표출될 수 있다.

자신에게 쓰는 글은 누가 뭐라고 할지 의식하거나 걱정하지 않아도 되기 때문에 내면을 좀 더 진실되게 만나게 되고 글을 쓰는 과정에서 내면의 생각과 감정이 표출되어 기분이 훨씬 나아지는 긍정적인 효과를 얻을 수 있게 된다. 그냥 자신의 생각과 감정을 자연스럽게 만나면서 글로 표현하는 것이기 때문에 시간이 지난 후에 글을 읽어보면 그때는 생각지도 못했던 놀랄만한 진실을 발견하게 되는 경우가 많다.

트라우마 치료에 언어가 갖는 영향력에 대해 앞에서도 많이 이야기했지만 말은 타인을 의식하며 하기 때문에 자신의 깊은 생각과 감정이 생략, 왜곡, 일반화되기 쉽다. 또한 사회적 관계 속에서 말로 하는 소통은 대부분 자신을 지키기 위한 경계와 안전한 방어막을 치기 때문에 자기 내면과의 온전한 만남이 힘들 수도 있다. 그래서 의사소통 과정에서 상대와의 주고받는 말은 꾸밈이 전혀 없을 수가 없는 것이다.

하지만 글쓰기는 주고받는 말과 달리 상대를 의식할 필요가 전혀 없기 때문에 온전한 자기 자신을 최대한 표현하게 된다.

그렇기 때문에 자신의 생각과 감정을 아무런 거리낌 없이 펜이나 키보드를 통하여 얼마든지 끄집어낼 수가 있다. 자신의 생각과 감정을 글로 표현하면 부분의 이야기가 글로 연결되며 전체성을 완결하게 된다.

이처럼 트라우마 치료에 글쓰기를 활용하게 되면 자신의 전체성을 완결시키는데 큰 도움이 될 수 있다.

트라우마 경험 사실과 감정을 글로 쓰는 훈련을 하면 자신이 접근하지 못했던 자신의 감정을 새롭게 접촉하는 과정에서 고통스러운 증세가 훨씬 약해지는 긍정적인 변화를 경험하게 된다. 마음속 가장 깊은 곳에 묻혀 있던 트라우마와 관련된 생각과 감정을 글로 쓰기 시작하면서 밖으로 표출될 때 긍정적인 기분과 태도를 갖게 되어 정신적, 신체적 건강이 회복되기 시작한다. 글을 쓰면서 얻게 되는 긍정적인 효과는 자기 자신을 더 많이 알아차리고 접촉하게 되면서 스스로를 이해하게 된다는 사실이다. 그래서 트라우마의 기억으로 혼란스러운 생각과 감정에 대해 글을 쓰는 일은 자기 자신을 회복시키는 과정이 된다.

트라우마 기억에 침묵은 답이 되지 않는다는 사실을 아는 것이 중요하며 말의 형태이든 글의 형태이든 침묵보다 더 나은 상태로 변화하게 된다는 사실은 분명하다. 침묵은 죽음의 계곡으로 들어가는 최악의 선택이 될 수 있기 때문에 트라우마에 계속 침묵한다면 훗날 혹독한 대가를 치러야 될 수도 있다는 사실을 명심해야 한다. 트라우마가 말이나 글이 아닌 행동으로 표출되면 우울증, 공격성, 분노 표출, 자해, 자살기도 등의 끔찍한 부분으로 드러날 수도 있기 때문이다.

글쓰기는 남에게 보여주기 위한 것이 아니라 자기 자신에게 쓰는 것이다. 자신이 회피하고 숨겨두었던 것이 무엇인지 스스로 깨닫고 접촉하여 그것에서 자유로워지는 선택을 하게 되는 것이다.

언어의 한계

신체적인 질병의 약 80%가 심인성 질환과 관련이 있다는 통계에서 확인할 수 있듯이 마음과 신체는 구분은 할 수 있으되 분리는 할 수 없는 하나의 체계이다. 이러한 논리로 보면 사람의 마음 상태에 따라 신체적인 질병이 더 악화될 수도 있고 호전될 수도 있다는 결론을 얻을 수 있다. 중요한 것은 우리가 일상생활에서 사용하는 말이 마음을 생성시키는 뇌 신경과 연결되어 있기 때문에 말을 바꾼다는 것은 곧 마음을 바꾸는 것과 같다.

그리고 마음은 신체와 심신상관성에 의해 통합된 전체성을 가진 하나의 시스템으로 작동되고 있기 때문에 마음을 바꾸어도 신체가 바뀌고 신체를 바꾸어도 마음이 바뀐다. 결국 말을 바꾼다는 것은 뇌 신경 회로를 새롭게 재배열하고 관련된 화학물질을 분비하여 마음 상태뿐만 아니라 신체도 함께 바꾸게 되는 것이다.

그래서 자신의 생각과 감정을 말과 글로써 표현하는 것이 중요하다. 이처럼 말이 큰 영향력을 갖고 있는 것은 사실이지만 말이 가지고 있는 분명한 한계도 존재한다. 그것은 트라우마에 시달리는 사람들의 기억은 파편으로 조각난 상태이기 때문에 전체적인 조합이 되지 않은 조각난 언어표현을 하기 때문이다.

중요한 것은 트라우마로 인해 통합되지 못한 조각난 언어표현으로 자신의 생각과 감정을 자주 드러내면 주변에서 그 말을 수용하고 공감해주는 사람이 많이 없다는 사실이다. 자신의 고통스러운 기억을 이야기할 때 주변에서 그 말을 경청하고 공감해주지 않기 때문에 오히려 자신이 더 소외되고 무시당하는 부정적인 느낌을 갖게 되면서 자기 스스로 인내심을 상실하는 경우가 생길 수도 있다.

상담 과정에서도 트라우마에 시달리는 사람들은 심리적으로 위축된 상태에서 최대한 자신이 거부당하지 않는 수준에서 이야기를 편집하여 녹음기처럼 계속 같은 말을 되풀이하는 것을 관찰할 수 있다.

자신의 표현을 잘 들어주고 절대적인 수용과 공감, 지지를 보내주는 대상이 없었기 때문에 거부당하지 않는 수준에서 자신을 지킬 수 있는 편집된 말을 반복하는 것이다.

그렇기 때문에 경청과 수용, 공감, 지지를 보내줄 수 있는 대상만 있다면 얼마든지 트라우마에서 벗어날 수 있는 새로운 도전을 할 수 있게 된다. 트라우마 치료에서 가장 중요한 것은 자신의 고통스러운 일들에 지속적으로 관심을 갖고 작은 부분까지 경청하며 공감과 지지를 보내주는 대상과 라포를 형성하는 것이다.

트라우마에 시달리는 사람들은 자신의 생각과 감정을 언어로 표현하지 못하고 말문이 막히게 되면 2차, 3차적인 심리적 문제가 발생할 수 있기 때문에 표현할 수 있는 환경을 조성하는 것이 중요하다.

예를 들어 트라우마를 겪은 피해자가 법정에서 증언을 해야 할 상황이 되면 피해자들은 과거 충격적인 사건이 재연되면서 감정이 통제되지 않아 말문이 막히기도 하고 조각난 기억의 파편들을 말로 표현하는 과정에서 증언이 무질서하고 혼란스러워 일관성을 가지지 못하게 된다.

재판관이 트라우마의 특성을 이해하지 못한다면 표현의 한계 때문에 피해자는 2차적, 3차적인 피해를 입게 될 수도 있기 때문이다.

상담 과정에서도 자신의 과거 기억이 재연될 때 또다시 자극이나 상처를 입지 않기 위해 왜곡되고 편집된 이야기를 전개하기도 한다.

때론 무거운 침묵을 이어가며 자신을 지키려는 보호막을 치기도 한다. 이럴 때 말을 할 수 있도록 유도를 하면 오히려 심하게 불안해하거나 저항하게 되는 경우가 많다.

그래서 트라우마 상담에서도 점진적인 접근이 필요하다. 편안하고 안정된 정서를 느낄 수 있는 편안한 디딤돌을 놓아주기 위해 멘탈 호흡 훈련을 하는 것도 점진성의 원리를 활용하는 것이다. 멘탈 호흡을 통해 각성된 자율신경계의 기저선을 안정적으로 회복시키고 자신의 현재 상태가 편안하고 안정적이라는 느낌이 들도록 하는 것이 좋다.

멘탈 호흡 훈련이나 근육 이완훈련을 통해 저항을 무력화시킨 후 상담을 진행하면 언어적 한계를 극복할 수 있게 된다. 안전하고 편안한 기분이 들고 라포가 형성되면 심층적인 생각과 감정에 조금씩 접근할 수 있기 때문이다. 이렇게 보면 호흡 훈련은 트라우마에 시달리는 사람들에게 안전지대를 만드는 앵커가 될 수도 있다.

앵커가 만들어지면 부정적 정서가 강하게 올라올 때나 분노가 치솟을 때 호흡 훈련을 하는 것만으로도 안정감을 회복할 수 있게 된다.

자기 회복

전쟁의 공포나 자동차 사고, 가정폭력, 왕따, 성폭행과 같은 충격적인 경험은 시간이 오래 지난 후에 경험 당시와 비슷한 작은 단서나 자극만 주어져도 특정한 신경적 반응을 다시 일으키게 된다.

자신을 힘들게 했던 과거 기억과 경험은 현실 세계에서 더 이상 존재하지 않는 위협이지만 과거의 경험과 연결된 작은 단서에도 지속적으로 부정적인 경험을 재연시켜 특정 행동을 반복하게 하거나 경험 당시의 정서를 계속 느끼는 중독된 패턴을 보이게 되는 것이다.

이처럼 트라우마 기억은 충격적인 자극으로 뇌에 입력되어 전용신경회로를 구축하기 때문에 오랜 시간이 지나도 계속 영향력을 행사하게 된다. 처음의 충격적인 사건은 시간이 지나면서 아무런 영향력을 갖고 있지 않지만 처음의 그 사건에 대한 강한 감정과 감각적인 반응이 전용신경회로를 구축하게 되면서 처음의 사건 자체보다 사건에 대한 반응이 더 큰 문제를 일으킨다.

이러한 현상은 트라우마 경험에 의해 특정한 뇌 영역에 부정적인 감정과 관련된 전용신경회로를 구축하여 과민한 반응을 보이고 있는 것이다. 이 상태에서는 경험을 안정적으로 일관성 있게 관리하고 해석하는 뇌 영역이 제대로 기능을 하지 못하게 되면서 전체성이 결여되어 정상적인 반응을 하지 못하는 문제가 생기게 된다.

트라우마는 뇌의 전체성이 결여되어 균형을 잃은 상태이기 때문에 정신적인 감정과 신체적인 감각기능이 떨어진다. 자신의 경험이 조각난 파편의 형태로 뇌에 저장되기 때문에 기억이 왜곡되고 편집되면서 건강함과 역동성을 잃어버리게 된다. 이렇게 통합된 전체성이 결여된 상태에서 자기 상실을 겪게 되기 때문에 자기 자신에 대한 확고한 감각을 갖지 못하고 자신의 존재와 정체성에 대한 신뢰까지 무너져 큰 혼돈을 겪게 되는 것이다.

트라우마로 인해 감정 인지능력과 감각기능에 장애가 생기게 되면 초조, 불안, 집중력 상실, 공황장애, 무기력, 무감각 등의 부정적인 증상이 생기게 된다. 이러한 증상이 생기게 되면 이성적인 뇌에서 그 상황을 통제할 수가 없기 때문에 자기 자신에 대한 존재와 정체성의 혼돈을 겪을 수밖에 없다.

감정인지불능증이나 해리 현상, 특정 기능 상실, 이인증 등이 발생하는 이유가 바로 감정과 감각을 느끼는 뇌 영역이 제 기능을 하지 못하는 것과 관련이 있다. 트라우마는 뇌 영역이 충격을 받아 엉뚱한 곳에 초점이 모아지거나 감각과 감정이 제 기능을 하지 못하게 되면서 혼란과 불안, 분리된 느낌을 받게 되는 것이다.

트라우마를 겪고 있는 사람들은 대부분 자기 상실을 함께 겪기 때문에 트라우마를 극복하기 위해서는 자기 자신을 회복시킬 수 있는 자신과의 접촉이 우선되어야 한다. 그래서 전문가의 도움이 필요한 것이며 자기 인식과 접촉을 통해 자기를 회복한다면 트라우마로 조각난 기억들을 하나의 일관된 전체성으로 체계화시킬 수 있게 된다.

즉, 자기 자신으로 다시 돌아올 때 트라우마의 깊고 어두운 악몽의 터널에서 빠져나올 수 있게 되는 것이다.

트라우마가 없는 사람은 없다. 누구나 어떤 형태로든 트라우마를 가지고 살아간다. 다만 누구나 가지고 있는 과거의 트라우마가 현재의 자신을 얼마나, 어떻게 지배하는가에 따라 긍정적인 영향을 미치는지 부정적인 영향을 미치는지의 차이를 가질 뿐이다. 당장은 현실과 자신을 인지하고 접촉하는 것이 쉽지 않을 수 있지만 꾸준한 멘탈 훈련을 통해 현재를 접촉할 수 있는 감각을 살려 자기 자신을 회복하기만 한다면 얼마든지 자신이 원하는 만큼의 긍정적인 변화를 이룰 수가 있다.

성장기 트라우마

대부분의 심리적 장애는 성장과정에서 발생하기 때문에 성장장애라고 부르기도 한다. 아이가 성장과정에서 정상적으로 받아야 할 사랑과 지지, 긍정적인 피드백을 받지 못하게 되면 결핍에 의해 건강한 전체성을 만들지 못해 트라우마를 겪게 된다.

이와 같이 주변 사람들과의 관계 속에서 정상적인 관심과 사랑, 공감, 지지, 피드백을 받지 못해 생기는 것이 바로 발달 트라우마이다. 그리고 성장과정에서 겪지 않아야 할 충격적이고 끔찍한 사건이나 사고, 폭력, 왕따, 소외, 무시 등을 경험하게 될 때도 뇌의 특정 영역이 제 기능을 하지 못하거나 과잉 활성화되어 전체성을 형성하지 못하기 때문에 트라우마가 생기게 된다.

성장과정에서 트라우마를 겪게 되면 성장과정 전반에 부정적인 영향을 미쳐 자기 상실과 대인관계 문제, 무기력, 산만함, 불안, 분노, 공포

등의 심리적 문제가 지속적으로 일어난다. 아동기는 아직 자기 자신을 지킬 수 있는 심리적 내성과 응집력이 약해 외부의 강한 충격을 견디어 낼 수 있는 능력이 부족하다. 이러한 상태에서 트라우마를 겪게 되면 성인이 된 이후에 겪게 되는 트라우마보다 더 심각한 문제를 일으키게 되고 회복도 그만큼 힘이 든다.

아이는 아직 마음의 쿠션을 풍성하게 만들지 못한 시기에 있기 때문에 트라우마로 채색된 상태에서의 고통스러운 성장과정은 아이의 입장에서는 너무나 견디기 힘든 가혹한 형벌이 될 수 있다. 트라우마에 시달리는 아이에게 주변 어른들이 괜찮다고 위로하거나 누구나 겪는 일이라고 일반화된 말을 해주어도 전혀 도움이 되지 않는 이유가 트라우마 기억은 의식적 영역에서 통제할 수 없기 때문이다.

더 심각한 문제는 잠재의식 깊은 곳에 뿌리내린 트라우마 기억은 신경계를 지배하며 신체기능에 직접적인 영향을 미치게 된다는 사실이다. 대부분의 신체적인 기능은 잠재의식에서 조절, 통제하기 때문에 잠재의식에 깊은 뿌리를 내린다는 의미는 몸 깊은 곳에 트라우마가 새겨진다는 것이다. 트라우마 치료에서 신체감각을 활성화시켜 구심 신경을 활용하는 것도 바로 뇌의 신경회로를 자극하여 잠재의식에 깊이 뿌리내린 기억을 불러내어 재편집하는 과정이다.

만약 성장과정에 있는 아동이 만성적인 학대나 폭력 등에 노출된다면 성인기에 트라우마 사건을 경험한 사람들과 비교해서 정신적, 신체적, 생리적, 사회적 적응 양상이 차이가 날 수밖에 없게 된다. 아동기의 정신적, 신체적 학대와 주변 사람들과의 관계 차단은 성장과정에서뿐만 아니라 성인이 된 이후의 삶에서도 지속적으로 재연되면서 괴롭힌다. 그 사건이 과거에 일어난 일이라는 논리적이고 통합적인 사고처리가 안되기 때문에 과거의 기억을 현재와 융합하여 트라우마 기억을 현재에서 다시 만나게 되는 것이다.

기억은 학습과 경험, 다양한 관계 속에서 계속 변화하고 진화해간다. 어떤 정보가 뇌에 입력되면 뇌에서는 기존의 기억 시스템이 만든 주관적인 세상모형으로 그것을 통합하고 재해석하여 다시 기억화시킨다. 이러한 처리 과정은 의식적 개입 없이 자동으로 일어나며 과거의 기억을 바탕으로 뇌에서 무의식적으로 처리하는 것이다.

이렇게 처리된 정보가 전체성으로 통합되어 기존의 세상모형에 편입되면서 새로운 기억 시스템을 만들어 개인의 존재와 정체성을 형성한다. 이것이 경험하는 과정의 전부이고 과거 기억으로 처리되는 마지막 과정이다. 과거 경험은 이렇게 처리 작업이 완결되어 전체성으로 통합하여 기억 시스템에 저장되는 것이다.

중요한 것은 트라우마에 시달리는 사람들은 처리 과정이 자연스럽게 진행되지 못하고 기억이 조각난 파편의 형태로 마치 소화되지 못한 음식처럼 그대로 남게 된다는 사실이다. 이렇게 미해결 과제가 만들어진 상태에서 계속적인 성장과정을 거치게 되면 이후 성장과정에서의 모든 학습과 경험이 트라우마에 의해 왜곡되거나 차단되어버린다. 성장과정에서 겪는 트라우마가 얼마나 한 사람의 삶을 집요하게 망가뜨리는지 알 수가 있는 것이다.

성장과정에서의 충격적이고 끔찍한 경험이 전체성으로 통합되지 못한 상태로 오래된 트라우마 기억이 되면 마치 목에 걸린 가시와 같은 고통을 느끼게 된다. 트라우마는 마치 생선을 먹다가 목에 생선가시가 걸려 있어 새로운 음식을 제대로 먹지 못할 뿐만 아니라 목에 걸린 가시가 염증을 일으켜 몸 전체로 퍼지면서 신체적인 모든 기능을 마비시켜버리는 것과 같다. 그래서 성장기의 트라우마가 한 사람의 삶에 두고 두고 절대적인 영향을 미치게 되는 것이다.

중요한 것은 고통스러운 상태에 있는 아동이 자기 자신의 경험을 새롭게 처리하고 현실을 안전하게 접촉할 수 있도록 도움의 손길을 내밀어야 한다는 사실이다. 하지만 대부분의 트라우마가 주변 사람들과의 관계 속에서 발생하고 그러한 관계는 지금 현실에서도 그대로 유지되고 있는 경우가 많아 도움을 받기가 쉽지 않다. 트라우마에 시달리는 사람들이 스스로 회복을 위한 노력을 하여 일시적으로 변화를 이루어도 근본적인 해결이 되지 않는 이유가 바로 여기에 있다.

그래서 트라우마를 극복하기 위해서는 가족과 주변 사람들의 긍정적인 지지와 전문가의 도움이 필요한 것이다.

기억의 표출

트라우마에 시달리는 사람들은 과거의 부정적인 감정을 다시 재연하지 않기 위해 잠재의식 차원에서 신체감각과 감정을 둔감화시키거나 차단시켜버리기도 한다.

실제로 멘탈코칭센터에서 트라우마 극복을 위해 상담을 받은 한 청년의 경우 학창 시절에 겪은 집단 왕따와 폭행의 트라우마 기억 때문에 무감각과 무감정 증상을 보이며 자기 상실을 심하게 겪고 있었다. 청년의 경우 자신의 과거 트라우마 기억을 재연하는 것에 대한 두려움과 공포를 가지고 있었기 때문에 상담 과정에서 과거 기억과 느낌에 대해 질문을 받으면 자신의 경계 안에서 항상 똑같은 대답을 반복했다. "모르겠어요", "기억이 안 나요"와 같은 대답을 반복하며 더 이상 과거의 트라우마 기억과 접촉하는 회상을 거부했다.

이처럼 트라우마를 겪은 사람들은 안전과 생존을 위해 자신만의 좁혀진 안전지대와 경계를 만들어 그 속에 숨어 새로운 변화를 거부하려는 경향이 있다. 또한 트라우마로 인해 해리성 정체성이 형성되면 발현되는 증상도 특이하며 내면이 전체성으로 통합되지 못하고 제각기 분리되어 정신적 측면에 심각한 문제가 생기게 된다.

이러한 현상은 성장과정에서 겪은 심한 왕따와 폭행이 트라우마 기억으로 억압된 상태에서 그것을 다시 재연하게 될 때 자신의 모든 에너지를 끌어모아 부정적인 방어기제를 활성화시키기 때문이다. 자신의 안전과 생존을 위해 활용할 수 있는 최선의 생존 반응을 선택할 때 그것의 긍정성과 부정성을 따지지 않는다. 더 이상 마음의 고통을 느끼지 않기 위해 자신의 감정을 억압할 수도 있고 분노감을 표현하거나 복수를 계획하기도 하는 것이다.

자신이 약한 존재로 무시당하지 않기 위해 운동을 시작하거나 성공을 꿈꾸기도 하지만 대부분의 도전을 오랫동안 지속하지 못한다.

때로는 성공에 대한 몽상과 꿈을 말하기도 하지만 트라우마에 시달리는 사람들의 성공에 대한 꿈은 자기방어전략의 일종이기 때문에 실제로 성공을 위한 실행이 뒤따르지 않는 경우가 많다. 그러한 과정에서 때로는 집착, 강박, 충동, 망상, 공황발작, 자기 파괴적인 행동 등의 여러 가지 문제가 표출되기도 한다.

이러한 상태가 반복되거나 오랫동안 지속되면 자기 자신이 스스로를 믿지 못할 뿐만 아니라 상담을 진행하는 상담사에게도 완전한 회복과 정상적인 기능에 대한 신뢰를 보내지 않게 된다. 이렇게 되면 지금의 부정적인 현상태를 진짜 자기로 믿고 자신의 증상을 영원히 해결될 수 없는 장애로 여기게 되어 치료의 유일한 방법을 약에만 의존해야 하는 안타까운 선택을 할 수도 있다.

이와 같이 자기 안에 잘못된 믿음이 굳어지게 되면 트라우마 극복이 힘들어지게 되는 것이다. 그렇기 때문에 자신이 가진 공격성, 우울함, 오만함, 편향성, 소극적인 태도와 특성은 원래의 자기가 아닌 반복적인 학습과 경험에 의해 조건형성된 것일 뿐이라는 사실을 깨달아야 한다. 그러한 깨달음과 믿음을 갖게 될 때 트라우마 극복에 훨씬 더 긍정적인 결과를 얻을 수 있기 때문이다. 즉 긍정적인 믿음이 강화될 때 자신의 존재가 더 과격해지지 않고 위축되지 않으면서 지금-여기에서의 현실에 존재하는 사람이 될 수 있다.

특히 성장과정에서 학대나 폭행에 노출되면 자신은 절대로 관심을 받거나 사랑받을 수 없는 존재라고 비하하기 쉬워진다. 그렇게 되면 지금-여기에서 자기 자신과 현실을 만나 솔직한 감정을 표출하거나 주장을 하기보다 자신을 더 비하시키거나 미워하는 것이 더 안전한 선택이라고 착각하게 된다.

트라우마를 겪는 사람들은 불안과 고통을 더 이상 겪지 않기 위해 자신의 삶에서 중요한 부분의 영역을 부인하거나 무시하며 분리시켜서라도 과거의 트라우마 기억을 잊어버리려 한다. 내면에 억압된 분노나 절망감을 재연하지 않기 위해 감각과 감정을 둔화시키거나 더 억누르면서 자신과의 접촉을 차단시켜버리는 것이다. 이것이 성장과정에서의 학대와 폭력이 미해결 과제로 오랫동안 억압되면 성인이 된 이후의 삶에서 큰 고통을 겪게 되는 이유이다.

성인이 된 이후에도 과거의 얼어붙은 반응을 재연하는 부분이 억압되어 있으면 과거의 덫에 걸려 자신을 부정하거나 혐오하며 환경과의 접촉도 차단해버린다. 성장과정에서 부정적인 감정과 감각을 무시하고 억압시키게 되면 일시적으로 현재 상황에 적응하기 수월해 안정감을 느낄 수 있지만 시간이 지나면서 나중에 더 심각한 후유증이 발생한다. 억압된 감정은 어떤 형태로든 표출되기 때문에 특정 상황과 대상에게 자신도 모르게 통제력을 상실한 상태에서 분노를 표출하거나 이성을 잃어버리는 행동을 하게 될 수도 있다.

그렇게 되면 자신이 더 고립되면서 점점 더 트라우마의 수렁에 빠져 헤매게 된다. 그렇기 때문에 트라우마를 극복하기 위해서는 과거의 나쁜 기억을 직면하여 현재와 분리하고 그 기억을 건강한 전체성으로 통합하는 작업 과정이 필요하다. 트라우마 기억은 회피하거나 억압하면 우선은 위장된 평화를 얻을 수 있지만 나중에 엄청난 전쟁을 치러야 할 수도 있기 때문에 당장에 고통이 따르더라도 그 고통을 피하지 않고 직면하여 극복해야 하는 것이다.

또 다른 나

나는 누구인가? 내가 알고 있는 내가 진짜 내가 맞는가?
내 안에는 각기 다른 또 다른 내가 여러 모습으로 존재하고 있다.
나의 존재는 언제나 변함없이 하나로 고정된 내가 아닌 매 순간 상황과 대상에 따라 변화하는 가변적인 존재이면서 이중적이고 다중적인 존재이기도 하다.

지금 이 글을 쓰고 있는 순간에도 내 안의 또 다른 나는 배가 고파 맛있는 음식을 먹어야겠다고 생각한다. 그러면서도 원래의 글을 쓰고 있는 나는 그냥 글을 계속 써야 된다고 결정하며 현재에서 음식을 먹고 싶은 욕구를 억누른다.

나는 때로는 다른 사람들에게 도전적이고 호기심이 많은 돈키호테처럼 보이기도 하고 열정적이고 창의적인 사람으로 보이기도 하며 조용하고 내성적인 성격을 가진 사람으로 보이기도 한다. 그리고 성격이 차분하고 원만하게 보이기도 하면서도 때로는 별것 아닌 사소한 것에 크게 화를 잘 내는 사람으로 보이기도 한다. 때로는 나의 태도와 행동을 보며 사람들은 아버지로서의 근엄한 모습을 발견하기도 하고 어린아이와 같은 천진난만함을 발견하기도 한다.

어느 것이 진짜 내가 되고 어느 것이 가짜 내가 되는 것이 아니라 이 모든 것이 상황과 대상에 따라 적응 능력을 가진 나의 존재와 정체성이 만들어낸 것일 뿐이다. 이처럼 내 안에는 내가 알고 있는 나 자신보다 더 많은 내가 존재하고 있다. 이것을 우리는 존재라고 정의하기도 하고 정체성이라고 정의하기도 한다. 결국 나는 한 부분과 다른 각 부분들이 서로 조화롭게 통합되어 건강한 전체성을 이루는 것이며 트라우마는 이러한 전체성에 구멍이 생긴 것이다.

나의 존재와 정체성은 생각과 느낌, 말, 행동, 감각이라는 작은 단위의 통합과 더불어 더 큰 전체성으로 통합되어 복잡하게 형성되어 있기 때문에 부분의 합을 초월한다. 이러한 여러 부분 중에서 트라우마로 인하여 어느 한 부분에 대해 부정적인 확증편향이 심해지고 그것을 전체성으로 왜곡하여 마치 그것이 절대적인 전체인 것처럼 왜곡된 믿음을 가지게 되는 것을 분리라고 한다.

중요한 것은 분리된 나의 존재도 전체성으로 통합되어야 할 내 속에 있는 또 다른 나라는 사실이다. 이렇게 분리된 나를 전체성으로 통합하지 못하고 무시하거나 억압시킬 때 분리된 또 다른 나는 완전히 남이 된 내가 되어 내 안에서 나를 힘들게 만든다.

심각한 트라우마를 겪게 되면 전체성을 조율하는 뇌의 건강한 시스템이 붕괴되면서 자기를 구성하는 많은 부분들이 분열된 상태에서 서로 간에 치열한 전쟁을 벌인다. 치열한 전쟁을 치르게 되면 부정의 여러 감정들이 긍정을 제압하고 자기들끼리 서로 연결되면서 극단적인 부분들이 전용신경회로를 구축하여 부정끼리 공존하게 되는 것이다.

이처럼 트라우마는 우리 내면에 분리된 각 부분들이 엉뚱한 방향으로 전용신경회로를 구축하기 때문에 긍정적인 자원들과의 연결과 건강한 전체성을 이루는 것을 인정하지 않게 된다. 엉뚱한 방향으로 연결된 분리된 기억들은 전체성으로 통합되지 못한 상태에서 부정적인 생각과 감정을 계속 불어넣는다.

원래 분리된 각 부분은 저마다 다른 학습과 경험에 의해 서로 다른 믿음과 감각을 갖고 있기 때문에 자신을 성장시키고 지키기 위한 소중한 자원이다. 문제는 이렇게 분리된 강력한 정서를 가진 부분이 계속 조각으로 남아 통합되지 못하면서 그 부분이 엉뚱한 연결을 확장하게 되어 전체를 장악하게 되는 힘을 가지게 되는 것이다.

그래서 지금—여기에서 온전히 자기 자신으로 과거와 분리된 부분을 재경험하게 되면 분리된 부분이 전체로 통합되어 더 이상 자신을 과거의 트라우마 기억에 구속되지 않게 해준다. 어떠한 경우에도 주변 사람들이나 환경이 나를 변화시키거나 건강하게 만들어주지 않는다는 사실을 명심해야 한다.

결국 자기 자신을 치유하는 것은 자기 자신밖에 없기 때문에 자기를 구성하는 모든 부분이 자기를 회복하는데 동참하여 전체성을 완결시키는 것이 무엇보다 중요하다. 그렇지 못하게 될 때 각 부분의 기능이 극단적인 규칙에 따라 운영되고 일관된 균형과 조화를 이루지 못하게 된다. 마치 오케스트라의 지휘자가 모든 구성원이 조화를 이루어 한 곡의 교향곡을 연주할 수 있도록 리드하는 것처럼 자신의 모든 부분이 균형과 조화를 이루어 통합된 전체성을 만드는 것이 트라우마를 극복하는 가장 훌륭한 선택이 될 수 있는 것이다.

경계

집 마당에서 키우는 덩치 큰 진돗개를 유심히 관찰해보면 낯선 사람이 나타나거나 자신의 음파에 익숙하지 않은 소리가 들리면 무서울 정도로 사납게 짖는 반응을 보인다. 마찬가지로 집 안에서 키우는 몸집이 아주 작은 애완견의 경우에도 낯선 사람이 방문하거나 특정한 소리를 듣게 되면 과도하게 짖는 습성을 보인다.

이렇게 큰 개든 작은 개든 계속해서 사납게 짖는 것은 주인에게 무언가를 강력하게 호소하기 위해서 일 수도 있고 불안과 공포, 버려짐에 대한 두려운 느낌을 외부로 표현하는 것일 수도 있다. 일반적으로 개는 자신의 영역을 지키기 위해 경계나 경고의 표시로 짖는 경우가 가장 흔하기 때문에 개가 짖는 이유는 대부분 자신의 불안한 심리를 공격성으로 드러내는 것으로 볼 수 있는 것이다.

이처럼 개가 공격성을 드러내는 것이 정말로 공격할 의도를 가진 것일 수도 있지만 대부분 자신의 영역을 지키기 위한 불안심리 때문에 본능적인 경계심을 갖고 경고를 하는 것으로 볼 수 있다. 개가 짖는 것은 불안심리를 외부적 공격성으로 드러내어 주변에 경고를 보내는 것으로 그 이면에는 두려움과 불안한 감정이 있는 것이다.

트라우마를 겪고 있는 사람들의 경우도 마찬가지로 자기 자신을 지키기 위해 자신만의 경계를 형성하여 안전지대를 만든다.

만약 자신만의 안전지대인 경계가 누군가에 의해 침범당하게 되면 그 대상에게 과한 비난이나 분노, 폭발적인 행동 등의 공격성을 보이게 된다. 이때 사람들마다 가진 저마다의 경계와 안전지대가 다르기 때문에 공격성이나 반응의 차이가 생기는 것이다.

어떤 사람은 돈이나 물질적인 경계에 민감하게 반응하고 또 어떤 사람은 자신의 자존심이나 명예, 지위 등에 민감하게 반응한다.

일반적으로 자신의 트라우마 기억과 연결된 폭력이나 무시, 방치, 소외, 고함, 비난과 같은 부정적인 자극이 주어지면 과민반응이나 과한 공격성을 보이게 된다. 자신의 소중한 것을 지키기 위한 경계가 어떤 것이든 상관없이 특정한 상황에서 자신의 경계가 침범당하면 자신을 지키기 위해 공격성을 보이게 되는 것이다. 트라우마를 겪고 있는 사람들이 보이는 과잉반응이나 공격성은 자신을 지키기 위한 최고의 방어 수단이 될 수 있다.

트라우마에 시달리는 사람들의 경계는 과거의 부정적인 정서를 일으키는 과잉 활성화된 기억 때문에 아주 민감하고 과한 공격성을 가지고 있는 경우가 많다. 이 상태에서 트라우마와 관련이 있는 아주 작은 자극만 주어져도 지나친 공격성을 드러내며 타인을 비판하거나 공격하는 반응을 보이게 된다. 타인에 대한 비판이나 공격 자체가 합리적이거나 정당성을 가진 것이 아니라 그러한 부정적인 반응들이 자기 안에 전용 신경회로를 구축하여 일정한 패턴과 체계를 만들고 있기 때문에 나타나는 현상으로 볼 수 있다.

성장과정에서 심한 신체적, 언어적 폭력이나 학대에 노출된 사람들은 자신을 지키기 위한 경계가 과잉 활성화되어 있는 상태이다.

이렇게 되면 자신의 안전지대를 지키기 위해 성장과정에서뿐만 아니라 성인이 된 이후에도 과잉반응이나 공격성을 가지게 될 가능성이 높아 대인관계와 사회적응에 문제가 생길 수도 있다. 심한 경우 자기 자신의 존재를 느끼지 않음으로써 현재에서 과거의 트라우마 기억을 재연하지 않으려는 선택을 하기도 한다.

사람은 누구나 자기 자신을 지키려는 경계를 가지고 있다.

그 안전한 경계 안에서 자기 안의 보이지 않는 조절자가 자기 자신을 통합적으로 관리하며 조절하고 있는 것이다. 각자의 삶에서 누적된 학습과 경험에 의해 보이지 않는 조절자가 하는 역할과 반응은 다를 수밖에 없다. 그렇기 때문에 한 개인의 존재와 정체성을 형성하거나 유지하기 위해서는 통합된 전체성을 가진 유연하고 탄성이 있는 조절자의 역할을 더 강화시켜야 하는 것이다.

자유의지

트라우마는 전체성에 구멍이 생긴 상태이다.

과거의 트라우마 기억이 현재와 융합된 상태에서 분리되지 못하기 때문에 현재에서 과거의 고통을 재연하게 된다. 이렇게 과거의 기억이 현재와 융합된 상태에서 전체성으로 통합되지 못하기 때문에 심리적인 고통을 겪게 되는 것이다.

트라우마는 분리해야 할 때는 융합하고 융합해야 할 때는 분리하기 때문에 부조화가 생기게 된다. 이렇게 되면 과거의 트라우마 기억을 현실로 재연하는 고통스러운 착각을 반복하게 만든다. 조각난 파편으로 남아있는 트라우마 기억은 통합된 전체성을 가지지 못하기 때문에 특정한 정서에 중독된 좁혀진 경계를 가지고 있다.

더 나은 선택지가 있다 해도 이미 트라우마 정서에 중독된 뇌는 객관적이거나 합리적인 판단과 선택, 행동을 할 수 있는 자유의지가 작동되지 않기 때문에 과거의 트라우마 기억을 현실로 착각하게 되는 것이다. 전두엽의 고유한 기능인 자유의지는 여러 가지 대안 중에서 합리적 선택을 하거나 특정 상황에서 다른 사람이나 자연, 사회, 제한 신념 등의 구속에서 벗어나 진정한 자기 자신으로서 사고와 행동을 할 수 있는 정신적 힘이나 능력을 말한다.

인간은 다양한 사회적 관계 속에서 서로에게 영향을 주고받으며 살아가는 존재이기 때문에 자기 혼자만의 힘으로 살아갈 수는 없다.

자유의지는 이러한 사회적 관계 속에서 서로 소통하면서도 다른 사람들과 환경의 통제에 갇히지 않고 자유롭게 자신이 선택하고 행동할 수 있는 자기 시스템이다. 이러한 자기 시스템은 긍정적인 상황에서뿐만 아니라 부정적인 상황에서도 자신의 개성과 존엄을 지키며 체계적이고 안전한 상태를 유지시키는 중요한 역할을 한다.

우리의 사고와 행동은 본래부터 외부 자극과 사건에 지배당하거나 통제당하지 않고 소통하면서도 스스로 자기 자신을 통제할 수 있는 능력을 가지고 있다. 사람들은 자신이 가지고 있는 그러한 능력이 성장과정에서의 부정적인 학습과 경험 때문에 일시적으로 차단되거나 상실된 상태에 있다는 사실을 잘 알지 못한다. 멘탈코칭센터를 방문한 사람들 중에도 자기 상실 때문에 타인과 환경의 통제에서 자유롭지 못한 상태로 구속되어 있는 경우를 관찰할 수 있다.

트라우마를 경험하게 되면 판단과 행동이 온전한 자신으로서 전체성과 주도성을 가지지 못한 상태가 되기 때문에 초기에는 절대적인 힘을 가진 신이나 환경, 주변의 누군가에게 의존하려는 경향을 보인다. 이때 만약 자신의 의존성에 대한 주변의 긍정적인 피드백이 제공되지 않으면 트라우마 기억은 미해결 과제로 억압되어 마음의 쿠션을 쪼그라들게 만들어버린다.

이렇게 미해결 과제가 오랫동안 지속되면 통합된 전체성에 큰 구멍이 생겨 온전한 자유의지가 작동되지 않게 된다. 자유의지란 사회적 관계 속에서 스스로를 통제하는 힘이며 다른 사람들과 주변 환경에 구속되지 않고 자신의 순수한 사고와 판단, 행동을 할 수 있는 능력이다.

인간은 누구나 본질적으로 자신의 판단과 선택에 의해 사고하고 느끼며 말하고 행동할 수 있는 자유의지를 가지고 있다.

누구나 가지고 있는 삶의 소중한 자원인 자유의지가 트라우마로 인하여 상실되면 자신과의 온전한 만남이 어려워진다. 이렇게 되면 트라우마 기억이 뇌 전체를 통제하게 되어 자신이 원하지 않는 부정적인 감정의 패턴에 갇히게 된다. 이러한 부정적인 패턴을 유지하기 위해서는 많은 에너지가 필요하기 때문에 긍정적인 관계 유지나 과제에 초점을 일치시키고 집중할 수 있는 에너지가 고갈되어버린다.

건강과 성취, 행복한 삶을 위해 사용되어야 할 에너지가 트라우마에 구속된 부정적인 자신의 상태를 유지하는데 전부 소진해버리는 것이다. 이렇게 되면 정작 사용해야 할 긍정적인 곳에는 에너지가 고갈되어버려 정상적인 인간관계나 공부, 일, 연애, 문화생활을 하는 데는 에너지를 동원할 수가 없게 되는 부작용이 생기게 된다.

이처럼 에너지가 엉뚱한 곳에 과잉 활성화되면 트라우마와 관련된 아주 작은 자극에도 자신의 모든 신경망이 동시에 활성화되어 통제불능 상태에 빠진다. 이 상태에서 강력한 성적 충동을 느낄 수도 있고 자기비하나 열등감, 좌절감, 무력감, 혐오감을 느낄 수도 있다. 심한 경우 자해행동이나 극단적인 선택을 하기도 한다. 이처럼 모든 심리적 장애에 공통적으로 관찰되는 것이 자유의지의 상실이다.

자기 상실은 결국 자유의지가 약화되어 있는 상태이기 때문에 더 이상 온전한 자기가 아닌 가짜 자기로 살아가게 될 가능성이 높아진다. 그렇기 때문에 자기 자신을 회복시키는 것이 트라우마 치료의 시작이

되는 것이다. 진정한 자신을 회복시켜주는 전두엽의 자유의지가 작동
될 때 그동안 현실의 위협이라고 착각했던 트라우마 기억이 과거의 기
억으로 분리되어 통합된 전체 기억에 편입될 수 있게 된다.

결론적으로 통합된 전체성은 우리 전두엽의 자유의지가 제 기능을 할
수 있을 때 작동될 수 있는 것이다.

합리적 정서행동치료

'전체는 부분의 합보다 크다'라는 말은 인간의 존재가 부분의 유기적
관계성으로 전체성을 이루고 있다는 것을 의미한다. 마음과 몸의 구조
와 기능은 서로 구분할 수는 있지만 완전히 분리될 수 없기 때문에 하
나의 유기적인 시스템으로 전체성을 가지고 있는 것이다.

우리의 뇌에는 천억 개가 넘는 뇌세포가 서로 다른 수만 개 이상의
이웃 뇌세포와 병렬적 연결을 통해 복잡한 신경회로를 구축하고 있다.
그렇기 때문에 뇌세포에 저장된 모든 정보는 다른 뇌세포에 저장된 정
보와 연결되거나 통합되어 전체성을 만들게 된다. 그뿐만 아니라 하나
의 뇌세포에 다른 모든 정보가 연합되어 있기 때문에 뇌는 홀로그램적
으로 작동되고 있다.

이렇게 많은 신경회로의 조합과 배열에 의해 정보가 연합되고 통섭되

면서 우리의 생각과 느낌, 말, 행동이 만들어진다. 이 네 가지는 모두 같은 신경회로에 뿌리를 두고 있기 때문에 우리의 생각과 느낌, 말, 행동 중에 어느 한두 가지만 바꾸어도 나머지는 함께 바뀌게 되는 유기적 관계성과 전체성을 가지고 있는 것이다.

우리가 무언가를 생각하면 느낌이 생기고 그것을 말로 표현할 수 있을 뿐만 아니라 행동을 할 수도 있다. 그리고 어떤 행동을 하는 순간에도 느낌과 생각이 수반되고 특정한 말을 할 때도 느낌과 생각이 함께 수반된다. 우리의 존재가 유기적 관계성과 전체성으로 작동되기 때문에 특별한 경우가 아니라면 생각과 느낌, 말, 행동이 독립적으로 완전히 분리되어 따로 작동될 수는 없다. 그래서 네 가지 중 한 가지의 초점이 부정적이거나 역기능적인 것에 맞추어져 문제를 일으키게 되면 우리 존재 전체가 문제를 일으키게 되는 것이다.

예를 들어 어릴 때 감당하기 힘들 만큼의 끔찍한 트라우마 경험 때문에 생긴 불안한 느낌이 전용신경회로를 구축하게 되면 이후에 불안한 정서가 만든 생각과 말, 행동을 반복하게 된다. 그러한 생각과 말, 행동이 또다시 불안을 증폭시키게 되면서 전체는 부분의 합보다 더 큰 심리적 장애를 겪게 되는 것이다.

합리적 정서행동치료는 통합된 전체성을 기본 가정으로 출발하기 때문에 네 가지 요인 중 핵심이 되는 부정적인 생각 하나만 변화시켜도 부정적인 느낌이나 말, 행동을 감소시키는 효과를 얻을 수 있다.

비합리적인 생각을 합리적 생각으로 바꾸는 작은 변화만으로도 비합리적인 신념의 변화가 일어난다. 본래 합리적 정서행동치료는 인지, 느낌, 행동의 전체성을 다루지만 저자가 멘탈코칭센터에서 많은 상담과 코칭을 진행한 임상 경험으로 볼 때 언어적인 비중이 크다는 것을 발견하였기 때문에 말을 추가한 것이다.

우리가 겪는 대부분의 심리적인 고통은 비합리적인 신념으로 표상되는 생략, 왜곡, 일반화된 세상모형에 의해 생긴다. 우리의 세상모형을 만드는 하위양식이 부정적인 학습과 경험 때문에 부분적으로라도 비합리적 신념체계를 형성하게 되면 비국소성과 전체성에 의해 연쇄적으로 다른 신념도 오염시키게 된다. 우리의 신념체계를 형성하는 것은 뇌에 구축된 전용신경회로이며 신념체계에 의해 생각과, 느낌, 말, 행동이 일어나고 이 모든 것은 전용신경회로에 같은 뿌리를 두고 있다.

이러한 원리를 활용한다면 부정적이고 비합리적인 신념 한두 가지를 긍정적이고 합리적인 신념으로 바꾸기만 해도 연쇄적으로 다른 모든 신념이 변화할 수 있다는 답을 얻을 수 있다. 한두 가지의 비합리적인 신념을 합리적 신념으로 바꿀 수 있다면 비국소성에 의해 다른 모든 신념이 원하는 상태로 바뀔 수도 있다는 것이다.

비합리적 신념체계를 합리적 신념체계로 바꾸기 위한 치료방법은 다양한 방법이 있지만 기본적인 메타화법, 리프레이밍, 하위양식 교체작업을 통해 가능하다.

메타화법은 생략, 왜곡, 일반화된 비합리적인 신념을 파괴하거나 벗어나기 위하여 질문을 통해 생략, 왜곡, 일반화된 내용을 복원시키는 과정에서 비합리적 신념이 수정되고 합리적 신념이 강화된다.

리프레이밍은 제한적이고 편향적으로 형성된 비합리적 신념을 합리적 신념으로 바꿀 수 있는 다양한 관점을 제시한다. 1차적 관점, 2차적 관점, 3차적 관점과 상황적 관점, 내용적 관점 등의 리프레이밍을 통해 합리적 신념을 강화한다.

하위양식 교체작업은 비합리적 신념체계를 받치고 있는 감각양식 아래의 하위양식을 긍정적인 것으로 교체함으로써 합리적 신념체계를 강화한다. 어떤 방법을 선택하든 부분의 비합리적 신념 하나를 합리적 신념으로 바꾸면 나머지 신념도 영향을 받게 되는 것이다.

트라우마 직면

멘탈코칭센터에서 상담을 진행하다 보면 사람들이 가지고 있는 대부분의 심리적 장애에는 트라우마가 관계되어 있다는 것을 알 수 있다. 넓은 의미에서의 트라우마에 대한 관점이 성장과정에서 정상적으로 경험해야 할 것을 하지 못했을 때와 경험하지 않아야 할 것을 경험했을 때 생기는 것이다.

이런 관점으로 본다면 트라우마와 관련이 없는 심리적 장애가 없다고 해도 지나친 말이 아니다. 그래서 트라우마에 대한 정확한 이해 없이 심리상담이나 코칭을 진행한다는 것이 얼마나 속 빈 강정이 될 수 있는 지를 깨닫게 해준다. 왜냐하면 살아오면서 어떤 형태로든 크고 작은 트라우마가 없는 사람은 없기 때문이다.

트라우마에 시달리는 사람들을 상담하다 보면 아주 어릴 때의 트라우마 기억이 억눌려져 있다가 수 십 년이 지나 성인이 되어서 그 기억이 재연되는 사례들을 접하게 된다. 이것은 일종의 일시적인 해리성 기억상실이라고 볼 수도 있는 것이다. 과거 자신이 경험했던 부정적 사건에 의한 정신적 외상이나 스트레스가 견디기 힘들 만큼 고통을 주었기 때문에 그것을 다시는 경험하고 싶지 않아서 잠재의식 깊은 곳에 묻어 기억을 잊게 만드는 것으로 보인다.

또 어떤 사람은 과거의 트라우마 사건에 대해 기억을 하기는 하지만 기억의 특정 부분을 잊어버리는 경우도 있다. 트라우마 기억의 완전한 상실이든 부분적인 상실이든 상관없이 잠재의식 차원에서는 같은 신경회로에 기억되기 때문에 의식적으로 떠올리지 못한다고 해도 자신의 상태에 영향을 미치게 된다. 트라우마 기억이 자신의 경계를 축소하고 위축시켜 심리적 장애를 갖게 만드는 중요한 요인이 되지만 그것을 의식적으로는 알아차리지 못하는 것이다.

특히 나이가 어리고 그 경험이 수치스럽거나 남에게 말하기 어려운 것일수록 기억을 잊어버리는 비율이 높아지게 된다. 하지만 그 기억이 완전히 없어진 것이 아니라 숨겨져 있을 뿐이다. 이러한 기억이 감각을 구성하는 하위양식에서는 생생하게 살아있기 때문에 자신의 잠재의식에 지속적으로 영향을 미치게 되는 것이다.

표면의식에서는 아무런 문제가 없는 것처럼 보이지만 자신의 잠재의식 깊은 곳에 미해결된 감각과 감정, 결핍이 억압되어 있기 때문에 끊임없이 그것을 해결하고 채우기 위한 심리기전이 작동된다.

그래서 자기 자신도 모르게 무엇인가에 쫓기듯 초조와 우울, 무력감, 불안한 감정이 자주 느껴지고 끊임없는 욕구와 집착을 보이기도 한다.

결국 트라우마는 그것을 또렷이 기억하든 기억하지 못하든 상관없이 우리의 존재를 우울과 불안의 블랙홀에 가두어버린다.

전쟁이나 성폭력, 학대, 집단폭행, 따돌림, 방치, 끔찍한 사건이나 사고 등과 같이 충격적이고 끔찍한 트라우마 기억 자체를 완전히 지워낼 수 있는 사람은 아무도 없다. 우리 뇌는 그것을 의식적으로 떠올릴 수 있든 없든 상관없이 한번 기억된 회로를 없앨 수 없기 때문이다.

어떤 기억이든 상관없이 뇌에 굵은 전용신경회로를 구축하게 되면 그 기억을 완전히 지울 수가 없는 것이다.

하지만 심리상담과 멘탈 훈련을 통해 우리 마음과 몸에 남은 트라우마의 어두운 흔적들인 불안감이나 우울감, 무력감에서 어느 정도 자유로울 수 있는 선택을 할 수 있다. 트라우마는 일반적인 기억처럼 단순히 오래전의 평범한 시나리오가 아니다. 충격적이고 끔찍한 일을 겪는 동안 강하게 새겨진 감정과 신체감각은 평범한 과거의 시나리오가 아니라 현재에서 재연되는 악몽이기 때문이다.

이렇게 되면 과거의 트라우마 기억과 감정에 통제권을 완전히 빼앗긴 상태가 되기 때문에 현실 세계에서의 자유의지와 통제력을 갖지 못해 온전한 자기 자신으로서 트라우마를 당당히 직면하지 못하게 된다.

우리가 트라우마를 극복하기 위해서는 자신에 대한 통제력과 자유의지로 트라우마를 직면하는 것이 가장 바람직하다. 하지만 트라우마에 시달리는 사람들은 대부분 그러한 능력을 스스로 사용할 수 없기 때문에 전문가의 도움이 필요한 경우가 많다.

전문가의 도움을 받아 과거가 아닌 현재에서 트라우마를 직면하는 것이 안전하다는 느낌을 강화하여 이후 트라우마를 직면할 때 또다시 정신적 외상을 입지 않도록 해야 한다. 여기서 가장 중요한 것은 트라우마를 직면하기 위해 과거 기억을 재연하는 과정에서 과거의 트라우마 감정이나 감각의 포로가 되지 않게 대처할 수 있도록 전문가가 도움을 주어야 하는 것이다.

우리가 생활 속에서 깊이 숨겨두었던 트라우마를 직면하지 않으면 당장은 편안할 수 있다. 하지만 그 일시적인 편안함을 얻기 위해 트라우마를 직면하지 못하고 회피하거나 억압하게 되면 나중에 몇 배, 몇십 배의 더 큰 대가를 치러야 할지도 모른다.

감정의 활용

성장과정에서 충격적인 트라우마를 경험한 사람이 심리상담 과정에서 "자신의 상태가 이성적으로는 충분히 이해가 되고 어떻게 해야 할지를 알고 있지만 자신의 감정이 계속 사건 당시의 충격 속에서 헤매게 하고 있다"라는 말을 했다. 이것은 분명히 이성적으로는 자신의 문제를 이해하고 어떻게 해야 하는지에 대한 답도 알고 있지만 과거의 트라우마 기억 때문에 이성적인 생각과는 별개로 부정적인 감정의 순환고리에 갇히게 되면서 중독 상태에서 빠져나오지 못하고 있는 상태이다.

이처럼 사람들은 과거의 트라우마 기억을 가지고 있으면 부정적인 감정의 포로가 되어 스스로를 구속하게 된다. 그러면서도 마음의 고통을 주는 현재의 부정적인 감정 상태에서 벗어나고자 하는 의식적 차원에서의 노력을 동시에 하는 이중성을 가지고 있다. 감정과 이성이 싸우게 되면 대부분 감정이 절대적 우위를 가지기 때문에 이성은 감정에 보조를 맞추어 주는 제한된 역할밖에 하지 못하게 된다.

이성적 사고와 판단이 불가능해진 상태에서 자신의 부정적 감정이 고통스러워 그것에서 벗어나려고 더 나쁜 선택을 하는 경우까지 생긴다. 즉, 고통스러운 감정에서 도피하기 위해 극단적인 선택을 하거나 마약과 알코올에 의존하기도 하고 과식을 하거나 도박에 빠지기도 하는 것이다. 그러면서 자신을 조금씩 더 무기력하게 만들고 세상과 단절시키는 격한 불안과 공포, 우울에 빠져들고 만다.

격한 불안과 공포, 우울은 자신과의 참 만남을 어렵게 만들 뿐만 아니라 다른 사람과의 소통도 힘들게 만든다. 이렇게 되면 부정적 감정을 건강하게 직면하거나 표출하지 못하고 억압시키는 과정에서 자기 자신을 상실하게 되어 점점 더 이성적 판단과 선택, 행동을 할 수 없는 부정적이고 무기력한 감정 상태에 머물게 된다.

때로는 자기 자신을 잃어버리고 허약해진 부정적인 감정 상태에서 더 이상 자신과 주변 사람들에게 상처를 주지 않기 위해 감정을 점점 더 억압시키면서 엉뚱한 선택을 하기도 한다. 이러한 과정에서 자신과 타인을 연결해 주는 친밀한 감정조차 잃어버리게 되면서 마치 고장 난 기계처럼 감정이 왜곡되거나 상실되는 것이다.

왜곡되거나 억압된 감정이 처음에는 자기 스스로를 비하시키거나 자학하기도 하지만 나중에는 다른 사람들과 세상을 원망하는 삐뚤어진 감정으로 굳어져 자기 자신과 다른 사람들과의 소중한 라포까지 모두 상실하게 만들어버린다. 이와 같이 충격적인 사건 때문에 생긴 부정적 감정을 표출시키지 못하거나 해소시키지 못하게 되면 미해결 과제로 남아 이후의 모든 생각과 느낌, 말, 행동에 부정적인 영향을 미치게 된다. 이러한 상태는 표면적으로 별문제가 없는 것처럼 보이지만 마음은 이미 병적인 감정 상태를 만드는 화학물질에 중독되어가면서 관련된 전용신경회로를 구축한다.

이렇게 되면 이후에 자신에게 고통을 주었던 감정과 관련되거나 비슷한 자극과 경험이 주어지면 과잉적인 회피나 도피, 얼어붙기 등의 부정적인 반응을 보이는 심리장애를 겪게 될 수도 있다. 심한 경우 아무런 감정도 느끼지 못하는 무감각 상태까지 만들어 고통스러운 감정에서 벗어나려는 심리적인 문제가 생길 수도 있는 것이다.

예를 들어 많은 사람들 앞에서 발표를 하던 중에 발표불안으로 실수를 하여 심리적인 큰 외상을 입었던 과거 경험에 대한 억압된 감정이 자기 안에 존재하고 있다면 조금이라도 자신을 불안하게 하는 상황에 대해서는 처음부터 피하려고 하는 대인기피 행동을 하게 된다.
그래서 사람들이 많은 곳을 싫어하거나 피하게 되고 외톨이가 되더라도 혼자만의 감옥을 만들어 그 속에서 안전함과 편안함을 느끼려는 좁혀진 안전지대를 만들게 되는 것이다.

결국 좁혀진 인간관계와 소극적인 삶의 태도로 인하여 타인과 세상을 편안하게 접촉하기가 어려워지고 호기심을 가지고 새로움에 도전하는 어떠한 선택도 하지 못하는 무기력 상태에 빠지게 된다. 이러한 삐뚤어진 부정적 감정 상태에서의 반복적인 현실도피는 단기적으로 자신을 편안하게 만들어 주기도 하지만 자기 자신을 속이는 거짓된 감정이 누적되면서 점차 자신을 상실하게 되어 더 큰 부정적인 감정의 블랙홀을 만든다.

또한 자신의 부정적인 감정을 접촉할 수 있는 용기가 없기 때문에 자신의 반응을 합리화시키기 위해 사건 자체를 편집하거나 왜곡시키면서까지 자신의 감정을 부인함으로써 부정적 상태에서 벗어나려는 잘못된 선택을 하기도 한다. 이러한 부정적인 감정 상태에서 벗어나기 위해 생각하고 말하며 행동하려는 의식적 차원에서의 노력을 시도해보지만 트라우마로 인해 왜곡된 감정이 내면의 불일치를 초래해 불안과 공포, 우울은 더 심해지게 된다.

우리는 감정과 정서를 무시하거나 그것을 부정한다고 해서 그러한 상태에서 쉽게 벗어날 수 있는 것이 아니다. 그리고 우리의 내면에서 느껴지는 감정을 속이거나 방치할 수도 없다. 다만 우리의 이성이 감정을 이길 수는 없지만 이성을 활용하여 감정을 통제할 수는 있기 때문에 감정이 우리 삶의 걸림돌이 아니라 디딤돌이 될 수도 있는 것이다.

불안과 트라우마의
훈련기법

멘탈 호흡 훈련

우리가 살아있는 동안 숨을 쉬지 않을 수는 없다.

숨을 쉬고 있다는 것은 우리가 살아있다는 확실한 증거가 된다.

사람이 사망하면 '숨을 거두었다'고 표현할 만큼 숨은 생명을 유지시키고 에너지를 사용할 수 있게 해주는 가장 중요한 기능을 한다.

이처럼 숨을 내쉬고 들이마시는 것을 호흡이라고 하며 깊은 호흡을 통해 멘탈 상태를 건강하게 하는 것을 멘탈 호흡이라고 한다. 이 호흡 훈련을 잘 활용하면 불안과 트라우마 극복을 위한 마음의 쿠션을 강화시키는데 큰 도움이 될 수 있다.

호흡법이 바뀌면 자율신경계의 항상성이 바뀌게 되고 그 변화에 따라 신경계의 활성화와 화학물질의 분비가 바뀌게 된다. 그래서 일상생활 속에서 단순히 호흡만 바꾸었을 뿐인데도 생각과 느낌, 말, 행동이 함께 바뀌게 되는 것이다. 실제로 합기도나 요가와 같은 운동을 규칙적으로 하면서 호흡 훈련을 반복적으로 실시하게 되면 자신의 감정조절과 분노, 우울, 불안을 조절하고 통제하는데 큰 도움이 된다.

멘탈 호흡 훈련은 교감신경과 부교감신경의 균형을 회복시켜 정신, 생리, 신체적인 내성을 키우고 활력을 되찾는데 도움을 준다.

그뿐만 아니라 멘탈 호흡 훈련이 심신의 균형과 건강을 회복시켜주기 때문에 불안과 트라우마 극복에 큰 도움이 된다.

미주신경계의 감각 섬유 중 약 80%가 구심 신경이다.

구심 신경이 숨을 들이마시는 과정에서 신체적으로 각성된 느낌을 뇌에 전달하게 되면 과거의 불안과 트라우마 기억들을 활성화시켜 짝짓기 하게 된다. 이후 숨을 내쉬는 과정에서 신체적인 이완이 될 때 함께 짝짓기 된 심리적인 불안과 트라우마 기억이 동시에 이완되면서 편안하고 안정된 자극과 정보와 융합을 이루게 되어 뇌 신경회로가 새롭게 편집 과정을 거친다.

활성화된 트라우마 기억이 다시 뇌세포에 저장될 때도 호흡 훈련의 영향을 받게 되는데 이때 주변의 신경회로들과 새로운 조합과 배열을 이루며 과거의 부정적인 기억이 건강한 전체성으로 재편성된다.
이렇게 되면 불안과 트라우마 기억은 이미 지나간 과거의 기억으로 분리되고 더 이상 현재와 융합되지 않는다.

중요한 것은 멘탈 훈련과정에서 불안과 트라우마 기억을 재연할 때 건강한 재편집이 될 수 있도록 호흡 훈련에 대한 전문가의 세밀한 멘탈 코칭 기술이 필요하다. 훈련과정에서 더 많은 불안과 트라우마 기억들이 활성화되고 해소되면서 새로운 건강한 전체성을 가질 수 있도록 도움을 주어야 하기 때문이다.

불안과 트라우마 극복을 위한 멘탈 호흡 훈련을 할 때는 조용한 장소에서 실시하는 것이 좋으며 초기에는 전문가의 도움이 필요하지만 익숙해지면 얼마든지 스스로 할 수 있다. 이 훈련은 멘탈코칭센터에서 멘탈 트레이닝을 할 때 내담자에게 필수적으로 코칭하는 호흡법이다.
심리상담분야에 종사하는 전문가에게도 아주 유용한 기법이 될 수 있으며 혼자서 자가 치료를 할 때도 큰 도움이 된다.

훈련 방법

01. 내담자를 의자에 편안한 자세로 앉게 한다.

   심호흡을 크게 3회 하도록 지시하고 내담자의 호흡 상태를 관찰한 후 피드백을 제공해 준다.

02. 내담자의 이해를 돕고 적극적인 태도를 가질 수 있도록 멘탈 호흡 훈련의 원리와 효과에 대해 간단하게 설명을 해준다.

   멘탈 호흡 훈련이 과잉 흥분이나 낮은 각성 상태를 정상적인 수준으로 회복시키는데 도움이 된다는 신념을 갖도록 한다.

03. 눈을 뜬 상태에서 가슴이 크게 부풀어 오를 정도로 최대한 깊게 코로 숨을 들이마시고 약 2초간 숨을 멈춘 상태에서 긴장과 각성을 최대한 크게 느낀 후 입으로 천천히 숨을 내쉬면서 신체가 이완되는 느낌을 가진다. 이때 들이마시는 숨보다 내뱉는 숨의 시간을 더 길게 한다.

04. 숨을 들이마실 때 두 손을 가슴 높이로 올리고 뱉어낼 때 무릎 높이로 내린다. 올릴 때는 손바닥을 위로 향하게 하고 내릴 때는 손바닥이 아래로 향하게 한다.

05. 호흡을 3~5회 실시 후 동작이 익숙해지면 내담자가 눈을 감도록 하고 호흡에만 집중할 수 있게 한다.

06. 눈을 감은 상태에서 숨을 들이마실 때의 긴장감과 내쉴 때의 이완감에 모든 초점을 모으도록 유도한다.

07. 숨을 내쉴 때 옆에서 '편안하다', '힘이 쑥쑥 빠진다', '나른하다' 등의 암시를 보내면 효과가 더 좋아진다.

08. 12회 실시 후 편안한 마음으로 천천히 눈을 뜬다.

09. 20초 정도 휴식 후 같은 방법으로 12회씩 두 번 더 실시한다.

10. 멘탈 호흡 훈련 후 내담자의 변화된 느낌에 대해 말로 표현하는 시간을 갖는다.

11. 내담자에게 멘탈 호흡 훈련을 미션으로 부여한다.
아침에 기상 후 36회, 점심때 36회, 취침 전 36회를 실시하도록 하고 문자나 전화로 훈련 여부를 확인한다.

12. 집에서 혼자 미션을 수행할 때는 타임을 미리 5~10분 설정하고 실시하는 것이 호흡에 집중하는데 도움이 된다.

멘탈 호흡 훈련을 쉬지 않고 3개월만 계속하게 되면 과잉 활성화되거나 지나치게 무기력한 상태를 만드는 자율신경계의 교감신경과 부교감신경의 균형을 회복시켜 마음의 건강한 쿠션을 형성하는 효과를 가져온다. 그리고 이러한 멘탈 호흡 훈련이 불안과 트라우마 때문에 자기 상실을 겪고 있는 사람들의 정신적, 신체적 회복을 위한 기초를 다지는 첫 시작이 된다. 트라우마에 시달리는 사람들에게 멘탈 호흡 훈련은 치료의 첫 시작이면서 매일 실시해야 하는 중요한 과제이다.
멘탈 호흡 훈련이 익숙해진 후 복식호흡을 병행하게 되면 심리적 안정과 더불어 자신감이 증대되는 효과가 있다.

신체 이완 기법

　마음과 몸은 심신상관성에 의해 서로 연결되어 상호작용하고 있다. 신체 훈련의 효과는 구심 신경에 의해 마음의 변화를 가져오고 마음의 변화는 원심 신경에 의해 신체의 변화에 직접적인 영향을 미치게 된다. 즉, 마음을 바꾸면 몸이 바뀌고 몸을 바꾸어도 마음이 바뀌는 것이다. 이와 같이 마음과 몸은 서로 다른 하나의 체계이다.

　신체 이완 기법은 신경과 근육의 긴장 및 이완을 통해 자율신경계의 기능을 통제하고 조절함으로써 스트레스와 불안, 트라우마 극복에 도움이 되는 멘탈 훈련 방법이다. 긴장된 근육 부위를 정확히 탐지하고 그 부위를 최대한 수축시킨 후 점차적으로 이완시키는 과정에서 신체적인 자극을 뇌에 보내 트라우마 기억을 재편집하는 것이다. 먼저 집중된 상태에서 근육을 수축시키는 것부터 연습시키는 것은 뇌에서 근육이 긴장된 상태의 현상과 느낌을 알 수 있도록 하기 위해서이다.

　신체 이완 기법은 인지적 불안과 스트레스 상황에서 근육을 수축하여 긴장시키면 신체적 긴장과 뇌의 인지적 긴장이 융합되어 신체적 이완을 시킬 때 뇌의 불안이 함께 해소되는 심신상관성을 활용하는 원리이다. 말초신경의 긴장과 이완을 통해 중추신경의 이완을 유도하여 긴장과 불안을 해소하는 원리로써 비국소성을 활용하는 것이다.

　신체 이완 기법은 평상시 심리적 불안이 심하거나 극도로 피로할 때, 긴장된 분위기에서 벗어나고 싶을 때 사용하면 효과가 크다.

불안 상황에서 효율적으로 활용하기 위해서는 평소에 반복된 훈련으로 뇌에 조건형성시켜 놓아야 한다.

신체 훈련의 효과

- 심리적, 신체적 불안과 긴장, 스트레스를 해소하여 트라우마 극복에 도움을 준다.
- 긴장과 이완된 상태에서 마음과 몸을 일치시킬 수 있다.
- 효과적으로 자신의 내면에 집중할 수 있다.
- 신체 이완을 통하여 잠재의식 차원에서 생긴 긴장의 조절과 완화시키는 방법을 익힐 수 있다.
- 주변 상황에 따라 변화되는 긴장의 조절 능력을 향상시킨다.
- 근육의 이완과 심리적 안정감을 함께 찾을 수 있다.
- 스트레스를 해소하며 숙면을 취할 수 있다.
- 충분한 심신의 이완을 통해 편안한 상태를 유지시킨다.
- 심신의 일치를 통해 활동상황에서의 지각 작용과 반응시간을 앞당겨 수행을 최적화시킨다.
- 훈련과정에 몰입하기 때문에 집중력이 좋아진다.

발가락 앞으로 굽히기

의자에 바른 자세로 앉거나 바닥에 바르게 누워 양다리를 편하게 벌리고 두 팔은 아래로 내린다. 누워서 훈련할 경우에는 트랜스를 유도하기 위해 신체 모든 부분이 바닥에 완전히 닿아 가라앉는 듯한 느낌이 들도록 하는 것이 좋으며 편안한 상태에서 조용히 눈을 감는다.

호흡은 느리고 자연스럽게 유지하면서 숨을 깊게 들이마시고 천천히 내쉬며 신체를 완전하게 이완한다. 신체를 이용한 이완은 원리가 같기 때문에 신체 모든 부분을 전부 사용할 수 있으며 개인의 성향에 맞는 부위를 선택하여 반복 훈련하는 것이 효과가 좋다.

이상의 준비상태는 다른 신체 부위를 훈련할 때도 함께 적용된다. 조건형성이 충분히 되면 자기암시는 원하는 내용으로 변경이 가능하고 전체 과정을 연결하여 3회씩 반복 실시하면 효과가 더 좋다.

01. 깊은 호흡을 천천히 3회 실시하며 마음의 안정감을 유지한다.

02. 숨을 깊게 들이마시면서 양 발가락의 오목한 부분에 긴장감을 몰입한다. 이때 무릎이 굽혀지지 않도록 주의한다.

03. 멈추었던 숨을 길게 내쉬면서 발가락의 힘을 천천히 빼고 '편안하다'라는 자기암시를 한다.

04. 3~5회 반복 훈련하여 발가락의 긴장과 이완에 몰입한다.

발가락 뒤로 젖히기

01. 깊은 호흡을 천천히 3회 실시하며 마음의 안정감을 유지한다.
02. 숨을 깊고 길게 들이마시면서 양 발가락을 최대한 젖힌 다음 숨을 멈춘 상태에서 발가락의 긴장감에 몰입한다.
    이때 발목이 따라서 젖혀지지 않도록 주의한다.
03. 멈추었던 숨을 길게 내쉬면서 발가락의 힘을 천천히 빼고 '편안하다'라는 자기암시를 한다.
04. 3~5회 반복 훈련하여 발가락의 긴장과 이완에 몰입한다.

발목 앞으로 굽히기

01. 깊은 호흡을 천천히 3회 실시하며 마음의 안정감을 유지한다.
02. 숨을 깊고 길게 들이마시면서 발목을 최대한 편다.
03. 숨을 멈춘 상태에서 발목의 긴장감에 몰입한다.
04. 멈추었던 숨을 길게 내쉬면서 발목에 힘을 천천히 빼고 편안하게 내려놓으면서 '편안하고 따뜻하다'라는 자기암시를 한다.
05. 3~5회 반복 훈련하여 발목의 긴장과 이완에 몰입한다.

발목 뒤로 젖히기

01. 깊은 호흡을 천천히 3회 실시하며 마음의 안정감을 유지한다.
02. 숨을 깊고 길게 들이마시면서 발목을 최대한 뒤로 젖힌다.
03. 숨을 멈춘 상태에서 발목의 긴장감에 몰입한다.

이때 발가락도 따라서 젖혀지지 않도록 유의한다.
04. 숨을 길게 내쉬면서 발목에 힘을 천천히 빼고 내려놓으면서

'편안하고 따뜻하다'라는 자기암시를 한다.

무릎 밑 부위가 긴장이 풀리면서 편안한 기분과 함께 따뜻하

면서 무거워지는 기분을 느낀다.
05. 3~5회 반복 훈련하여 발목의 긴장과 이완에 몰입한다.

복부의 긴장

01. 음식을 먹은 후 1시간 이상 지났을 때 실시한다.

음식먹은 시간이 짧거나 과식했을 때는 실시하지 않는다.
02. 깊은 심호흡을 3회 실시하여 마음의 안정감을 유지한다.
03. 편안한 상태에서 숨을 깊고 길게 들이마시면서 배를 서서히

등 쪽으로 최대한 끌어당긴다.

04. 그대로 숨을 멈춘 상태에서 가슴과 배에 느낌이 전해지도록 극도의 긴장감에 완전히 몰입한다.

05. 멈추었던 숨을 길게 내쉬면서 '편안하다'라는 자기암시를 한다. 숨을 내쉴 때 느껴지는 편안한 기분이 등을 타고 하체까지 골고루 퍼져 나가도록 이완에 몰입한다.

06. 3~5회 반복 훈련하여 배의 긴장과 이완에 몰입한다.

손목 굽히기

01. 깊은 호흡을 천천히 3회 실시하여 마음의 안정감을 유지한다.

02. 숨을 깊고 길게 들이마시면서 팔을 길게 뻗은 상태로 손목을 최대한 앞으로 굽힌다.

03. 숨을 멈추고 손등과 전완부의 긴장감에 몰입한다.

04. 멈추었던 숨을 길게 내쉬면서 팔과 손에 힘을 천천히 빼며 '편안하고 차분하다'라는 자기암시를 한다.

05. 손목의 편안함과 차분함을 느끼며 5초 정도 휴식한다.

06. 3~5회 반복 훈련하여 손목의 긴장과 이완에 몰입한다.

팔 굽히기

01. 깊은 호흡을 천천히 3회 실시하여 마음의 안정감을 유지한다.

02. 숨을 깊고 길게 들이마시면서 두 주먹을 꽉 쥐고 서서히 양쪽
어깨를 향해 팔을 최대한 구부린다.

03. 마음속으로 무거운 운동기구를 들어 올리는 것과 같은 느낌
으로 팔을 구부린다. 양 어깨와 팔꿈치는 몸통에 붙이고 목에
힘이 가해지지 않도록 해야 한다.

04. 숨을 멈추고 팔의 긴장감에 몰입한다.

05. 멈추었던 숨을 길게 내쉬면서 팔의 힘을 빼고 원상태로 내려
놓을 때 '긴장이 풀리고 편안하다'라는 자기암시를 한다.

06. 팔의 이완과 편안함을 느끼며 5초 정도 휴식한다.

07. 3~5회 반복 훈련하여 팔의 긴장과 이완에 몰입한다.

목 앞뒤로 젖히기

01. 깊은 호흡을 천천히 3회 실시하여 마음의 안정감을 유지한다.

02. 의자에 편안하게 앉거나 편안하게 선 자세로 한다.

03. 상체를 바르게 세운 상태에서 숨을 깊고 길게 들이마시면서

턱을 최대한 가슴 쪽으로 붙인다.

04. 숨을 멈추고 목 뒷부분의 긴장감에 완전히 몰입한다.

05. 멈추었던 숨을 길게 내쉬면서 원위치하며 '편안하고 차분하다' 라는 자기암시를 한다.

06. 숨을 깊고 길게 들이마시면서 머리를 최대한 뒤로 젖힌다.

07. 숨을 멈추고 목 부분의 긴장감에 몰입한다.

08. 멈추었던 숨을 길게 내쉬면서 원위치하며 '편안하고 차분하다' 라는 자기암시를 한다.

09. 3~5회 반복 훈련하여 목의 긴장과 이완에 몰입한다.

목 좌우로 돌리기

01. 깊은 호흡을 천천히 3회 실시하여 마음의 안정감을 유지한다.

02. 바른 자세에서 숨을 깊고 길게 들이마시면서 머리를 왼쪽으로 최대한 돌린 후 숨을 멈춘 상태에서 턱과 목이 떨리는 듯한 긴장감에 몰입한다.

03. 멈추었던 숨을 길게 내쉬면서 원위치하며 '편안하고 차분하다' 라는 자기암시를 한다.

04. 다시 숨을 깊고 길게 들이마시면서 머리를 오른쪽으로 최대한 돌린 후 숨을 멈추고 긴장감에 몰입한다.

05. 멈추었던 숨을 길게 내쉬면서 원위치하며 '편안하고 차분하다'
    라는 자기암시를 한다.

06. 3~5회 반복 훈련하여 목의 긴장과 이완에 몰입한다.

암시 이완훈련

뇌가 갖고 있는 별명이 착각의 챔피언이다.

뇌가 상상과 현실조차 구분하지 못하기 때문에 붙여진 별명이다.

뇌는 몰입 상태에서 무엇이든 자극과 정보를 입력하여 특정 신경회로
를 반복적으로 활성화시키게 되면 그것을 사실로 받아들이게 된다.

이렇게 사실로 받아들인 자극과 정보에 대해서는 강한 믿음을 만들어
그 믿음에 스스로 통제당하는 착각의 챔피언인 것이다.

그래서 잠재의식에 반복적인 이완과 관련된 특정한 암시를 보내게 되
면 마음을 만드는 뇌 신경회로가 활성화되고 심신상관성에 의해 신체
도 영향을 받아 마음과 신체가 함께 균형과 조화를 이루게 해준다.

불안과 트라우마에 시달리는 사람들은 마음과 신체에 많은 긴장과 불
안, 스트레스를 갖고 있기 때문에 암시 이완훈련을 통해 정신과 신체의
완전한 이완 상태를 만드는 것이 안정적이고 편안한 기저선을 회복시키
는데 도움이 된다.

훈련의 효과

- 심리적, 신체적인 이완을 통해 불안과 트라우마로 인하여 좁혀진 마음과 신체의 경계가 확장되면서 심리적 내성과 응집력을 강화시키는 효과가 있다.
- 심리적, 신체적인 이완을 통해 마음의 쿠션을 증대시키고 스트레스 해소에 긍정적인 효과가 있다.
- 암시를 통해 신체적 이완 상태를 만들게 되면 정신적 이완 상태가 수반되어 신체와 정신이 조화롭게 균형을 맞추며 상보성을 가지게 되는 효과가 있다.
- 자율신경계의 부교감신경이 정상적인 기능을 회복하여 심신의 안정감과 편안함을 느끼게 해주기 때문에 마음의 기저선을 안정화시켜주는 효과가 있다.

훈련의 방법

- 편안하고 안정된 상태로 훈련을 할 수 있도록 편안한 의자나 침대를 준비하며 빛과 소음을 차단하고 몰입할 수 있는 환경을 조성한다.

- 내담자에게 암시 이완훈련의 효과와 방법에 대해 설명하고 훈련을 시작한다.
- 혼자 훈련을 할 경우 느리고 안정된 목소리로 미리 녹음을 한 후에 음원을 들으면서 실시한다.

준비

- 가볍게 스트레칭을 한다.
- 편안한 자세에서 온몸의 힘이 빠지는 느낌을 가질 수 있도록 멘탈 호흡 훈련을 10회 실시하고 마음과 몸 상태의 변화를 느낄 수 있게 한다.
- 호흡을 통해 편안한 느낌을 확인한 후 암시를 보낸다.

  "지금부터 내 말에 완전한 몰입을 하고 내 말을 그대로 선명하게 상상합니다. 어떤 느낌이 있든 없든 상관이 없습니다.

  지금 나의 목소리를 듣고 몰입하는 자체만으로도 이미 암시 이완훈련의 효과가 나타나기 때문입니다. 머리에서 발끝까지 온몸의 힘이 빠지는 체험을 통해 마음과 몸의 긍정적인 변화를 느끼게 될 것입니다. 지금부터 집중된 상태에서 내 말에 따라 선명하게 상상을 해봅니다."

1단계

■ 머리에 힘이 빠집니다. 쑥~쑥 빠집니다.

　머리에 힘이 빠집니다. 쑥~쑥 빠집니다.

　네, 좋습니다. 아주 좋습니다.

　이마에 힘이 빠집니다. 쑥~쑥 빠집니다.

　이마에 힘이 빠집니다. 쑥~쑥 빠집니다.

　눈꺼풀에 힘이 빠집니다. 쑥~쑥 빠집니다.

　눈꺼풀에 힘이 빠집니다. 쑥~쑥 빠집니다.

　턱에 힘이 빠집니다. 쑥쑥 빠집니다.

　턱에 힘이 빠집니다. 쑥쑥 빠집니다.

　얼굴 전체에 힘이 빠집니다. 쑥~쑥 빠집니다.

　얼굴 전체에 힘이 빠집니다. 쑥~쑥 빠집니다.

　네, 좋습니다. 아주 좋습니다.

2단계

■ 목에 힘이 빠집니다. 쑥~쑥 빠집니다.

　목에 힘이 빠집니다. 쑥~쑥 빠집니다.

네, 좋습니다. 아주 좋습니다.

어깨에 힘이 빠집니다. 쑥~쑥 빠집니다.

어깨에 힘이 빠집니다. 쑥~쑥 빠집니다.

팔꿈치의 힘이 빠집니다. 쑥~쑥 빠집니다.

팔꿈치의 힘이 빠집니다. 쑥~쑥 빠집니다.

손목의 힘이 빠집니다. 쑥~쑥 빠집니다.

손목의 힘이 빠집니다. 쑥~쑥 빠집니다.

손등, 손바닥, 손가락의 힘이 모두 빠집니다. 쑥~쑥 빠집니다.

손등, 손바닥, 손가락의 힘이 모두 빠집니다. 쑥~쑥 빠집니다.

네, 좋습니다. 아주 좋습니다.

3단계

■ 가슴에 힘이 빠집니다. 쑥~쑥 빠집니다.

가슴에 힘이 빠집니다. 쑥~쑥 빠집니다.

네, 좋습니다. 아주 좋습니다.

배에 힘이 빠집니다. 쑥~쑥 빠집니다.

배에 힘이 빠집니다. 쑥~쑥 빠집니다.

네, 좋습니다. 아주 좋습니다.

4단계

■ 허벅지의 힘이 빠집니다. 쑥~쑥 빠집니다.

허벅지의 힘이 빠집니다. 쑥~쑥 빠집니다.

네, 좋습니다. 아주 좋습니다.

무릎의 힘이 빠집니다. 쑥~쑥 빠집니다.

무릎의 힘이 빠집니다. 쑥~쑥 빠집니다.

종아리의 힘이 빠집니다. 쑥~쑥 빠집니다.

종아리의 힘이 빠집니다. 쑥~쑥 빠집니다.

네, 좋습니다. 아주 좋습니다.

발목의 힘이 빠집니다. 쑥~쑥 빠집니다.

발목의 힘이 빠집니다. 쑥~쑥 빠집니다.

발등과 발바닥, 발가락의 힘까지 완전히 빠집니다.

쑥~쑥 빠집니다.

발등과 발바닥, 발가락의 힘까지 완전히 빠집니다.

쑥~쑥 빠집니다.

네, 좋습니다. 아주 좋습니다.

5단계

■ 이제 머리에서 발끝까지 온몸의 힘이 모두 빠지고 근육이 느슨
하게 늘어졌습니다. 몸이 아래로 아래로 축 가라앉는 듯한 느
낌이 들 때 마음과 몸이 더욱더 편안해집니다.

온몸의 힘이 모두 빠진 상태는 그 어떤 구속과 정보간섭도 없
는 편안하고 안정된 상태입니다. 지금 느끼는 몸의 이완은 마
음에서도 동시에 느끼고 있으며 마음과 몸이 완전히 이완된 하
나의 상태가 되었습니다. 이것이 완전한 자유로움이며 이 편안
하고 안정된 완전한 자유로움이 살아가면서 자신에게 더 큰 자
신감과 편안한 심리를 갖게 만들어 줄 것입니다.

온몸의 힘이 완전히 빠진 상태에서 느끼는 자유로움과 이완,
나른함이 너무나 편안합니다.

아주 편안합니다. 네, 좋습니다. 잘했습니다.

마무리 단계

■ 아주 잘했습니다. 완전한 몰입 상태에서 암시 이완훈련을 아주
훌륭하게 마무리했습니다. 이제 훈련으로 변화된 자신의 마음

과 몸 상태를 느껴보세요.

긍정적으로 변화된 지금의 상태가 앞으로 살아가면서 더 편안하고 안정적인 상태를 유지시켜주며 자신감 넘치는 행동을 할 수 있는 힘이 될 것입니다. 지금의 이 느낌을 생생하게 뇌에 새겨두세요. 지금의 이 편안함과 안정감을 굳이 기억하려고 노력하지 않아도 이미 잠재의식에 깊이 기억되었습니다.

이제 잠시 후 숫자를 하나에서 셋까지 세게 되면 아주 상쾌하고 편안한 기분과 안정된 마음으로 천천히 눈을 뜨면 됩니다.

자, 숫자를 세겠습니다. 하나, 둘, 셋.

네, 수고 많았습니다.

지금의 이 변화된 긍정적인 상태를 느끼고 그것을 말로 표현해보세요. 어떤 변화가 느껴지나요?

자율훈련법

자기최면의 하나라고 할 수 있는 자율훈련법은 독일의 정신의학 교수인 슐츠 박사가 1992년에 명상 기법을 포함하여 심리적, 생리적 실험을 통해 고안한 훈련 방법이다. 이 기법은 효과가 아주 탁월하여 심리훈련과 치료에서도 유용하게 활용되고 있으며 스포츠심리학에서도 중요한 훈련 기법으로 활용되고 있다.

자율훈련법은 공식화된 자기암시에 따라 팔다리의 이완과 심장, 호흡, 복부 등의 자율신경계를 통제한다. 자율신경계를 통제하여 신체기관의 취약한 부분을 개선할 수도 있고 멘탈을 강화시켜 불안과 트라우마 극복에 도움이 될 수도 있다. 수동적 주의집중을 통해 자율이완 상태로 들어가게 되면 의식이 가라앉고 지각 기능은 제한되어 잠재의식이 활성화된다. 심신상관성에 의해 신체의 이완과 자유가 정신적 이완과 자유를 수반한다. 최면상태와 비슷한 고도로 집중된 이완 상태에서 원하는 변화를 일으킬 수 있는 훈련법이다.

자율훈련법은 자기최면과 같은 개념이며 확실한 효과가 검증된 우수한 방법으로 평가받고 있다. 그 이유는 자율훈련법의 기법이 공식화되어 있고 임상적 효과에 대한 검증이 충분히 이루어졌기 때문이다. 자기최면, 자생 훈련 등의 이름으로 알려지기도 했으며 자율훈련법이 심리요법으로 인정받게 되면서 세계 각국에 널리 보급되어 학교, 병원, 기업, 기관, 스포츠, 자기 계발, 코칭 등의 분야에 널리 확산되고 있으며 특히 질병 치료와 건강관리, 심리치료, 멘탈 강화, 스포츠 수행 향상에 긍정적인 효과가 있다.

자율훈련법이 탄생하게 된 배경을 살펴보면 최면 유도과정에서 트랜스에 빠지게 될 때 공통적으로 체험하는 주관적 느낌이 팔과 다리가 무겁다는 '중감'과 따뜻하다는 '온감'을 느낀다는 것을 발견하게 되었다. 이러한 중감과 온감의 느낌을 가지게 하는 심리적이고 생리적인 조건을 만들기 위한 암시를 각성 상태에서도 반복하게 되면 최면상태가 된다는 사실을 알았다. 만약 각성 상태에서 호흡 훈련이나 이완을 통한 트랜스를 유도할 수 있다면 자율훈련법의 효과가 더 좋아진다.

슐츠 박사는 자율훈련과정에서 '무겁다'라고 하는 암시가 최면 현상과 같은 이완 상태라는 것을 발견하게 되었으며 최면이 이루어지기 위해서 무겁다는 느낌이 심리적이고 생리적인 필수 조건이라고 믿었다. 따라서 반복적인 자기암시를 통해 심신의 이완을 체계적으로 진전시키면 생리적으로 최면과 비슷한 상태가 만들어진다고 가정했던 것이다.

마음과 몸의 치유와 긍정적인 변화를 만들고 지속시키는 것은 자기 자신이다. 스스로 자기 자신의 상태를 변화시킬 수 있는 주체성과 자결성을 가지게 될 때 문제를 극복할 수 있는 능력을 갖게 된다. 바로 자율훈련법은 스스로 자신의 상태를 원하는 상태로 변화시키기 위한 자기암시로 심리적, 생리적인 변화를 일으키는 최고의 멘탈 훈련 기법이라고 할 수 있다. 자율훈련법의 목표는 내적인 이완과 각 단계의 반복 훈련을 통해 점진적으로 내면의 심리적, 생리적, 신체적 긴장 완화와 안정화를 이루는 것에 있다.

심리적 이완이 생리적, 신체적 이완을 돕고 생리적, 신체적 이완이 심리적 이완을 도와 몸과 마음이 함께 이완되면서 심신이 일치되는 전체성을 만들게 된다. 건강한 심신의 통합으로 안정감과 편안함, 침착함, 주의집중력이 좋아지고 최상의 수행을 할 수 있는 내면의 일치된 상태를 유지할 수 있다. 몸과 마음이 불일치되면 정보간섭이 생겨 건강한 전체성에 지장을 받을 수 있기 때문에 자율훈련을 통해 심신의 일치와 조화를 만들어야 한다. 자율훈련은 심신을 통일시켜주기 때문에 자신을 회복시킬 수 있는 최고의 멘탈 훈련기법이 될 수 있는 것이다.

자율훈련법의 효과는 첫째, 자율훈련을 반복적으로 실시하게 되면 마음의 쿠션을 강화하여 스트레스, 불안, 초조, 소심함, 트라우마, 우울, 불면, 두통, 산만함 등의 증세를 약화시키거나 없애준다.

둘째, 과거의 부정적인 경험에 의해 조건형성된 부정적인 정서를 약화시키거나 없애주어 심리적인 편안함과 안정감을 느끼게 해준다.

셋째, 자율신경계의 교감신경과 부교감신경의 정상적인 기능을 회복시켜 필요한 과제나 목표에 자원과 에너지를 사용할 수 있게 해준다.

넷째, 자율훈련을 통해 마음과 몸의 완전한 일치와 자유로움을 느끼게 되면 온전히 자기 자신을 만나는 경험이 되기 때문에 다른 사람과 환경에 대한 알아차림과 접촉이 쉬워진다.

다섯째, 자율훈련에 의해 마음과 몸이 유연성과 여유를 되찾아 부정적인 상황에 대한 관점을 전환하거나 긍정적인 귀인을 할 수 있는 자기조절 능력이 배양된다.

자율훈련법 준비

- 장소는 외부의 방해를 받지 않는 조용하고 아늑한 곳이 좋다.
- 복장은 간편하고 편안한 차림이면 특별한 제한이 없다.

- 훈련 자세는 바로 누운 자세나 소파, 의자에 기대앉은 자세에서 실시하며 편안함과 안정감을 느끼는 자세가 좋다.
- 하루 3회가 적당하며 규칙적이고 지속적으로 반복한다. 훈련의 효과가 나타나면 횟수를 줄인다.
- 초기 훈련과정에서는 몰입을 위해 모든 과정을 녹음하여 활용하는 것도 도움이 된다.
- 마무리는 주먹을 세 번 쥐었다 펴고 팔다리를 세 번 굴신 운동을 하고 난 후 눈을 뜨면 훈련과정이 종료된다.

문제별 특수 암시

특수 암시는 자율훈련 6단계를 실시한 후 눈을 뜨기 전에 각자에 맞는 암시를 선택하면 된다. 예를 들어 불면증으로 고생하는 사람이라면 '오늘 밤부터 몸이 편안하게 이완되면서 잠을 푹 잔다. 오늘 밤부터 잠이 잘 온다'와 같은 특수한 암시어를 말한다.

각 단계마다 특수 암시를 3번 정도 반복하는 방법도 있으며 어떤 방법을 선택하더라도 특수 암시는 뇌에 프로그래밍된다.

초기 단계에서는 '편안하다', '자신감이 넘친다', '난 할 수 있다'와 같은 간단한 특수 암시를 반복하고 숙달되면 원하는 목표나 상태의 구체적인 암시를 통해 변화를 이룰 수 있다.

수동적 주의집중

자율훈련의 승패는 '수동적이고 피동적인 주의집중'의 태도에 달려있다고 할 만큼 이것은 중요한 원리이다. 수동적 주의집중은 집착하지 않는 태도를 강조한다. 즉 '반드시 되어야 한다'는 것이 아니라 '되면 좋은 것이고 안되어도 상관없다'는 구속되지 않는 마음가짐, 무심한 기분, 아무렇지도 않은 태도가 중요하다.

능동적 주의집중과 수동적 주의집중의 차이점은 '달성하려는 목표'에 대해서 어떠한 태도로 임하느냐의 차이에 있다. 능동적인 주의집중은 목표 달성을 위해 관심, 주의, 의지, 행위 등을 활용함으로써 목표를 성취할 수 있도록 촉구하는 것이다.

수동적 주의집중은 '오른팔이 무겁다'라고 하는 암시에서 '오른팔에 어떤 느낌이 날까'를 유의하면서 마음속으로 태연하게 암시어를 천천히 되풀이하는 것이다. 오른팔이 좀 무겁게 느껴지거나 나른하게 혹은 축 늘어진 것처럼 느낄 수 있게 된다면 바람직하지만 그런 느낌이 없어도 상관없다. 암시어를 반복하는 과정에서 이미 뇌의 신경회로가 활성화되어 변화가 시작되고 있기 때문이다.

모든 사람들이 초기에 반드시 느낌을 갖게 되는 것은 아니다. 계속하다 보면 어느덧 오른팔을 들 수 없을 정도로 무거운 경험을 하게 되지만 처음부터 그렇게 되어야 한다고 믿거나 기대하다 보면 오히려 강박에 의해 방해가 될 수 있으므로 여유를 가지고 아무 생각 없이 무심한 상태로 기다리는 것이 필요하다. 효과를 빨리 보기 위해 노력하거나 암시한 대로 반응이 나오지 않는다고 초조하게 생각하면 오히려 각성이 되어 방해가 된다.

모든 사람들에게 처음부터 같은 정도의 효과가 나타나거나 잘 되는 것은 아니므로 순서대로 꾸준히 하면 반드시 효과를 볼 수 있을 것이라는 점을 인식하는 것이 중요하다. 뇌는 착각의 챔피언으로 몰입된 상태에서 암시어를 반복하면 그것을 사실로 받아들이고 믿음을 만들어 스스로 통제당하기 때문에 시간의 차이가 있을 뿐 누구든지 훈련의 효과를 확인할 수 있다.

자율훈련법의 실제

준비가 완료되면 1단계부터 훈련을 시작한다.

1단계를 훈련하기 전에 '안정감 훈련'을 먼저 하는 것이 좋다.

그 자체가 자율훈련의 단계는 아니지만 본격적인 자율훈련을 하기 위한 '시작 신호'의 의미가 있고 차후에는 안정감 훈련에 나오는 암시만 해도 편안함을 느낄 수 있게 된다. 자율훈련법은 NLP의 앵커링이나 스포츠에서의 루틴과 비슷한 효과를 기대할 수 있다. 자율훈련 초기에 전문가가 유도를 해주면 뇌에 전용신경회로가 구축되어 도움이 된다.

안정감 훈련

안정감 훈련은 특수 암시와 비슷한 방법이며 '좋습니다. 아주 좋습니다' 등의 암시를 한다. 자율훈련 6단계를 하는 과정마다 1~2회 정도 첨가하여 실시하는 것이 좋으며 자율훈련 시작과 끝마치기 전에 실시하는 방법도 있다.

자율훈련은 한 단계를 완전히 익힌 후 다음 단계로 넘어가는 것이 좋다. 그렇지만 6단계를 모두 익히는데 대체로 3~4개월이 소요되기 때문에 통합해서 전체로 훈련을 하는 경우도 있다. 멘탈코칭센터에서는 자율훈련의 강도와 빈도를 조절하여 일반훈련과 고강도의 집중훈련을 구분해서 활용하고 있다.

자율훈련 방법 (1단계 : 무거운 감각 훈련)

암시어

- 오른팔이 무겁다.
  또는 오른팔이 축 늘어진다.

효과

■ 긴장 해소, 불안 극복, 트라우마 극복, 집중력 향상, 안정감, 편안함 등의 심리적, 신체적 균형을 회복하는 효과가 있다.

훈련 원리와 방법

■ 팔과 다리의 근육을 반복적인 암시어를 통해 무겁게 함으로써 말초신경을 쉬게 하고 스트레스와 긴장으로 경직된 마음을 자연스럽고 부드러운 상태로 회복시키는 훈련 방법이다.

그래서 마음이 편안하다는 생각을 바탕에 깔고 하면 효과가 더 좋다. 팔과 다리가 무겁다는 것보다 '늘어진다', '축 처진다' 등의 암시어를 선택해서 사용해도 괜찮다. 구체적인 방법은 들이마시고 내쉬는 숨에 리듬을 맞추는 것이다.

예를 들면 숨을 들이마실 때는 '오른팔이'라고 생각하며 내쉬는 숨에 '매우 무겁다'라고 암시를 보낸다.

먼저 좌우의 팔 중에서 어느 한쪽을 정한다.

오른손잡이는 오른팔을, 왼손잡이는 왼팔을 먼저 하면 된다.

오른팔에 무거운 느낌이 나타나면 더욱 그 느낌을 강화한다.

그렇게 되면 왼팔도 암시어 속으로 끌어들여 무거운 느낌이 나타나도록 몰입할 수 있다. 양팔에 반응이 잘 나타나면 차츰 그 느낌을 강하게 확대시켜 오른 다리, 왼 다리에 나타나도록 한다. 양팔과 양다리에 무거운 느낌이 들어갈 때까지 반복적으로 훈련하는 것이 중요하다.

실제 훈련

■ 마음이 편안하다.

(마음으로 또는 중얼거리듯 5~6회 반복)

오른팔이 매우 무겁다.

(마음으로 또는 중얼거리듯 7~10회 반복)

왼팔이 매우 무겁다.

(마음으로 또는 중얼거리듯 7~10회 반복)

양팔이 매우 무겁다.

(마음으로 또는 중얼거리듯 7~10회 반복)

오른 다리가 매우 무겁다.

(마음으로 또는 중얼거리듯 7~10회 반복)

왼 다리가 매우 무겁다.

(마음으로 또는 중얼거리듯 7~10회 반복)

양다리가 매우 무겁다.

(마음으로 또는 중얼거리듯 7~10회 반복)

양팔과 양다리가 매우 무겁다.

(마음으로 또는 중얼거리듯 7~10회 반복)

자율훈련 방법 (2단계 : 따뜻한 감각 훈련)

암시어

- 오른팔이 매우 따뜻하다.

효과

- 스트레스 및 불안 해소, 공포 극복, 자신감 회복, 트라우마 극복, 집중력 향상, 마음의 안정, 정신적 또는 신체적 유연성 증대에 긍정적인 효과가 있다.

훈련 원리와 방법

- 근육 말초혈관의 피 흐름을 좋아지게 함으로써 몸과 마음의 긴장을 풀어주는 방법이다. 팔과 다리에 따뜻한 기분을 느끼기 위해 목욕탕이나 찜질방에 누워있다고 생각하면 도움이 된다. 각 과정별로 7~10회 반복한다.

실제 훈련

- 오른팔이 매우 따뜻하다.

  (마음으로 또는 중얼거리듯 7~10회 반복)

  왼팔이 매우 따뜻하다.

  (마음으로 또는 중얼거리듯 7~10회 반복)

  양팔이 매우 따뜻하다.

  (마음으로 또는 중얼거리듯 7~10회 반복)

  오른 다리가 매우 따뜻하다.

  (마음으로 또는 중얼거리듯 7~10회 반복)

  왼 다리가 매우 따뜻하다.

  (마음으로 또는 중얼거리듯 7~10회 반복)

  양다리가 매우 따뜻하다.

  (마음으로 또는 중얼거리듯 7~10회 반복)

  양팔과 양다리가 매우 따뜻하다.

  (마음으로 또는 중얼거리듯 7~10회 반복)

자율훈련 방법 (3단계 : 심장 조절 감각 훈련)

암시어

- 심장이 조용히 규칙적으로 뛰고 있다.
  또는 심장이 아주 편안하게 뛰고 있다.

효과

- 집중력 향상, 마음의 안정, 항상성 유지, 트라우마 극복, 성격
  개조, 불안 해소, 스트레스 해소 등에 긍정적인 효과가 있다.

훈련 원리와 방법

- 심장이 규칙적으로 뛰는 상태가 혈액순환을 고르게 해줌으로
  써 정신적, 신체적인 긴장을 이완시키는 방법이다.
  마음의 안정을 취하기 위해 심장이 조용히 규칙적으로 뛰고 있
  다고 반복 암시한다. 이때 가만히 심장에 귀를 기울여본다.
  처음에는 심장이 뛰는 소리를 들을 수 없지만 반복적인 자기암
  시를 하면서 심장의 생명력을 느낄 수 있게 된다.

실제 훈련

■ 심장이 조용히 규칙적으로 뛰고 있다.

  (마음으로 또는 중얼거리듯 7~10회 반복)

자율훈련 방법 (4단계 : 호흡조절 감각 훈련)

암시어

■ 호흡이 편안하다.

효과

■ 심리적 안정, 스트레스 제거, 이완, 트라우마 극복, 긴장과 불
  안 해소, 무력감 탈피, 편안함 등에 긍정적 효과가 있다.

훈련 원리와 방법

■ 호흡을 편안하게 조절함으로써 몸과 정신의 긴장을 이완시키는
  방법이다. 호흡이 편안해지면 마치 파도가 밀려오고 밀려나가

는 것처럼 손과 발에서 실제로 리듬이 일어난다.

리듬에 맞추어 숨을 들이마시면서 '호흡이'라고 생각하고 숨을 내쉬면서 '편안하다'라고 생각하면 호흡이 안정되고 마음이 편안해짐을 느낄 수 있다. 우리 뇌는 호흡의 속도와 상태를 잠재의식에서 시간적으로 정확하게 체크하고 있기 때문에 호흡을 천천히 편안하게 하면 몸 상태를 호흡에 맞추게 된다.

호흡조절을 통해 심리적, 신체적, 생리적인 상태를 통제할 수 있는 것이다.

실제 훈련

■ 호흡이 편안하다.

(마음으로 또는 중얼거리듯 7~10회 반복)

자율훈련 방법 (5단계 : 복부 감각 훈련)

암시어

■ 아랫배가 따뜻하다.

또는 배가 따뜻하다.

효과

■ 내장기관의 활성화, 트라우마 극복, 활력 증진, 자신감, 불안
해소, 심리적 안정감 등에 긍정적인 효과가 있다.

훈련 원리와 방법

■ 자율신경은 몸을 자동적으로 조절하는 신경으로 위장, 심장,
폐, 간, 신장, 췌장, 비장, 방광, 자궁 등의 장기는 물론 혈관,
내분비샘, 땀샘, 침샘 등도 자율신경이 지배하여 사람의 의지
와 관계없이 조절되고 있다.

반복적인 암시는 잠재의식에 굵은 전용신경회로를 형성하여
자율신경계를 통제한다. 배가 따뜻하다는 암시어가 실제로 배
가 따뜻해지는 신체적인 느낌을 갖게 만드는 것이다.

이 단계의 훈련은 자율신경계를 통제하여 배를 따뜻하게 함으
로써 여러 내장기관의 긍정적인 변화를 조절하고 마음을 편안
하게 유지하는데 도움이 된다.

배 부위가 따뜻하다고 반복해서 암시를 하면 실제로 배가 따
뜻해진다. 느낌이 잘 오지 않으면 배 위에 찜질팩을 올려놓았
다고 생각한다. 숨을 들이마시면서 '아랫배가'라고 생각하고 숨
을 내쉬면서 '따뜻하다'라고 생각한다. 이 훈련을 잘하면 특히
소화 기능이 좋아지고 활력이 생긴다.

그리고 신체의 질병을 예방하고 심리적인 안정감과 자신감, 긍정적인 에너지가 충만해진다.

실제 훈련

■ 아랫배가 따뜻하다.
  (마음으로 또는 중얼거리듯 7~10회 반복)

자율훈련 방법 (6단계 : 이마 감각 훈련)

암시어

■ 이마가 시원하다.
  또는 이마가 차갑다.

효과

■ 집중력 향상, 기억력 향상, 트라우마 극복, 불안 해소, 두뇌 훈련, 판단력 향상, 학습능력 향상 등의 효과가 있다.

훈련 원리와 방법

■ 이마를 시원하게 함으로써 뇌 기능을 향상시켜 효율적으로 작
  동되도록 하고 나아가서는 심리적 안정감과 판단력을 증진시키
  는 훈련 방법이다. 옛날부터 '두한족열'이라고 하여 머리는 시원
  하게 하고 발은 따뜻하게 하는 것이 건강에 좋다.
  이것은 그 원리를 임상실험적으로 체계화한 것이다.
  사람에 따라 차가운 느낌을 싫어하는 경우도 있을 수 있다.
  차가움에 거부가 심한 사람은 암시어를 이마가 시원하다로 하
  는 것이 좋다. 훈련 방법은 숨을 들이마시면서 '이마가'라고 생
  각하고 숨을 내쉬면서 '시원하다'라고 생각하면서 훈련한다.

실제 훈련

■ 이마가 시원하다.
  (마음으로 또는 중얼거리듯 7~10회 반복)

앵커링

올림픽에서 금메달을 획득한 후에 시상대에서 태극기가 게양되고 애국가가 울려 퍼지는 감격적인 순간 두 주먹을 불끈 쥐었던 경험을 했다면 이후에 주먹만 불끈 쥐어도 올림픽에서 금메달을 목에 걸었던 감동적인 순간이 재연되어 활력 있고 자신감 넘치는 상태가 된다.

그뿐만 아니라 태극기만 봐도 가슴이 설레고 애국가만 들어도 그 당시의 모든 성취 경험이 생생하게 불려 나온다.

이처럼 일관된 정서적 반응유형을 불러일으키는 주먹 쥐기나 태극기, 애국가를 앵커라고 하며 우승의 감동과 앵커가 연합되어 조건형성된 상태를 앵커링이라고 한다. 감각으로 받아들이는 특정한 자극과 경험은 조건반사적으로 행동과 감정을 함께 발현시키게 된다.

예를 들어 사람들은 길을 걷다가 빨간 신호등 앞에서 생각 없이 반사적으로 멈추는 행동을 한다. 이러한 행동은 신호등의 빨간색은 멈추는 행동과 처벌, 벌금, 사고 등과 연합되어 있기 때문이다. 빨간색에 건너는 것은 위험하고 벌금을 낼 수도 있으며 법을 위반하는 나쁜 행동이라는 조건형성된 결과인 것이다.

사람들은 신호등의 색깔이 초록색으로 바뀌면 아무 생각 없이 다시 길을 걷는다. 신호등의 색깔만 바뀌었을 뿐인데 사람들은 가던 길을 멈추기도 하고 다시 출발하기도 한다. 신호등 불빛의 색깔은 행동을 통제하는 신호로써 앵커가 되며 신호등의 색깔에 따라 중지하거나 출발하는 행동은 색깔과 연합된 앵커링이다.

앵커링을 활용하면 현재의 문제 상태를 자신이 원하는 긍정적인 상태로 얼마든지 바꿀 수 있다. 만약 의식하지 못하는 가운데 원하지 않는 부정적 앵커링이 자신의 긍정적인 자원과 에너지 사용을 제한하고 있다면 그러한 정서는 빨리 분리시켜야 한다. 빠른 분리를 위해 새로운 긍정적인 앵커링을 만들어 반복적으로 사용함으로써 자신의 자원을 증폭시킬 수 있는 새로운 반응과 상태를 만들어낼 수 있게 된다.

일상생활에서 자신이 원하는 긍정적이고 활력 있는 멘탈 상태를 유지하기 위해서는 과거의 긍정적인 성취 경험 상태에 정서가 연합된 기억을 활용하는 것이 좋다. 과거의 특정한 정서와 관련된 신경회로가 활성화되면 과거와 같은 현재의 상태를 그대로 재연시키기 때문이다. 만약 과거의 성취 경험에 대한 정서가 없다면 시각화를 통해서 과거나 미래 기억을 만들어내는 것도 좋은 방법이다.

앵커링은 특정한 것을 보고, 듣고, 접촉하는 경험에 앵커를 고정시켜 필요할 때 언제든지 재연하여 자신의 상태를 긍정적으로 변화시킬 수 있으며 원하는 상태로의 선택을 할 수 있다. 앵커링이 모든 심리적인 문제를 해결할 수 있는 도깨비방망이는 아니지만 적절하게 잘 활용할 수만 있다면 분명한 효과를 거둘 수 있는 유용한 멘탈 훈련 방법이다. 불안과 트라우마는 나쁜 조건형성이기 때문에 반복적인 멘탈 훈련을 통해 긍정적인 앵커링을 고정시켜야 한다. 앵커링을 통해 새로운 조건형성을 할 수 있다면 불안과 트라우마 극복에 도움이 된다.

자원 앵커링

일반적으로 앵커링이라고 하면 자원 앵커링을 말한다.

조건반사가 일어나는 앵커를 의도적으로 만들어 과거에 긍정적으로 경험했던 자원들을 현상태로 이끌어내기 위하여 이루어지는 가장 기본적인 앵커링 기법이다. 자원 앵커링을 효율적으로 활용하기 위해서는 먼저 현재 자신이 어떤 상태로 변화하고 싶은지를 분명히 알아야 하고 그것과 직접적, 간접적으로 연결할 수 있는 과거의 성취 경험을 선명하게 떠올려야 한다.

예를 들어 '자신감을 갖고 싶다'처럼 원하는 상태를 먼저 결정하는 것이다. 그다음 과거 경험 중에서 자신감이 충만했던 기억에 몰입하여 연합시킨다. 과거의 다양한 경험 중에서 자신감이 충만했던 특별한 정서를 생각하고 그것이 언제, 어디서, 어떤 일이었으며 무엇을 했는지 오감적으로 회상한다. 이때 오감적으로 생생하게 회상하는 것이 중요하며 그 느낌을 최대한 증폭시켜야 한다.

만약 자신의 긍정적인 회상 자원이 없다면 주위에 그 자원을 가진 모델을 실제적인 느낌이 들도록 떠올리거나 과거와 미래에 대한 심상을 통해 자신이 원하는 긍정적인 가상의 경험을 만들어도 된다.

뇌는 현실과 상상을 구분하는 기능이 없기 때문에 과거와 미래의 가상적인 성취 경험을 실제 경험으로 착각한다.

신체감각 앵커링

신체감각을 이용한 앵커링의 경우 주먹을 강하게 쥐거나 손가락 접촉하기, 손등 비비기, 팔꿈치 문지르기, 팔짱 끼기, 가슴에 손 포개 올리기 등 몸 전체가 앵커가 될 수 있다.

스포츠에서 선수들이 자신감을 높이기 위해 주먹을 불끈 쥐고 파이팅을 외치는 것과 코치가 선수의 어깨에 손을 올리고 격려하는 것도 앵커가 된다. 멘탈 훈련을 하는 과정에서 특정한 앉은 자세나 호흡도 앵커가 될 수 있다.

청각 앵커링

청각을 이용한 앵커링의 경우에는 특정 단어나 소리를 활용한다.
예를 들어 활력 있는 신체 움직임에는 빠르고 힘 있는 음악을 듣고 집중력 향상을 위한 이미지 트레이닝에는 조용한 효과음을 활용하는 것이 앵커가 될 수 있다.

특정한 상황이나 행동이 이루어질 때마다 '좋았어', '잘하고 있어', '바로 그거야'라고 반복하거나 '파이팅'이라고 외치는 것도 좋은 앵커가 된다. 그리고 긍정적인 자기암시나 특정 음악, 종교의식에서의 염불과 목탁, 노래, 음악, 기도 소리도 반복되면 청각 앵커가 된다.

시각 앵커링

시각을 활용한 앵커링의 경우는 특정한 이미지나 색상, 장면, 동작 등을 떠올려 정서를 이끌어내는 앵커로 사용할 수 있다. 아름다운 풍경이나 사진, 사람의 얼굴, 물건 등을 보기만 해도 특정한 정서 상태를 느끼게 된다면 시각적 앵커링이 된 것이다.

훈련 방법

■ 먼저 원하는 앵커를 결정한 후 과거의 성취 경험인 자원상태를 선명하게 떠올린다. 선택된 앵커를 활용하여 자원상태로 들어가서 그 상태를 충분히 경험시킨다.

그 당시의 자원 상황으로 들어가서 생생하게 연합을 하고 그때 보고, 듣고, 느꼈던 정서를 지금-여기의 상태에서 온전히 경험하고 있는 것으로 상상한다.

정서가 최고조에 이르기 직전에 선택한 앵커를 고정시킨다.

몰입했던 상태에서 나온 후 상태를 단절하기 위해 심호흡과 스트레칭을 실시하고 안정을 되찾은 상태에서 앵커를 테스트한 후에 여러 번 반복한다.

붕괴 앵커링

 차가운 물에 아주 뜨거운 물을 혼합하게 되면 물의 온도가 미지근하거나 약간 따뜻한 정도가 된다. 마찬가지로 과거의 나쁜 기억 때문에 불안한 마음을 일으키는 사람의 경우 긍정적인 마음을 일으키는 성취 경험을 떠올리게 하거나 희망적인 이야기를 들려주게 되면 강한 긍정적인 요소로 인하여 부정적인 정서를 많이 약화시키거나 사라지게 만드는 것을 붕괴 앵커링이라고 한다.

 현재의 불안한 마음 상태에서 벗어나고 싶을 때 부정적인 앵커를 붕괴시킬 수 있는 새로운 긍정적인 자극이 필요하다. 원하지 않는 부정적 정서와 원하는 긍정적 정서를 각각 앵커링 한 다음 두 가지 앵커를 함께 발화시키게 되면 잠깐의 짧은 혼란의 시간이 지나면서 부정의 정서가 약해지고 새로운 상태가 만들어진다. 부정의 요인을 강력하게 막아낼 수 있는 긍정적인 앵커를 강화하는 것이 중요하다.

 성장과정에서 자신의 의지와 상관없이 조건형성된 부정적인 앵커링 때문에 자신의 긍정적인 자원과 에너지를 제대로 사용하지 못하는 무기력한 상태에 있다면 그것은 참으로 억울한 일이다. 잘못 조건형성되어 있는 부정의 앵커링 하나만 붕괴시켜도 한 사람의 운명을 바꿀 수 있다. 붕괴 앵커링은 깊은 부정의 늪에서 허우적대는 상태를 긍정적인 상태로 바꾸어 줄 수 있는 구원의 밧줄과 같은 기능을 하며 긍정적인 상태를 유지하여 더 좋은 삶의 성취 결과를 만들어주게 된다.

훈련 방법

- 먼저 불안을 일으키는 부정적인 기억과 감정을 결정한다.

  부정적인 과거 기억을 떠올리고 몰입한 상태에서 왼손을 왼쪽 무릎에 붙이고 부정적 앵커를 고정시킨다.

  초점을 전환하여 상태를 단절한 후 왼쪽 무릎에 앵커를 발화시켰을 때 부정적인 상태가 불려 나오면 다시 무릎에서 손을 떼고 상태를 단절한다.

  다음에 긍정적인 과거 기억과 정서에 몰입한 상태에서 오른손을 오른쪽 무릎에 붙이고 긍정적인 앵커를 고정시킨다.

  초점을 전환하여 상태를 단절한 후 오른쪽 무릎에 앵커를 발화시켰을 때 긍정적인 상태가 불려 나오면 다시 무릎에서 손을 떼고 상태를 단절시킨다. 그리고 동시에 모든 앵커를 발화한다.

  오른손을 먼저 오른쪽 무릎에 붙이고 다음에 왼손을 왼쪽 무릎에 붙인다. 손을 뗄 때는 왼손을 먼저 떼고 오른손을 뒤에 뗀다. 최종적으로 현재의 상태를 점검해본다.

연쇄 앵커링

뇌에 기억된 모든 정보들은 비국소성으로 방대한 네트워크를 형성하고 있기 때문에 하나의 뉴런이 발화되면 이웃 뉴런들이 순차적으로 발화되어 과거의 기억들이 연쇄적으로 회상된다. 연쇄 앵커링은 마치 도미노처럼 여러 단계를 거치며 최종 목표에 연결되어 하나의 연결 관계를 이끌어내는 앵커링 기법이다. 즉 하나가 그다음 것을 일으키기 위해서 앵커가 연쇄적으로 작용하는 것이다. 각각의 앵커는 연쇄의 고리가 되어 그다음 앵커의 자극 신호로 작용하여 변화를 일으킨다.

연쇄 앵커링은 잘못된 습관이나 부정적인 성격을 바꾸고자 할 때 활용하면 효과가 좋으며 자신감, 집중력, 불안 해소, 관점 전환 등에도 아주 효과적인 기법이다. 중요한 일을 앞두고 열정이 부족하거나 도전하지 못하는 나약한 성격과 습관적인 상태를 동기 상태와 결단 상태로 바꾸는데도 도움이 된다.

훈련 방법

■ 먼저 목표를 달성할 수 있는 상태를 순서대로 선택한다.
  자신감이 없다는 무기력한 상태에서 자신감이 넘치는 활력 상태로 이동하기 위해서는 연쇄 앵커링을 설정해야 한다.
  이때 이웃 앵커와의 연관성이 있어야 연쇄가 잘 된다.
  '자신감이 없다', '심호흡을 크게 하고 주먹을 강하게 쥔다', '휴식을 취한다', '개운하다', '기대된다', '자신감이 넘친다'와 같은 순서로 앵커를 고정시킨다.

먼저 첫 번째 상태 '자신감이 없다'에 대한 앵커를 고정시킨다.

첫 번째 앵커와 가까운 지점에 '심호흡을 크게 하고 주먹을 강하게 쥔다'라는 두 번째 앵커를 고정시킨다.

그다음 같은 방법으로 '휴식을 취한다', '개운하다', '기대된다'는 순서대로 앵커를 고정하여 '자신감이 넘친다'까지 각각 다른 지점에 앵커를 고정한다. 그리고 초점을 전환하여 상태를 단절한다. 이때 연결이 처음 앵커로 돌아가지 않도록 주의한다.

그다음 첫 번째 앵커를 발화하여 최고조가 되었을 때 두 번째 앵커를 발화하며 두 번째 앵커가 최고조가 되었을 때 세 번째 앵커를 발화시킨다. 다음 순서대로 계속 앵커를 발화시켜 최후의 앵커까지 같은 방법으로 연결한다.

반복해서 실행하면 첫 번째 앵커가 발화되는 순간 도미노처럼 차례대로 발화되어 최종 목표까지 순식간에 도달한다.

'자신감이 없다'를 발화시키면 단숨에 '자신감이 넘친다'는 상태로 변화하게 된다.

긍정적인 연쇄 앵커링이 만들어지면 부정적인 상태에서 긍정적인 상태로 연쇄적으로 바뀌게 되면서 신경회로가 굵게 만들어진다.

이 신경회로가 모든 생각과 느낌, 말, 행동에도 영향을 미치게 되어 부정적인 상태에서 긍정적인 상태로의 연쇄적인 반응이 일어나게 되는 것이다. 이처럼 연쇄 앵커링을 통해 마음과 몸의 상태를 원하는 상태로 얼마든지 조절할 수가 있게 된다.

EMDR

EMDR은 과거 기억의 고통스러운 부분을 수평적 안구 운동을 통해 처리함으로써 지금 현재에서 좀 더 객관적이고 합리적으로 바라볼 수 있고 좀 더 건강하게 대처할 수 있도록 돕는 방법이다. 즉 단순한 수평적 안구 운동을 통해 트라우마로 인하여 생긴 심각한 불안과 공포를 효과적으로 극복할 수 있는 훈련 방법인 것이다.

심리학자인 프랜신 샤피로는 1987년 어느 날 공원에서 산책을 하던 중 괴로운 기억이 떠올라 고통을 겪고 있었는데 안구를 빠르게 좌우로 움직이자 괴로운 고통이 급격하게 가라앉는다는 사실을 깨달았다. 샤피로는 자신이 찾아낸 그 방법에 대해 수년간의 실험과 연구를 거듭하면서 치료법으로 표준화했다.

EMDR은 현재와 융합된 과거 기억의 고통스러운 부분을 재처리함으로써 전체적인 맥락에서 그 경험을 객관적으로 바라보고 접촉할 수 있게 도움을 주는 치료법이다. 재처리 과정에서 신경회로에 새겨진 과거의 부정적인 기억을 둔감화시키고 전체성으로 새롭게 편집하여 과거의 기억을 긍정적으로 변화시킬 뿐만 아니라 미래에 대처하는 적응력을 높여주는데 도움을 준다. EMDR은 기억의 인지적 요소, 정서적 요소, 신체적 요소 모두에 직접적으로 작용하기 때문에 불안과 트라우마 극복에 탁월한 훈련 방법이다.

EMDR의 효과

EMDR은 수평적 안구 운동을 통해 들어오는 자극이 마음속에 억압되어 있거나 숨겨져 있는 무언가를 분출하게 만들고 파편으로 조각난 기억과 과거의 이미지를 재배열시키면서 전체성을 회복하여 과거의 트라우마 경험을 보다 폭넓은 맥락과 관점에서 볼 수 있게 해준다.

EMDR은 트라우마 기억에 대해 굳이 말로 표현하지 않더라도 양측성으로 시각적 자극을 반복해주기 때문에 회상하는 것만으로도 불안과 트라우마 기억을 재편집한다. 기억이 재편집되는 과정을 거치며 파편으로 조각난 트라우마 기억 때문에 차단되었던 뇌의 특정 영역이 활성화되고 전체성을 회복하여 자신과의 온전한 알아차림과 접촉이 이루어진다. 그뿐만 아니라 고통스러운 트라우마 기억 때문에 경직되고 닫힌 마음을 유연하게 하여 훈련과정에서 상호 라포 형성을 돕는다.

EMDR의 치료원리

견디기 힘들 만큼의 충격적이고 끔찍한 사건이나 사고를 경험하게 되면 우리 뇌의 정보처리시스템이 큰 혼돈을 겪게 된다.

이때 완결성으로 처리되지 못한 감각적인 정보가 뇌의 변연계에 조각난 파편으로 남아있게 되면서 단편적으로 신경계에 얼어붙은 채로 부정적인 영향을 미치게 되는 것이다.

EMDR 훈련은 신경계에 얼어붙어있는 과거 고통스러운 트라우마 기억의 조각을 떠올리면서 수평적 안구 운동과 같은 양측성 자극을 주어 뇌의 정보처리시스템을 전체성으로 활성화시켜 잘못 융합된 기억을 재처리하는 방법이다.

EMDR 훈련은 뇌의 기억을 지우는 것이 아니라 재처리과정에서 중요한 정보들이 긍정적으로 통합되며 전체성을 회복하여 안전한 과거 기억으로 편입됨으로써 지금-여기에서의 알아차림과 접촉 능력을 높여주어 자유로운 삶을 살도록 도움을 주는 것이다.

EMDR의 훈련과정

EMDR 훈련을 하는 과정에서 과거의 트라우마 기억을 재연하며 격렬한 감정반응을 나타낼 때 능숙하고 차분하게 대처할 수 있는 상태를 만들어야 한다. 자신의 과거 트라우마 기억을 재처리하는 과정에서 보이는 격렬한 정서적인 반응을 '제 반응'이라고 하며 훈련과정에서 이러한 반응이 나타날 수 있다는 사실을 미리 알고 있어야 한다.

상담을 진행할 때는 내담자가 과거의 트라우마 기억을 재연하며 제 반응을 보이는 동안 상담사가 계속 함께 하며 지지해준다는 믿음을 주어 심리적 안정감을 주는 것이 중요하다. 이때 상담사는 내담자의 반응에 당황하지 않고 적절한 거리감을 유지하며 정서적 연결감과 안정감을 가질 수 있도록 도와주어야 한다. 지금 느끼는 제 반응은 이미 지나간 과거의 일이라는 사실을 깨달을 수 있도록 말해준다.

그리고 상담사가 함께 하고 있다는 사실을 인지하여 지금 현재에서 내담자가 안정감을 느끼며 과거의 기억을 전체성으로 통합할 수 있도록 도움을 주는 것이 필요하다. 내담자가 제 반응을 보일 때 상담사가 안정감을 주며 지지하는 상태에서 안구 운동을 계속할 수 있게 해주면 내담자가 더 이상 두려움이나 불안의 수렁에 빠지지 않고 자신의 트라우마 기억을 재편집하여 정상적인 회복을 할 수 있게 된다.

그래서 EMDR을 활용한 트라우마 훈련에는 숙련된 전문가가 필요한 것이다. 과거 트라우마를 경험했을 때는 혼자였지만 지금-여기에서의 현실은 혼자가 아니라 자신을 든든하게 지지해주는 상담사가 함께 하고 있다는 사실을 깨닫게 해주어야 한다.

EMDR의 훈련 방법

EMDR의 훈련 원리는 수평적 안구 운동을 통해 특정 뇌 신경회로를 활성화시켜 트라우마 기억을 재처리하는 과정에서 기존의 파편으로 조각난 트라우마 기억을 통합하여 정상적인 과거 기억으로 편입시키는 것이다. 좌우로 움직이는 손가락이나 불빛, 물체 등이 반복적으로 시각적인 자극을 주게 되면 시신경을 타고 뇌에 전달된 자극이 뇌를 활성화시켜 두려움과 공포심을 줄여준다.

- 방해받지 않는 조용하고 아늑한 주변 환경을 만든다.
- EMDR의 원리와 방법, 효과에 대해 숙지한다.
- 상담을 진행할 때는 상담사가 함께 있다는 사실을 강조하여 트라우마 기억을 재연하는 과정에서 절대적으로 안전하다는 느낌을 가질 수 있도록 해준다.
- 안정감과 편안함을 느낄 수 있는 의자에 앉아 멘탈 호흡 훈련과 이완훈련을 실시한다.
- EMDR의 도구는 손가락이나 불빛, 좌우로 움직이는 시계추, 뉴로피드백, 컴퓨터 프로그램 등을 활용하면 된다.
- 좌우로 수평적 안구 운동을 하며 자신의 트라우마 기억을 회상하거나 언어로 표현한다.
- 상담을 진행할 때는 트라우마 기억을 재연하는 과정에서 내담자의 변화와 반응을 세밀하게 관찰하며 만약 감정이 격해져 스스로 통제하기 힘든 상황이 발생하면 즉시 피드백을 통해 안정감을 유지할 수 있게 해준다.
- EMDR 훈련을 마친 후 지금-여기에서의 현실에서 안정감을 더 강화시키는 멘탈 호흡 훈련과 긍정적인 피드백을 제공해주는 것이 도움이 된다.

■ 상태나 대상에 따라 EMDR 치료를 다른 심리치료방법과 연계
하여 진행하게 되면 더 좋은 결과를 얻을 수 있다.

운동심리치료

멘탈코칭센터에서 불안과 트라우마에 시달리는 사람들을 상담하다
보면 트라우마 기억을 재연하는 과정에서 심한 불안과 공포를 느낄 때
마치 뇌에 정전이 일어난 것처럼 혼돈을 겪게 되거나 논리적이고 합리
적인 사고를 하지 못하는 것을 관찰할 수 있게 된다. 심한 경우 지금의
불편하고 고통스러운 상황에서 벗어나기 위해 회피와 도피적인 행동을
보이거나 아무런 반응도 하지 못하고 그 자리에 그대로 굳어버리는 반
응을 보이기도 한다.

이런 상태에서 상담을 진행하기 위해 계속적인 요구나 질문을 하게
되면 내담자는 더 위축되고 격한 감정을 표출하면서 상담 과정에 저항
하거나 아예 아무런 반응도 하지 않음으로써 자신을 지키려는 방어기
제를 사용할 때도 있다. 심한 경우 과거의 끔찍한 트라우마 기억을 재
연하는 과정에서 순식간에 온몸이 굳어버리거나 모든 신체기능이 마비
되는 느낌이 들기도 한다.

트라우마 기억은 뇌의 특정 영역이 차단되어 정신적인 전체성에 구멍

이 생기는 문제를 일으킬 뿐만 아니라 신체적으로도 여러 가지 문제를 일으키게 된다. 예를 들어 근육의 긴장이나 경직, 몸의 신체 부위가 따로 작동되는 느낌, 감각 둔화 및 마비, 비만, 중독 등의 심각한 신체적인 문제를 동반하게 되는 것이다.

특히 인간의 가장 기본적인 생존 체계인 자율신경계의 각성 상태 조절 기능에 문제가 발생해 교감신경계와 부교감신경계가 서로 균형을 잃어버리게 된다. 자율신경계가 균형을 잃게 되면 주의의 폭과 신체의 조절 기능이 약화되어 내부적인 불안정과 혼돈을 겪게 되고 외부와의 연결과 적응 능력까지 떨어진다.

이처럼 자율신경계가 정상적인 조절 기능을 상실하게 되면 불필요한 자극과 정보에도 과잉 활성화되어 과민반응을 보이거나 반대로 상황에서 필요한 에너지를 동원하지 못하는 무기력한 상태에 빠지게 된다. 결국 트라우마 기억은 필요할 때 정상적인 에너지 동원이 안 되는 무기력한 상태를 만들기 때문에 상황에 어울리지 않는 엉뚱한 반응을 보이게 되고 안정적인 상황에서 지나친 각성을 일으켜 엉뚱한 곳에 에너지를 소진하게 되는 것이다. 이렇게 불안이나 공포를 느끼게 하는 엉뚱한 곳에 과잉반응을 보이며 에너지를 소진하면서 자신과의 접촉이 어려워질 뿐만 아니라 다른 사람, 환경과의 접촉에도 장애를 갖게 된다.

인간의 신체적인 상태를 24시간 정상적으로 기능할 수 있도록 조절, 통제하는 영역이 잠재의식이며 트라우마는 바로 이 잠재의식에 깊이 뿌리를 내리고 있다. 이러한 관점에서 보면 상향식 접근법인 규칙적인 운동을 통해 신체적인 자극을 뇌에 전달하여 특정 영역을 활성화시키게 되면 잠재의식에 깊이 뿌리내린 트라우마 기억까지 함께 재편집하여 긍정적인 변화를 일으킬 수 있다는 결론을 얻는다.

규칙적인 운동으로 생긴 말초신경계의 미세한 자극에 의해 구심 신경이 활성화되면 중추신경계가 자극을 받아 뇌의 신경학적 구조와 화학물질의 분비까지 바뀌게 된다. 운동 과정에서 신체 경계의 확장, 생리적 각성, 호흡 상태의 변화, 호르몬 분비 변화, 자신 및 환경과의 접촉 증대, 힘 조절 능력, 마음과 몸의 전체성 완결 등의 다양한 긍정적인 변화를 경험한다. 신체적인 운동을 통한 변화가 트라우마 기억으로 차단된 뇌의 특정 영역을 활성화시켜 통합된 전체성을 회복하는데 큰 도움을 주게 되는 것이다.

트라우마를 치료하기 위해서는 첫째, 중추신경을 자극하여 원심성으로 정보가 말초신경으로 전달되는 하향식 접근법을 활용할 수 있다. 둘째, 말초신경을 자극하여 구심성으로 정보가 중추신경으로 전달되는 상향식 접근법을 활용하는 방법이 있다. 어느 접근법을 선택하더라도 트라우마 극복에 도움이 되지만 신체적인 자극과 훈련 방법이 더 효율적일 수 있다.

물론 개인의 성향이나 상태에 따라 치료의 접근법이 다르게 적용되지만 트라우마는 일반적인 치료방법으로는 효과가 떨어지기 때문에 신체적인 변화를 활용하는 방법이 좋은 선택이 될 수 있는 것이다. 요가나 합기도, 무용과 같은 운동은 구심성 신경을 활용하는 상향식 접근방법으로써 트라우마 극복을 위한 중요한 수단이 된다. 신체감각을 통해 들어오는 자극과 정보는 뇌에서 절대적 사실로 받아들이기 때문이다. 그래서 뇌가 자극과 관련된 영역을 활성화시킬 때 지금-여기에서의 안전한 신체감각의 경험을 통합적으로 재편집하여 트라우마 기억까지 함께 바뀌게 되는 것이다.

이처럼 운동은 트라우마로 차단되었던 뇌의 특정 영역까지 활성화시키기 때문에 운동을 통한 신체감각 훈련이 뇌의 전체성을 회복시켜주는데 효율적이다. 끔찍한 트라우마 기억이 해결되지 못하고 반복적으로 재연되면 자기 상실을 겪게 되고 신체적인 감각과 감정까지 느낄 수 없게 되면서 삶의 소소한 행복까지 모두 빼앗겨버린다. 그래서 음악, 영화, 대화, 신체접촉, 환경의 변화에 대한 접촉이 차단되어 정상적인 감각을 약화시켜 경계를 축소시키게 된다.

규칙적으로 하는 적절한 강도의 운동은 자기 자신의 신체적, 생리적, 정신적인 상태의 변화와 반응을 알아차리고 접촉하는 과정이다. 먼저 자기 자신을 온전히 만나는 과정에서 자기 회복을 경험하는 것이다. 자기 회복을 바탕으로 전체성을 갖게 되면 다른 사람들과 환경에 대한 알아차림과 접촉의 경계를 확장시킬 수 있게 된다.

자기를 먼저 만나고 다른 사람들과 환경을 만날 수 있게 해주는 것이 바로 규칙적인 운동이 주는 긍정적인 효과이다. 운동은 자기 자신에 대한 끊임없는 알아차림과 접촉의 연속이기 때문에 불안과 트라우마 극복에 탁월한 효과가 있다.

운동의 선택과 방법

지나친 불안과 트라우마에 시달리는 사람들에게 공통적으로 어떤 특정 운동 종목이 도움이 되는 것이 아니라 대상과 상태에 따라 가장 적합한 운동 종목을 선택해야 하기 때문에 잘 모를 때는 전문가의 도움을 받는 것이 좋다. 운동을 통해 트라우마를 극복하기 위해서는 상담사에게 운동을 처방받고 코칭을 받는 경우가 있고 운동처방사나 코치에게 코칭을 받는 방법이 있다.

상담사가 운동을 직접 코칭할 경우에는 운동을 트라우마에 활용할 수 있는 능력을 가지고 있어야 한다. 마찬가지로 운동 코치가 코칭을 진행할 경우에도 코치 자신이 트라우마에 대한 깊은 이해와 훈련 방법을 잘 알고 있어야 한다. 만약 운동을 통해 자가 훈련을 해야 할 경우에는 자기 자신이 트라우마에 대한 충분한 공부를 하고 운동방법에 대해서도 체계적으로 배우는 과정이 필요하다.

운동처방

불안과 트라우마에 시달리는 사람들은 정신적, 신체적으로 경계가 심하게 위축되어 있기 때문에 현재의 초기 수준을 잘 파악해야 한다.

그리고 내담자에게 가장 알맞은 프로그램을 만들어 체계적으로 관리하며 지속적으로 피드백을 제공해주어야 한다. 특히 내담자가 신체적인 질병이 있는지에 대한 파악도 중요하다.

강도

운동 초기에는 약한 강도로 운동을 하는 것이 중요하다.

처음부터 운동강도가 너무 높으면 심리적, 신체적인 저항이 생기고 부상의 위험이 있기 때문이다. 운동 부하에 적응이 되면 차츰 강도를 높인다. 트라우마 극복에 도움이 되는 운동강도 설정은 내담자의 '심박수'나 '자각적 강도'를 기준으로 하는 것이 좋다.

빈도

운동 초기에는 주 2~3회 정도 실시하고 적응이 되면 상태에 따라 주 4~5회로 늘린다.

시간

운동 초기에는 약 30분 전후로 실시하고 적응이 되면 60분 전후로 실시하는 것이 좋다.

종류

운동 초기에는 호흡 훈련, 체조, 스트레칭, 걷기 등의 유산소 운동 위주로 프로그램을 구성하고 차츰 적응이 되면 근력운동을 병행하는 복합 프로그램을 처방하는 것이 효율적이다.

트레이닝의 원리

초기 수준의 원리

불안 수준과 트라우마 상태, 운동 경력, 성별, 연령, 몸 상태, 체력 상태에 따라 운동프로그램을 구성하고 훈련한다.

점진성의 원리

불안 수준이 높고 트라우마에 시달리는 사람의 경우 심신이 허약한 상태이기 때문에 운동 초기에는 운동 부하를 줄이고 적응 상태에 따라 계획을 세우고 점진적으로 부하를 늘려간다. 적응 상태에 따라 강도와 빈도, 시간을 차츰 늘리도록 한다.

과부하의 원리

일상생활에서 사용하는 부하로는 일정한 수준의 운동효과를 얻기 어렵기 때문에 일상생활에서 보다 부하를 높여 신체가 그다음 단계로 적응할 수 있게 해주어야 한다.

가역성의 원리

운동은 규칙적으로 실천하는 것이 가장 중요하다. 운동을 통해 향상된 신체적인 변화는 운동을 중단할 때부터 다시 소실된다.
그래서 운동을 중간에 포기하지 않고 꾸준히 하는 것이 도움이 된다.

특이성의 원리

운동 형태, 운동강도 및 시간에 따라 특정한 부위의 변화가 생기는 원리로써 불안과 트라우마 극복에 도움이 되는 운동프로그램을 구성하고 실천하는 것이 중요하다.

신경교차의 원리

인체의 사지는 척수에서 동일 신경에 의해 지배되다가 양쪽 사지로 나누어지기 때문에 어느 한쪽의 운동은 다른 쪽 사지에도 영향을 미친다. 이와 같이 사람의 신체는 전체성으로 작동되며 마음과 몸도 마찬가지로 상관성과 전체성으로 작동된다.

다양성의 원리

불안과 트라우마에 시달리는 사람들은 일반적으로 운동 참가 동기가 약하고 운동을 지속하는 동기도 약하다. 그래서 운동에 대한 흥미와 동기를 높이기 위해 다양한 프로그램을 계획하고 실행해야 한다.

운동 종목

불안과 트라우마 극복에 어느 운동이 절대적으로 좋은 것이 아니라 어떻게 불안과 트라우마 극복에 활용하는가가 중요하다. 여러 운동 종목 중에서 불안과 트라우마 극복에 도움이 되는 종목을 추천하라고 한다면 요가와 합기도를 강력 추천할 수 있다. 이 두 종목은 다른 사람들과의 경쟁이 아닌 자기 자신을 더 많이 접촉하고 정신적, 신체적인 경계를 확장하는 수련과정이기 때문에 도움을 줄 수 있다.

- 멘탈 호흡
- 요가

- 합기도
- 걷기
- 산행
- 근력운동

모든 운동이 모든 사람들에게 절대적으로 좋은 것은 아니며 그것을 어떻게 활용하는가에 따라 효과는 달라지게 된다.

게슈탈트 기법

불안과 트라우마 극복을 위해서는 여러 가지 심리훈련기법 중에서 가장 알맞은 기법을 선택하여 사용해야 한다. 게슈탈트 기법이 불안과 트라우마에 시달리는 모든 사람들에게 최고의 기법은 아니지만 불안과 트라우마 극복에 중요한 수단이 되는 것은 분명한 사실이다.

기법을 사용하지 않고 자연스러운 대화 과정에서 알아차림과 접촉을 통한 치료가 가장 좋은 선택이지만 불안과 트라우마로 인하여 자가 극복을 할 수 있는 자유의지가 꺾인 사람에게는 부수적인 훈련기법이 매우 중요한 의미를 가진다.

훈련기법 자체가 불안과 트라우마로 인한 심리적인 문제를 해결하는 보조 수단으로 훌륭한 역할을 한다고 해도 그것은 어디까지나 부수적으로 활용해야 한다. 훈련기법 자체가 모든 심리적인 문제를 해결할 수 있다는 착각에서 벗어날 수 있을 때 지금 현재 눈앞에 있는 사람을 온전히 알아차리고 접촉할 수 있기 때문이다.

불안과 트라우마에 시달리는 사람을 상담하는 과정에서 그 대상과의 온전한 알아차림과 접촉을 통해 가장 알맞은 훈련프로그램을 제공해 주는 것이 중요하다. 불안과 트라우마 극복을 위해서는 다양한 게슈탈트 기법을 활용할 수 있다. 게슈탈트는 부분의 집합체로서가 아닌 전체가 하나의 통합된 유기체로 된 것이다. 게슈탈트 훈련기법은 통합된 전체성의 관점으로 접근하기 때문에 전체성이 결여된 불안과 트라우마 치료에 효과적이다.

욕구와 감정의 자각

게슈탈트 훈련기법에서 가장 중요한 것은 지금-여기에서 자신의 욕구와 감정을 자각할 수 있도록 도움을 주는 것이다.

하지만 심한 불안과 트라우마를 경험한 사람들은 자기 상실을 겪기 때문에 지금-여기에서 자기 자신과 다른 사람, 환경과의 알아차림과 접촉이 차단된 상태에 있다. 지금-여기에서 자신의 욕구와 감정을 자각함으로써 잃어버린 자기 자신을 되찾고 온전한 자기 자신으로써 다른 사람과 환경을 접촉할 수 있게 되면 트라우마 경험 이전의 정상적인 상태로 회복이 가능해진다.

트라우마 기억은 통합된 전체성에 큰 구멍이 생긴 상태에서 미해결 과제가 만들어져 자신의 욕구와 감정이 억압된 형태로 존재한다. 이렇게 억압된 욕구와 감정을 자각하고 전경으로 떠올림으로써 자신의 욕구와 감정을 접촉할 수 있게 되면 미해결 과제를 해결할 수 있게 된다. 지금-여기에서 자신의 욕구와 감정을 알아차리고 접촉한다는 것은 잃어버린 자신을 회복하는 것이며 긍정적인 변화와 성장의 토대를 마련하는 것이다. 미해결된 과제인 욕구와 감정을 지금-여기에서 전경으로 떠올림으로써 문제를 해결할 수 있다.

질문법

- 지금부터 저와의 상담 과정을 통해 온전히 자기 자신을 만나서 자신의 상태를 솔직하게 표현을 하도록 하겠습니다. 크게 호흡을 해볼까요? 지금 어떤 느낌이 드나요?
- 과거 자신을 무시하는 말을 들었을 때를 떠올리게 되면 지금 무엇이 느껴지나요?
- 호흡을 좀 더 깊게 하며 현재 느낌에 집중해보세요. 어떤 감정이 느껴지나요?

■ 상담을 진행하고 있는 지금 이 순간에 자신의 마음이 어떤지 알아차려보세요. 어떤 마음이 드나요?

■ 지금 자리에 앉아 차분하게 말을 하면서 어떤 느낌이 드나요?

■ 지금 과거 경험에 대한 이야기를 하는 중에 불안해 보이네요?

■ 지금 어머니 이야기를 하는 중에 눈시울이 붉어지면서 눈물을 흘리네요?

■ 지금-여기에서 과거의 아픈 기억을 회상할 때 당신은 어떤 감정인가요?

■ 자기 자신을 더 많이 알아차리고 접촉한 후에 당신이 지금 원하는 것이 무엇인지를 잘 알고 있나요?

■ 지금-여기에서 '나는... 을 하고 싶다'고 말해볼까요? 세 가지를 말로 표현해보세요.

신체 자각

마음과 몸은 개념적으로 구분은 할 수 있지만 분리할 수 없는 심신 상관성을 가진 하나의 체계이다. 그래서 마음을 바꾸어도 몸이 바뀌고 몸을 바꾸어도 마음이 바뀌는 전체성으로 작동되고 있는 것이다.

즉, 정신작용과 신체 작용이 불가분의 관계 속에서 서로에게 영향을 미치기 때문에 내담자가 현재 상황에서 느끼는 신체감각을 자각하는 것이 불안과 트라우마를 극복하는데 도움이 된다.

끔찍하고 충격적인 사건이나 사고로 트라우마를 겪게 되면 기억이 조각난 파편으로 입력되어 통합된 전체성을 형성하지 못하고 분리된 상태로 존재하기 때문에 정신적, 신체적인 긴장과 스트레스 상태를 유지한다. 이처럼 전체성에 편입되지 못한 과거 불안과 트라우마 기억은 분리된 상태에서 현재와 융합 상태를 만들어 심리적인 장애를 일으킨다.

긴장과 스트레스로 인해 에너지가 많이 집중되어 있는 신체 부분에 대한 알아차림은 매우 중요한 의미를 가진다. 왜냐하면 이러한 신체 현상이 트라우마로 인해 통합되지 못한 욕구와 감정과 관련이 있기 때문이다. 미해결된 에너지는 근육의 긴장으로 나타나며 신체 특정 부분에 통증으로 느껴지기 때문에 신체감각을 자각함으로써 소외되고 분리된 자신의 부분들을 접촉하여 전체성으로 통합할 수 있게 된다.

질문법

- 지금 이 자리에서 심호흡을 해보세요.
  그리고 당신의 호흡을 느껴보세요.
  호흡 훈련을 하기 전과 하고 난 후의 어떤 변화가 얼마나 크게 느껴지시나요?
- 지금 당신의 신체감각을 느껴보세요.
  신체 특정 부분에 그 느낌을 알아차릴 수 있나요?

- 신체 특정 부분이 무엇을 표현하려고 하는지 알 수 있나요?
- 당신의 몸이 말을 한다면 무엇이라고 할 것 같은가요?
- 지금 그 말을 하면서 당신의 입술이 떨고 있군요.

  그리고 이마도 찡그리시네요? 팔짱도 끼셨네요?
- 당신의 몸이 마음과 연결되어 있다는 사실을 잘 알고 있을 것

  입니다. 지금 당신이 느끼는 신체감각은 어떤 마음을 표현하는

  것인가요?
- 당신의 심장은 잠시도 쉬지 않고 부지런히 일을 하고 있습니다.

  짧은 순간 당신의 심장이 되어보세요. 그리고 심장이 하는 말

  을 들어볼 수 있을까요?
- 지금 이야기를 하면서 당신의 목소리가 떨리고 있다는 것을 알

  고 있나요? 주의 깊게 들어보면 잘 알 수 있을 것입니다.
- 당신의 목소리에서 무엇을 느낄 수 있습니까?
- 방금 당신의 목소리가 달라졌다는 사실을 알아차렸나요?
- 당신의 목소리는 누구의 목소리와 비슷합니까?

환경 자각

트라우마 기억을 갖고 있는 사람들은 과거의 미해결된 과제로 인해
특정 기억에 너무 편향적으로 초점이 맞추어져 몰입된 상태에 있기 때

문에 주위 환경에서 일어나는 새로운 자극과 변화를 자각하지 못하는 경우가 많다. 이렇게 되면 지금–여기에서의 자기 자신과 환경을 온전히 접촉하지 못하게 된다.

환경 자각은 자기 자신의 내부에만 맞추어진 초점을 전환하여 주변 사람들과 환경에 대해 폭넓게 자각할 수 있도록 도와줌으로써 현실과의 접촉을 더 증진시킬 수 있게 해준다. 주변 환경과의 알아차림과 접촉을 통해 자신의 미해결된 과제를 좀 더 객관적으로 알아차리고 접촉할 수 있을 때 트라우마 기억에 갇혀있는 자신의 좁혀진 경계를 확장할 수 있게 된다.

트라우마 기억은 과거의 끔찍한 사건이나 사고에 의해 경험한 충격 때문에 뇌에서 일으키는 착각일 뿐이지만 트라우마에 시달리는 본인의 입장에서는 최소한 그것이 절대적인 사실로 느껴진다. 트라우마 기억으로 인해 현실과 접촉하지 못하고 공상의 세계에 갇혀있었다는 사실을 스스로 알아차릴 수 있도록 해야 한다.

예를 들어 트라우마 기억으로 인하여 대인기피증을 가지고 있는 사람에게 자신의 눈동자를 바라보는 훈련을 통해 차츰 다른 사람들의 눈을 편안하게 쳐다볼 수 있게 도움을 줄 수 있다. 이러한 시선 훈련을 반복함으로써 현실 속에서 다른 사람들과 주변 환경에 대해서도 편안하고 원만하게 접촉할 수 있는 경계가 확장되면 비현실적인 불안과 공포에서 해방될 수 있게 된다.

질문법

■ 지금 방안에 무엇이 보이나요?

보이는 것은 무엇이며 크기와 색깔을 알아차릴 수 있나요?

■ 지금 멘탈 훈련을 받기 위해 상담실에서 누군가가 함께 하고
있습니다. 지금 당신 옆에 앉아 있는 그 사람은 누구입니까?

■ 지금 방안을 잘 살펴보세요.

전에 없던 새로운 것이 보이나요? 어떤 변화가 있나요?

■ 눈을 감고 지금 떠오르는 사람의 얼굴 모습을 자세히 관찰해
보세요. 무엇이 느껴지나요?

■ 그 사람의 눈동자를 자세히 관찰해보세요.

전에 보지 못했던 무엇인가가 보이나요?

■ 지금 보고 있는 상대의 눈빛이 그전에 봤던 눈빛과 어떤 차이
를 느낄 수 있나요?

■ 지금 떠오르는 사람의 얼굴을 쳐다보세요.

그리고 그 사람의 눈을 자세히 쳐다보고 난 후에 다른 사람의
얼굴과 눈빛을 자세히 살펴보세요. 어떤 차이가 느껴지나요?

■ 주변 사물들을 자세히 관찰해보세요.

그전에 보이지 않았던 것들이 보이나요?

그리고 그것은 새로 생긴 것인가요, 아니면 오늘 그것을 새롭게
알아차린 것인가요?

■ 눈을 감고 차분한 마음으로 귀에 들리는 소리에 집중해보세

요. 조금 전에 듣지 못했던 어떤 소리가 들리나요?

■ 이제 천천히 눈을 뜨고 주변을 살펴보세요.

어떤 변화가 있나요?

■ 주변의 물건들을 하나씩 하나씩 살펴보고 색깔과 모양을 눈여

겨보세요. 그것들이 어떤 느낌을 주는지 만나볼까요?

언어 자각

인간은 사회적 관계 속에서 언어라는 도구를 통해 서로 교감하고 소
통하며 자신의 존재와 정체성을 만들기 때문에 언어가 차지하는 비중
이 그 무엇보다 높다. 언어는 존재의 집이라고 할 만큼 언어가 개인의
독특한 존재와 정체성을 만들 뿐만 아니라 다양한 인간관계를 이어주
는 중요한 접촉의 도구가 되기도 한다.

반복적인 학습과 경험을 통해 뇌에 입력되는 대부분의 정보는 언어
로 부호화되어 뇌세포에 저장되며 복잡한 신경망에 걸쳐진 형태를 보
인다. 이 신경망에는 긍정과 부정의 모든 기억들이 전체성으로 연결된
상태에 있기 때문에 표현되는 말에 따라 뇌가 선택적으로 활성화될 준
비를 하고 있다.

신경망에 걸쳐져 있는 기억 시스템은 언어와 일정한 관련이 있기 때
문에 언어가 바뀌면 뇌 구조가 바뀌고 존재와 정체성까지 함께 바뀌게

된다. 언어의 선택에 따라 신경회로의 조합과 배열이 바뀌고 개인의 존재와 정체성까지 바뀌게 되면서 알아차림과 접촉도 달라진다.

언어습관에 따라 알아차림과 접촉이 증가할 수도 있고 알아차림과 접촉이 단절될 수도 있는 것이다.

이와 같이 사용하는 언어 패턴에 따라 다양한 신경적, 행동적 특성이 드러나기 때문에 알아차림과 접촉이 달라질 수밖에 없게 된다.

말이 지나치게 빠른 사람, 자신의 말만 폭포수처럼 길게 쏟아내는 사람, 남의 말을 가로채기 하는 사람, 거친 말을 하는 사람, 말에 힘이 없는 사람, 차분하게 말하는 사람, 남에게 관심 있는 말을 하는 사람, 정확한 말투를 사용하는 사람, 간단명료하게 말하는 사람, 따뜻하게 말하는 사람 등 각자의 독특한 언어적 패턴을 가지고 있다.

그뿐만 아니라 자신만의 독특한 언어적 패턴에 따라 문제가 되는 행동 특성을 보이게 된다. 특히 내담자가 사용하는 언어에서 심리적인 문제를 일으키게 되는 것은 책임회피적 언어 패턴이다. 즉 내담자가 자신의 상태와 행위에 대한 책임을 타인에게 전가시키고 자신은 책임지지 않는 언어 패턴을 반복하는 것이다.

이럴 경우 내담자의 언어 패턴을 바꾸어줌으로써 자신의 욕구와 감정, 행동, 말에 대해 스스로 책임지도록 도와줄 수 있다.

트라우마는 좁혀진 경계에 의해 미완결된 언어지도를 만들기 때문에 언어적인 걸림돌을 갖게 된다. 그래서 언어 자각을 통해 통합된 전체성을 완성하는 훈련이 필요하다.

질문법

- 내담자가 '우리', '당신', '그것' 등의 대명사를 사용할 경우 '나는' 으로 바꾸어 말하도록 요구해야 한다.
- 내담자가 '해야 할 것이다', '~해서는 안 된다' 등의 객관적인 말을 사용할 경우 '나는 ~하고 싶다', '나는 ~하기 싫다' 등으로 바꾸어 말하도록 하여 행동에 대한 책임의식을 높여준다.
- 내담자가 "나는 질식할 것 같습니다"라는 말을 사용할 경우 "나는 나를 질식시키고 있습니다"로 바꾸어 말하게 한다.
- 내담자가 "나는 그런 것을 할 수 없어요"라는 말을 사용할 경우 "나는 그런 것은 안 할래요"로 바꾸어 말하게 한다.
- '하지만'이라는 접속사를 '그리고'로 바꾸어 말하게 함으로써 내담자의 자기 회피행동을 자각시켜 주어야 한다.
- "친구인 영찬이가 불쌍해 보여요"라는 말을 사용할 경우 "친구인 영찬이가 불쌍하다고 생각해요"라고 바꾸어 말하게 한다.
- "당신의 목소리가 귀에 거슬려요" 대신에 "나는 당신의 목소리가 불편합니다"라고 말하게 한다.
- "그 사람은 불쌍해 보입니다" 대신에 "그 사람은 불쌍해 보입니다. 그리고 그것은 나의 시각입니다"라고 말하게 한다.
- "모두가 할 수 없다고 하잖아요" 대신에 "나는 그것을 하기 싫어요"라고 말하게 한다.

책임 자각

인간은 사회적 관계 속에서 자신의 존재와 정체성을 형성하며 모든 인간관계는 온전한 자기 자신으로써 전체성을 형성하여 외부적인 연결을 짓게 된다. 하지만 심한 불안과 트라우마에 시달리는 사람들은 자기 상실로 인하여 관계의 시작이 되는 온전한 자기가 존재하지 않기 때문에 자기 자신으로써 다른 사람들과 접촉하지 못할 뿐만 아니라 자신이 책임지는 선택과 결정도 제대로 하지 못한다.

게슈탈트 심리학에서는 사람들이 성장하지 못하는 이유가 성장과정에서의 심리적 문제가 중요한 원인이라는 것을 부정하지는 않지만 궁극적으로는 성장한 성인으로써 책임지는 것을 거부하기 때문이라고 본다. 중요한 것은 내담자가 성장과정에서의 심한 심리적 장애를 갖고 있다 하더라도 지금-여기에서 얼마든지 다시 성장할 수 있는 잠재력과 가능성을 가지고 있다는 사실이다.

트라우마에 시달리는 사람들은 통합된 전체성에 구멍이 생긴 상태이기 때문에 어떤 특정 상황에서 결정을 내리지 못하고 그 상황을 얼버무리거나 회피하려는 반응을 보이게 되는데 그 이유는 결과에 대한 책임을 두려워하기 때문이다. 과거의 충격적인 사건이나 사고로 인해 트라우마에 시달리는 사람들은 잘못된 결정에 대한 후회 감정이 미해결된 과제로 남아있기 때문에 결정하고 선택하는 행위 그 자체가 두려움과 공포가 될 수 있는 것이다.

그래서 무엇을 선택하거나 결정하는 순간 자신의 선택과 결정에 두려움을 갖게 된다. 또다시 잘못 선택하거나 결정하게 되면 과거보다 더 끔찍한 결과가 예상되기 때문에 섣불리 선택과 결정을 내릴 수가 없게 되는 것이다. 이렇게 되면 선택과 결정이 너무 부각되면서 선택과 결정에 대한 두려움으로 아무런 선택과 결정도 하지 못하는 회피와 얼어붙는 상태에 빠질 수 있다.

이 상태는 자신을 접촉하지 못하는 자기 상실을 겪고 있기 때문에 다른 사람들에게 대신 결정해줄 것을 요구하게 되고 그 결과가 마음에 들지 않거나 잘못되면 다른 사람을 비난하거나 공격하기까지 한다. 자신이 결정을 하지 않는 것은 어떤 행위를 선택하지 않는 것이고 어정쩡한 상태에 머물며 그 행위에 대해 책임지지 않겠다는 뜻이 포함되어 있는 것으로 볼 수 있다.

이렇게 어떤 행위에 책임지는 행동을 하지 않게 되면 그 행위를 통해 결과가 좋아지더라도 그것은 자신이 선택한 것이 아니기 때문에 기쁜 느낌을 온전히 가지지 못하게 된다. 어떤 행위에 대해 스스로 결정을 내리고 책임질 수 있는 상태가 될 때 온전한 자기 자신을 회복할 수 있기 때문이다. 그래서 모든 생각과 느낌, 말, 행동은 지금-여기에서 자신이 선택하고 결정할 수 있다는 사실을 자각시켜주는 것이 중요하며 자기 삶의 주인공이 자신이라는 사실을 깨닫게 해주어야 한다.

실험

불안과 트라우마에 시달리면 자유의지가 약해지거나 상실될 수 있기 때문에 자가 훈련만으로 극복하기가 쉽지 않다. 그래서 상담사와 함께 행하는 탐색적 활동이 중요한 것이며 이것을 게슈탈트 심리학에서는 실험이라고 한다.

실험이란 자신의 문제를 밝히고 이해하며 해결하는데 있어 전문적인 능력을 가진 상담사가 창의적 아이디어를 생각해내고 내담자와 함께 하나의 상황을 연출하여 내담자의 문제를 해결하는 기법이다.

좀 더 정확하게 말하면 실험은 특정 기법이라고 하기보다 트라우마 극복 작업을 해나가는 과정에서 상담사와 함께 공동으로 고안되고 활용하는 모든 창의적인 활동이라고 할 수 있다.

예를 들어 어릴 때 아버지로부터 학대를 받았던 경험 때문에 심한 불안과 트라우마에 시달리는 사람에게 아버지에 대한 양가감정이 자연스럽게 드러나는 특정 상황을 연출하여 자신의 양가감정을 눈으로 보고 귀로 들을 수 있도록 만드는 것이 실험이다. 실험을 통해 미해결 과제로 억압되어 있던 감정을 알아차리고 접촉하는 과정에서 미해결 과제가 해소될 수 있다. 실험은 특정한 기법으로 제한되는 것이 아니기 때문에 다른 기법들과 함께 사용할 수 있으며 다른 기법의 사용 자체가 실험이 될 수 있는 것이다.

실험의 테두리 안에서 빈 의자 기법, 두 의자 기법, 양극성 통합, 상전과 하인의 대화, 반대로 하기, 과장하기, 같은 문장 반복하기, 문장 완성하기, 머물러 있기, 몸이 되어 말하기, 투사하기, 실연하기, 역할연기, 상대편 되어보기, 누구누구에게 말하기, 은유 사용하기, 환상 작업 등을 함께 응용할 수 있다.

실험을 통하여 자신의 소외된 부분을 알아차리고 접촉하는 과정에서 통합된 전체성을 회복하여 삶을 깊이 조명할 수 있게 된다.

실험에서는 내면에서 일어나는 생각이나 감정, 말, 욕구, 이미지, 환상 등이 모두 치료기법으로 활용될 수 있는 훌륭한 소재이다.

그렇기 때문에 실험은 현재 존재하는 것으로부터 시작하는 것이 좋다. 현재 존재하는 것에 대해서는 사실로 받아들이고 그것에 대한 절대적인 믿음을 만들기 때문에 실험을 거부할 수 없게 되는 것이다.

트라우마를 경험한 사람들은 좁혀진 자신의 경계 속에서 경직된 사고방식과 편협된 가치관을 형성하고 있기 때문에 알아차림과 접촉을 하는데 걸림돌을 가지고 있는 경우가 많다. 이러한 사람들에게 실험을 통한 발상의 전환을 유도해 준다면 트라우마 극복에 큰 도움이 된다.

현재화 기법

불안과 트라우마에 시달리는 사람들은 부정적인 과거 기억들의 포로가 되어 갇혀버리기 때문에 지금-여기에서 자신과의 온전한 알아차림과 접촉을 하지 못하고 자기 상실 상태에 있는 경우가 많다.

현재화 기법은 과거 트라우마 기억을 마치 지금—여기에서 일어나는 사건인 것처럼 재연하게 하여 과거사건과 관련된 생각과 감정, 말, 욕구, 환상, 행동들을 지금—여기에서 일어나는 현상들로 다룰 수 있게 해준다. 트라우마에 시달리는 사람들에게는 과거가 흘러간 것이 아니라 지금—여기에서 끊임없이 생생하게 재연되기 때문에 부정적인 과거의 경험이 현재에서 그대로 살아있는 것으로 착각하게 된다.

현재화 기법은 지금—여기에서 미완성된 상태로 남아있는 과거의 공상을 현재로 재연하여 조각난 파편으로 분리된 트라우마 기억을 전체성으로 통합하여 완결시킬 수 있게 해준다. 예를 들어 어머니의 죽음에 대한 애도 작업을 하지 못하고 슬픔을 내면에 억압하여 묻어버린 사람에게 어머니가 죽은 장면을 현재화시켜 재경험하게 하고 애도 작업을 충분히 할 수 있게 해줌으로써 현재에서 미해결 과제를 완결시킬 수 있게 되는 것이다.

그래서 트라우마를 겪는 자신의 과거 경험에 대한 기억을 지금—여기에서 일어나는 것처럼 현재화시켜 현실적 차원에서 문제를 직면하고 해결할 수 있도록 도와주어야 한다. 자신이 회상하거나 예상하는 부정적 상황이 실제 지금—여기에서 벌어졌다고 가정하게 함으로써 공상을 현실로 만들어주어 현실적인 대응을 할 수 있도록 해주는 것이다.

공상에 의한 불안은 원래 비일상적 실재인 허구이기 때문에 현실을 접촉하는 순간 공상은 사라지게 된다. 지금—여기에서 일상적 실재인 현실에서의 반복적인 접촉은 불안과 공포를 주었던 공상에서 벗어나게 하여 익숙함과 편안함을 제공해 준다. 우리 뇌는 착각의 챔피언이기 때문에 그 무엇이든 지금-여기의 현실에서 그것을 반복하게 되면 그것은 어느새 사실이 되고 믿음이 되어 스스로를 통제하게 된다.

실연

인간의 뇌는 두개골 안에 안전하게 자리 잡고 있어 외부 세상과 직접적인 접촉을 할 수 없기 때문에 오감을 통해서 간접적으로 접촉을 할 수밖에 없다. 그래서 인간의 뇌가 얻게 된 별명이 착각의 챔피언이다. 반복적으로 상상하면 그것을 사실로 받아들이고 믿음을 만들어 스스로 그 믿음에 통제당하는 것이다.

하지만 뇌는 간접적으로 상상한 것보다 실제 행동한 것에 대해서 더 큰 믿음을 만들기 때문에 트라우마를 극복하는데 있어서 실연이 중요한 의미를 갖게 된다. 실연이란 과거 트라우마 경험의 특정 장면이나 미래에 있을 수 있는 장면들을 현재 상황에서 벌어지는 장면으로 상상하면서 어떤 행동을 연출해내는 것을 말한다.

그 과정에서 자신이 미처 몰랐던 억압된 감정이나 욕구, 행동 패턴을 발견할 수도 있고 회피했던 행동들을 실험해볼 수도 있다. 실연을 통해 상상 속의 감정을 드러내는 실험을 할 수도 있고 다른 사람들과 상호작용을 할 수도 있다. 뇌는 가상과 현실을 구분할 수 있는 능력을 갖고 있지 않기 때문에 실연 행동은 실제 일상생활 속에서의 행동과 비슷한 위력을 발휘한다.

현실검증

불안과 트라우마에 시달리는 사람들은 자신의 상상이나 투사를 현실과 혼동하기 쉽기 때문에 현실 적응에 어려움을 겪는다.

트라우마 기억을 가진 사람이 자신의 편집된 상상이나 투사를 통해 현실을 지나치게 무서운 것으로 혼동하게 되면 현실적인 알아차림을 왜곡하거나 접촉을 기피하게 된다. 현실검증은 지금-여기에서의 현실이 내담자가 상상하는 것과 다를 수 있다는 사실을 알아차리게 해주어 현실에 대한 감각을 키워줄 수 있다.

예를 들어 "사람들이 나를 비웃을지도 모른다는 생각이 들어요"라고 말했을 때 "그러면 여기 있는 사람들의 표정을 한 사람씩 자세히 살펴보세요. 이제 당신의 눈으로 정확하게 본 것을 말해보세요"라고 말함으로써 지금-여기의 현실을 접촉할 수 있게 해준다.

현실검증을 통해 자신이 투사하고 상상하는 것과 현실이 동일하지 않다는 사실을 알아차리게 해준다. 자신을 비웃을지도 모른다는 생각을 하는 사람에게는 그들이 자신에게 어떤 생각과 감정을 갖고 있는지 돌아가면서 물어보게 하거나 자세히 표정을 살피도록 하여 현실을 확인하도록 하는 것이다.

트라우마로 인하여 미해결 과제가 만들어지게 되면 전경과 배경의 정상적인 순환에 걸림돌이 생기기 때문에 부정적으로 생략과 왜곡, 일반화가 일어난다. 이렇게 생략, 왜곡, 일반화된 삐뚤어진 세상모형을 현실검증을 통해 복원시켜 지금—여기에서의 현실을 만날 수 있게 해주면 부정적 착각에서 벗어날 수 있게 된다.

빈 의자 기법

인간의 뇌가 가진 별명이 착각의 챔피언이다. 뇌는 직접 체험하는 현실이 아닌 마음으로 상상하는 가상이라 하더라도 생생하게 상상하게 되면 현실로 착각하게 된다. 뇌는 두개골 안에 안전하게 자리 잡고 있기 때문에 바깥세상과 직접적으로 접촉할 수 없다.

그래서 몰입된 상상을 반복하거나 정서적으로 융합된 대상이나 상황을 회상하게 되면 일시적으로 그것을 현실로 받아들이는 착각을 하게 된다. 의식적으로는 그것이 현실이 아니라는 사실을 잘 알고 있지만 뇌의 기억 시스템은 현실이든 상상이든 한번 활성화되면 기존의 기억 시스템을 새롭게 편집시킬 수 있기 때문에 빈 의자 기법이 트라우마 치료에 효과가 있는 것이다.

빈 의자 기법은 트라우마로 인한 미해결 과제를 갖고 있는 상태에서 현재 훈련 장면에 직접 참여할 수 없는 대상과의 관계를 다루어 기존의 트라우마 기억을 통합된 전체성으로 편집하는데 사용한다.

예를 들어 어릴 때 자신을 학대했던 돌아가신 어머니가 빈 의자에 앉아 있다고 생생하게 상상하며 어머니에게 어릴 때 할 수 없었던 하고 싶은 말을 하도록 시키는 것이다.

빈 의자 기법은 누구누구에게 직접 자신의 억압된 감정을 말로 표현하도록 함으로써 미해결 감정을 접촉하고 해결할 수 있도록 도움을 준다. 이 기법은 과거 트라우마 사건을 지금 현재의 사건으로 만들어 통합된 전체성으로 현재적 의미를 편집할 수 있도록 만든다.

트라우마 경험 당시에는 두려움 때문에 아무런 감정을 표현할 수 없었던 부모나 권위자에 대한 미해결 감정을 재경험시켜 문제를 해결하는데 도움을 준다.

"어머니가 화가 나서 폭력을 휘두를 때 자신의 감정을 어머니에게 말로 표현했나요?

왜 아무런 말도 하지 못하셨나요? 지금 한번 해보실래요?

여기 빈 의자가 있습니다. 이 빈 의자에 어머니가 앉아 있다고 생각하고 화난 자신의 감정을 표현해 보시겠어요?"

위와 같이 말하며 자연스럽게 내담자를 이끌어주는 것이다.

빈 의자 기법은 돌아가신 분에 대한 애도 작업을 하는데도 매우 효과가 있으며 미해결 과제로 남아있는 이별한 연인, 불편한 감정을 가진 대상과의 감정을 다루는데도 탁월한 효과가 있다.

두 의자 기법

두 의자 기법도 뇌의 착각 기능을 활용하여 트라우마 기억을 재편집하는 것이다. 빈 의자 기법이 상상을 통해 대상과의 대화를 하는 것이라면 두 의자 기법은 자기 내면의 두 가지 인격과의 대화를 통해 트라우마를 극복하는 과정이라고 할 수 있다. 두 의자 기법은 트라우마로 분리된 자신의 인격들 간에 대화를 시킴으로써 내면이 통합된 전체성을 가질 수 있도록 도움을 주는 기법이다.

사람의 인격은 내사된 가치관이나 도덕적 명령들로서 권위적이고 지시적인 기능을 하는 상전과 억압되고 희생된 인격으로 늘 설교를 들으며 괴롭힘을 당하는 아이와 같은 하인이 있다고 본다. 두 인격은 상전과 하인으로 양분되어 싸우며 서로 통제하려 하고 그 결과 끝없는 싸움에 말려들어 창조적인 에너지를 고갈시킨다. 상전의 인격은 완벽주의를 추구하며 하인의 인격에게 무리한 요구를 한다.

두 의자 기법은 상전과 하인 간에 진정한 대화를 하도록 하여 문제해결을 시도한다. 내면의 두 부분이 치열하게 다툼을 벌인 후 그 과정에서 서로 대화를 통해 갈등을 해결하도록 촉구하는 것이다.

즉, 내담자가 혼자서 두 의자를 왔다 갔다 하며 대화를 통해 타협하도록 하여 상전과 하인 간의 틈을 메워주게 된다.

효과적인 트라우마 극복을 위해서는 상전과 하인의 내적인 대화를 외적인 대화로 만들어주는 것이 중요하다. 두 의자 기법은 매우 효과적인 내면 작업을 가능하게 해주며 그 영향도 오랫동안 지속되기 때문에 트라우마를 극복하는데 큰 도움이 된다.

직면

트라우마 기억은 너무나 끔찍하고 충격적인 자극이기 때문에 다시는 그러한 경험을 하지 않기 위해 그 기억을 생생하게 기억시키고 작은 자극에도 그때의 경험을 재연할 수 있게 뇌에 전용신경회로를 구축하게 된다. 트라우마에 시달리는 사람들은 사건 당시의 끔찍했던 경험을 다시는 하지 않기 위해 지속적으로 과거의 경험을 재연하면서도 그 경험을 실제로 직면하는 것을 회피하는 이중성을 가지고 있다.

자신의 현재 문제가 과거의 특정한 경험 때문에 생긴 것이지만 오랜 시간이 지난 지금에서 그 문제 자체가 자신을 괴롭히는 것은 아니다. 다만 그 문제에 대한 생각과 생각에 대한 또 다른 생각의 순환고리에 갇혀 괴로워하면서도 그 문제를 제대로 직면하지 못하기 때문에 그 문제를 반복적으로 재연하는 경우가 많아지는 것일 뿐이다.

처음의 문제상황을 회피하는 과정에서 미해결된 과제가 쌓여가게 되면 자신의 부정적인 감정을 일으키는 과거 사건을 직면하기를 두려워하게 된다. 이렇게 자신의 미해결된 욕구나 감정을 직면하기를 두려워하는 이유가 그것을 직면하게 될 때 고통이 따를 것이라는 잘못된 공상을 하기 때문이다.

직면은 이러한 공상이 얼마나 허구인지를 깨닫게 해준다.

직면한다는 것은 지금-여기에서 일시적으로 고통을 느낄 수도 있지만 진실을 회피하지 않고 있는 그대로 받아들인다는 의미이다.

사람들은 고통을 직면하는 것이 두렵기 때문에 미리 어떤 상황에 대해 두려움을 갖고 회피하려는 경향이 있다.

만약 상담을 하는 과정에서 어떤 상황에 대해 회피하는 것을 발견하면 그 상황을 직면하고 머무름으로써 그 상황의 경계를 극복할 수 있게 도와주어야 한다. 그 상황에 제압당해 회피하지 않고 직면할 수 있게 되면 우선에 고통을 느끼게 될 수도 있지만 그 감정이 해소되기 때문에 통합된 전체성을 완결지을 수 있게 된다.

질문법

■ 웃음으로 곤란한 상황을 회피하려는 내담자에게 "웃지 않으면서 말해보시겠어요? 지금 감정이 어떤가요?"라고 질문하여 현재 상황을 직면하게 도와준다.

■ 상담 과정에서 내담자가 행복한 표정을 보일 때 "지금 당신은

무척 즐거워 보이네요?"라고 말하면 자신의 과거 행복했던 기억을 직면할 수 있게 된다.

- 내담자가 '그러나', '못한다', '죄송하다' 등의 표현을 하면 그 말 대신에 '그리고', '안 한다', '미안했다' 등의 표현으로 바꿀 수 있게 도와준다. 예를 들어 "나는 친구에게 미안했지만 미안하다는 말이 나오지 않았다"라는 말을 "나는 친구에게 미안했다. 그리고 미안하다는 말을 했다"로 바꾸어 말하도록 요구한다.

- 내담자가 제3자에게 말하는 패턴을 보이면 2인칭으로 바꾸어 말하도록 요구한다.

- "그런데 지금 왜 그런 말을 하시나요?"라는 질문으로 동기를 직면하게 한다.

- "누구를 즐겁게 해주려고 하나요?"라는 질문으로 동기를 직면하게 한다.

- "그런 말을 하는 사람은 누구입니까?"라는 질문으로 내사를 직면하게 한다.

- "지금 내가 하는 말을 아무 비판 없이 받아들이는 것 같군요?"라는 질문으로 내사를 직면하게 한다.

- "어떤 일이 일어날 것이라고 상상하십니까?"라는 질문으로 투사를 직면하게 한다.

- "방금 한 말을 좀 더 진지한 표정으로 말해볼까요?"라는 질문으로 회피를 직면하게 한다.

- "말끝에 계속 '하지만'을 덧붙이는 것을 알고 있나요?"라는 질

문으로 회피를 직면하게 한다.

- "본인이 계속해서 '모르겠다', '기억이 나지 않는다'라는 자기 상실을 드러내는 말을 하고 있다는 사실을 알고 있나요?"라는 질문으로 상실을 직면하게 한다.

과장하기

사람의 목숨을 끊을 수 있는 맹독도 적절하게 잘 사용하기만 한다면 사람의 병을 낫게 해주는 훌륭한 치료 약이 될 수도 있다.

마찬가지로 특정한 행동적인 습관이나 심리적인 문제를 보이는 사람에게 그 문제를 적절히 활용하여 그 문제에서 벗어날 수 있게 도움을 줄 수 있는 훌륭한 소재가 될 수도 있는 것이다.

예를 들어 습관적으로 코를 후비는 사람에게 그 행위를 쉬지 않고 더 많이 하도록 과장시키면 자신의 행동에 대한 알아차림이 생기게 되면서 그 행동을 더 이상 하지 않게 된다. 상담 과정에서 보이는 부정적인 언어나 문제행동을 더 과장하여 표현하도록 요구함으로써 자신의 무의식적 욕구나 감정, 행동을 명료하게 자각할 수 있게 되면서 그 행동을 멈추게 되는 것이다.

슬픔에 잠겨 흐느껴 울고 있을 때 크게 소리 내어 과장해서 울도록 요구하여 슬픈 감정을 직면할 수 있도록 도움을 줄 수 있는 것도 같은 원리이다. 무심코 하는 말은 숨겨진 욕구나 감정이 묻어나게 되는데 이것을 포착하여 반복해서 말하게 하거나 큰 소리로 과장해서 말하게 하면 무의식적 욕구나 감정을 알아차릴 수 있게 되어 문제를 스스로 해결할 수 있게 되는 것이다.

말더듬 때문에 상담을 받는 어떤 사람에게 말을 더욱더 많이 더듬도록 요구하게 되면 자신의 말더듬을 알아차리고 접촉할 수 있게 되면서 말더듬의 패턴이 깨질 수도 있다. 반전 행동을 하는 사람에게 그것을 더욱더 심하게 하도록 함으로써 자기 자신을 차단하는 원인을 자각할 수 있게 해준다.

대부분의 심리적, 신체적인 문제는 무의식적으로 일어나는 현상이다. 과장하기는 이러한 무의식적으로 일어나는 문제 상태를 의도적으로 과장함으로써 뇌에 충격적인 자극을 주어 의식적, 무의식적으로 문제 상태를 자각하여 그 문제에서 벗어나도록 도움을 주는 기법이다.

머물러 있기

인간의 뇌는 본능적으로 쾌락을 추구하고 고통을 회피하도록 세팅되어 있다. 그래서 과거의 불안한 정서나 트라우마 경험을 다시 되풀이하지 않기 위해 그 기억을 생생하게 뇌에 저장하게 된다.

머물러 있기는 역설적으로 트라우마를 경험한 자신의 미해결된 감정들을 억압하거나 회피하지 않고 접촉하여 견디어냄으로써 문제를 해결할 수 있도록 도움을 주는 것이다.

머물러 있기의 장점은 자신이 표현하는 말속에 스스로 매몰되는 것을 차단하여 현재로 돌아오게 해주며 인지적인 해석보다 지금-여기의 존재를 체험할 수 있도록 유도해 주는 것에 있다. 이 기법은 자신의 미해결된 부정적인 감정을 회피하거나 방어하지 못하게 하고 자신의 감정과 직면하게 함으로써 미해결된 감정을 완결시켜준다. 즉 자신의 미해결된 감정에 머물러있음으로써 미해결된 감정을 직면하고 통합된 전체성으로 편입시켜 긍정적인 변화를 이룰 수 있게 되는 것이다.

예를 들어 슬픈 감정을 느낄 때 슬픔에 대항해서 싸우기보다는 슬픈 감정을 받아들여 슬픔을 접촉할 수 있게 되면 슬픔을 중단시키지 않고 완결시킬 수 있게 된다. 슬픔은 상실에 대한 정상적인 반응이기 때문에 그것을 체험하고 받아들임으로써 슬픔을 회피하거나 억압시키지 않고 완결지을 수 있게 되는 것이다.

뇌는 그 무엇이든 초점을 맞추고 그것을 반복하게 되면 그것에 대한 믿음을 만들어 스스로를 통제하게 된다. 만약 슬픔을 억압하거나 회피하게 되면 미해결된 감정이 되어 반복적으로 계속 분출되기 위해 꿈틀거린다. 반복적으로 슬픔에 저항하며 싸운다는 것은 그것을 해소하는 것이 아니라 마음속에 계속 키우는 것이 되기 때문에 해결되지 않는 상태에서 심리적 장애를 일으키게 되는 것이다.

어떠한 감정이든 그것을 직면하지 못하거나 왜곡된 언어적 표현으로 그 감정과 접촉하지 못한 상태에서 억압하거나 회피하게 되면 마치 수도관에 찌든 녹이 끼여 막히는 것과 같은 감정적인 문제를 일으키게 된다. 이러한 상태는 뇌의 비국소성과 전체성에 의해 한 부분의 문제가 전체의 문제로 일반화될 수 있다.

이처럼 감정의 흐름을 억누르거나 왜곡된 표현으로 억압하거나 회피하게 되면 자기 상실을 겪게 된다. 어떠한 감정이든 억압시키지 않고 회피하지 않으면서 자신의 감정을 직면하여 현재 의식을 따라 머물러 있으면 새로운 감정이 자연스럽게 떠오르거나 대체될 수 있다.

부정적인 감정에서 긍정적인 감정으로 대체되는 과정에서 일정한 공백이 생기게 되며 공백을 잘 견딜 수 있도록 도움을 주는 것이 중요하다.

이러한 공백을 직면하여 거기에 머물러 있어야 한다. 혼란 상태에 머물며 공백을 느끼고 집중할 수 있을 때 변화가 일어날 수 있기 때문이다. 이 상태에서 명상이나 호흡, 자율훈련을 활용하는 실험을 하는 것도 도움이 된다.

알아차림의 연속

게슈탈트 심리학에서는 대부분의 심리적인 문제가 알아차림이 차단되는 데서부터 시작된다고 본다. 삶은 전경과 배경의 반복적인 순환 속에서 일어나는 알아차림과 접촉의 연속이라고 할 수 있다.

트라우마는 지금—여기에서 가장 중요한 전경과 배경의 순환에 걸림돌이 생기고 알아차림과 접촉이 차단된 상태를 만든다. 알아차림은 모든 심리적인 문제를 해결할 수 있는 첫 시작이며 마치 헝클어진 실타래의 실마리를 잡는 것처럼 트라우마 치료에서 중요한 의미를 가진다.

특히 알아차림의 연속은 지금-여기에서 전경으로 떠오르는 것을 그때그때 놓치지 않고 계속해서 알아차리는 것을 말한다.

이때 중요한 것은 자신의 주관적인 가치 판단이나 해석, 비판 없이 그냥 알아차리기만 해야 한다는 것이다. 알아차림의 연속은 자기 자신의 감정과 욕구의 변화 등을 놓치지 않고 자연스럽게 따라가는 과정이다.

"고등학생인 영찬이는 휴일 오후에 집에서 숙제를 하고 있던 중 갈증을 느껴 냉장고에 있는 시원한 물을 꺼내 마셨다.

그리고 배가 고파 밥이 먹고 싶어 밥통을 열어보니 하얀 쌀밥이 있었다. 밥을 맛있게 먹은 후 졸음이 오는 것을 알아차리고 잠시만 눈을 감고 낮잠을 잤다. 잠을 자다가 반복적으로 들리는 자동차 경적소리에 잠이 깨어 눈을 떴다.

몽롱한 상태에서 들리는 자동차 경적소리에 어릴 때 교통사고로 돌아가신 어머니 생각이 나면서 슬픈 감정에 젖어들며 눈물이 흐르는 것을 알아차리고 방에 있던 휴지로 눈물을 닦았다.

잠시 후 찬물로 세수를 하고 밖으로 나와 산책을 하면서 밝은 기분을 회복할 수 있었다. 그리고 학교 운동장에서 달리기를 하며 몸에서 활력이 솟구치는 것을 알아차릴 수 있었다."

"원하는 대학에 진학한 지혜는 친구들과 늦게까지 놀다가 잠자리에 들었다. 편안하게 잠을 자다가 아침에 강아지 짖는 소리에 잠을 깼다. 그리고 누운 채로 강아지가 짖는 소리에 귀를 기울여본다.

강아지 소리가 오늘따라 기분 좋게 들리는 것 같았다.

상쾌한 기분으로 자리에서 일어나 문을 열고 밖으로 나왔다.

짖고 있던 강아지가 꼬리를 흔들며 자기에게 관심을 가져달라고 애교를 부리는 모습이 너무 귀여워서 머리를 쓰다듬어 주었다.

정원에 심어둔 나무 위에 작은 새 두 마리가 날아와 앉아있는 것이 보인다. 예쁜 털을 가진 작은 새들은 쉬지 않고 특정한 소리를 계속해서 낸다. 마치 둘이서 함께 화음을 맞추어 노래를 하듯이 일정한 패턴으로 계속 소리를 내고 있다.

그 사이에 아침 햇살이 정원을 비추며 참으로 여유 있는 마음으로 평화로운 아침 풍경을 느낄 수 있었다.

오늘은 왠지 좋은 일이 많이 생길 것 같은 설렘이 생긴다.

한참을 아침 풍경을 감상하던 지혜는 배가 고프다는 것을 느끼고 밥을 먹기 위해 집안으로 들어갔다."

이와 같이 알아차림의 연속은 사고뿐만 아니라 신체, 정신, 정서, 상상 등의 모든 차원을 포괄한다. 알아차림의 연속은 자신의 주관적인 생각을 버리고 감각에 초점을 맞추는 것이며 '왜'가 아닌 '무엇'과 '어떻게'로 전환시켜주는 기법이다.

양극성의 통합

인간의 마음과 신체는 음과 양의 양극성을 내포하고 있으며 상황과 상태에 따라 어느 한 면을 선택하거나 균형을 이루어 자신의 존재와 정체성을 형성한다. 넓게 보면 우주에 존재하는 모든 것이 통합된 전체성 안에서 음양의 양극성을 갖고 있으며 그것은 언제나 고정된 것이 아니라 선택과 확률에 의해 조율되거나 변화하는 가소성을 가지고 있다.

밝음과 어둠, 부와 가난, 길고 짧음, 따뜻함과 차가움, 강과 유, 무거움과 가벼움, 긴장과 이완 등 양극성을 가진 상태에서 대부분 대칭적으로 존재하며 어느 한 면에 치우치거나 균형을 이루고 있다. 이러한 양극성이 통합된 전체성의 테두리 안에서 합리적으로 확률적 선택을 할 수 있는 상태가 건강한 것이다.

인격도 양극성을 소외시키지 않고 균형과 조화를 이룰 수 있도록 잘 개발하여 접촉할 수 있을 때 통합된 건강한 전체성을 갖추게 된다. 만약 양극성의 어느 한 측면을 극단적으로 배제하거나 비판적으로 매도할 때 그것을 부정하거나 억압하여 자신의 내부로부터 소외시켜버린다. 소외된 부분은 미성숙한 미해결 과제로 억압되어 내면의 혼란을 일으키고 그것이 외부로 투사되면서 다른 사람들과의 관계에 갈등을 일으키거나 관계 능력에 장애를 갖게 될 수도 있다.

그래서 양극성을 알아차리고 소외시키지 않게 잘 계발하여 접촉함으로써 통합된 전체성을 가진 인격을 유지할 수 있게 하는 것이 중요하다. 모든 사람들이 갖고 있는 양극성이 자신에게도 있다는 것을 자각하고 접촉할 수 있을 때 자기 자신에게 좀 더 솔직해지고 다른 사람들과의 관계에서도 진솔하고 실존적으로 행동할 수 있다.

만약 양극성의 한 측면을 반복적으로 억압하거나 소외시키게 되면 소외된 양극성의 한 측면이 파괴적인 행동으로 나타날 가능성이 높아진다. 이처럼 양극성의 어느 한 측면만 발달한 사람은 반대 측면을 억압하거나 투사하기 때문에 자신을 더 편향되게 만들어 스스로를 공격하거나 타인을 공격할 수도 있게 되는 것이다.

양극성의 어느 한 면을 억압하거나 소외시키는 것은 대부분 성장과정에서 주변 환경이 그런 면을 받아주지 않았거나 처벌했기 때문에 생기는 경우가 많다. 이렇게 되면 양극성의 유연성을 상실하게 되어 합리적 선택에 장애가 발생하여 좁혀진 경계를 갖게 될 확률이 높아진다. 이렇게 자신의 어느 한 측면을 반복적으로 소외시키게 되면 반대 측면도 온전히 접촉할 수 없을 뿐만 아니라 그 속에 갇히는 좁혀진 경계를 가지게 될 수도 있다.

이러한 원리로 보면 어느 한 면과 온전히 접촉할 수 있다는 것은 넓은 의미에서 자기 경계를 확장하여 양극성의 다른 측면도 자동적으로 접촉할 수 있는 능력을 가지고 있다는 것을 의미한다. 예를 들어 새로운 학습을 통해 오른손으로 하는 작업을 잘하게 되면 왼손으로도 그 일을 잘할 수 있게 되는 것과 같은 원리이다.

이것은 우리 뇌가 통합된 전체성으로 작동하기 때문에 나타나는 학습원리이다. 아무리 현재 상황이나 상태가 부정적이더라도 반대 측면에 긍정적인 자원이 있다는 것을 알아차리고 접촉할 수 있을 때 양극성의 통합에 의해 좀 더 건강한 전체성을 유지할 수 있게 된다.

반대로 하기

지금-여기에서 발생하는 대부분의 문제는 자신이 옳다고 믿는 신념과 행동이 원인인 경우가 많기 때문에 자신이 옳다고 믿는 신념과 행동을 반대로 하게 되면 기존의 문제가 중화되거나 해소된다.

즉, 여태껏 해왔던 패턴과 반대되는 패턴을 선택하고 행동하여 한 부분에 갇혀있던 경계를 확장하는 것이다.

이러한 실험은 자신의 전용신경회로와 반대되는 새로운 회로를 만드는 과정이기 때문에 처음에는 저항할 수 있다. 하지만 반대로 하기는 과거에 회피하거나 억압해온 측면을 활성화시켜 자신의 신념과 행동의 영역을 확장시켜주는 긍정적인 효과를 얻을 수 있게 된다.

사람들의 행동 패턴은 자신의 실제 욕구와 반대되는 경우가 많기 때문에 반대로 하기는 자기 자신의 숨겨진 미해결 욕구를 충족시켜 통합된 전체성을 갖게 해준다.

반대로 하기는 다른 사람들과의 관계에서 서로의 역할을 반대로 체험해봄으로써 자신의 투사를 자각하고 통합할 수 있게 도움을 줄 수도 있다. 소외된 양극성 부분들에 대해서도 반대되는 행동을 해보게 됨으로써 소외된 인격을 접촉하여 통합시킬 수 있게 된다.

- 자기 비난이 심한 사람에게는 그 비난을 원래의 대상에게 향하도록 전환한다.
- 주변 사람들이 피곤할 정도로 쉴 새 없이 말하는 사람에게는 잠시 침묵하게 한다.
- 타인의 비판에 민감한 사람에게는 타인의 비판을 주의 깊게 경청하는 연습을 시킨다.
- 강박적인 사람에게는 주변 환경을 마구 흩으려 보게 한다.
- 성적으로 매우 억제된 사람에게는 자신이 애로배우인 것처럼 상상해보도록 한다.
- 방어적인 사람에게는 타인의 비판에 대해 변명하거나 합리화하지 말고 수용하도록 한다. 이때 증거를 제시하며 상대방의 비판을 정당화시켜주라고 제안한다.
- 주위의 기대에 맞추는 자의식이 강한 사람에게 자기 자신의 욕구를 자각하고 그에 따라 행동하도록 지지를 보낸다.
- 타인을 지나치게 배려하며 양보를 많이 하는 사람에게 한 번쯤은 이기적인 행동을 실천해보라고 한다.
- 지나치게 헌신적인 사람에게는 그러한 헌신에 대한 자신의 싫증에 대해 말하게 한다.
- 지나치게 남성적인 경향의 사람에게는 여성적인 행동을 선명하게 상상하도록 한다.

- 자신이 억압하고 회피하는 감정에 몰입하게 한다.
- 증상을 없애려 하지 말고 그대로 놓아두면서 바라보게 한다.
- 자신이 싫어하는 측면에 대해 수용하는 말을 하도록 유도한다.
- 삶과 고통을 피하지 않고 받아들이도록 요구한다.

창조적 투사

지도는 분명히 영토가 아니다.

지도는 영토를 표시한 그림일 뿐이며 지도를 어떻게 그리느냐에 따라 원래의 영토와는 전혀 다른 모양의 지도가 만들어질 수도 있다.

투사는 원래의 영토와 같은 객관적 사실이 아닌 주관적인 자기 마음의 지도로 비추어 타인과 세상을 보는 것이다.

사람들은 저마다 자신의 학습과 경험에 의해 축적된 기억 시스템으로 주관적인 투사를 하며 살아간다. 만약 사람들이 투사를 할 수 없다면 다른 사람들과의 다양한 관계 속에서 자신을 지킬 수 있는 정보 수집과 적절한 대응능력이 부족하여 안전한 생활이나 생존 자체가 어려울 수도 있다. 이처럼 투사는 인간관계에서 안전과 생존을 위한 중요한 기전이다. 일반적으로 투사를 부정적으로 보는 경향이 있으나 투사 자체가 나쁜 것이 아니라 그것을 어떻게 활용하느냐에 따라 병적인 투사를 하는 것이 문제가 될 뿐이다.

투사는 자기 자신의 경계를 좁혀 스스로를 가두는 병적인 투사와 유연한 경계를 만들어 관계 적응 능력을 높이는 창조적 투사로 나누어진다. 병적인 투사는 자신의 투사를 지각하지 못하기 때문에 투사가 사실인 것처럼 확신하게 되고 창조적 투사는 자신이 투사 행위의 주체임을 지각하는 차이를 가지게 된다. 즉 창조적 투사는 투사물이 자기 자신이 만들어낸 것임을 알고 있기 때문에 투사가 사실일 수도 있고 사실이 아닐 수도 있다는 것을 알고 있다.

상담사들도 상담 과정에서 투사를 하는 경우가 많다. 상담사의 투사가 병적인 투사가 아닌 창조적 투사라면 트라우마 치료에 긍정적인 영향을 미칠 수 있다.

"남자친구와 헤어진 사람이 상담 과정에서 어두운 표정을 보이자 상담사는 자신이 과거에 겪었던 일을 떠올리며 앞에 앉아 있는 사람이 참으로 안쓰러워 보였다.

아마 이 사람은 남자친구로부터 이별을 통보받고 버림받은 아픔 때문에 매우 괴로워하고 있다고 생각했다. 하지만 상담사 자신의 생각이 틀릴 수도 있겠다 싶어 그 사람에게 지금의 어두운 얼굴 표정이 남자친구와의 이별 때문이냐고 물어보았다.

그러자 그 사람은 고개를 저으며 자신이 그렇게 보였냐고 반문하고 조금 전에 집안일 때문에 잠시 딴 생각을 하고 있었다고 했다.

그리고 남자친구와의 이별은 벌써 마음에서 정리되었기 때문에 더 이상 아무렇지도 않다고 했다. 그 순간 상담사는 자신이 투사하고 있었음을 알아차렸다."

이처럼 창조적 투사는 일순간 사실을 왜곡하여 지각할 수도 있지만 투사를 쉽게 수정할 수 있는 능력을 가지고 있기 때문에 나쁜 결과를 만들지 않는다. 중요한 것은 창조적 투사를 통해 타인의 상태를 알아차리거나 공감할 수 있다는 사실을 깨닫는 것이다.

창조적 투사는 타인이나 주변 환경을 지각함에 있어 자신의 경험을 바탕으로 지각한다. 이때 중요한 것은 자신의 지각이 실제 사실과 다를 수 있다는 사실을 알며 그 사실을 확인하여 자신의 지각이 틀렸을 때 이를 수정할 수 있다. 더불어 병적인 투사도 자신의 투사로 깨닫기 때문에 그것을 창조적 투사로 바꿀 수 있게 된다.

트라우마를 경험한 사람들은 대부분 병적인 투사를 많이 하기 때문에 트라우마 치료는 병적인 투사를 창조적 투사로 바꾸는 작업이라고 할 수 있다. 그러기 위해서 무의식적 투사를 의식적 투사로 바꾸는 작업 과정이 필요한 것이다.

이때 상담사가 병적인 투사에 대해 설명해 주거나 해석을 해서는 안 된다. 단지 실험에 동참할 것을 제안하여 연기를 할 수 있게 해주어야 욕구와 감정이 자신의 것임을 알아차리게 되기 때문이다. 투사 자체가 문제가 되는 것이 아니라 병적인 투사가 문제가 될 뿐이며 그것을 창조적 투사로 바꾸는 순간 불안과 트라우마를 극복할 수 있게 된다.

미션 제공

멘탈코칭센터에서 상담과 훈련을 진행하면서 더 큰 긍정적인 변화를 이루기 위해 내담자에게 특정한 미션을 제공하게 된다.

모든 변화의 주체는 내담자이기 때문에 내담자의 동참을 이끌어내는 것이 중요하다. 멘탈코칭센터에서 상담과 훈련을 할 수 있는 시간은 제한적이기 때문에 상담과 훈련과정에서 새롭게 체험하고 발견한 것들을 실생활에 적용하여 삶을 긍정적으로 변화시킬 수 있도록 미션을 제공해 주는 것이 필요한 것이다.

상담과 훈련과정에서 학습한 것이나 새롭게 도전할 과제를 선정하여 실제상황에서 실험할 수 있도록 숙제를 주는 것으로 보면 된다.

상담과 훈련과정에서 학습한 다양한 기법들을 실생활에서 실험할 수 있는 미션을 제공해 주는 것은 전용신경회로를 구축하여 습관을 형성하는데 도움이 되기 때문에 트라우마 극복에 긍정적인 의미를 가진다. 이처럼 미션 제공은 상담과 훈련과정에서 배운 기법들을 복습하는 의미가 있을 뿐만 아니라 실생활에서 현실검증을 해보는 의미도 있다.

그렇기 때문에 상담사는 다음 상담과 훈련과정에서 내담자가 미션을 실행했는지 확인하고 격려해 주며 적절한 피드백을 제공해 주어야 한다. 상담과 훈련과정에서의 긍정적인 변화가 일상생활에서 안정적으로 일반화될 수 있도록 적응시키는 것이 미션 제공이다.

멘탈코칭센터에서는 상담과 훈련과정에서 다음과 같은 기본 미션을 제공하여 뇌에 새로운 긍정의 전용신경회로를 구축한다.

- 1일 3회 5~10분 정도 '멘탈 호흡 훈련'을 실시한다.
- 취침 전 3회씩 '신체 이완훈련'을 실시한다.
- 하루에 한 번 지정된 시간에 '자율훈련 6단계'를 실시한다.
- 아침에 기상 후 '자기 확신 훈련'과 '언어코칭'을 실시한다.
- '패턴 깨기'와 책 읽기 분량을 정해 '독서훈련'을 실시한다.
- '자신과 타인에 대한 칭찬'을 1일 3번 이상 실시한다.

우리의 존재는 학습과 경험에 의해 언제든지 변화할 수 있는 신경가소성을 가지고 있다. 불안과 트라우마도 마찬가지로 신경가소성을 활용할 수만 있다면 변화는 현실이 된다. 불안과 트라우마가 삶을 제한하는 걸림돌이 될 수도 있고 디딤돌이 될 수도 있다.

끝까지 읽어 준 독자 여러분에게 진심으로 감사하며 이 책과의 만남이 삶의 디딤돌이 될 수 있도록 하기 위해 한번 읽고 책꽂이에 꽂아둘 것이 아니라 여러 번 읽기를 권한다.

불안과 트라우마 극복

초판 1쇄 발행 2020년 5월 6일

지 은 이   박영곤

총괄디자인   맑은샘

편집디자인   차지연

본 문 편 집   강윤정

펴 낸 곳   도서출판 벗

주   소   부산광역시 해운대구 해운대로 233 제이원빌딩 3층

전   화   051) 784-8497

팩   스   051) 783-9996

이 메 일   mcc7718@hanmail.net

등   록   2020년 4월 9일

I S B N   979-11-955753-9-8

정   가   18,000원